AU SERVICE DE L'HOMME ET DU DROIT

COMITÉ D'HISTOIRE
DE LA SÉCURITÉ SOCIALE

Pierre LAROQUE

AU SERVICE DE L'HOMME ET DU DROIT

Souvenirs et Réflexions

PARIS
ASSOCIATION POUR L'ÉTUDE
DE L'HISTOIRE DE LA SÉCURITÉ SOCIALE
1993

ISBN 2-905882-24-7

Pour tout renseignement relatif au Comité d'histoire de la Sécurité sociale et à l'Association pour l'étude de l'histoire de la Sécurité sociale, s'adresser au secrétariat du Comité, ministère des Affaires sociales et de l'Intégration, 1, place Fontenoy, 75007 PARIS (tél. 40 56 46 35).

En acceptant de livrer sous le titre « Souvenirs et réflexions », le récit de sa vie, de sa carrière et le fruit de son expérience, Pierre Laroque a fait œuvre d'historien.

Nul ne s'étonnera de la contribution importante que cet ouvrage apporte notamment à l'Histoire de la Sécurité Sociale, de ses principes, de ses institutions, de ses problèmes et au souvenir des hommes qui l'ont bâtie. Car l'auteur, par l'effet de ce qu'il appelle le hasard ou, plus sûrement, parce qu'il était au service de l'homme et du droit, a joué le rôle éminent que l'on sait dans l'élaboration du système français de Sécurité Sociale et n'a plus cessé, par la suite, de consacrer une partie de ses réflexions et de son activité à cette œuvre d'intérêt général.

La publication de cet ouvrage entrait tout naturellement dans la mission du Comité d'Histoire de la Sécurité Sociale et de l'Association pour l'Etude de l'Histoire de la Sécurité Sociale qui remercient l'auteur de le leur avoir confié.

Suzanne Grévisse

Président de section honoraire
au Conseil d'Etat,
Président du Comité d'Histoire
de la Sécurité Sociale

Jean-Paul Probst

Président du Conseil d'administration
de la Caisse Nationale
des Allocations Familiales,
Président de l'Association
pour l'Etude de l'Histoire
de la Sécurité Sociale

Toulouse, le 14 octobre 1985

Table des matières

Avant-propos

Depuis longtemps, mes enfants, des amis insistent pour que j'écrive mes mémoires. Je ne m'y suis pas résolu, mais je ne crois pas pouvoir refuser de faire connaître à ma descendance et éventuellement aux autres personnes qui peuvent y prendre intérêt, ce qu'a été mon existence et les réflexions auxquelles m'a amené l'expérience que j'ai vécue au cours de ce siècle.

I. Il m'a paru utile, pour faciliter la lecture, ou plutôt la compréhension de la relation qui suivra, de mettre sur le papier quelques réflexions préliminaires, souvent d'ailleurs banales, auxquelles je suis conduit par l'état actuel de mon expérience. Les « réflexions préliminaires », rédigées en 1985, n'ont pas d'autre prétention.

II. L'on trouvera ensuite un récit autobiographique de ce qu'a été mon expérience, tant professionnelle que familiale, tant privée que publique. Ce récit repose essentiellement sur mes souvenirs personnels. Je n'ai conservé que fort peu de documents et je suis contraint de m'en remettre à ma mémoire qui, à mon âge, est parfois défaillante. Ce récit est en outre loin d'être homogène. Il y a eu en effet une période de 16 mois pendant laquelle j'ai tenu un journal. Il s'agit du temps où, ayant gagné LONDRES et les Forces Françaises Libres, je me suis trouvé séparé de ma femme et de mes enfants et j'ai voulu que rétrospectivement ceux-ci trouvent dans ce « journal » le témoignage des pensées qui n'ont cessé d'aller vers eux. Les pages consacrées à cette période sont la transcription littérale de ce journal, après élagage des développements qui, par leur caractère personnel ou intime, ne peuvent avoir d'intérêt pour d'autres que les destinataires familiaux. Pour tout le reste, j'ai dû m'en remettre à mes souvenirs. Et il est très vraisemblable que ceux-ci comportent des lacunes ou des déformations dues à l'écoulement du temps passé.

III. Cette autobiographie ne peut pas être considérée comme des mémoires, où j'exprimerais mon opinion sur les événements et surtout sur les personnes, nombreuses, avec lesquelles j'ai été en relations. J'ai évité le plus possible d'exprimer des jugements sur des personnalités, surtout sur celles qui vivent encore, non seulement en raison des incertitudes possibles de ma mémoire mais aussi parce que je me méfie des appréciations formulées après coup, surtout lorsqu'elles viennent après une longue période, et qui ne peuvent manquer d'être déformées du fait de l'écoulement du temps.

J'ajoute que je ne voudrais pas que mon silence sur telle ou telle personne puisse être interprété comme une omission volontaire ou la marque de désaccord ou d'oppositions personnelles. Ce n'est jamais le cas. Je voudrais ajouter combien je regrette l'habitude prise en France de personnaliser des travaux qui ont présenté un caractère collectif et d'attribuer à tel ou tel le mérite d'initiatives ou de réalisations qui sont l'œuvre d'un groupe. Mon appartenance au Conseil d'Etat m'a habitué à l'anonymat du travail collectif et je suis souvent gêné d'entendre parler de « rapport LAROQUE » pour des travaux dont j'assume certes toute la responsabilité mais dont le mérite revient à la collectivité des membres de groupes que je présidais ou animais.

IV. Le récit autobiographique essaie de rappeler ce que j'ai personnellement fait, les tâches, modestes ou importantes, que j'ai assumées, sans aucune prétention à leur donner dans l'histoire une place dépassant celle qu'elles méritent. Ce point de vue strictement personnel, a pour conséquence, que ces souvenirs ne sauraient donner une idée exacte et surtout complète de ma personnalité. Je souhaiterais que, parmi les nombreuses personnes que j'ai rencontrées, avec qui j'ai travaillé à des titres divers, il y en eût qui viennent dire ce qu'elles pensent de moi, de mes défauts de caractère, par exemple, pour redresser les impressions fausses que cause inévitablement une rédaction unilatérale. Je sais bien par exemple que j'ai peu de patience, que l'on me regarde comme facilement coléreux, et plutôt autoritaire, et aussi que, porté par des ambitions parfois excessives, je puisse avoir tendance à attendre des autres plus que ceux-ci ne peuvent toujours donner... Mais je ne me sens pas capable de porter personnellement un jugement utile à cet égard. Parmi mes collaborateurs, mes collègues, mes amis, mes relations, beaucoup pourraient utilement compléter, voire redresser ce que j'écris. Je leur demande de ne pas hésiter à le faire. Je les en remercie d'avance.

Je voudrais ici souligner ma préoccupation constante de n'être pas indispensable. Je me défie chez les autres comme chez moi de toute personne qui se veut indispensable et se comporte comme telle. Je crois m'être toujours efforcé de veiller à ce que mon absence temporaire, durable ou définitive, ne puisse nuire aux responsabilités, quelles qu'elles soient, qui m'incombaient. Ceci n'est qu'un détail.

V. Enfin j'ai, en guise de conclusion, cru opportun de terminer ce récit autobiographique par de modestes réflexions finales, traduisant l'état de mon orientation au moment où, à la fin de 1992, je mets un point final à cette relation.

Je tiens aussi à remercier ma dévouée secrétaire qui a eu la lourde tâche de transcrire les textes que l'on lira dans les pages suivantes.

Réflexions préliminaires

Réflexions préliminaires

Ces réflexions préliminaires ne procèdent d'aucune préoccupation doctrinale. Persone n'a jamais cherché à m'imposer ni même à me proposer une doctrine quelconque. Ma famille m'a élevé en une entière liberté de pensée.

Les enseignants avec lesquels j'ai été en rapport n'ont jamais essayé, ni de près ni de loin, de me transmettre la doctrine qui était la leur. Ils m'ont apporté des connaissances présentées objectivement, non des règles de conduite et d'action. Et j'ai eu la chance, dans les divers milieux auxquels j'ai appartenu, milieu familial, milieu scolaire, milieu universitaire, milieu professionnel, de rencontrer des personnalités de tendances et d'opinions très diverses et dont aucune n'a jamais essayé d'exercer une pression pour me faire adopter une doctrine ou une autre.

Cela signifie que si, comme tout être humain, j'ai une éthique, celle-ci ne m'a pas été imposée ni proposée de l'extérieur. Je me la suis faite tout seul, progressivement, compte tenu des exemples que j'avais sous les yeux, de mes lectures et de mon expérience propre.

Certains, à la vérité, sont portés à opposer le déterminisme, qui commande largement les progrès de la science, et l'éthique, laquelle suppose fondamentalement la liberté de l'homme. Y a-t-il vraiment contradiction, opposition entre science et liberté, entre déterminisme et éthique ? S'agit-il là de deux postulats qui s'excluent l'un l'autre ? Je ne pense pas, pour ma part, que si, à coup sûr, le déterminisme est un postulat nécessaire au développement de la science et la liberté une condition de toute éthique, il faille établir une cloison étanche entre les deux attitudes, les deux postulats. La recherche scientifique peut toujours mettre en jeu des considérations éthiques impliquant un minimum de liberté de la personne.

L'évolution générale de la science a conduit à la fois à un élargissement et à une réduction de la liberté personnelle, donc de l'éthique :

— A un élargissement, dans la mesure où le développement considérable du champ des connaissances humaines, et par là des possibilités d'action de l'homme sur la nature, permet une emprise croissante de l'homme sur tous les éléments naturels.

— A une réduction, dans la mesure où les connaissances scientifiques et les conséquences qu'on en tire exercent sur l'homme une pression croissante lui imposant des positions, des réponses à donner aux questions qui lui sont posées.

Si, à ce dernier égard, le champ de la liberté est, en fait, sans que les hommes en aient toujours conscience, de plus en plus limité, il demeure toujours une marge de liberté, donc une place pour l'éthique.

Quelles sont donc les lignes essentielles de l'éthique, dont on trouvera des éléments dans les divers développements de ces souvenirs ?

Le premier principe, celui qui, à mes yeux, est la base de toute morale, est le respect de soi-même. L'on doit faire ce que l'on croit bien. L'on ne doit jamais faire ce que l'on risque de regretter, ce dont on pourrait avoir honte. A coup sûr cela ne donne pas une base précise à la définition du bien et du mal. C'est là, affaire de jugement, d'un jugement résultant de l'accumulation des connaissances, des expériences, des exemples.

Le deuxième principe, presque aussi important, est le respect dû aux autres. Toute personne humaine, comme telle, a droit au respect. Ce principe s'est imposé à moi progressivement, par le fait que j'ai été en présence, à toutes les époques de ma formation, de personnalités très différentes, par leurs origines sociales, par leurs opinions, par leur comportement. Que ce soit dans les établissements d'enseignement que j'ai fréquentés, parmi les camarades et les amis que je me suis faits, parmi les enseignants avec lesquels j'ai été en contact, parmi mes camarades du service militaire, plus tard parmi mes collègues du Conseil d'Etat comme dans les diverses fonctions que j'ai exercées, j'ai appris à connaître et à accepter les différences de caractères et d'opinions, à en reconnaître la valeur, à les respecter. Cela m'a conduit naturellement à une attitude générale et totale de tolérance, impliquant le respect de toutes les opinions, quitte à les discuter, à les combattre même, mais sans que cela puisse affecter l'estime ou la considération que méritent ceux qui les exprimaient. J'ai ainsi notamment été amené un jour, à la demande de l'Association des Parents d'Elèves du Lycée Janson-de-Sailly, que fréquentaient mes enfants, à rédiger pour le bulletin de cette Association, un bref article sur la tolérance, trop souvent ignorée des jeunes.

Par delà la simple tolérance, j'ai été amené à chercher toujours à me mettre dans la peau de mes interlocuteurs, pour arriver à les comprendre, à apprécier les motifs des différences, ne serait-ce que pour combattre éventuellement les opinions que je ne pouvais partager, mais dans le respect de l'interlocuteur. Et si l'on ne parvient pas à faire prévaloir une opinion personnelle, l'on ne doit pas en éprouver d'amertume ni en conserver de l'animosité. C'est la loi de la démocratie, la conséquence normale du respect dû aux autres.

Ce principe en commande un autre : le respect de la liberté de chacun. Tout homme et toute femme doivent être libres de leurs décisions, libres d'aller et de venir, libres de leurs opinions et de l'expression de celles-ci, libres du choix de leurs activités, dans toute la mesure où cette liberté ne porte pas atteinte à la liberté des autres, dans toute la mesure aussi où l'exercice de la liberté n'est pas contraire à la justice. Nul ne peut donc porter atteinte à cette liberté, retenir un autre en esclavage par exemple.

Mais ceci n'est pas encore assez. Un autre principe éthique fondamental est celui de la solidarité. Hommes et femmes sont interdépendants. L'existence, le bien-être de chacun, sont dans une très large mesure fonctions de ceux des autres. Il incombe donc à chacun de prendre conscience de cette interdépendance, de cette solidarité, et d'en tirer les conséquences dans son attitude à l'égard des autres. C'est également le devoir de la collectivité d'organiser, le cas échéant, cette solidarité. L'entr'aide est un devoir naturel de tout homme à l'égard des autres. La liberté ne signifie donc pas l'égoïsme. Elle implique au contraire une obligation active d'apporter son concours à ceux qui se trouvent en difficulté, à ceux aussi qui voient directement ou indirectement menacer leur propre liberté. La solidarité doit être fraternité.

Les principes essentiels d'éthique doivent se combiner avec une autre règle moins communément admise : c'est que la fin ne justifie pas les moyens. Il est fréquent en effet que l'on invoque l'objectif poursuivi pour fonder l'utilisation de moyens d'action portant atteinte à tel ou tel des principes qui viennent d'être rappelés ou à d'autres règles morales. Ceci n'est pas, de manière générale, admissible. Une fin morale n'excuse pas un moyen immoral. Sans doute y a-t-il des cas où s'impose le recours à des moyens qui, en eux-mêmes, peuvent être condamnables. L'atteinte à la liberté peut être un moyen nécessaire pour empêcher de nuire, ou pour sanctionner des activités illicites. L'atteinte physique à la personne ou aux biens peut être justifiée pour protéger des intérêts supérieurs. La règle morale fondamentale « tu ne tueras point » ne saurait être invoquée pour condamner une guerre défensive ou une légitime défense par exemple. Encore faut-il que des garanties soient données pour assurer la légitimité de l'emploi de tels moyens, par exemple l'intervention d'un juge ou d'une procédure organisée.

C'est que, ainsi que le montre déjà le principe de solidarité et de fraternité, la morale, pour des hommes et des femmes vivant en société, ne peut se traduire en une éthique purement individuelle. Elle est aussi règle d'organisation de la société. Et elle doit donc se plier à la priorité de l'intérêt général, des intérêts généraux de la collectivité, sur les intérêts particuliers à chaque individu.

Telles sont à mes yeux les grandes lignes d'une éthique qui aurait ou devrait avoir une portée universelle, et s'exprimerait donc notamment dans les droits et devoirs généraux des hommes. Tels sont aussi les principes qui devraient commander l'activité de tous ceux qui assument des responsabilités au niveau de la collectivité et dont le premier devoir est de s'y conformer, dans une totale et permanente objectivité et en complète sérénité.

Ce sont ces principes qui dans une large mesure orientent les réflexions préliminaires auxquelles je suis amené et qui font l'objet de développements consacrés successivement à :

— l'homme ;
— la famille ;
— la justice ;
— la sécurité ;
— la religion ;
— l'Etat et la Démocratie.

L'homme

Il y a une cinquantaine d'années, un des dirigeants d'une grande organisation patronale à préoccupations sociales, qui me montrait quelque amitié, et avec qui je discutais des voies possibles du progrès social, me dit : « il y a deux catégories d'hommes : ceux qui croient au péché originel et ceux qui n'y croient pas ; manifestement vous appartenez à la deuxième catégorie. En ce qui me concerne, je me range dans la première ». Pour lui l'homme était foncièrement mauvais. L'on ne pouvait espérer rien d'heureux de son action spontanée, individuelle ou collective. Il appartenait donc à quelques personnalités, éclairées et compétentes, d'améliorer le sort des hommes, sans trop se préoccuper de ce que ceux-ci pouvaient penser ou vouloir. Un tel raisonnement conduirait, de manière naturelle, à un paternalisme unilatéral, soit privé, soit public. C'est bien ainsi que l'entendait mon interlocuteur, dont l'action était tout entière orientée vers des initiatives sociales patronales, mais qui se serait accommodé d'initiatives publiques à condition que celles-ci soient délibérément unilatérales.

Après cinquante ans d'expérience, je continue à répudier la notion de l'homme essentiellement mauvais. Je ne prétends pas que tout soit bon dans l'homme. D'ailleurs serait-il facile de définir exactement ce qui est bon et ce qui est mauvais ? Je suis de plus en plus convaincu qu'en tout individu, en toute personne, il y a toujours du bon et du moins bon, et que c'est une des responsabilités essentielles de ceux qui peuvent exercer une action sur la condition humaine, de susciter, par un effort de maïeutique, la mise en valeur en chacun de ce qui est le meilleur, et, ce faisant, d'inciter les hommes à prendre la responsabilité de leur propre destin, individuel et collectif.

Si je suis et j'ai toujours été porté à penser qu'en chaque homme, il y a des éléments essentiellement bons, c'est d'abord sans doute de manière intuitive, parce que c'est ma tendance naturelle d'esprit. C'est aussi parce que cette inclination naturelle s'est trouvée confirmée dans les circonstances diverses où j'ai eu à assumer des responsabilités m'amenant à diriger l'activité de groupes d'hommes ou de femmes plus ou moins importants. De telles occasions ne m'ont été apportées que tardivement. Dans ma jeunesse en effet, je n'ai jamais participé à des activités collectives — par exemple à du scoutisme ou à des sports collectifs. Que ce soit dans l'étude, le travail, les loisirs, j'ai toujours agi seul, dans un individualisme à peu près total. La première opportunité que j'ai eue d'exercer une action collective a été liée à mon service militaire. Après six mois d'école comme élève officier, je me suis trouvé affecté en tant que sous-lieutenant de réserve dans un bureau militaire, adjoint à un officier ancien, et participant à la direction du travail d'un petit groupe composé principalement d'employées civiles et accessoirement de quelques sous-officiers de carrière. Amené à diverses reprises à remplacer mon chef direct, empêché ou en congé, j'ai fait ma première expérience de direction du travail d'une collectivité, modeste certes, mais aussi variée dans ses origines et sa formation. Je n'avais nullement été préparé à une telle tâche, rendue également malaisée par le fait que j'étais d'âge sensiblement plus jeune que tous mes subordonnés. C'est là que, pour la première fois, j'ai appris empiriquement à constater les différences entre les uns et les autres, les qualités et les défauts de chacun, et surtout la manière dont il fallait s'y prendre pour obtenir de chacun le meilleur résultat possible. C'est là que j'ai perçu que chacun avait des possibilités morales et intellectuelles qui pouvaient et devait être valorisées dans l'intérêt à la fois de l'efficacité de la tâche à accomplir et pour la satisfaction même de ceux qui s'y livraient. Cette expérience dura six mois et contribua largement à ma maturation.

Les tâches dont j'eus ensuite la charge après mon entrée au Conseil d'Etat me fournirent peu d'occasions comparables. Dans cette maison où tout aboutit à des décisions collectives, l'exécution du travail reste essentiellement individuelle, et, si le jeune débutant se trouve guidé, aidé, orienté, il n'est soumis à aucune discipline réelle, et les études qu'il poursuit, les rapports et propositions qu'il élabore, ne l'amènent aucunement à exercer une action sur des hommes ou des femmes pris individuellement ou collectivement. Il n'en a été autrement que dans les quelques mois que j'ai passés au cabinet du Ministre du Travail, où, dans les relations avec les fonctionnaires des différents services, j'ai eu à tenter d'obtenir de chacun le concours le plus adapté à ses possibilités et à son orientation, mais à un niveau très différent de ma première expérience.

Une autre occasion de parfaire ma formation à cet égard me fut offerte lors de ma mobilisation, au moment du déclenchement de la guerre 1939-1945. Affecté à une formation chargée de procéder aux réquisitions destinées à pourvoir un certain nombre d'unités en équipements et matériels de tous ordres, je vis mettre à ma disposition une quinzaine de « requis civils », hommes tous plus âgés que moi, appartenant à des milieux très divers, depuis un manœuvre en chômage jusqu'à un agent d'assurances et à des commerçants aisés. Il me fallut avec eux, en quelques semaines, trouver et rassembler chez les détaillants et grossistes de la ville les objets et produits dont la liste avait été préétablie, les répartir entre les unités, fixer le prix des objets et produits requis et en régler le montant aux fournisseurs. Le contact quotidien et quasi permanent avec ce groupe d'hommes, qui tous m'étaient initialement inconnus, m'a permis de constater la capacité de conscience et de dévouement qui se révélait en chacun et ce que je pouvais en attendre dans un moment de crise. Des relations étroites s'établirent entre nous et durèrent, pour certains, pendant de longues années. Je leur dois beaucoup pour ma connaissance des hommes.

Ces expériences me furent précieuses dans les responsabilités qui m'échurent par la suite. Ce fut le cas d'abord, durant la guerre elle-même, en 1939-1940, dans les fonctions qui me furent confiées au sein de l'Inspection Générale de l'Habillement, pour organiser le ravitaillement du pays en matières textiles, mais surtout, par la suite, lorsqu'en 1943 et 1944, ayant rejoint en Angleterre les Forces Françaises Libres, j'eus la charge à la fois de gérer les services civils de la France Libre à LONDRES et de contribuer à la préparation des opérations du débarquement en participant à la formation aux fonctions d'officier de liaison administrative, d'hommes et de femmes d'origines très diverses. Là encore j'ai constaté chez tous, malgré leur variété, une capacité d'efficacité et de dévouement remarquable, lorsqu'une tâche exaltante leur était offerte dans le cadre de leurs aptitudes respectives. Il s'agissait pour les futurs officiers de liaison non seulement de se mettre au courant de la situation qu'ils trouveraient en France lors du débarquement, mais aussi d'apprendre les éléments de l'organisation administrative existante, et de prendre conscience des responsabilités qu'ils auraient à assumer dans la liaison à établir entre le commandement allié et les nouvelles autorités civiles remises en place, en vue à la fois de pourvoir aux nécessités des opérations et de satisfaire les besoins des populations civiles, en s'effaçant devant les autorités civiles qui agissaient au nom du Comité Français de Libération Nationale comme devant le commandement allié, avec le souci constant de concilier les nécessités du combat et le respect de la souveraineté française. Tâche difficile, d'une importance essentielle, dans l'immédiat pour l'efficacité des opérations et la satisfaction des besoins des populations, pour l'avenir, car de son accomplissement dépendraient, pour une large mesure, les relations entre la France et ses alliés, et la place de la France dans le monde. Tous et toutes ont compris l'importance de leur mission et, tant dans la phase préparatoire que lors de la mise en œuvre de la formation reçue, s'en sont acquittés avec autant d'efficacité que de cœur.

La plus importante de mes expériences a cependant été celle que j'ai faite à la Direction Générale de la Sécurité Sociale à partir de l'automne 1944. Il s'agissait là de demander un effort exceptionnel au personnel de l'administration centrale, comptant environ 400 fonctionnaires, à celui des Directions Régionales de la Sécurité Sociale (environ 2 000 agents), et à l'ensemble des administrateurs et agents des Caisses d'Assurances Sociales, des Caisses d'Allocations Familiales et des organismes divers se consacrant à l'assurance des accidents du travail, d'abord pour concevoir et élaborer une législation entièrement nouvelle, puis d'en assurer l'application, tout cela exigeant un travail supplémentaire considérable, et, pour beaucoup, un bouleversement total de leurs habitudes. Pendant des mois je me suis consacré à consulter les uns et les autres, à leur expliquer l'objet de la réforme projetée, la transformation sociale à laquelle elle devait conduire. J'ai parcouru toutes les régions de France, réunissant l'ensemble des personnels des Directions Régionales, les dirigeants des divers organismes, ainsi que les responsables des organisations patronales et ouvrières, les administrateurs des caisses anciennes, les représentants du corps médical, pour associer le plus largement possible tous les intéressés à l'effort à entreprendre comme à orienter l'action de chacun, de manière qu'elle corresponde le plus possible aux aspirations des uns et des autres et pour que tous se sentent largement responsables de cet effort. J'ai partout rencontré une large compréhension, même de la part de ceux qui pouvaient légitimement formuler — et formulaient en fait — des réserves. Dans l'élan de solidarité qui marquait la période suivant la libération de la France, les personnels de tous ordres ne ménagèrent ni leur temps ni leur peine, conscients de participer à une grande réforme sociale, dont ils avaient tous collectivement le mérite et la responsabilité. Jamais la tâche à accomplir n'eût pu être menée à bien sans l'élan, le dévouement, la foi qui les animaient, quels que fussent leurs origines, leurs niveaux hiérarchiques, leurs orientations personnelles, les tendances des uns et des autres. Je leur dois personnellement, la population entière leur doit, une profonde reconnaissance pour le travail accompli, qui a permis, en un délai exceptionnellement court, de bâtir et de mettre en marche, au jour et à l'heure dits, toute l'organisation nouvelle de la Sécurité Sociale.

S'il s'agit là à coup sûr d'une expérience exceptionnelle, l'on comprendra que, s'ajoutant aux précédentes, et, plus tard confirmée par de nouvelles expériences, elle ait renforcé ma foi dans l'homme, dans les possibilités que l'on peut trouver en chacun d'entreprendre une action orientée vers un progrès, une action bénéficiant à chacun et à tous. Il m'est arrivé, par la suite, à bien des reprises, de faire appel au concours de groupes d'hommes ou de femmes, plus ou moins nombreux, très divers aussi, pour entreprendre et mener à bien des missions qui m'étaient confiées. J'ai toujours trouvé les concours dont j'avais besoin. Jamais je n'ai ni rencontré de refus, ni essuyé de déceptions.

Cela ne signifie pas que tous les hommes soient semblables. Ils sont même tous différents les uns des autres. Chacun a une conscience plus ou moins précise de l'existence de ces différences. L'on sait aujourd'hui, par les travaux les plus récents des biologistes et surtout des généticiens, qu'il n'y a sans doute pas dans le monde deux hommes et deux femmes exactement semblables, sauf peut-être les jumeaux homozygotes. Le nombre des combinaisons possibles des gènes est tel que chaque homme et chaque femme apparaît comme ayant une individualité, une personnalité, ayant des caractères propres, sur le plan physiologique comme sur le plan intellectuel et moral. Et cette originalité est encore accentuée par l'influence de l'éducation reçue, du milieu familial, local, national, professionnel, culturel, dans lequel chacun se développe, exerce une activité, est en relation avec les autres. Et il faut souhaiter que chacun développe et affirme sa personnalité, les possibilités existant en lui.

Mais le respect et même l'affirmation, l'épanouissement de la personnalité originale de chaque homme et de chaque femme ne saurait faire oublier que l'homme est un être social, et qu'il est appelé à vivre avec d'autres, à participer, par delà son individualisme, à des actions collectives, dont il est l'acteur en même temps que le bénéficiaire direct ou indirect. Bien plus, l'épanouissement des personnalités individuelles est le plus souvent impossible par le seul effort de l'individu, mais appelle une action collective, de groupes plus ou moins étendus, dont l'homme et la femme sont toujours plus ou moins solidaires. Et c'est un problème majeur de tous les temps que celui de concilier le développement de l'être humain pris isolément et les exigences de la vie collective, l'individualisme de chacun et l'existence comme le progrès des collectivités.

C'est là, ce doit être là l'objet essentiel de l'éducation sous tous ses aspects. L'éducation pendant des siècles, peut-être des millénaires, a été la responsabilité presque exclusive de la famille. Si la famille continue et ne peut pas ne pas continuer à jouer en la matière un rôle essentiel, puisque c'est dans son sein que l'enfant passe les premières années de sa vie, elle a vu cependant, en ce domaine comme en beaucoup d'autres, une large part de ses fonctions prises en charge par la collectivité. L'enseignement est aujourd'hui un des rôles fondamentaux, un objectif majeur des Etats. Mais si l'éducation est enseignement, dans le sens d'un transfert de connaissances, elle est et doit être beaucoup plus. Elle a deux objectifs, tous deux essentiels : le premier est de permettre à chaque être humain de développer toutes ses possibilités, tant physiques qu'intellectuelles, l'autre est de préparer chacun à la vie en société qui est appelée à être la sienne. Or l'extension extraordinaire du champ des connaissances a pour conséquence que l'éducation tend à n'être plus qu'enseignement, transfert des connaissances. Et encore souvent n'y réussit-elle que de manière imparfaite, la difficulté étant de choisir les connaissances qui doivent être fournies à chaque personne, en fonction de ses aptitudes et de son orientation possible. Il ne peut plus être question aujourd'hui qu'aucun homme et aucune femme possède l'ensemble de ces connaissances. Un choix s'impose donc. A un minimum commun à tous s'ajoutent des éléments correspondant aux goûts et aptitudes de chacun, le plus souvent mal connus, plus ou moins bien appréciés par les familles, inspirées trop souvent soit par le souci de voir leurs enfants accéder le plus tôt possible à une activité rémunérée soit par des ambitions qui les aveuglent sur les aptitudes de ces enfants. L'orientation des enfants et adolescents est une des tâches les plus difficiles qui soient en dépit des progrès réalisés au cours des dernières décennies. C'est que chaque garçon et chaque fille est, ici encore, un cas particulier. L'évolution de l'individu peut être plus ou moins précoce ; les vocations peuvent ne se révéler que tardivement ; et les uns comme les autres changent rapidement au fur et à mesure que l'âge avance.

Mais indépendamment des connaissances à donner aux jeunes, l'éducation doit tendre aussi à favoriser leur maturation, leur épanouissement. Ceci pour eux-mêmes d'abord, pour que ces jeunes trouvent dans leur existence le plus de satisfactions, le plus de bien-être, soient en mesure d'exercer les activités qui leur conviennent le mieux et où ils puissent donner le meilleur d'eux-mêmes. Ceci aussi dans l'intérêt de la société à laquelle ces jeunes vont appartenir, et à laquelle ils vont être appelés à apporter leur concours pendant toute leur existence. L'éducation est ainsi formation du caractère, développement physique et mental, autant qu'acquisition de connaissances. Elle est aussi éducation familiale et sociale, éducation civique, ouverture à la culture au sens le plus large du terme. Tout au moins elle devrait être tout cela. Il faut reconnaître qu'à l'heure actuelle, ces missions sont encore très imparfaitement remplies. Pour les jeunes, elles le sont souvent moins bien que par le passé, moins bien qu'à une époque où, les connaissances à transmettre étant plus réduites, les autres aspects de l'éducation pouvaient avoir davantage d'importance.

D'autre part, nous savons aujourd'hui combien hommes et femmes changent au fur et à mesure qu'ils avancent en âge : ils changent physiquement, biologiquement, mais aussi intellectuellement et moralement. En même temps, le milieu où ils vivent se transforme, et cela de plus en plus vite, avec l'accélération des progrès scientifiques et techniques, dont la rapidité est telle que l'homme n'arrive plus à les suivre. Si l'on veut, — et l'on doit vouloir — qu'hommes et femmes s'adaptent aux changements qui surviennent en eux-mêmes, dans leur vie familiale, dans leur milieu professionnel, dans le cadre social où ils vivent, il faut que l'éducation des jeunes se prolonge en une éducation des adultes, une éducation permanente. Tel est encore rarement le cas. Elle devrait être une des tâches essentielles des années qui viennent.

Il est vrai que l'orientation appelée par cette évolution nécessaire de l'éducation présente un risque : celui d'un endoctrinement des hommes et des femmes en fonction d'idéologies plus ou moins partisanes, qu'elles soient politiques, religieuses ou philosophiques. Le risque est réel. Il ne doit pas être méconnu. Mais il ne saurait justifier l'abstention. Il faut certes éviter d'enfermer l'éducation dans l'application d'une doctrine officielle, et pour cela favoriser un pluralisme d'organes et de filières éducatives, entre lesquels les hommes et les femmes doivent pouvoir choisir librement en fonction de leurs goûts et de leur orientation, si difficile que ce choix soit en fait pour ceux qui ne sont pas avertis ou subissent l'influence de la famille ou du milieu. Une démocratie digne de ce nom doit non seulement offrir une large gamme de formules éducatives mais aussi faciliter à tous les hommes et à toutes les femmes, au fur et à mesure qu'ils avancent en âge, des possibilités de choix, de changements, de mutations. La voie est malaisée. Mais c'est et ce doit être la voie de l'avenir.

*
**

Les problèmes de l'homme, quel qu'il soit, supposent d'abord l'existence de ces hommes. De là l'importance du facteur « population ». Les circonstances m'ont amené très tôt à prendre conscience de ce facteur auquel aujourd'hui l'on ne donne pas toujours la place qu'il mérite. Dès 1931, appelé au cabinet d'Adolphe LANDRY, Ministre du Travail et de la Prévoyance Sociale, d'abord comme chargé de mission, puis comme chef de cabinet, j'ai découvert auprès de cet homme éminent, véritable fondateur de la science démographique française et profondément préoccupé des conséquences du fléchissement de la natalité de la période récente, à la fois la gravité de la situation et l'urgence d'y porter remède. Je n'ai cessé depuis lors, dans les diverses activités auxquelles j'ai eu à me consacrer, de conserver les problèmes de population au premier plan de mes préoccupations. Que ce soit comme Directeur Général de la Sécurité Sociale, comme Président du Conseil d'Administration de la Caisse Nationale de Sécurité Sociale, comme Président de la Section Sociale du Conseil d'Etat, je n'ai jamais oublié les enseignements d'Adolphe LANDRY. Aussi bien ai-je fait partie, dès le lendemain de la Libération et sans interruption depuis lors, du Haut Conseil de la Famille et de la Population et du Conseil Scientifique de l'Institut National d'Etudes Démographiques, de même que j'ai pris part à de multiples conférences ou groupes d'experts chargés de l'examen de tout ou partie de ces sujets au plan national comme au plan international.

Du point de vue qui nous occupe ici, le problème essentiel est celui du renouvellement des générations, condition nécessaire et pour le maintien de l'effectif de la population au moins à son niveau, et pour assurer un équilibre satisfaisant des groupes d'âge. Or à cet égard, une disparité croissante se marque entre les pays anciennement industrialisés et les pays en voie de développement. Chacun sait aujourd'hui que toutes les populations traversent successivement trois phases : la première est marquée par une forte natalité et une forte mortalité, dont la conjonction aboutit en fait à une croissance lente et irrégulière ; la deuxième par un fléchissement de la mortalité et le maintien d'une forte natalité, se traduisant par une croissance rapide de la population ; la troisième enfin par un fléchissement de la natalité qui a tendance à se rapprocher du niveau de la mortalité, entraînant un arrêt de la croissance démographique et parfois un déclin. Les pays anciennement industrialisés, correspondant grosso modo aux pays de l'Europe de l'Ouest et du Nord et aux pays peuplés par l'émigration des précédents, ont traversé leur deuxième phase au 19ᵉ siècle et au début du 20ᵉ siècle. Les effectifs globaux de ce groupe de pays se sont alors accrus considérablement, ceci leur permettant à la fois un essor économique rapide, une puissance militaire considérable, et un rayonnement culturel s'étendant au monde entier. C'est la période de la constitution des grands empires coloniaux, de la diffusion plus ou moins imposée d'idées et de manières de vivre et de penser d'une civilisation et d'une culture considérées comme ayant une valeur universelle. Les autres pays, pendant ce temps, en restaient à la première phase, et leur stagnation démographique relative entraînait pour eux une faiblesse générale à l'égard des pays déjà industrialisés.

Mais les choses ont changé. La population des pays industrialisés a cessé de croître alors que celle des pays en voie de développement est entrée dans la deuxième phase. C'est le tour de ces derniers de connaître une expansion rapide, laquelle leur donne un poids croissant dans la vie économique et politique mondiale. Le développement économique amènera sans doute, il amène déjà, certains de ces pays à une réduction de la natalité, et l'on peut penser que, dans quelques dizaines d'années, ces pays entreront à leur tour dans la troisième phase de l'évolution démographique et rejoindront les pays anciennement industrialisés dans une stabilité relative des populations. Mais en attendant, et au cours des prochaines décennies, le poids politique, économique et culturel, de ces pays ne peut manquer de croître, et de mettre en question la prépondérance de la civilisation et de la culture que l'Europe avait imposées aux autres continents.

La France, en ce qui la concerne, a connu l'évolution des pays industrialisés. Mais elle a présenté la particularité d'entrer la première, et sensiblement plus tôt que les autres, dans la troisième phase. Le fléchissement de la natalité s'y est marqué dès le début du 19e siècle. Et, alors que la population européenne, ou d'origine européenne, s'est multipliée approximativement par 7 en un siècle et demi, la population française ne passait que de 28 à 40 millions d'habitants, s'accroissant ainsi seulement de 40 %. Cela explique que les préoccupations démographiques, et plus particulièrement celles qui s'attachent aux conséquences de la diminution de la natalité, s'y sont manifestées plus tôt qu'ailleurs.

Aujourd'hui les autres pays européens ou d'origine européenne connaissent une natalité d'un niveau voisin de celui de la France et même souvent plus faible. A de rares exceptions près le renouvellement des générations n'y est plus assuré. La France, la première touchée par ce phénomène, pratique depuis plusieurs dizaines d'années, avec plus ou moins de persévérance et de succès, une politique de population, tendant à parer aux conséquences de cette évolution, soit en encourageant la natalité soit en faisant appel à l'immigration d'éléments jeunes ou de jeunes adultes provenant des pays en voie de développement. L'on voit mal en effet quels autres moyens pourraient contribuer à atteindre le résultat cherché. Mais, même en France, ce résultat n'est pas totalement obtenu. Et si le niveau de la natalité est aujourd'hui plus élevé en France que dans la plupart des pays voisins, il demeure cependant insuffisant pour assurer le renouvellement des générations.

Bien plus, les conséquences de cette évolution se manifestent non seulement dans la variation de l'effectif global des populations mais aussi dans la composition même de ces populations, plus précisément dans la répartition des membres de la population en groupes d'âge. L'effet le plus net de l'évolution constatée est le vieillissement des populations, provoqué par la diminution relative de la proportion des jeunes et l'accroissement de la proportion des personnes âgées ou avançant en âge au sein de chaque population. De là un moindre dynamisme collectif, et aussi des charges de plus en plus lourdes pour la collectivité, les personnes âgées ayant plus de risques de devenir dépendantes et ayant besoin de plus en plus de soins médicaux coûteux.

L'on pourrait penser que l'ampleur et la gravité des conséquences de l'évolution démographique auraient amené les pays européens ou d'origine européenne à adopter une politique commune de la population, ou tout au moins à se concerter en vue de rechercher la possibilité de concevoir et de mettre en œuvre une telle politique. Tel n'a pas été le cas jusqu'à présent, pour des raisons variant de l'un à l'autre. Beaucoup, touchés plus tard que la France par le fléchissement de la natalité, sont pour le moment moins sensibles aux conséquences de ce fléchissement. Certains, connaissant une densité élevée de leur population, envisagent sans déplaisir une diminution possible de cette natalité sans apercevoir toujours les conséquences du vieillissement qui en est l'effet inévitable. Pour d'autres la conception même d'une politique de population est liée à l'idéologie de régimes dictatoriaux récents et aujourd'hui honnis, et rejetée à ce titre. D'autres encore ou ne pensent pas que la chute actuelle de la natalité soit durable ou répugnent à s'engager dans une politique pouvant mettre en cause l'intimité familiale. D'autres enfin, inquiets de la croissance rapide des populations des pays en voie de développement et soucieux de freiner la natalité dans ces pays, considèrent que les pays anciennement industrialisés doivent montrer l'exemple et, en tout cas, ne doivent pas favoriser une politique exactement contraire à celle qu'ils préconisent pour les pays en développement. Quel que soit le motif déterminant de chacun, il est manifeste que n'existe pas à l'heure actuelle d'accord international pour une politique d'ensemble tendant à assurer, sur un plan national ou régional, le renouvellement des générations ni même un équilibre satisfaisant des groupes d'âge.

Je ne saurais dissimuler l'inquiétude que provoque chez moi une telle situation, et le regret de l'insuffisance des efforts tentés sur ce plan par les autorités françaises dans le cadre de la Communauté Economique Européenne par exemple. Ce n'est pas une raison pour renoncer. L'enjeu est trop important pour que l'on doive ou que l'on puisse baisser les bras. Je reste, en ce qui me concerne, fondamentalement attaché à la poursuite par la France d'une politique consciente et persévérante de population. Sans doute ne saurait-il être question de revenir aux pratiques contraignantes et répressives du passé. Il est certain qu'il n'y aura plus dans l'avenir que des naissances voulues, et il est bon qu'il en soit ainsi. La contraception et même l'interruption volontaire de grossesse, malgré les réserves que celle-ci appelle, sont entrées dans les mœurs, et il n'y aura pas de retour en arrière. L'effort doit donc porter d'une part sur l'élimination des obstacles qui peuvent décourager la natalité : obstacles financiers, obstacles juridiques, obstacles matériels (logement, organisation du travail, etc.), d'autre part sur une action éducative tendant à responsabiliser les jeunes et les adultes à l'égard des générations à venir, à l'égard aussi de la survivance et du rayonnement de la civilisation, de la culture, dans lesquelles ils ont été élevés. Je crois pour ma part profondément que l'effort à entreprendre est possible, qu'il est souhaitable, qu'il devrait être entrepris et poursuivi avec persévérance.

L'existence d'hommes et de femmes en effectifs satisfaisants et comportant une répartition convenable tant par âge que sur le plan géographique ne suffit pas. Encore faut-il que ces hommes et ces femmes aient la garantie d'obtenir et de conserver une validité convenable sur le plan physique comme sur le plan moral. Tout le problème de la santé, au sens le plus large du mot, se trouve ainsi posé. Il ne saurait être question ici d'évoquer les multiples et complexes problèmes que pose dans tous les pays modernes l'aménagement d'une organisation convenable de la santé. Je me bornerai à évoquer quelques aspects des questions essentielles et souvent encore controversées qui se posent dans ce domaine.

La première de ces questions, ou plus exactement le premier groupe de questions que pose la médecine moderne, est celle du rôle que doit y jouer la prévention. Tout le monde s'accorde à affirmer que « mieux vaut prévenir que guérir ». Néanmoins, la médecine préventive fait trop souvent figure de parent pauvre à côté de la médecine curative. C'est qu'elle suppose l'application d'un certain nombre de principes qui sont souvent en opposition directe avec l'orientation de la médecine libérale telle qu'elle est le plus souvent pratiquée dans les pays modernes (autres que les pays socialistes). Dans le cadre de la médecine libérale, le praticien attend le client, il est libre de s'installer là où il pense trouver la clientèle à laquelle il aspire, il doit être choisi librement par le client, qui le plus souvent le rémunère, sauf pour celui-ci à se faire couvrir de ses frais par des organismes sociaux (assurances, mutuelles, etc.). Sans doute les relations régulières établies par un médecin avec ses clients peuvent-elles l'amener à exercer une action préventive en cas de menace de risque. Mais encore n'est-ce vrai que pour le généraliste, le spécialiste, auquel on a recours de plus en plus souvent, apparaissant comme un expert intervenant occasionnellement lorsque son concours est requis pour un risque déjà apparu. Et le généraliste lui-même n'a souvent qu'une connaissance incomplète de ses clients, en tout cas trop peu complète pour que son intervention soit pleinement efficace.

L'on aboutit ainsi à une division entre deux aspects de la médecine préventive : il y aura d'un côté une action collective tendant à éliminer le plus complètement possible des facteurs qui menacent l'ensemble ou une fraction importante d'une population : par exemple les pollutions de l'air, de l'eau, du sol, l'insalubrité des agglomérations, des logements, des campagnes, des installations industrielles ou commerciales, des lieux de travail en général, etc. Il s'agit ici avant tout d'hygiène, appelant un ensemble d'actions techniques en même temps qu'une éducation de la population en général, et parfois une éducation spécialisée pour les éléments de la population exposés plus particulièrement à certains risques. D'un autre côté une action individualisée peut être entreprise pour éviter des menaces possibles, par exemple par la protection des hommes et des femmes exposés à certains risques, à certaines maladies, au moyen de vaccinations ou de traitements préventifs. Ce dernier type de mesures demeure limité dans son champ d'application et dans sa mise en œuvre car il implique une organisation dépassant la médecine libérale, une organisation publique ou au moins collective : le praticien doit aller à la rencontre, à la recherche des intéressés, son intervention doit être le fait de son initiative ; elle doit être gratuite ; elle peut appeler des contraintes. Elle dépasse largement le cadre de la médecine libérale.

Ainsi la prévention médicale individualisée demeure-t-elle aujourd'hui très limitée dans ses applications. Il n'en sera sans doute plus ainsi dans un proche avenir. Les progrès techniques de la dernière période, et plus spécialement le développement rapide de l'informatique, vont permettre de rassembler sur chaque individu et sur chaque famille des renseignements médicaux et sociaux de plus en plus complets, et de traiter ces renseignements de manière à dégager les risques menaçant plus particulièrement l'un ou l'autre et donc d'agir préventivement pour éviter la survenance du risque. Ce sera là une transformation profonde de la médecine, de l'organisation de la Santé en général. Elle est à mes yeux certaine, inéluctable, et d'ailleurs souhaitable. Mais encore faut-il qu'elle n'aboutisse pas à enfermer individus et familles dans le cadre de contraintes produites automatiquement par les dossiers informatisés des uns et des autres. Un effort important doit être entrepris pour entourer l'utilisation de l'informatique à fins médicales de garanties maintenant l'indispensable équilibre entre les progrès considérables qui peuvent en résulter pour la société et la liberté des hommes, des femmes et des familles. C'est là un des problèmes majeurs des années qui viennent. Des solutions peuvent et doivent être trouvées.

Des problèmes analogues sont posés par l'évolution de l'organisation de la Santé en général. L'objectif de cette organisation doit être de garantir à tous la médecine la meilleure possible, une médecine qui assure à chacun le maximum de bien-être physique et mental, le maximum aussi de possibilité d'épanouissement de ses aptitudes individuelles. Il faut pour cela former les praticiens, aménager les équipements, assurer la répartition des uns et des autres en fonction des besoins des populations. Pourrait-on laisser aux praticiens la liberté totale de s'installer où ils veulent ? L'on sait qu'à l'heure actuelle la démographie du corps médical traduit de très grandes inégalités suivant les régions considérées. Si les officines pharmaceutiques ne peuvent s'ouvrir, si les hôpitaux, plus généralement les établissements de soins publics ou privés, les équipements lourds, ne peuvent être installés que suivant des règles établies par l'autorité publique, les membres du corps médical en revanche comme ceux des professions paramédicales libérales conservent la liberté de leur installation. Une telle situation peut-elle durer ? Peut-on compter sur l'intérêt bien compris des professions intéressées pour espérer que les praticiens se distribuent spontanément en fonction des besoins ? La réponse n'est pas certaine.

D'autre part l'égalité d'accès aux soins médicaux implique l'élimination des obstacles financiers pouvant rendre malaisé à une fraction plus ou moins importante de la population le recours à certains praticiens ou à certains équipements. A défaut de la gratuité totale, qui impliquerait sans doute l'organisation d'un service public de la Santé englobant l'ensemble des activités médicales et paramédicales, encore faut-il que des mécanismes appropriés assurent la prise en charge sinon de la totalité au moins de la majeure partie du coût des soins médicaux. Ces mécanismes existent : assurances sociales, mutualités, etc. Leur efficacité n'a cessé de s'accroître. Elle est cependant loin de réaliser une égalité entière devant les soins. C'est là encore un problème essentiel des années qui viennent.

Problème d'autant plus important que les soins médicaux se font de plus en plus coûteux, et que la prise en charge de ces coûts par des mécanismes collectifs entraîne des prélèvements sur les revenus nationaux comme individuels de plus en plus élevés, donc de plus en plus mal supportés. C'est une des préoccupations majeures des organismes couvrant les dépenses de santé et des pouvoirs publics en général que d'assurer une maîtrise meilleure de la croissance de ces dépenses. Certains résultats ont déjà pu être obtenus, au prix de grincements de dents de plus en plus marqués. D'un côté l'on fait valoir que la santé n'a pas de prix et qu'il ne doit pas y avoir de limite aux dépenses qu'elle implique, de l'autre il apparaît difficile, sinon impossible, de voir croître indéfiniment le coût de ce secteur. Il y a là des contraintes qui touchent toute l'organisation et tout le fonctionnement des professions et des institutions médicales.

Dans tous les aspects des problèmes ainsi soulevés apparaît donc la nécessité de rechercher un équilibre entre liberté et contrainte. Chacun a le souci de pouvoir librement choisir le praticien qui le traitera, l'hôpital où il sera soigné ; et c'est à coup sûr une condition de l'établissement de relations confiantes entre praticiens et clients, facteur essentiel de l'efficacité des soins. Mais en même temps les clients sont-ils toujours en mesure de faire un choix éclairé ? Ne sont-ils pas souvent attirés par des considérations étrangères à la qualité des soins ? Comment protéger les clients contre leurs erreurs d'appréciation ? Parfois même il ne peut exister aucune possibilité de choix, du fait de l'inégale répartition géographique des praticiens et des équipements. Les clients ne sont-ils pas naturellement en état d'infériorité en face de praticiens qu'ils comprennent mal et qui jouissent du prestige de leurs connaissances et de leur standing social ?

Il faut ajouter que parfois, sinon souvent, il n'est pas pratiquement possible de donner les mêmes soins à tous ceux qui en sont justiciables parce que les moyens existants ne le permettent pas. Qui alors va décider du choix de ceux qui seront traités et de ceux qui ne le seront pas ? Le praticien bien souvent hésite à assumer une telle responsabilité. Sera-t-elle alors le fait du hasard, ou des relations personnelles, ou des ressources de l'un ou de l'autre ? Problème grave et qui ne comporte aujourd'hui aucune solution.

Les progrès des sciences médicales donnent aux praticiens des pouvoirs constamment accrus qui vont jusqu'à inquiéter ces derniers. Tel est le cas des manipulations génétiques qui peuvent demain aboutir à modifier profondément la personnalité d'un individu en agissant sur les gènes qui déterminent cette personnalité. De là la floraison, réclamée de plus en plus, de Comités d'Ethique auxquels chercheurs et praticiens demandent une garantie pour leur conscience et leur responsabilité éventuelle. L'intervention de tels Comités deviendra-t-elle obligatoire ? Comportera-t-elle des contraintes ? Voilà encore un aspect du problème de la Santé et de la liberté.

Par delà même les manipulations génétiques à fins thérapeutiques ou eugéniques, l'évolution des recherches scientifiques dans le domaine biologique permet de penser que dans un avenir plus ou moins proche l'homme sera en mesure d'agir sur les gènes ou les hormones qui commandent le vieillissement et de maintenir pendant une durée plus ou moins longue les aptitudes physiques et intellectuelles. De même que l'on sait déjà agir sur les hormones de la croissance, il n'est pas exclu que dans quelques dizaines d'années, la durée de la vie humaine s'accroisse jusqu'à 120, 150 ans, qui sait ? peut-être 200 ans. Il n'y a là qu'une éventualité, mais elle est possible, et entraînerait un bouleversement profond dans les conditions d'existence des populations comme dans toute l'organisation économique et sociale. Même serait-ce à longue échéance, il convient de s'y préparer.

***

A chaque instant, sur chaque question, nous rencontrons le dilemme, l'opposition entre liberté et contrainte. Ce dilemme, cette opposition, naissent du fait que l'homme est un être social. Il est appelé à vivre avec d'autres hommes, dans des groupes plus ou moins larges dont les intérêts et les besoins ne se confondent pas avec ceux de chaque individu. De là est née la préoccupation des *droits de l'homme,* droits de l'individu en face de la, des collectivités diverses tendant à lui imposer leur loi. L'homme, la femme, ont besoin de la, des collectivités pour satisfaire leurs besoins, pour développer et épanouir leurs possibilités propres. La, les collectivités, de leur côté, reposent sur les hommes et les femmes qui les composent. Elles ne doivent avoir d'autre fin que la protection et l'amélioration du sort de ces hommes et de ces femmes. Mais leur organisation, leur efficacité impliquent des structures, l'aménagement de rapports inégaux, conduisant dans chaque collectivité à l'exercice d'un pouvoir par un individu, ou par un groupe d'individus, qui peuvent être portés à donner la priorité à la satisfaction de leurs propres besoins ou aspirations, ou des besoins ou aspirations de certaines fractions des membres de la collectivité, par préférence à d'autres. Selon la formule célèbre, « tout homme qui a du pouvoir est porté à en abuser ». Pendant des siècles, peut-être des millénaires, les hiérarchies traditionnelles ont été acceptées ou subies comme une nécessité naturelle, ayant souvent même une base divine. Il a fallu une longue évolution historique, économique et sociale, pour que se fasse jour l'idée de Droits de l'homme devant s'imposer aux Gouvernements et fixer des limites à leurs pouvoirs.

Si les droits de l'homme pris dans leur ensemble apparaissent aujourd'hui comme une des bases essentielles de notre culture, de notre civilisation, ils n'en concernent pas moins des réalités très différentes, principalement de deux ordres : des droits civils et politiques, d'une part, des droits économiques et sociaux de l'autre.

Les droits civils et politiques ont été affirmés les premiers. Ils sont inscrits dans les premières « Déclarations des Droits », celle de la Constitution des Etats-Unis d'Amérique, la Déclaration française des Droits de l'Homme et du Citoyen de 1789. Ces droits sont consacrés comme des droits *naturels,* inhérents à la nature humaine. Il n'y a pas à les créer, mais simplement à les constater, à les déclarer. Ces droits s'expriment fondamentalement en des libertés : la liberté d'aller et de venir, de quitter ou de regagner le pays dont on est ressortissant, la liberté de penser et d'expression de la pensée, la liberté de conscience et de religion, l'interdiction de tout travail forcé ou obligatoire, donc l'exclusion de l'esclavage, la liberté, donc l'intimité, de la vie privée, le droit à une vie familiale normale, l'exclusion, au regard de tous ces droits, de toutes les libertés, des distinctions de tous ordres, fondées notamment sur le sexe, la race, la religion, la langue, la couleur, les opinions politiques ou autres, l'origine nationale ou sociale, l'appartenance à une minorité, la fortune, la naissance, ou toute autre situation. Au regard de ces libertés, le rôle des pouvoirs publics est d'abord de s'abstenir de toute restriction, ensuite de les protéger contre les atteintes qui peuvent leur être portées, que ce soit par d'autres individus ou par une autorité publique. Les auteurs des premières Déclarations allaient loin dans les conséquences de ces droits, de ces libertés. C'est ainsi qu'ils condamnaient l'existence même de tout groupement, association, société ou autre, apparaissant par nature comme impliquant une discipline interne, donc une restriction de la liberté des individus. Il est symptomatique qu'aucune mention ne soit faite de la liberté d'association dans la Déclaration des Droits de l'Homme et du Citoyen. Pour la même raison les hommes de l'époque voyaient avec méfiance tous les corps intermédiaires. La seule collectivité trouvant grâce à leurs yeux était la collectivité nationale, encore à la condition que celle-ci réduisît son activité à ses fonctions essentielles, sûreté intérieure et extérieure, justice, relations internationales.

La seule limite reconnue aux libertés résidait dans les libertés des autres. Chacun avait le droit de faire tout ce qui ne nuit pas à autrui. Principe à la vérité particulièrement malaisé à mettre en œuvre, l'exercice de toute liberté comportant rapidement une atteinte plus ou moins forte à la liberté des autres. La collectivité, à travers la police ou la justice, se voyait attribuer comme rôle essentiel, celui d'arbitrer entre les libertés des uns et des autres, d'assurer un équilibre raisonnable entre les droits des individus. Tâche difficile entre toutes.

C'est que les principes de liberté ainsi affirmés impliquaient aussi l'égalité naturelle des hommes : « les hommes naissent et demeurent libres et égaux en droit ». Cette égalité supposant qu'il appartient à chacun de se faire dans la société par son propre effort la place qui lui revient, compte tenu de sa capacité, de ses talents, et de son travail. L'on sait que cette égalité théorique est apparue rapidement comme contredite par les réalités sociales. La liberté est devenue la loi du plus fort, reconnue chaque jour plus injuste, donc plus condamnable. Les faibles ont été amenés à s'unir pour s'opposer aux forts. Le droit d'association, avec les contraintes qu'à coup sûr il comporte, a spontanément reparu, en même temps que la collectivité a été amenée à intervenir pour protéger le faible contre le fort. De là toute une évolution des droits de l'homme, s'exprimant dans l'évolution des sociétés dans les pays modernes.

Cette évolution a été accentuée par l'importance croissante reconnue, à côté des droits individuels, civils et politiques, aux droits économiques et sociaux, droits individuels parfois, mais souvent droits collectifs. La caractéristique commune de ces droits est qu'ils ne peuvent prendre une réalité que par une action collective, le plus souvent même par l'intervention de la collectivité publique. Il ne s'agit plus simplement de droits qu'il suffit de proclamer et de protéger. Ce sont des droits qui ne trouvent leur signification que s'ils sont organisés, si des moyens sont mis en œuvre pour en assurer la réalisation. Le droit à la santé implique une organisation des soins médicaux, le droit à l'éducation, l'organisation de services d'enseignement. Il ne s'agit plus de simples libertés mais de véritables créances reconnues aux individus sur la communauté. Or, du moment où la ou des collectivités ont à intervenir, elles sont naturellement portées à poser des conditions à leur concours, donc à enfermer les libertés dans certaines limites. La liberté d'exercer des professions médicales devra se plier à des exigences à la fois d'efficacité et de limitation des coûts, la liberté de l'enseignement à des garanties quant à la capacité et à la moralité des enseignants, voire au respect de certains programmes.

C'est dans le domaine économique que le conflit entre liberté et intervention collective apparaît le plus nettement, au point que l'on peut contester que la liberté du commerce et de l'industrie, la liberté de l'activité professionnelle en général, soient au nombre des droits de l'homme. Sans doute affirme-t-on de manière générale le droit au travail, le droit pour chacun de choisir librement l'activité professionnelle qu'il entend exercer. Mais cet exercice même implique des restrictions essentielles aux libertés individuelles, se traduisant non plus comme l'esclavage des sociétés anciennes mais à tout le moins dans les contraintes s'attachant au travail effectué pour autrui, au salariat, base générale de la vie économique dans les pays modernes. C'est dans ce domaine que les libertés collectives, les droits collectifs, viennent recouvrir les libertés individuelles, et même, dans une large mesure s'y substituer. Tel est le cas du droit syndical et de la place qu'il occupe dans les relations du travail du monde contemporain, avec les contraintes qu'il implique non seulement pour les responsables de la vie économique mais aussi pour les syndiqués eux-mêmes, dont la discipline commande l'efficacité de l'action collective entreprise. Le droit syndical, le droit de grève, sont parmi les premiers des droits économiques et sociaux des travailleurs d'aujourd'hui.

Il faut aller plus loin. Parmi les droits économiques et sociaux les plus importants figure le droit à une vie familiale normale et le droit à un niveau de vie satisfaisant.

Le droit à une vie familiale normale suppose la définition par la collectivité d'un statut de la famille sur de multiples plans, juridique, économique, financier, social.

Le droit à un niveau de vie suffisant met de plus en plus en jeu une politique des revenus, et à travers elle, toute la structure de la vie économique, enfermant ainsi les rapports économiques dans des règles contraignantes, fort éloignées de la liberté du commerce et de l'industrie si souvent réclamée.

Il est légitime qu'il en soit ainsi, si l'on admet que la fin de l'économie est l'homme, dans son bien-être physique et mental, matériel et moral.

D'une manière générale, l'on constate une opposition fréquente entre les deux droits les plus essentiels de l'homme, le droit à la liberté et le droit à l'égalité. D'une part l'égalité juridique est contraire à l'inégalité de fait. D'autre part toute action tendant à réaliser plus d'égalité, parce qu'elle va à l'encontre des inégalités naturelles, implique des contraintes. Et ses résultats demeurent presque nécessairement incomplets. L'on ne réalisera jamais une égalité parfaite, car celle-ci impliquerait l'élimination des différences, et, indirectement du moins, de la liberté elle-même. Aussi importe-t-il de mettre l'accent, en ce domaine, sur l'égalité des chances. Il s'agit moins d'avoir une égalité totale que de permettre à chacun de disposer de toutes ses chances dans l'existence, en éliminant le plus possible les facteurs pouvant faire obstacle à la réalisation de ces chances. Tâche particulièrement difficile puisqu'elle implique, en raison même du fait qu'il n'y a pas deux personnes exactement semblables, une action individualisée, peu compatible avec la définition et la mise en œuvre de politiques d'ensemble. Ici encore c'est l'éducation qui est l'instrument essentiel, éducation conçue comme le moyen de faire prendre conscience à chaque individu de ce que sont vraiment ses possibilités et l'aider à développer au maximum cellesci, pour lui-même et pour la ou les collectivités dans lesquelles il est appelé à vivre.

L'objectif fondamental de toute l'organisation sociale au regard des droits de l'homme est en définitive de permettre à chacun d'assurer le respect de sa dignité. C'est à quoi d'ailleurs aspire, plus ou moins consciemment, tout homme ou toute femme. Toute l'histoire en témoigne. La naissance et l'évolution du mouvement ouvrier dans les pays industrialisés ont été dominées par un effort collectif des travailleurs salariés pour réagir contre le sentiment de leur infériorité dans la société moderne et accéder à une dignité supérieure. En France un représentant éminent du patronat français constatait en 1936 que le mouvement social de l'époque avait créé chez les travailleurs un sens nouveau de la dignité humaine. L'effort de décolonisation qui a marqué profondément la vie politique et économique internationale a été lui aussi dominé par un élan des populations des pays moins développés pour acquérir une dignité supérieure, une dignité égale à celle des populations des pays les plus anciennement évolués.

Or l'égalité de dignité ne peut se réaliser que par la solidarité, où se trouve en définitive la clef de la plupart des problèmes évoqués, la clef de la conciliation entre liberté et égalité, la clef de l'accès de tous à une commune dignité. Solidarité qui ne doit pas se manifester seulement ni peut-être principalement sur un plan matériel, par des mesures relevant d'une assistance des uns par les autres, impliquant des rapports d'inégalité, mais par la création et le développement, dans l'ensemble des populations, d'une solidarité consciente, d'un sentiment de solidarité, impliquant par lui-même le respect de la dignité éminente de chacun. Si l'on en est souvent bien loin aujourd'hui encore, malgré les affirmations verbales, cela signifie qu'un effort considérable est à faire et devrait commander toutes les orientations politiques, au plan local et national comme au plan international. Ainsi peut-on espérer faire chaque jour davantage à chaque personne humaine la place à laquelle elle peut légitimement prétendre.

La famille

La famille est en crise. Elle subit actuellement, en France, comme dans la plupart des pays évolués, des transformations profondes, au point que son existence même est mise en question.

Ce n'est pas la première fois qu'une telle crise se produit, que l'on oppose l'individu à la famille. Et pourtant c'est un fait général et universel que l'homme est un animal social. Dans tous les temps et dans toutes les civilisations l'homme a appartenu à des groupes, dont les membres étaient unis par les liens du sang ou de l'alliance. Sans doute ces groupes ont-ils pris des dimensions et des formes différentes dans l'espace et dans le temps, et l'histoire en révèle des modalités très diverses. Mais partout, et pendant des siècles, des millénaires, le groupe a compté plus que l'individu. L'individu n'a compté que par le groupe auquel il appartenait, et cette appartenance a été déterminée par la filiation d'abord et surtout, et aussi par l'alliance, certains hommes ou femmes passant d'un groupe à un autre en fonction d'habitudes ou de circonstances variées.

Dans le temps et progressivement, dans la plupart des pays, s'est précisée la notion d'une famille basée sur le mariage et la filiation, celle-ci principalement biologique, et parfois adoptive, établissant des liens entre ascendants et descendants et entre collatéraux. Cette famille, cellule fondamentale de toute société, s'est trouvée d'autant plus forte qu'elle a été aussi pendant longtemps la base principale des structures de la vie économique. La famille a été en effet non seulement le cadre normal de la reproduction de l'espèce mais aussi une unité économique de production, se confondant avec l'entreprise agricole, artisanale, plus tard commerciale, où chaque membre du groupe voyait son rôle déterminé par son âge, sa place dans la hiérarchie du groupe, et par ses aptitudes propres. Unité économique, unité sociale, la famille assumait aussi un rôle éducatif, transmettant les traditions morales et religieuses comme les pratiques professionnelles, et absorbant en fait les individus, hommes, femmes, enfants, de tous âges dans tous les aspects de leur existence.

Les transformations économiques liées à la révolution industrielle ont amené la dissociation de la vie professionnelle et de la vie familiale, les activités économiques étant exercées de plus en plus hors du cadre de la famille. En même temps l'affirmation, la proclamation des droits de l'homme ont entraîné la condamnation de tous les groupes, dont la discipline apparaîssait comme portant atteinte à la liberté individuelle. Le groupe familial s'est trouvé attaqué comme l'un de ces groupes, du fait même que les règles juridiques, religieuses, morales entraînaient pour les membres du groupe des contraintes de plus en plus mal supportées. La famille a été considérée comme une survivance du passé, une entrave au progrès de la liberté individuelle, fondement des sociétés modernes.

La famille n'en a pas pour cela disparu. Elle a perdu une large part de ses fonctions anciennes, son rôle d'unité de production, assumé de plus en plus par des entreprises existant en dehors d'elle, ses fonctions éducatives prises en charge dans une grande mesure par la collectivité, ses fonctions de transmission des connaissances et des traditions considérées comme périmées, son rôle d'organisation et de discipline de toute l'existence de ses membres. Mais elle est demeurée, sur le plan économique, une unité de consommation, et surtout elle a pris une valeur nouvelle comme base de la sécurité affective, du refuge affectif pour les siens.

Privée de ses cadres économiques et juridiques anciens, elle a reposé de plus en plus sur la volonté de ses membres. Elle a cessé d'être une institution pour demeurer la base de liens affectifs dont l'importance est devenue prépondérante. Cela explique que les sondages d'opinion auxquels il a été procédé dans les éléments jeunes des populations de la plupart des pays industrialisés ont révélé que ces éléments mettent les valeurs familiales au premier rang des valeurs auxquelles ils étaient attachés.

Mais un autre facteur est intervenu depuis quelques dizaines d'années : c'est la tendance croissante à l'émancipation féminine, et à la participation des femmes aux activités professionnelles sur un pied d'égalité avec les hommes. Il en est résulté la reconnaissance de plus en plus affirmée de l'égalité de la femme et de l'homme dans le couple, et aussi une diminution de la stabilité des liens familiaux, rejetés comme trop contraignants, et cela en dépit de la stabilité qu'exigerait la sécurité affective que recherchent dans la famille les membres du groupe et en particulier les jeunes. La famille reposant de plus en plus exclusivement sur la volonté de ses membres, la volonté d'un des membres du couple peut suffire à entraîner la dissociation du groupe. Non seulement le divorce est de plus en plus facile, mais la réticence à accepter même le minimum de contrainte qu'implique toute vie en commun, a entraîné et entraîne aujourd'hui une crise de la nuptialité, les couples n'ayant souvent plus qu'une existence de fait, malgré tous les inconvénients que présente, pour les relations sociales ou juridiques, l'absence de consécration officielle en droit d'une union de fait.

Un autre élément contribue à renforcer cette tendance : c'est que l'allongement de la durée moyenne de la vie humaine conduit à prolonger aussi la durée d'existence des couples, multipliant ainsi les risques de dissociation de ceux-ci.

Est-ce à dire qu'au moins à terme, la famille apparaisse condamnée ?

Il y a quelque trente cinq ans, j'ai reçu, étant Directeur Général de la Sécurité Sociale, la visite d'une délégation de la Ligue de l'Enseignement composée du Président et des membres du bureau de la Commission des Affaires Sociales de cette organisation, et qui me posa la question suivante : « nous savons que vous n'êtes pas réactionnaire ; nous savons aussi que vous êtes familial ; pouvez-vous nous expliquer comment on peut être familial sans être réactionnaire ? ». La réponse que j'ai faite est voisine de celle qui me paraît devoir être donnée à celle qui concerne l'avenir de la famille.

L'essentiel me semble être d'écarter les discussions de caractère idéologique. Il est sûr que les tenants de la famille se sont recrutés essentiellement en France, pendant longtemps, dans les milieux conservateurs. Il est non moins sûr que la famille du passé était à la fois hiérarchisée, contraignante, et facteur de conservation des traditions anciennes. Il est enfin également certain que les principes de liberté et d'individualisme issus de la Révolution française conduisaient à la condamnation d'une famille ainsi conçue. Et l'on comprend donc que les partis et les organisations défendant ces principes nouveaux et souhaitant en développer l'application regardent avec suspicion une telle institution.

Mais si l'on fait abstraction de ces considérations, que constatons-nous dans la réalité sociale d'aujourd'hui ? C'est que les problèmes sociaux auxquels nous sommes confrontés ne sauraient pour la plupart trouver de solution satisfaisante si l'on fait abstraction de la famille. Le niveau de vie de chacun n'est pas un niveau de vie individuel mais le niveau de vie du groupe familial auquel il appartient et dans lequel il vit : par la force des choses il est fait masse des revenus professionnels des membres du groupe pour en affecter la totalité à l'entretien de l'ensemble de ce groupe. La sécurité du travailleur n'est pas et ne peut pas être uniquement la sécurité individuelle de celui-ci ; aucun travailleur ne se sentira en réelle sécurité si celle-ci ne s'étend pas à l'ensemble des membres du groupe où il vit, à son conjoint, à ses enfants, voire à ses ascendants. Bien plus les chances de chacun, donc son avenir, sont largement fonctions de ce même groupe, soit que celui-ci contribue à son ascension sociale soit qu'il y fasse obstacle. Tout homme, toute femme s'élève ou descend dans la hiérarchie sociale avec sa famille, au moins sa famille proche. C'est dire que, sous un angle strictement réaliste et pragmatique, les problèmes sociaux sont, pour l'essentiel, non des problèmes individuels mais des problèmes familiaux.

Et il ne semble pas que les nouvelles tendances constatées à l'heure actuelle dans l'évolution de la famille modifient sensiblement cette situation. Bien plus l'attachement que montrent les jeunes aux valeurs familiales, comme la mission de sécurité affective qui apparaît aujourd'hui le rôle principal reconnu à la famille, confirment, s'il en est besoin, la place que conserve et conservera demain la famille dans les données de la vie sociale.

Il n'en demeure pas moins que la famille évolue, que la famille de demain diffèrera de la famille d'hier, et encore plus de la famille d'avant-hier, et qu'elle devra s'adapter à l'ensemble de l'évolution économique et technologique. Sa caractéristique essentielle sera, et est déjà largement, qu'elle reposera de plus en plus exclusivement sur la volonté libre de ses membres, et de moins en moins sur les contraintes juridiques, économiques, morales, religieuses, qui l'enserraient dans le passé. Il dépendra chaque jour davantage de la volonté des membres du couple, voire secondairement des ascendants et descendants, de faire de la famille ce qu'ils souhaitent en fonction de ce qu'ils en attendent.

S'il est vrai que la famille est et sera avant tout un centre de sécurité affective, il importe que les membres du groupe en prennent conscience, aménagent et infléchissent l'existence familiale dans le sens le plus favorable à la satisfaction de cette mission. Il faut pour cela que tous les membres du groupe, quel que soit leur âge, prennent conscience des responsabilités que cela implique pour chacun d'eux. Il faut qu'ils aient une égale conscience des changements qui interviennent nécessairement dans chacun des membres du groupe, au fur et à mesure que le temps passe et que l'effet de l'âge se fait sentir. Chacun, on le sait, vieillit à sa manière. Il est donc inévitable que les changements affectant les deux membres du couple puissent diverger et conduire à écarter progressivement l'un de l'autre. Il est important d'en avoir conscience et, pour chacun, de faire effort afin d'éviter les effets de cette évolution ou d'y remédier, afin de permettre au groupe familial de remplir efficacement son rôle de sécurité affective, lequel implique une stabilité suffisante des rapports familiaux.

Les relations entre les deux membres du couple, les relations entre eux et leurs enfants jeunes, puis grandissants, leurs relations aussi avec les ascendants de l'un et de l'autre, appelés à survivre de plus en plus longtemps, appellent toutes un effort volontaire de constante adaptation.

Quels que soient les mécanismes juridiques dans lesquels évolue la famille, tout homme, toute femme, tout enfant, toute personne âgée, participe à la responsabilité de la réussite de l'existence familiale. Cette réussite apparaît et apparaîtra comme une obligation morale essentielle de chacun.

Ce résultat appelle un effort éducatif constant, non pour imposer des dogmes, des règles de vie, mais pour créer, chez chacun et chez tous, la conscience des responsabilités qu'ils assument, et, par là même, de les mettre en mesure de prendre, à chaque étape de la vie, les décisions qui conviennent. L'éducation familiale et sociale, ainsi conçue, devrait être l'un des éléments essentiels de toute politique éducative s'adressant aussi bien aux jeunes qu'aux adultes et aux personnes âgées, en même temps que sans doute l'élément le plus important de toute politique familiale dans l'avenir qui nous attend.

Certes une telle éducation n'est pas aisée à mettre en œuvre. Qui seront les éducateurs ? Comment seront-ils formés ? C'est une tâche difficile qu'une éducation destinée non à transmettre des connaissances mais à créer chez des enfants, des hommes, des femmes, des personnes âgées, l'aptitude à comprendre une évolution lente et presque insensible, variant pour chacun, et à assumer la responsabilité des décisions qui engagent leurs lendemains. C'est un problème analogue que pose fondamentalement toute éducation civique, plus généralement toute éducation qui n'est pas seulement instruction, mais formation, préparation à assumer des responsabilités dans la vie individuelle et collective à l'avenir.

Je crois donc que la famille a un avenir, mais cet avenir est à ce prix.

La justice

Tout homme et toute femme aspirent à la justice. Tout homme et toute femme refusent l'injustice. Cela signifie que pour tout homme et toute femme existe une règle morale, une éthique, créatrice de droits et d'obligations.

Le fondement de cette morale, de cette éthique, est très controversé. Certains lui attribuent une origine métaphysique, un impératif divin. Pour d'autres l'éthique est le produit de la société, une règle d'organisation de la vie collective, née des exigences pratiques devant commander les relations entre les hommes au sein de groupes plus ou moins étendus. Il peut ainsi y avoir une éthique familiale, une éthique locale, une éthique nationale, une éthique internationale, et toutes varient dans l'espace et dans le temps en fonction même de la transformation des sociétés humaines. Si l'on en croit Henri BERGSON, la morale aurait deux sources différentes suivant que l'on envisage les règles courantes régissant la vie quotidienne et qui sont le produit de la raison humaine appliquée aux exigences de l'existence, ou des principes d'origine beaucoup plus profonde, expression d'une conscience individuelle qui dépasse la morale proprement sociale, et prenant un caractère plus ou moins religieux. La première de ces morales serait une exigence de la raison et correspondrait à des « sociétés closes », les règles qu'elle pose variant en fonction des caractères et des dimensions de ces sociétés. La seconde au contraire, définissant l'attitude de l'homme à l'égard de l'humanité prise dans sa totalité, impliquerait une « société ouverte », serait inhérente à la nature humaine elle-même, à la vie humaine. Henri BERGSON n'écrit-il pas qu'en donnant au mot biologique le sens très compréhensif qu'il devrait avoir, « toute morale, pression ou aspiration, est d'essence biologique ».

Ce n'est pas le lieu d'entrer dans les discussions métaphysiques sur les fondements de la morale. A mes yeux il y a bien deux ordres de règles morales : celles qui définissent les relations entre hommes à l'intérieur de diverses sociétés et qui reposent sur les exigences de l'organisation sociale, et donc sont essentiellement rationnelles, et celles qui trouvent leur fondement dans le respect de soi-même, attribut essentiel de la personne humaine, et trouvent leur application à l'égard de l'ensemble de l'humanité.

Toute morale repose sur la distinction du bien et du mal, des obligations et des interdictions. Le contenu en a toujours été essentiellement variable, dans l'espace comme dans le temps. Mais si l'on tente aujourd'hui de définir des règles de valeur universelle, par exemple dans la Déclaration Universelle des Droits de l'Homme, l'on sait combien différemment les droits proclamés sont en fait conçus, interprétés et appliqués. La justice, au sens large du terme, consiste à faire prévaloir le bien sur le mal, le juste sur l'injuste. Elle ne peut ignorer ces différences, même si l'on s'efforce et l'on doit s'efforcer de les réduire.

Que les règles morales soient commandées par l'organisation d'une société plus ou moins étendue, ou par le respect de soi-même par une personne humaine, elles s'imposent et doivent s'imposer. Sans doute la justice totale n'existe-t-elle pas. Précisément parce que chacun interprète la règle à sa manière, et souvent en fonction de ses intérêts, il est nécessaire de réaliser à tout moment un équilibre entre droits et obligations des uns et des autres. L'essentiel est de parvenir à une équité moyenne plus qu'à une justice absolue, à une équité totale, satisfaisant tout le monde.

D'autre part certaines seulement de ces règles morales trouvent des sanctions, soit du fait qu'elles sont inscrites dans la loi ou consacrées par des juges, la règle morale devenant alors règle de Droit, soit parce que les manquements provoquent une attitude de réprobation collective entraînant parfois des sanctions non juridictionnelles mais religieuses. Les autres règles, même sans sanctions connues, n'exercent pas moins sur la conscience de l'homme une pression contraignante.

Parmi les facteurs d'injustice une place particulière doit être faite à l'inégalité. L'équité veut que toutes les personnes soient traitées également les unes par les autres et par la société entière. Plus précisément les inégalités ne sont admissibles que dans la mesure où elles trouvent une justification dans des causes objectives, tels que le mérite ou le talent. C'est une source éternelle de conflits et de controverses que l'appréciation de ces justifications.

Qui va donc juger du bien et du mal, du juste et de l'injuste ? Lorsque la règle morale est devenue règle de droit, c'est d'abord le législateur qui en décide, en fixant les dispositions entraînant obligations et interdictions. Le législateur est supposé assortir de sanctions les règles qui correspondent à l'état des relations sociales dans le champ de sa compétence. Mais les mesures législatives ont, par définition, une portée générale, et leur application aux situations individuelles entraîne un monde de difficultés. D'autre part il est des principes, des règles, qui, sans être consacrés expressément par une loi écrite, sont regardés comme des règles de droit, parce qu'elles expriment des principes généralement admis ou résultent d'habitudes, de traditions ou d'usages. Dans tous les cas, c'est aux juges de dire le droit.

La fonction juridictionnelle pourrait, à première vue, paraître facile s'il ne s'agissait que d'assurer purement et simplement l'application de règles législatives précises et claires et dont les sanctions sont prédéterminées. Dans la réalité des choses, il en va tout autrement. Non seulement la loi elle-même laisse au juge une certaine latitude dans le choix des sanctions à prononcer en cas de manquements à ses dispositions, mais surtout la variété des situations appelle constamment la recherche d'un équilibre entre des intérêts contradictoires, une adaptation à des circonstances de lieu ou de temps insuffisamment prévues, souvent même l'élaboration par le juge de règles juridiques comblant les lacunes des textes écrits ou nécessaires pour résoudre des conflits non couverts totalement par ces textes.

Rien ne montre mieux l'importance de ce rôle du juge que les problèmes éthiques soulevés aujourd'hui par les progrès des sciences médicales. Les recherches poursuivies en ce domaine mettent en jeu de manière de plus en plus directe l'intégrité du corps humain, et impliquent même parfois la possibilité pour leur aboutissement d'atteintes à la personnalité de l'homme. L'on a chaque jour davantage le moyen d'agir sur les conditions de la procréation, sur le patrimoine génétique, sur le psychisme de l'individu. Ainsi peuvent se trouver en conflit les préoccupations scientifiques et la protection des droits essentiels de l'homme. Les chercheurs, conscients des responsabilités nouvelles qui de ce fait leur incombent, suscitent la création de « Comités d'Ethique » qui les guident et dégagent éventuellement leur responsabilité. Mais ceux-ci n'ont et ne peuvent avoir qu'une autorité morale. Et il est inévitable que le conflit des intérêts en présence aboutisse devant des juges. Or ceux-ci ne disposent d'aucune loi écrite, d'aucun critère objectif pour résoudre de tels conflits. Ils sont tenus cependant vis-à-vis des justiciables à dire le droit, ils sont amenés à créer le Droit, à élaborer eux-mêmes la règle qu'ils auront à appliquer. L'existence d'un droit jurisprudentiel n'est à coup sûr pas chose nouvelle. Mais cet exemple montre l'ampleur et la portée des décisions que les juges peuvent être amenés à prendre dans un pareil domaine.

Il en résulte aussi qu'en définitive, le juge est plus nécessaire que la loi dans l'élaboration et pour la mise en œuvre des règles juridiques. L'histoire d'ailleurs en témoigne. Dans toutes les relations entre les hommes, et aussi loin que l'on remonte dans le passé, le besoin se manifeste de mécanismes permettant de résoudre les oppositions d'intérêts entre individus ou entre groupes. A l'origine il est fait appel à un ou plusieurs arbitres ayant la confiance des intéressés ou s'imposant par le rôle qu'ils assument dans le groupe auquel ceux-ci appartiennent. C'est de manière progressive que sont désignés et formés des spécialistes, des juges professionnels, ou des tribunaux composés en tout ou partie de tels juges, et statuant au nom de la collectivité. L'on passe ainsi progressivement d'un arbitrage informel à une organisation juridictionnelle s'inscrivant dans les prérogatives de la puissance publique et bénéficiant des sanctions dont dispose cette puissance.

Cette évolution s'est poursuivie dans toutes les civilisations et pour tous les types de conflits, mais de manière plus ou moins complète ou rapide. Et il est des domaines où l'évolution est encore loin d'être parvenue à son terme. Tel est le cas des conflits collectifs du travail qui ont une importance croissante dans la civilisation industrielle, prennent la forme de luttes de forces entre les dirigeants des entreprises et la collectivité des travailleurs et s'expriment en grèves et en lock-outs. Si l'on reconnaît les droits de l'employeur et le droit de grève des travailleurs, et si quelques pays ont réussi à organiser partiellement des mécanismes de solution de tels conflits, il s'en faut de beaucoup que la force ait ici cédé la place au Droit et à l'intervention normale de juges. Tel est le cas également des conflits internationaux entre Etats souverains. Le droit international public, quelque développement qu'il ait pris au cours de la dernière période, demeure un droit incomplet et imparfait, tant que les mécanismes en assurant l'application ne sont pas en mesure d'aboutir à des décisions juridictionnelles sanctionnées efficacement. La guerre demeure malheureusement le moyen le plus usité pour résoudre les conflits, c'est-à-dire le règne de la loi du plus fort et non le règne du Droit. Le temps est sans doute encore lointain où, dans ce domaine, un ou des organismes juridictionnels seront en mesure de dire effectivement et efficacement le Droit, ou au moins d'assurer le respect effectif de ce Droit.

Une des difficultés essentielles des progrès à accomplir dans les domaines qui nous occupent est que les mécanismes mis en place reposent nécessairement sur des hommes. Les juges sont des hommes et des femmes comme les autres. C'est une tâche redoutable que de dire ce qui est bien et ce qui est mal et en tirer les conséquences. Quelque effort que l'on fasse pour former ces juges, il est inévitable que chacun ait ses propres conceptions, sa propre morale, et il est nécessaire d'aménager des mécanismes complexes pour assurer le meilleur équilibre possible des intérêts en présence, une égalité aussi complète que possible devant le Droit comme devant la justice, et la traduction la plus exacte de ce qui peut être regardé comme l'opinion commune des populations, comme les principes moraux et juridiques généralement admis par les uns ou les autres ou les sociétés auxquelles appartiennent les parties intéressées.

La tâche est encore bien plus difficile si les intérêts et conceptions en présence concernent des problèmes internationaux, des pays différents ayant des idées morales et juridiques différentes. Et comme les discussions juridiques ne couvrent qu'une faible part des domaines de la morale collective des individus, l'on conçoit la modestie qui doit commander toute appréciation du bien et du mal, du juste et de l'injuste.

Il n'en demeure pas moins la nécessité de souligner de manière constante et persévérante l'importance pour l'homme et pour les collectivités humaines de poursuivre un effort pour faire progresser les principes moraux applicables aux uns et aux autres.

La sécurité

Je suis frappé depuis longtemps de l'importance du facteur sécurité dans le comportement humain, dans les relations entre les hommes, dans l'ensemble de la vie sociale. Je suis non moins frappé de la place très réduite faite à ce facteur par les historiens et les sociologues. Je ne connais que le livre de DELUMEAU sur « La peur en Occident » qui ait tenté un exposé synthétique et historique en la matière.

Or le besoin de sécurité apparaît comme inhérent à la nature humaine, et cela à toutes les époques et dans toutes les civilisations. Aussi loin que l'on remonte dans le passé, les hommes ont vécu en groupes plus ou moins nombreux, dont l'une au moins des fonctions principales a été et demeure de se protéger contre les menaces extérieures, que celles-ci proviennent d'autres groupes humains, d'animaux ou de phénomènes naturels. La vie en groupe compense, du fait de l'addition des moyens des membres du groupe, la faiblesse individuelle par la force collective. Le groupe, la collectivité, est un instrument de sécurité, indépendamment de ses autres fonctions.

Le besoin de sécurité se manifeste aussi à travers les religions, quelle que soit l'orientation de ces dernières. La religion d'une part fournit l'explication des phénomènes que la raison humaine ne permet pas de comprendre, et d'autre part tend à satisfaire au moins partiellement le besoin de sécurité en apportant à l'homme le sentiment que des forces spirituelles extérieures, toutes puissantes parce que divines, lui garantissent à la fois la justice et surtout, par delà la mort, une survie où une justice totale compensera les vicissitudes de la vie terrestre.

L'histoire nous apprend qu'à travers la permanence du besoin de sécurité, celui-ci prend des formes et entraîne des conséquences variant dans le temps et dans l'espace. Pendant longtemps, pendant des siècles, peut-être des millénaires, les menaces créant l'insécurité sont venues, comme il a été dit, soit des autres groupes humains, soit des autres espèces vivantes, soit des phénomènes naturels. Il s'est agi alors de parer à ces menaces en organisant une ou des défenses collectives, une protection soit matérielle soit humaine. Cela a été un des rôles essentiels des sociétés humaines, dont les dimensions n'ont cessé de croître au fur et à mesure qu'est apparu le besoin de forces plus importantes, donc de groupes aux effectifs plus nombreux, pour faire face aux menaces extérieures. A l'intérieur même de ces sociétés, une insécurité est née des conflits entre les membres du groupe, appelant l'aménagement d'un ordre, d'une discipline, qu'il s'agisse de se protéger contre l'ennemi extérieur, les animaux sauvages, les éléments naturels, ou d'assurer l'ordre intérieur. La satisfaction du besoin de sécurité a commandé l'aménagement même de la vie sociale, l'élaboration des structures politiques.

La féodalité est un exemple des phases traversées par l'évolution de la société, dans la mesure où les hommes et les familles se sont placés sous la protection d'un « seigneur » en aliénant en contrepartie une part de leurs libertés individuelles et de leurs ressources économiques. L'apparition et le développement de l'Etat ont correspondu à une autre phase de la même évolution, les hommes exploités, voire asservis par la féodalité ayant eu tendance à faire appel à un souverain en mesure de s'imposer aux seigneurs féodaux. Puis, tout homme ayant du pouvoir étant porté à en abuser, les populations ont de moins en moins bien supporté les contraintes de plus en plus arbitraires issues du souverain, donc de l'Etat, et ont cherché à s'en libérer. Montesquieu n'a-t-il pas écrit que la liberté n'est autre chose que la sécurité du citoyen et la conscience qu'il en a ? La sécurité contre l'arbitraire de l'Etat, contre le souverain, a correspondu à une nouvelle phase de la recherche de la sécurité.

Mais en même temps qu'évoluaient ainsi les formes politiques du besoin de sécurité apparaissent et se développent des formes économiques de ce besoin. A côté des garanties contre l'ennemi extérieur, le banditisme intérieur, les événements naturels, l'homme a eu de plus en plus le souci de la sécurité de ses moyens d'existence, de la stabilité de la jouissance de la terre, essentielle dans des économies fondamentalement rurales, de la garantie de la stabilité des exploitations artisanales, notamment par les corporations et leur réglementation, de la garantie aussi tout simplement des ressources lorsque la maladie, l'accident, l'âge mettent dans l'impossibilité de se les procurer par le travail, et cela au moyen d'une entr'aide mutuelle, une assistance collective de la communauté locale ou des institutions religieuses.

L'aspect économique du besoin de sécurité va prendre une ampleur nouvelle avec la Révolution industrielle qui, d'une part, va entraîner l'urbanisation croissante des populations, les privant ainsi de la sécurité relative qu'apportait la jouissance de la terre, et d'autre part va généraliser le salariat, l'homme, la famille vivant de plus en plus exclusivement de la rémunération perçue en contrepartie du travail fourni à une entreprise industrielle ou commerciale de plus en plus importante. Alors que, pendant toutes les périodes antérieures, la famille, le groupe familial, avait été l'instrument essentiel de la sécurité économique, l'activité collective du groupe garantissant en général les moyens d'existence de ce groupe en compensant l'indisponibilité de certains membres du groupe par le travail des autres, la famille ouvrière moderne, vivant au jour le jour du travail du chef de famille, n'est plus en mesure d'assumer efficacement cette fonction lorsque celui qui gagne le pain de tous se trouve défaillant.

La solution du problème ainsi posé a été recherchée dans de multiples voies. Les unes ont été le prolongement des initiatives collectives des périodes antérieures : les groupements d'entr'aide mutuelle, sociétés de secours mutuels ou autres, ont pris une vitalité nouvelle. L'épargne individuelle ou familiale a été encouragée. Des sociétés commerciales ont organisé des systèmes d'assurances. Des législations nouvelles ont tendu à la fois à protéger les travailleurs contre leur élimination arbitraire de leur emploi et à créer un droit à une assistance de la collectivité en cas de défaillance des ressources professionnelles. Quelles qu'aient été ces institutions, celles-ci sont apparues insuffisantes à satisfaire les besoins de plus en plus importants avec les développements de plus en plus rapides et de plus en plus considérables de l'économie moderne. Les changements techniques, le déclin de certaines branches d'activité et l'expansion de certaines autres, les mutations démographiques, une concurrence internationale de plus en plus active, ont été l'origine d'une insécurité de plus en plus marquée.

De là la floraison de systèmes de Sécurité Sociale tendant à organiser, sur le plan national, une solidarité générale contre les menaces de tous ordres nées des conditions de la vie économique moderne pour des travailleurs salariés d'abord, pour l'ensemble des populations ensuite. C'est une nouvelle étape, la forme contemporaine de l'effort qu'exige la recherche de la satisfaction du besoin de sécurité.

Certains, à coup sûr, se sont demandé si la sécurité ainsi souhaitée n'était pas génératrice d'une paralysie des initiatives nouvelles, et s'il était toujours heureux d'éliminer à l'excès les risques de la vie. Certainement il y a des hommes et des femmes pour qui le risque est un stimulant, une incitation à l'effort, à l'innovation. Mais il faut reconnaître qu'il s'agit là le plus souvent de cas exceptionnels. L'expérience montre que les contraintes nées de la faiblesse des ressources, de l'inquiétude du lendemain, paralysent les initiatives plus qu'elles ne les suscitent, et que la sécurité acquise s'exprime en une libération, source d'initiatives fécondes.

Il en va d'autant plus ainsi que de nouveaux facteurs d'insécurité sont apparus. Non seulement la réduction des dimensions de la famille, l'instabilité croissante des liens familiaux, privent-elles les hommes et les femmes du facteur essentiel de sécurité que constitue l'appartenance à un groupe familial solide et uni, mais il est de plus en plus difficile de garantir sa sécurité par les moyens du passé. L'épargne individuelle ou familiale, si elle n'a pas disparu, ne permet plus de faire face à l'importance des menaces de la vie économique contemporaine. Bien plus hommes et familles vivent aujourd'hui de plus en plus à crédit. Or l'endettement est un facteur nouveau et très important d'insécurité. Toute perte, toute diminution des revenus provenant du travail, met en effet l'homme ou la famille en difficulté pour faire face à l'amortissement des dettes qu'il a contractées. Et l'on sait d'ailleurs que cette situation n'est pas propre aux individus et aux familles mais s'étend aux Etats eux-mêmes, en particulier aux Etats en voie de développement.

En même temps les progrès de la science conduisent à une médecine de plus en plus sophistiquée, donc de plus en plus coûteuse, chaque progrès contribuant à la mise en œuvre de techniques complexes, auxquelles tous, quelle que soit l'ampleur de leurs ressources, prétendent à juste titre avoir accès. De plus l'évolution démographique entraîne l'accroissement rapide du nombre des personnes âgées, et surtout très âgées, dans les populations, avec les conséquences qui en résultent pour les affections, maladies ou invalidités, dues à l'âge. L'acquisition même des connaissances nécessaires à l'accès aux activités professionnelles exige des études de plus en plus longues et coûteuses, condition indispensable pour assurer la mise en œuvre des techniques nouvelles. Ainsi la population active, réduite en importance par la diminution de la natalité et l'allongement de la scolarité, doit faire face à des charges sans cesse accrues pour l'entretien des éléments inactifs, jeunes et vieux, sans que l'accès croissant des femmes à des activités professionnelles soit une compensation suffisante.

L'on ne saurait davantage sous-estimer le coût de la menace de conflits internationaux. L'on sait que les efforts accomplis pour donner une base stable aux relations internationales et garantir définitivement la paix n'ont eu qu'un succès très partiel. Tous les pays continuent à voir la seule garantie de leur indépendance et de cette paix dans un équilibre suffisant des armements et des forces armées. Il y a là un autre élément essentiel du coût de la sécurité à laquelle tous aspirent.

C'est dire que le besoin, la recherche de la sécurité, sous toutes ses formes, est et demeurera une préoccupation essentielle de toutes les populations, de tous les pays, de tous les Gouvernements et de toutes les institutions internationales. C'est dire aussi que l'effort à faire et à renouveler et développer constamment est considérable, et que le résultat ne peut être atteint qu'en combinant actions individuelles et collectives dans un effort de solidarité de plus en plus large, de plus en plus conscient et de plus en plus persévérant.

La religion

Ainsi que je l'ai déjà rappelé, j'ai été élevé en une totale liberté de pensée. Si j'ai eu dès ma prime jeunesse entre les mains des ouvrages d'histoire sainte, qui ont contribué à me permettre de comprendre l'histoire tout court et aussi les œuvres d'art liées aux religions, je n'ai jamais été ni contraint ni même incité à adopter une religion, ni à croire à l'existence d'une divinité.

Que peut représenter la religion pour quelqu'un qui ne croit pas en Dieu ? Telle est la question à laquelle je voudrais tenter une réponse.

C'est un fait que l'immense majorité des hommes et des femmes actuellement vivants, et il en va ainsi depuis des siècles, peut-être des millénaires, appartiennent à une religion. Il y a là donc un phénomène de portée universelle, inhérent à la nature humaine.

Une première réponse à la question posée peut être toute simple : c'est qu'il existe un Dieu ou des Dieux, c'est-à-dire une ou des puissances extraterrestres qui dominent l'humanité, commandent les éléments naturels, sont à l'origine de la matière et de la vie, en déterminent l'organisation et l'articulation , et ont des pouvoirs souverains non seulement sur notre planète mais sur l'univers pris dans sa totalité, dans son existence, dans son passé, dans son avenir. Toutes les « preuves de l'existence de Dieu » proposées par les théologiens reposent plus ou moins sur la constatation que la complexité, la rationalité de l'articulation de tous les éléments qui nous font et qui nous entourent ne peuvent s'expliquer que par le jeu d'une volonté supérieure, jouissant de raison et de pouvoirs illimités.

Pour qui appartient à la petite minorité n'acceptant pas cette assertion, il faut chercher ailleurs l'explication du phénomène religieux.

Cette explication ne peut, semble-t-il, se trouver que dans la constatation de besoins tenant à la nature humaine et dont la satisfaction n'a pu être obtenue que par ce moyen.

Le premier de ces besoins essentiels réside dans la caractéristique fondamentale de l'homme d'être un animal doué de raison, ce qui le distingue des autres représentants du monde animal. La « raison » implique le besoin de connaître les causes des phénomènes de tous ordres constatés quotidiennement, qu'il s'agisse de phénomènes matériels ou de phénomènes psychiques, permanents ou passagers, proches ou lointains, dans leur existence, dans leur articulation, dans leur évolution. C'est dans la mesure où, par le jeu de la raison, l'homme ne parvient pas à déterminer ces causes qu'il est amené à les attribuer à une origine divine.

Ainsi s'explique la place considérable des phénomènes religieux dans les populations primitives qui ne disposent que d'un ensemble très limité de connaissances leur permettant, par la seule raison, d'expliquer les phénomènes de la vie quotidienne : chez ces populations tout est divin. Ainsi s'explique aussi la diminution constante du champ des religions avec le développement des sciences, des connaissances de tous ordres, qui caractérise l'ensemble de l'évolution de l'humanité à travers les siècles. Si importantes que soient aujourd'hui ces connaissances, il y a certes et il y aura sans doute toujours des phénomènes dont on ne parvient pas à donner une explication rationnelle, tels le fait constaté que l'homme soit doté de raison, alors que l'animal ou le végétal en soient privés, ou encore le passage du physiologique au psychique.

L'expérience du passé et l'ampleur des phénomènes attribués à une origine divine et aujourd'hui expliqués rationnellement du fait des progrès de la science, témoignent que l'attribution à cette origine est trop souvent une solution de facilité et que l'homme serait sans doute souvent mieux inspiré d'avoir l'humilité de reconnaître son ignorance et son impuissance plutôt que d'avoir recours à l'explication par une intervention divine.

Le besoin éprouvé par l'homme de faire appel à la divinité s'explique aussi en partie par la difficulté, voire l'impossibilité où se trouve l'être humain de concevoir la notion d'infini, qu'il s'agisse d'infinité dans l'espace ou d'infinité dans le temps. Les hommes vivent dans un cadre fini, quelle qu'en soit la plus ou moins grande extension et leur raison est mal adaptée à l'absence de limite. L'explication, la recherche des causes, ne sont rationnellement conçues qu'en fonction d'un espace et d'un temps ayant des limites connues ou concevables. Faire remonter les origines de l'homme, et plus encore de la terre, du soleil, voire de l'univers, à des millions d'années suppose une conception des choses difficilement accessible à l'homme. Et il en va de même des distances comptées en millions d'années lumière, qui, nous le savons aujourd'hui, nous séparent de la multitude des astres visibles — et même invisibles — dans notre ciel. L'infini tend alors à devenir un attribut de la divinité parce qu'il est inconcevable par l'esprit humain.

Un deuxième ordre de facteurs concourent à la même conclusion. C'est le refus instinctif de l'homme d'admettre la limitation de la durée de son existence propre. L'homme a toujours eu et continue à avoir tendance à considérer que la brève durée de son passage sur terre, donc de l'existence de son enveloppe corporelle, ne constitue qu'une partie de la durée de sa personnalité. Il est amené ainsi à opposer l'immortalité de l'âme à la mortalité du corps. Bien plus, conscient des anomalies révélées par la comparaison des existences d'un individu à l'autre, des inégalités peu justifiables, plus encore des injustices souvent criantes résultant de la prospérité de certains, de la détresse des autres, de l'absence de récompenses ou de sanctions terrestres pour les bons et les méchants, l'homme est facilement conduit à la conviction que la mort n'est qu'un passage dans un autre monde où seront rétablies des relations plus conformes à l'éthique, à la justice, et où les justes seront récompensés et les méchants punis. L'aspiration à la justice conduit à la croyance en une justice exercée et garantie par la ou les divinités. Cette aspiration correspond également à un autre besoin fondamental inhérent à l'homme et qui est le besoin de sécurité. La religion, par tout ce qu'elle apporte, par elle-même et par l'action des ministres des cultes, est un élément important de satisfaction de ce besoin.

Tels paraissent être les facteurs essentiels qui ont conduit les humains, sous des formes diverses, à croire à l'existence d'une ou plusieurs divinités et à les concevoir le plus souvent comme ayant une forme humaine. Ainsi que l'écrit Salomon REINACH (« Orpheus », page 254) « aux différentes époques que la civilisation a traversées, l'humanité a fait la divinité à son image et l'évolution de cette image est une partie essentielle de l'histoire même de l'humanité ». Contrairement à l'opinion communément admise et d'après laquelle Dieu aurait créé l'homme à son image, c'est bien en réalité l'homme qui a créé la divinité à son image et a modelé cette image au fur et à mesure qu'avec les progrès de la civilisation il évoluait lui-même physiquement, intellectuellement, moralement.

Les initiatives spontanées ainsi prises par les hommes, sous des formes variant suivant les continents et avec l'évolution des connaissances et des cultures, ont été modelées par des hommes exceptionnels qui, par leur rayonnement propre, ont été les fondateurs ou les promoteurs des diverses religions. L'on a vu des apôtres, des prêtres, mettre en forme les conceptions souvent confuses se dégageant des aspirations et des besoins des hommes, les utiliser pour construire progressivement des systèmes de relations sociales, poser des principes moraux, fixer des règles de conduite prétendument issues de volontés divines et sanctionnées par ceux qui entendent ou prétendent parler au nom de la ou des divinités.

Les religions ont ainsi encadré l'humanité, orienté son développement, parfois imposant une discipline, une morale, parfois des sanctions, le tout dévié éventuellement en vue de satisfaire des ambitions individuelles ou les intérêts de certaines castes, parfois aussi favorisant des progrès culturels et moraux.

Cette évolution ne saurait être critiquée ou condamnée en elle-même. Traduisant des aspirations, des besoins communs à tous les hommes ou à ceux de grands groupes humains, elle est le produit de l'évolution des hommes qui en sont à la fois les auteurs et les sujets.

Les religions méritent le respect, dans toute la mesure où elles ont commandé l'évolution de l'humanité et demeurent la traduction de la foi sincère de ceux qui y adhèrent. Produits de l'esprit humain, elles ne sauraient cependant se voir attribuer des vertus transcendantales ni être reconnues comme reposant sur des vérités éternelles devant l'emporter sur les vérités scientifiquement établies.

Bien plus il est arrivé trop souvent que les religions ont été et sont encore l'origine de fanatismes, de violences, de guerres véritables que tout esprit raisonnable ne peut que condamner. Les principes moraux posés au nom de la religion ont été et sont encore trop souvent bafoués. Bien des religions ont fixé en règle que « tu ne tueras pas » ou encore que « tous les hommes sont frères », alors qu'au nom des mêmes religions les hommes se massacrent entre eux ou affirment des discriminations entre races ou entre sexes en opposition directe à la fraternité humaine. Ne doit-on pas en conclure, ici encore, que l'homme dont on sait qu'il est une combinaison imparfaite du bien et du mal, a créé Dieu à son image et que la perfection attribuée à un ou à des Dieux supposés totalement justes et bons n'est qu'une vue de l'esprit humain ?

L'Etat et la démocratie

Au temps où je fréquentais la Faculté de Droit, l'Etat était défini comme la personnification juridique de la nation. Les sociologues contemporains au contraire tendent à opposer l'Etat à la nation, l'Etat à la Société Civile, et réduisent l'Etat à l'ensemble des structures politiques et administratives qui commandent, au niveau central, la vie publique d'un pays. Pour moi, sur le plan juridique comme sur le plan éthique, l'Etat me paraît être le responsable de l'intérêt général de la population d'un pays, par opposition aux intérêts particuliers des individus et des groupes aux dimensions plus étroites.

Ceci implique donc d'abord que l'intérêt général ne se confond pas avec la somme des intérêts particuliers, qu'il a une existence propre, variant avec les circonstances de temps et de lieu, et qu'il existe au niveau d'un pays, donc d'un cadre géographique résultant d'une évolution historique qui a créé et développé une unité, une communauté de préoccupations, d'idées et d'intérêts à tous les hommes, à toutes les femmes, à toutes les familles, et même à toutes les collectivités, publiques ou privées, vivant dans ce cadre. Beaucoup, aujourd'hui comme hier, affirment la prépondérance de l'individu et ne voient dans un pays, dans une nation, qu'une somme d'individus. Je ne partage pas ce point de vue. Quelque importance que j'attache à l'individu, à la personne humaine, comme aux multiples groupes d'individus, familles, collectivités locales, communautés réunissant des individus ou familles à diverses fins, il me paraît manifeste qu'il existe, au-dessus de ces individus et de ces groupes, une communauté nationale qui les transcende.

Je n'aurai garde de proposer une nouvelle définition à la nation, tant l'on a déjà écrit sur ce sujet. Je me bornerai à constater que la nation est le fruit de l'histoire, et repose à la fois sur des éléments psychologiques, sur des intérêts économiques communs, et aussi sur des caractères communs et des relations affectives, affirmés de manière plus ou moins marquée, au cours d'une longue évolution, jamais achevée. Il est sûr également que la nation ne coïncide pas toujours avec le pays. Il y a des pays où coexistent plusieurs nations. Il y a des nations qui couvrent tout ou partie de plusieurs pays. En ce qui concerne la France, malgré la variété que traduisent les divers éléments de la population et la vitalité du régionalisme, l'on peut, sans grand risque d'erreur, affirmer que la nation coïncide avec le pays et correspond donc au même cadre territorial que l'Etat.

A ces divers égards, il me paraît vrai de dire que l'Etat s'identifie largement à la nation. Il a en charge l'intérêt national, l'ensemble des intérêts nationaux.

A ces multiples postulats s'en ajoute un autre, non moins important : c'est que l'intérêt général l'emporte et doit l'emporter sur les intérêts particuliers, individuels ou collectifs. L'Etat, qui est responsable de cet intérêt, a pour mission essentielle de le faire prévaloir. Il doit donc disposer et dispose en fait de moyens qui lui sont propres : le droit de prélever des impôts, d'exercer des contraintes, d'user de la force publique, d'assurer le fonctionnement de la justice, et, sur le plan international, la défense des intérêts nationaux dans les relations avec les autres Etats, au besoin par la force armée.

Cette priorité de l'intérêt général sur les intérêts particuliers, et donc cette prépondérance de l'Etat par rapport aux individus et aux groupes plus limités se sont exprimées de manière différente d'un pays à l'autre. C'est ainsi par exemple qu'en Angleterre, depuis des siècles l'on vit sur le principe que « the King can do no wrong », « le roi ne peut mal faire » et échappe donc aux règles normales régissant les responsabilités entre individus ou groupes privés. En France et dans les pays qui ont suivi son exemple, l'on a vu se développer progressivement un droit public distinct du droit privé, celui-ci applicable aux relations entre particuliers ou groupements privés. Le droit public français, création entièrement jurisprudentielle, repose avant tout sur deux principes généraux parallèles et complémentaires. Le premier est précisément la reconnaissance à l'Etat, pour assurer la satisfaction des intérêts généraux, de prérogatives lui permettant de faire prévaloir ces intérêts. Le second est que l'exercice de ces prérogatives est lui-même soumis au Droit et ne doit porter atteinte aux intérêts privés que dans la stricte mesure nécessaire pour satisfaire aux intérêts généraux, le juge se reconnaissant le pouvoir d'apprécier les limites à apporter aux prérogatives étatiques, de définir l'équilibre à observer entre ces prérogatives d'une part, les droits et intérêts individuels et privés d'autre part. Ces deux principes sont complétés par un troisième qui est la nécessité de respecter l'égalité devant les charges publiques : il n'apparaît pas admissible que, parmi les membres de la collectivité nationale, certains doivent, du fait de l'exercice des prérogatives étatiques, supporter une charge excessive par rapport aux autres. Non seulement la collectivité nationale doit réparer les conséquences du mauvais fonctionnement de ses services, ce qui évoque l'existence de « fautes de service », mais elle doit aussi indemniser ceux qui supportent, même du fait de l'exercice régulier des prérogatives publiques, donc dans l'intérêt de la collectivité nationale, une charge dépassant la part qui devrait leur incomber dans ces charges publiques.

De la combinaison de ces principes découle un ensemble complexe de règles et de mécanismes destinés à en assurer l'application, que ce soit dans les rapports contractuels entre les administrations et les particuliers ou collectivités privées, ou dans les atteintes portées soit aux libertés individuelles soit à la propriété privée, ou encore dans les droits et obligations des personnes collaborant à des titres divers aux activités de l'Etat.

Ayant passé l'essentiel de mon existence professionnelle au service de l'Etat, j'en emporte les observations et conclusions suivantes. Tout d'abord, il ne faut jamais oublier que les hommes et les femmes qui participent aux activités publiques sont des hommes et des femmes comme les autres, avec les mêmes qualités mais aussi avec les mêmes défauts, variant de l'un à l'autre. Il est donc normal que l'on constate parmi eux les mêmes imperfections que l'on critique chez ceux qui se consacrent à des activités privées. Toutefois, et parce que ces hommes et ces femmes ont la charge de l'intérêt général et exercent de ce fait des prérogatives dont ne peuvent se prévaloir des particuliers, ils doivent se voir imposer des devoirs, plus généralement des règles d'action, correspondant aux responsabilités qu'ils assument.

Cela signifie que les hommes et les femmes qui se destinent au service de l'Etat doivent recevoir une formation propre. Certes, l'intervention croissante de l'Etat dans des domaines nouveaux, réservés autrefois au secteur privé, la multiplication d'« entreprises publiques », font qu'une large part du personnel de l'Etat exerce des activités très voisines de celles des personnels des entreprises privées. Il n'en demeure pas moins que, au moins pour les personnes appelées à exercer des fonctions de direction, les objectifs sont largement différents, et que l'esprit n'est pas le même. Pour l'entreprise privée la fin est le profit et rien que le profit. Certes, il est souhaitable que les entreprises publiques réalisent des profits. Et d'aucuns pensent et disent que ce qui est bon pour l'entreprise privée est bon pour la collectivité, donc pour l'Etat. Et nul ne saurait contester que la prospérité des entreprises privées répond à l'intérêt général. Toutefois le service de l'Etat n'est pas principalement orienté vers le profit, mais vers l'intérêt général du pays. Et il est non moins évident que l'activité de toutes les entreprises privées n'est pas d'une égale importance pour l'intérêt général. Cela signifie qu'une des tâches essentielles de la formation des personnes responsables des activités étatiques doit être de leur donner le *sens de l'Etat,* et par là le sens de la priorité des intérêts généraux sur les intérêts particuliers et les conséquences qu'entraîne et doit entraîner pour leur comportement de tous les jours la mise en œuvre de cette priorité. Le sens de l'Etat s'exprime largement dans le Droit, mais aussi et plus encore, dans une éthique du service public.

Cette éthique implique pour les serviteurs de l'Etat une indépendance d'esprit et d'action à l'égard de toutes les pressions directes ou indirectes qui peuvent s'exercer sur eux. Il est des pays qui vont très loin en ce sens, interdisant aux fonctionnaires d'un certain rang toute activité politique, même l'appartenance à un parti ou à une organisation à caractère politique : c'est le cas du Royaume-Uni pour le personnel appartenant au « Civil Service ». En France l'on ne va pas aussi loin, et l'on ne conteste pas le droit de tout fonctionnaire, quel que soit son rang, d'exercer toutes ses prérogatives de citoyen. Il n'en demeure pas moins que l'appartenance à un parti ou à un groupement politique, quel qu'il soit, implique une discipline dont on ne saurait admettre qu'elle puisse influer sur l'exercice par le fonctionnaire de ses responsabilités, détourner l'intéressé du devoir qui lui incombe à l'égard de son service et des administrés. L'indépendance a pour corollaire l'objectivité dans les rapports avec la population, avec le citoyen, les contribuables par exemple. Elle implique qu'aucun intérêt particulier, fût-ce un intérêt personnel du fonctionnaire, ne puisse déterminer une décision ou même une attitude du fonctionnaire. Peut-être est-ce utopiste. Il peut être en effet difficile au fonctionnaire le plus strict d'oublier son intérêt ou celui de ses proches. J'estime pourtant que c'est là son devoir, et même un devoir essentiel.

De même le fonctionnaire ne doit jamais oublier qu'il est au service de la collectivité, donc de l'ensemble de la population, et qu'à ce titre il est responsable non seulement devant ses chefs hiérarchiques, mais aussi devant les citoyens, de l'exercice de ses activités. Ceci doit en permanence commander son attitude dans ses relations avec les administrés, avec la population entière, de même qu'avec les représentants de cette population exerçant le pouvoir politique. C'est à ces derniers qu'il appartient de définir ce qui est à chaque moment l'intérêt général, et, si le fonctionnaire qui aurait de cet intérêt une conception différente peut légitimement tenter de faire partager son point de vue par les responsables politiques, il est tenu de faire abstraction de ses préférences à partir du moment où les responsables se sont prononcés.

J'ai de la fonction publique, de ce qu'elle doit être, une haute idée, et j'ai toujours essayé de m'y conformer personnellement en toute circonstance comme de la faire prévaloir dans l'exercice de mes diverses activités. C'est là pour moi un élément essentiel de ma conception de l'Etat.

La mode aujourd'hui est de dire qu'il y a « trop d'Etat », et l'on cherche à réduire les activités étatiques pour rendre plus de liberté aux individus, plus de champ au secteur privé. Que faut-il en penser ? A coup sûr la tendance de la période récente a été, de manière constante, à étendre les compétences de l'Etat, à lui demander sans cesse davantage. Les circonstances y ont été pour beaucoup. En période de guerre où tout est subordonné aux exigences de la défense nationale, tous les pouvoirs doivent être concentrés au niveau des responsables de l'Etat. En période de pénurie, la nécessité de répartir équitablement les ressources disponibles amène l'Etat nécessairement à intervenir profondément dans les activités économiques, aussi bien pour l'organisation de la production et des échanges que dans la distribution des ressources. Le progrès des doctrines socialistes a contribué également à substituer l'Etat aux entreprises privées, à « nationaliser » des activités de plus en plus étendues. Est-on allé trop loin ? La réponse est largement commandée par les préférences doctrinales de chacun. Personne ne peut contester que la liberté de l'économie a permis un essor remarquable de l'industrie et l'élévation générale du niveau de vie qu'a connue le

19e siècle. Elle a entraîné aussi le développement d'inégalités choquantes, des conflits de classes, parfois des conflits internationaux. La liberté économique, c'est la loi du plus fort, l'élimination ou l'assujettissement des plus faibles. N'oublions pas le mot d'un célèbre théologien constatant qu'en ce domaine c'est la liberté qui opprime et la loi qui libère. Comme toujours l'on est porté à mettre l'accent à chaque moment sur les inconvénients de la formule qui prévaut, quelle qu'elle soit, et à en sous-estimer les avantages. Une entreprise vaut ce que valent les hommes qui la dirigent. Le choix de ces hommes est-il meilleur quand il résulte d'initiatives privées ou quand il est le fait d'autorités publiques ? Rien ne permet de l'affirmer. Sans doute des choix étatiques peuvent-ils être inspirés de considérations politiques étrangères aux exigences du meilleur fonctionnement des entreprises, mais il n'en va pas nécessairement ainsi. De son côté le jeu des mécanismes privés peut favoriser les hommes qui réussissent dans leurs initiatives et ont montré leur aptitude à réaliser des profits mais il peut aussi, par le mécanisme des successions familiales, amener à des responsabilités de direction des héritiers qui n'ont pas fait la preuve de leurs capacités. L'on retrouve enfin, ici encore, l'opposition possible entre l'intérêt général et les intérêts particuliers. Dans la mesure où ces intérêts ne coïncident pas et où le jeu des intérêts particuliers n'est pas conforme à l'intérêt général, il peut être préférable de confier le choix des dirigeants à ceux qui ont la responsabilité des intérêts généraux.

En vérité l'option est largement fonction des circonstances de temps et de lieu. Ici encore il s'agit de parvenir à un équilibre satisfaisant entre des positions apparemment inconciliables et qui cependant doivent se combiner pour assurer la satisfaction la meilleure des préoccupations et des intérêts en présence. Il ne faut pas oublier non plus que le problème de choix entre Etat et liberté est posé essentiellement au regard de l'économie, et que celle-ci, si essentielle soit-elle, ne trouve pas sa fin en elle-même, mais dans l'amélioration du sort des hommes pris individuellement comme collectivement. Et il n'est pas assuré que le jeu libre des intérêts privés soit toujours naturellement orienté vers cette amélioration, chacun étant spontanément porté à faire prévaloir son intérêt propre sur les intérêts des autres.

Il reste, et c'est sans doute l'essentiel, que l'Etat n'est qu'une entité et que son activité, ses succès et ses échecs, dépendent des hommes et des femmes qui en exercent les pouvoirs. Le problème est alors moins de savoir si l'Etat doit faire plus ou moins, que de confier des responsabilités étatiques à ceux qui sont les mieux faits pour les assumer. Dans le monde où nous vivons, particulièrement pour la France, comme d'ailleurs pour la plupart des pays qui l'entourent, c'est en définitive le problème de la démocratie qui se trouve alors posé. La loi fondamentale de la démocratie est que le pouvoir soit exercé par le « peuple », plus précisément par des hommes et des femmes représentant la population et qui ont la confiance de celle-ci. Or l'on sait que les mécanismes démocratiques sont loin d'être parfaits, et nul ne peut soutenir que le choix résultant de ces mécanismes soit toujours le meilleur. Mais ils sont, à mes yeux, les moins mauvais que l'on ait trouvés jusqu'ici. Ce qui importe le plus, c'est que la population se reconnaisse dans ceux qui exercent le pouvoir au nom de l'Etat, qu'elle se sente responsable de son Etat. Or ce résultat est très inégalement atteint d'un pays à l'autre. J'ai toujours été frappé de constater combien les Britanniques assument en général complètement la responsabilité de leur Gouvernement et se considèrent comme intimement liés à leur Etat. En France, au contraire, l'Etat est ressenti comme un adversaire, tout au moins comme un corps étranger auquel certes on demande beaucoup, mais dont on se méfie, et contre lequel l'on est naturellement porté à lutter. C'est chez nous un problème trop méconnu que celui qui se trouve ainsi posé.

C'est dire l'importance à donner, et cela de plus en plus, à un effort d'éducation civique. Il ne s'agit pas d'imposer, ni même de diffuser une doctrine officielle, mais simplement de mettre à même tous les hommes et toutes les femmes d'assumer la responsabilité de leur Etat, de les amener à considérer celui-ci comme leur chose, afin qu'ils en tirent eux-mêmes les conséquences aussi bien quant au choix des responsables que dans l'orientation à suggérer, voire à imposer à ces derniers dans l'exercice de leur mission. Education des jeunes, certes d'abord, mais aussi éducation des adultes, pour qu'à tout âge, chacun acquière à tout moment une connaissance suffisante des situations, des problèmes à résoudre, des données, des choix à faire, et « participe » ainsi vraiment à la vie politique. Notre système éducatif, depuis deux siècles, a par trop mis l'accent sur le développement de l'esprit critique, de l'individualisme, comme si chacun ne devait connaître que lui-même, et être avant tout mis en mesure de lutter contre les contraintes collectives, en oubliant que ces contraintes cessent d'être telles si elles sont librement consenties, voulues par ceux qu'elles concernent. C'est là, à mes yeux l'essence de la démocratie.

Bien sûr la tâche est difficile, car, dans le monde actuel, les problèmes collectifs ont une ampleur, une complexité telle qu'il est de plus en plus malaisé de les concevoir, de les embrasser, de les résoudre. C'est pourquoi, à mes yeux, l'effort d'éducation devrait être commencé par la base, chacun devant d'abord être amené à assumer des responsabilités collectives dans son atelier, dans son entreprise, dans son quartier, dans sa commune, à un niveau où les problèmes sont immédiatement perceptibles, concrets, et où chacun peut assez aisément se faire une opinion sur les intérêts en présence et les solutions à apporter. L'effort devrait ensuite être poursuivi au niveau supérieur, au niveau du département, de la région, enfin au niveau de l'Etat, et même des problèmes internationaux, tant les populations de nos pays sont de plus en plus interdépendantes.

C'est ainsi seulement que l'on parviendra à l'identification si souhaitable de l'Etat à la nation, et à faire du patriotisme le support total de l'action étatique. Il restera à élargir le patriotisme au niveau international, à l'Europe, aux continents, voire à l'humanité, à l'ensemble des hommes et des femmes dont nous sommes, que nous le voulions ou non, solidaires. Ainsi l'Etat, à son niveau, prendra-t-il toute sa signification, toute sa valeur.

Souvenirs

I

Enfance et adolescence

Je suis né à PARIS le 2 Novembre 1907, dans l'appartement de ma grand-mère maternelle, 36, avenue Henri-MARTIN (aujourd'hui Georges MANDEL), où ma mère était venue s'installer pour mettre au monde son premier né. Mon père était alors substitut du Procureur de la République à CORBEIL. J'étais le produit du croisement de deux familles très différentes. Mon père était issu d'une vieille famille israélite méridionale du Comtat Venaissin dont la trace est conservée à CARPENTRAS et qui n'est devenue française que par l'annexion du Comtat à la fin du 18e siècle, le Pape ayant alors abandonné la maîtrise de ce Comtat. Mon grand-père, venu de son midi à PARIS, était un commerçant moyen, se consacrant à des achats et ventes à la commission qui lui assuraient une honnête aisance. Je l'ai peu connu. Il était mort en 1913. Ma grand-mère, originaire de BAYONNE, se nommait Paule AGUILARD, avait sans doute une ascendance espagnole. Cultivée, elle n'avait, comme les dames de la petite et moyenne bourgeoisie de l'époque, aucune activité professionnelle. Ma famille maternelle était beaucoup plus cosmopolite. Ma mère était née en Angleterre d'un père d'origine italienne, d'une famille de Toscane qui avait compté des Evêques et un Général des Jésuites, et dont un descendant, après avoir servi dans les armées de Napoléon et atteint le grade de Général, était allé s'installer en Irlande où il avait épousé une jeune aristocrate anglaise dont les parents, appartenant à l'Eglise d'Angleterre, se considéraient comme des descendants d'Edouard III, roi d'Angleterre, et à travers lui, de Charlemagne. Mon grand-père maternel, Herman de RICCI que je n'ai jamais connu, avait appartenu au Colonial Service Britannique, et après avoir été Attorney Général aux Iles Bahamas, avait terminé sa carrière comme Gouverneur des Iles Fidji. Ma grand-mère maternelle était issue d'une famille MONTEFIORE originaire de LIVOURNE et qui a fourni des financiers à la France, à l'Angleterre, à la Belgique, et ailleurs, et a encore des descendants dans la grande finance internationale. Au début de notre siècle, ma grand-mère, avec ses cinq enfants, est venue s'installer à PARIS et a repris sa nationalité française d'origine. Elle gérait une fortune, qui, malgré des déboires, demeurait confortable, et se consacrait à de nombreuses œuvres sociales. Ayant acheté une importante propriété à COUCY-LE-CHÂTEAU elle devait, au lendemain de la guerre 1914-1918, participer activement à la reconstruction du bourg détruit en grande partie au cours des hostilités. Elle présida la coopérative créée à cette fin et, sans doute, si les femmes avaient pu à l'époque participer officiellement à la vie publique, eût joué un rôle important dans la vie de la commune. C'est chez elle que je suis né.

Le déroulement de mon enfance a été commandé par la carrière de mon père. Aîné de trois enfants il fit des études de droit, s'inscrivit au Barreau, puis, sur les conseils et avec l'appui d'un de ses oncles Edouard MILHAUD, sénateur de Lyon et ancien Ministre, entra au Cabinet du Ministre des Affaires Etrangères, alors DELCASSE, et de là passa dans la magistrature : successivement substitut du Procureur de la République à FOIX, puis à CORBEIL, il devait devenir, peu après ma naissance, Procureur de la République à BAR-SUR-SEINE, ensuite à DREUX, enfin à PONTOISE, avant de venir au Tribunal de la Seine comme Juge d'Instruction. Il devait poursuivre sa carrière dans le milieu judiciaire parisien jusqu'à la Cour de Cassation où il présida la Chambre des Requêtes jusqu'à sa retraite.

Mon enfance s'est donc passée d'abord en province. Parmi mes plus anciens souvenirs, il y a celui des inondations de 1910 et d'un retour de BAR-SUR-SEINE à PARIS ayant débuté dans un omnibus à cheval qui conduisait toute la famille à la gare en roulant dans l'eau ! Un deuxième enfant était né en 1909, le troisième en 1915 à DREUX. C'est dans cette dernière ville que je fis ma première expérience scolaire, en pleine première guerre mondiale. Je me souviens qu'élève au Collège Rotrou, j'appartenais à une classe réunissant à la fois des enfants de 8e et 7e, sans doute regroupés en raison de la mobilisation des professeurs de sexe masculin, sous la houlette de Mme GRANDJEAN dont je ne me rappelle guère que le nom. Dans cette classe il y avait notamment deux frères OUDIN dont je devais retrouver l'un en 1966, quarante-neuf ans plus tard, à l'Institut Pasteur où il était devenu un des chercheurs les plus éminents et les plus respectés. Mon père, ayant été mobilisé avant d'être nommé à PONTOISE en 1918, la famille est venue s'installer chez ma grand-mère maternelle qui avait déménagé du 36 au 22 de l'Avenue Henri-MARTIN. Ainsi fus-je amené à entrer au Lycée Janson de Sailly où je devais faire toutes mes études de la classe de 8e jusqu'au Baccalauréat.

J'ai eu dans les premières années de cette période des professeurs éminents relativement âgés, les enseignants jeunes étant sous les drapeaux. Ils se sont appelés successivement BAUDELAIRE, ADAM, PASCAL, MERLIN-LEMAS, MELLERIO, et je leur dois toute ma première formation, qui certainement a contribué au succès de mes études ultérieures. J'étais et j'ai toujours été un élève studieux, appliqué, à la recherche de bons résultats tout en tendant à douter de moi-même. J'étais un « bon élève » et j'eus, en 8e et en 7e, le prix d'excellence. Je ne crois pas cependant, bien que demeurant dans les bons éléments de la classe, avoir affirmé jusqu'à la 4e une personnalité particulièrement marquante. J'ai noué dès cette époque des amitiés avec quelques camarades de classe dont beaucoup étaient appelées à durer.

Le temps consacré à mes études pendant cette période a été

affecté par des problèmes de santé. Je suis passé par toutes les maladies habituelles de l'enfance : rougeole, varicelle, oreillons, coqueluche, scarlatine, toutes affections comportant alors de longues exclusions des établissements d'enseignement. J'ai même eu deux fois la scarlatine, en 1915 à DREUX et en 1918 à PARIS (peut-être du fait d'une erreur de diagnostic dans le premier cas) avec chaque fois isolement et régime alimentaire sans sel pendant quarante jours ! J'ai souffert aussi de troubles digestifs sous forme de crises d'entérite, ainsi que de rhumatismes articulaires regardés comme une suite de la scarlatine. Ma scolarité en a été perturbée, et l'on ne trouvera guère mon nom dans les palmarès des années 1918 à 1920. Je rappellerai que jusqu'à la disparition de l'ancien palais du Trocadéro, les distributions des prix du Lycée Janson de Sailly avaient lieu dans la grande salle de ce palais, avec une particulière solennité, les personnalités et le corps enseignant sur la scène, les élèves à l'orchestre, les parents dans les loges et aux balcons.

Il ne faudrait pas croire cependant que tout mon temps fût occupé par les études. Les vacances scolaires étaient déjà importantes. Je les passais en famille, presque toujours au bord de la mer. En particulier mes parents avaient acheté en 1914 une villa, en Bretagne, entre PARAMÉ et ROTHENEUF, en bordure de mer et je passais mes journées sur la plage, avec simplement interdiction par les médecins des bains de mer en raison de mes rhumatismes articulaires. La villa revendue en 1919, d'autres furent louées chaque année sur des plages différentes en Bretagne, en Normandie ou ailleurs. J'appréciais médiocrement ces vacances, étant peu sportif et la baignade étant exclue. Mes parents m'avaient incité à pratiquer divers sports : le tennis, l'escrime (je suivais un cours de fleuret au lycée), l'équitation. Je le faisais avec plaisir, mais avec un succès limité, donc peu encouragé. Je lisais en revanche beaucoup, m'intéressant surtout à l'histoire. Avec un petit groupe de camarades de classe nous avions même conçu l'idée bien ambitieuse de créer une « Académie de recherches historiques » et de consacrer nos premiers efforts à l'étude du siècle de Louis XIV, mais ces intentions firent long feu.

A partir de la classe de 4e et surtout de la 3e, je pris un goût très vif pour la langue et la littérature de la Grèce Ancienne. J'ai eu la chance d'avoir en 3e un professeur remarquable du nom de MOULINIER qui réussissait à nous enthousiasmer en littérature française, sur Chateaubriand, et pour toute la littérature classique grecque, aussi bien l'aspect historique, que le théâtre, l'époque homérique et même parfois PLATON. Ainsi fus-je conduit à choisir de poursuivre mes études en seconde et première A, au grand dépit de mon professeur de mathématiques, qui, dans un lycée très axé sur les disciplines scientifiques, insistait pour que je choisisse les classes de la série C. Je réussissais certes en mathématiques mais j'avais plus de goût pour les lettres.

Je n'ai guère parlé jusqu'ici de mes frères. Etant donné leurs âges, mon suivant immédiat, Jean, né en 1909, ayant dix-huit mois de moins que moi, participait aux mêmes études et aux mêmes loisirs. Nous étions toujours très proches, malgré parfois d'importantes différences de goût et d'orientation. Les plus jeunes, nés respectivement en 1915, 1920 et 1922, étaient alors trop loin par les années pour que nous puissions avoir des activités communes, bien que toute la famille fût étroitement unie.

L'entrée en classe de 3e, au « Grand Lycée », et en tout cas en seconde, respectivement en 1920 et 1921, marque le début d'une nouvelle étape. Une plus grande maturité, un renouvellement important des camarades de classe, l'accès à des disciplines et à des méthodes différentes, à des enseignements d'un niveau plus élevé, proches de l'enseignement supérieur, où plusieurs devaient poursuivre ensuite leur carrière, ont favorisé chez moi une certaine mue, l'apparition d'une personnalité plus marquée. Je me suis trouvé, en seconde, en première, puis en philosophie, tout de suite et de manière continue, le premier de la classe, sans l'avoir cherché, mais avec, de ce fait, le désir et la volonté de garder cette place. J'avais toujours souffert d'une certaine difficulté à savoir m'exprimer oralement ou par écrit, ayant besoin d'une préparation, d'un effort pour le faire, ceci me conduisant parfois à consacrer à certains travaux plus de temps qu'ils n'en méritaient. Les « narrations » des petites classes ne m'inspiraient pas et j'avais peine à rédiger les développements de caractère descriptif ou affectif. A partir du moment où la « dissertation » a succédé à la narration et où j'ai eu à raisonner sur des matières que j'avais étudiées tout a changé. En outre mon goût pour la synthèse, surtout mon aptitude à cette synthèse se sont développés et j'ai pris plus de confiance en moi, que ce soit en diverses études littéraires, dans celle de l'histoire, puis de la philosophie, où j'étais porté à rechercher toujours davantage les liens entre les faits et leurs causes et conséquences. Les maîtres que j'ai eus m'ont apporté des méthodes de travail qui m'ont été précieuses par la suite. Mon professeur de philosophie, en particulier, François ROUSSEL, dont chaque leçon était strictement organisée, a contribué largement à m'aider à articuler mes développements, à organiser l'expression de mes idées, et je lui en conserve une grande reconnaissance.

Envoyé au concours général des lycées et collèges dans toutes les disciplines en première et en philosophie, j'ai pu ainsi obtenir un troisième accessit d'histoire en classe de première (1923), un cinquième accessit de dissertation philosophique en 1924. Ce fut le terme de mon enseignement secondaire.

Si le cours de ces études forme de loin l'essentiel de mes souvenirs de cette période, il est cependant d'autres éléments importants que je ne puis passer sous silence.

C'est d'abord l'influence qu'ont eue sur moi certaines relations amicales. En particulier, à partir de la 6e et jusqu'à la philosophie j'eus comme condisciple, Robert LABBÉ, deuxième fils de M. et Mme Jean LABBÉ, et avec qui j'ai noué des liens sans cesse plus étroits. Les parents et surtout la mère de ce condisciple, exerçaient une autorité vigilante sur les études et les relations de leurs deux fils et favorisèrent notre amitié. La famille possédait, avec une fortune importante, une grande propriété dans le département de l'Orne, comportant un château, un parc de 25 hectares, plusieurs fermes, et j'y fus invité chaque année à passer une partie de mes vacances, surtout à compter de 1923. Jean LABBÉ, Avocat au Conseil d'Etat et à la Cour de Cassation, et sa femme, y recevaient de nombreuses personnalités du monde juridique et politique. Jean LABBÉ s'intéressait à sa commune dont il était le maire, visitait ses fermiers fréquemment, et je l'accompagnais, accédant ainsi à un milieu et à des problèmes jusqu'alors pour moi inconnus. Je l'ai même accompagné, au cours d'une campagne électorale, qu'il mena comme candidat à un siège sénatorial du département de l'Orne, en visitant les délégués sénatoriaux des différentes communes. Je fus d'ailleurs surpris malgré mon ignorance, de constater qu'un châtelain, propriétaire d'un domaine de 400 hectares et d'une grande fortune, pût être considéré comme un homme de gauche, il est vrai dans un département particulièrement conservateur, et contre lequel les députés de l'endroit suscitèrent la candidature d'Alexandre MILLERAND qui l'emporta sans peine tant la population agricole de ce département fut flattée d'accueillir un ancien Président de la République dont elle attendait un concours particulier à la défense de ses intérêts. Ces relations, liées à la sympathie de l'accueil reçu et au développement des rapports d'amitié avec l'ensemble de la famille ont exercé une influence considérable sur ma formation, cela pendant des années et durant celles qui ont suivi. Je ne dirai jamais trop ce que je leur dois. Et c'est avec une profonde tristesse que j'ai vu disparaître prématurément et les parents et leurs deux fils, même si je conserve des liens étroits avec certains membres de leur famille.

Par ailleurs les lecteurs de ces pages ne manqueront pas d'être frappés que je ne fasse aucune mention de ce que pouvait être l'existence d'un enfant ou d'un adolescent comme moi au cours de ces premières années de notre siècle, et en particulier de ce que pût être pour moi la traversée de la guerre 1914-1918. Je dois à la vérité de dire, sur ce dernier point, que mes souvenirs de la période de guerre sont très fragmentaires. L'ouverture de la guerre, au cours de l'été 1914, s'est produite lorsque je passais mes vacances à PARAMÉ. Ma principale réaction a été marquée par ma satisfaction du départ de la gouvernante allemande qui vivait avec nous et que j'appréciais médiocrement. Puis mon père a été mobilisé comme sergent d'infanterie, mais, appartenant, par son âge, à la « territoriale », et compte tenu de ses fonctions judiciaires, a été versé dans la Gendarmerie avec le grade de Lieutenant et affecté à ANNEMASSE, en charge du contrôle de la frontière franco-suisse. Il fut plus tard démobilisé et devint Procureur de la République à PONTOISE. Notre vie familiale, si elle fut à coup sûr affectée par les événements, ne le fut cependant pas profondément. Certes je me souviens du rationnement du sucre, de la viande, du beurre, mais je n'ai pas le sentiment que nous en ayons beaucoup souffert. Un souvenir plus précis pour moi, est celui du jour où le premier obus de la « Grosse Bertha » est tombé sur PARIS. C'était, sauf erreur de ma part, le samedi 23 mars 1918, veille du dimanche des Rameaux. J'étais en classe au Lycée Janson de Sailly et il était entendu qu'en cas d'alerte (l'on pensait alors aux raids aériens), je devais attendre au lycée que l'un de mes parents vint me chercher. Or ma mère et mes frères étaient partis la veille en vue des vacances de Pâques pour PONTOISE où mes parents avaient loué une grande maison pour la famille. Mon père devait venir me chercher à la sortie de la classe à midi. Mais les alertes consécutives à l'explosion de l'obus, dont tout le monde ignorait alors l'origine et la nature réelle, eurent pour conséquence que tous les trains ont été stoppés et que mon père, parti de PONTOISE le matin, ne put parvenir à PARIS qu'au milieu de l'après-midi. Mes deux grands-mères, voisines du lycée, ignorant que j'étais bloqué, je n'ai été délivré que tardivement, et sans avoir déjeuné ! Evénement marquant pour moi ! Enfin et surtout mon principal souvenir de cette guerre est celui du 11 Novembre 1918. C'était, me semble-t-il, un lundi, et j'étais en classe lorsqu'à 11 heures toutes les cloches de PARIS ont sonné, annonçant l'Armistice. Les classes ont été interrompues, les élèves renvoyés chez eux. Mes parents ont tenu à amener immédiatement leurs enfants aux Champs-Elysées et à la Place de la Concorde où nous avons été pris dans la folle allégresse d'une foule en délire qui fit sur moi une impression profonde. Je ne peux mieux la comparer qu'à celle de la foule massée le 25 Août 1944, des deux côtés de la route entre ANTONY et la PORTE D'ORLÉANS sur laquelle je rejoignais PARIS, mêlé à la Division LECLERC sous l'uniforme des Forces Françaises Libres. Cela reste une des grandes journées de mon existence.

Un problème que je n'ai pas abordé jusqu'ici est celui de l'argent. Non que je l'ai jamais considéré comme négligeable, mais parce qu'il n'avait pas occupé jusqu'alors une place essentielle dans mes préoccupations. Je n'ai jamais reçu d'argent de poche, si étonnant que cela puisse paraître. Mes parents subvenant à mes besoins, n'ont jamais estimé devoir m'assurer des ressources personnelles régulières, si minimes soient-elles. Je savais certes, et je le constatais tous les jours que ma mère, responsable de la comptabilité familiale, veillait strictement aux dépenses du ménage. Mon père, qui aimait les belles choses, les meubles anciens, les beaux livres, anciens ou modernes, se plaignait souvent que les charges familiales ne lui permettent pas de satisfaire suffisamment ses envies. Les émoluments d'un magistrat de niveau moyen, même complétés par les revenus de la dot de sa femme, ne permettent que difficilement de couvrir l'entretien d'une famille comptant cinq enfants et obligée, en raison même de sa situation sociale, à un certain standing. Je le sentais bien et je ne réclamais rien. Mais je n'étais aucunement informé des problèmes d'argent. Seule ma grand-mère maternelle y intervenait quelque peu, donnant quelques pièces à chacun de ses petits-enfants lorsqu'ils justifiaient de résultats scolaires satisfaisants ou brillants. Elle décida aussi de me faire ouvrir, à la fin de notre période, un compte à sa banque, entreprise familiale, la Banque CAHEN D'ANVERS, et me donna quelques actions dont le revenu — très modeste — était à ma disposition. Je savais que je n'étais pas riche. Je savais aussi que je n'avais pas de besoins urgents. Cela me suffisait.

Si j'essaie rétroactivement de faire un bilan de cette première période de mon existence, avant mon entrée dans l'enseignement supérieur, je dirais volontiers qu'elle a été entièrement dominée par des études scolaires menées consciencieusement et ayant permis des acquisitions intellectuelles solides, mais à l'exclusion de presque toute expérience de la vie débordant le niveau scolaire. J'avais beaucoup appris, au lycée et dans les livres, mais fort peu au-delà. J'ai eu une enfance et une adolescence très protégées, peut-être trop, parce qu'elles ne m'ont pas permis de me frotter effectivement aux problèmes de l'existence, économiques, politiques, sociaux. J'étais en définitive un « bon élève », un fort en thème, si l'on veut, une bête à concours. De la vie j'avais tout à apprendre.

L'étudiant

Les études

L'année 1924 ouvre pour moi une phase nouvelle. Me voilà étudiant, privé de tout l'encadrement que m'assurait le lycée, et tenu de prendre directement et entièrement mes responsabilités dans l'organisation de mon temps. Sans hésitation et compte tenu des orientations esquissées depuis longtemps par mon père, je m'inscris à la Faculté de Droit de PARIS et à l'Ecole Libre des Sciences Politiques, et dans celle-ci, à la section administrative, conduisant aux carrières de la Fonction Publique et notamment au Conseil d'Etat. Ma principale préoccupation est alors de combiner les horaires de ces deux grandes institutions. Je tiens en effet essentiellement à suivre personnellement les cours. Sans doute les principaux d'entre eux sont-ils polycopiés par les soins des « Cours de Droit », mais d'une part, ces cours sont relativement coûteux et leurs polycopies, faites par une traduction manuscrite, et non dactylographiée, des cours enregistrés par les sténographes, sont parfois malaisées à déchiffrer. De plus mon expérience m'apprend rapidement qu'un cours entendu et pris en note est toujours mieux compris et assimilé qu'un enseignement issu de la simple lecture : cela a toujours été vrai en tout cas pour moi. Or à l'époque l'enseignement de la première année de Droit à la Faculté de la Place du Panthéon — la seule existant à l'époque — comporte cinq cours, quatre cours annuels et un cours semestriel. Les trois principaux, ceux de droit civil, de droit romain et d'économie politique sont donnés, vu le nombre des étudiants, en deux séries, l'une le lundi, le mercredi et le vendredi, l'autre le mardi, le jeudi et le samedi, tous dans la matinée. Les deux autres cours, le cours annuel d'histoire du droit, et le cours semestriel de droit constitutionnel, sont donnés trois fois par semaine l'après-midi. D'autre part les professeurs eux-mêmes, sauf celui d'histoire du droit, dirigent chacun, une fois par semaine, l'après-midi, une conférence de révision et d'application de leur enseignement. La fréquentation tant des cours que des conférences est facultative. Si les étudiants sont nombreux aux cours, leur présence aux conférences est très réduite, et dépasse rarement une trentaine. Mais, en ce qui me concerne, je tiens à participer à toutes. L'enseignement de l'Ecole des Sciences Politiques implique la participation, en deux ou trois ans, à treize cours, plus un quatorzième si l'on ne suit pas un enseignement de langue vivante. Ces cours ont lieu chacun une heure par semaine. De plus, dans chaque section, la participation à une conférence de révision et de méthode est obligatoire au cours d'une année. Parmi les cours, une bonne moitié dans chaque section sont fondamentaux. Les autres peuvent être librement choisis dans l'ensemble des enseignements de l'école. Chaque cours est fait une année sur deux. Il faut donc, lorsque, comme c'est mon cas, je compte adopter le circuit triennal, combiner les cours choisis de manière à pouvoir suivre tous les cours fondamentaux, en réservant pour la troisième année, dans la mesure du possible, ceux sur lesquels portent les épreuves du diplôme, et m'attacher en première et deuxième année, aux cours à option sur les matières qui, non fondamentales, m'intéressent particulièrement et dont les horaires sont compatibles avec mes autres obligations. Je parviens ainsi à me fixer, pour la première année, un emploi du temps bien fourni, tout en réservant, comme je le ferai chaque année, deux après-midi par semaine pour la révision des cours, et les travaux de complément et de préparation des conférences.

Ceci me conduit nécessairement à consacrer plus de temps à la faculté qu'à l'Ecole des Sciences Politiques. J'ai conservé des cours que j'ai suivis le souvenir d'enseignements essentiellement orientés vers la description des institutions juridiques, l'analyse et l'interprétation des textes et de la jurisprudence, donc vers la formation de techniciens du Droit, sans grand effort pour situer le Droit dans l'ensemble de la vie sociale, et pour situer l'état actuel dans l'évolution des sociétés et sur des bases théoriques ou philosophiques. C'est ainsi que le Droit romain nous a été enseigné, moins dans son développement historique, que dans ses règles et son fonctionnement à l'époque à laquelle il se situait. De même le cours d'économie politique était axé sur la description des mécanismes économiques et des règles et institutions existantes plus que sur l'évolution des doctrines, et la justification des solutions données aux problèmes posés. Sous cette réserve les professeurs, autant que je m'en souvienne, étaient d'excellents pédagogues et j'appréciais vivement leurs enseignements. L'attrait que j'avais déjà porté à l'histoire m'a conduit à m'attacher particulièrement à l'histoire du Droit, notamment à l'histoire des institutions publiques et administratives, et au Droit constitutionnel dont le cours était consacré pour une large part à l'histoire des constitutions françaises et à leur application depuis la Révolution de 1789. Des autres disciplines, j'ai l'impression de n'avoir vraiment compris la portée qu'à la fin de la deuxième année, lorsque la maturation m'a permis d'apercevoir, à travers les aspects techniques, la portée sociologique, voire philosophique, quelque peu négligée par les enseignements reçus. Il n'en a été autrement, pour autant que je me le rappelle, que pour le Droit constitutionnel. Le professeur en charge de cette discipline, Achille MESTRE, dans la conférence d'application qu'il dirigeait, demandait à chacun des étudiants présents de choisir parmi une série de sujets un thème auquel il consacrerait une étude personnelle. C'est ainsi que j'ai choisi, sans tout de suite apercevoir la portée de ce choix, le thème du « contrôle juridictionnel de la constitutionnalité des lois ». Pendant plusieurs semaines je me suis plongé dans l'étude de ce thème, constatant dès l'abord que le sujet était presque inexistant en France, les juridictions tant judiciaires qu'administratives ne se reconnaissant pas le droit d'exercer un tel contrôle. Ceci m'a conduit à rechercher pourquoi il en était ainsi, à travers l'histoire politique des institutions et des idées depuis le 18e siècle, et à rédiger une étude complète des multiples aspects de la question. Cette étude plut tellement à Achille MESTRE qu'il l'envoya, sans me le dire, au Directeur de la Revue de Droit public, qui était Gaston JEZE, lequel la publia en 1926 en négligeant de mentionner qu'elle avait été l'œuvre d'un étudiant en Droit de première année, alors âgé de 17 ans ! Je n'ai pas besoin de dire que cette publication fut pour moi un événement !

Les enseignements suivis donnaient lieu, à la fin de chaque année universitaire, à des examens, écrits et oraux. A la Faculté de Droit, deux matières faisaient l'objet d'une composition écrite, toutes à des interrogations orales. D'autre part la Faculté organisait à la fin de l'année des concours auxquels la participation était facultative et qui portaient chaque année sur deux matières, l'une considérée comme la principale de l'année, l'autre tirée au sort un mois à l'avance parmi les autres matières. C'est ainsi qu'en première année, les concours ont porté en 1925 sur le Droit romain, matière principale, et sur l'Histoire du Droit, celle-ci tirée au sort. Ces concours donnaient lieu à l'attribution de distinctions, à savoir de prix sous forme d'un crédit pour l'acquisition d'ouvrages juridiques dans une librairie de la rue Soufflot, et de mentions, purement honorifiques. J'ai un souvenir précis des premiers concours dont les sujets, chacun tiré au sort à l'ouverture de l'épreuve entre trois sujets choisis par le jury, ont été en Droit romain la « manus injectio », en Histoire du Droit « les lois fondamentales du royaume ». Il se trouvait que le sujet de Droit romain avait été l'objet de la première conférence d'application de l'année et qu'il avait donné lieu à un exposé oral éblouissant d'un étudiant qui avait laissé tous les participants béats d'admiration à la fois par la qualité de la synthèse et par l'éloquence et le brio avec lesquels avait été traité un sujet au premier abord quelque peu rébarbatif. Cet étudiant devait être appelé à un brillant avenir, au Barreau d'abord, en politique ensuite : il s'appelait Edgar FAURE et était un des plus jeunes étudiants de l'année. Ce fut le départ entre nous d'une amitié qui a duré jusqu'à sa mort. Mais sans doute à l'époque l'intéressé était-il moins brillant à l'écrit qu'à l'oral, car c'est moi qui remportai le premier prix, comme d'ailleurs le premier prix d'Histoire du Droit. Et les seconds prix dans les deux matières, allèrent l'un et l'autre, à Suzanne BASDEVANT, fille d'un éminent professeur de Droit international et qui devait devenir elle-même une des premières femmes admises à l'agrégation des Facultés de Droit.

Les années ultérieures ne m'ont pas laissé de souvenirs aussi précis. J'obtins en Seconde Année un premier prix de Droit romain et une première mention de Droit civil, en 3e Année le premier prix de Droit Civil — et une première mention au Concours général organisé entre toutes les Facultés de Droit de France et dont le sujet avait été « les dons manuels ». Tous mes examens furent passés avec la mention Très Bien, ce qui me valut, avec ma Licence en Droit en 1927, le Prix GOULLENCOURT décerné au meilleur étudiant de Licence de l'année. Ainsi me suis-je constitué une importante bibliothèque juridique qui m'a été par la suite très précieuse. Tout ceci me fait apparaître, dans la suite de mes études secondaires, comme typiquement le « fort en thème », la bête à concours. Je reconnais volontiers que mes succès scolaires m'ont soutenu constamment et conforté dans l'ambition de poursuivre. Je dois aussi à la vérité de dire que ce n'est que de manière progressive que j'ai pu me dégager des leçons et des méthodes scolaires, et élargir quelque peu mes réflexions et mes horizons.

La fréquentation de l'Ecole des Sciences Politiques y a certes contribué. Les circonstances s'y sont prêtées. La liberté de choix entre les cours à suivre, une plus grande indépendance dans l'organisation du travail due au nombre réduit des cours, ont été des facteurs de maturation. Je m'étais inscrit dans la « Section Administrative ». J'ai donc, pendant trois ans, suivi plusieurs cours portant sur les divers aspects du droit administratif, un enseignement, également fondamental, de finances publiques, un cours d'économie politique, la plupart de ces cours enseignés par des membres éminents du Conseil d'Etat ou de la Cour des Comptes et, pour les enseignements choisis, des cours sur l'histoire des idées politiques en Angleterre, sur la même histoire en Allemagne, sur l'histoire du socialisme, sur la géographie économique. Ce dernier cours était assuré par André SIEGFRIED, conférencier étincelant, et la coqueluche de tous les élèves de l'Ecole. Les circonstances m'ont conduit à établir des liens avec plusieurs des enseignants, tels les Présidents ROMIEU et PICHAT, mais aussi et surtout avec Elie HALEVY, Historien de l'Angleterre et du Socialisme — à qui je dois beaucoup. Non seulement il m'a énormément appris mais, m'accueillant avec Mme HALEVY dans leur maison de SUCY-EN-BRIE à maintes reprises, il m'a permis de rencontrer de nombreuses personnalités avec lesquelles je me suis ultérieurement lié, tels Louis JOXE, Robert MARJOLIN, Raymond ARON, la famille PARODI et bien d'autres, en même temps que je m'initiais progressivement aux grands problèmes de notre temps.

Si, par la force des choses, j'étais tenu de fréquenter plus la Faculté de Droit que l'Ecole des Sciences Politiques, je n'en consacrai pas moins à celle-ci une bonne partie de mon temps, et de mon travail. Les notes obtenues en témoignent, puisque je sortis en 1927 premier de la Section Administrative et qu'en m'annonçant ce résultat, le Directeur de l'Ecole, Eugène d'EICHTHAL, m'indiqua que j'avais obtenu le plus fort total de points qui ait jamais été atteint depuis la création de l'Ecole.

Le Droit

Pendant les deux premières années de Droit et de Sciences Politiques, je me consacrai à l'étude des matières enseignées comme je l'avais fait au lycée, faisant appel à ma mémoire, apprenant les cours, les complétant par des lectures, des recherches de textes et de jurisprudence, sans grand effort de réflexion personnelle ou d'élargissement de mes horizons. C'est ainsi que j'appris le Droit de la famille sans me soucier de ce que pouvait être la famille, le Droit de la propriété sans souci de la signification de cette propriété, le Droit pénal sans grand souci de la justification des sanctions, etc. Ce n'est qu'à la fin de la seconde année que je perçus à la fois la portée et l'ampleur de la matière et son implication dans une variété infinie de problèmes majeurs où je me trouvais directement ou indirectement impliqué dans tous les aspects de mon existence individuelle et sociale. C'est sans doute l'étude du Droit administratif, moins par le cours du Doyen BERTHÉLEMY, presque exclusivement descriptif des institutions de notre administration, qu'à travers le précis et la conférence d'application de Louis ROLLAND, qui provoqua le déclic.

Je fus amené à me demander ce qu'était réellement le Droit. Il me parut d'abord être surtout une technique, un mode de raisonnement, la traduction de réalités diverses à des fins de sanctions soit pénales, peines, prison, amendes, soit civiles, nullité de certains actes ou opérations, indemnisation de dommages subis. Mais très vite il fallut me demander le fondement des règles assorties de ces sanctions, leur origine, leur justification, la légitimité du pouvoir de ceux qui participent à la détermination des règles et à l'application des sanctions, en même temps que les relations de la matière juridique avec les réalités concrètes, avec les rapports entre les hommes, avec les institutions publiques ou privées. Je m'aperçus alors que si j'avais en apparence beaucoup appris, je ne savais en réalité que bien peu de choses dans le domaine immense couvert par le Droit. L'enseignement que j'avais reçu ne faisait pratiquement aucune place à la philosophie du Droit, à la sociologie, aux rapports entre l'Ethique et le Droit.

Qu'y avait-il donc derrière cette technique ? D'où venaient et qu'est-ce que valaient les règles que le Droit consacrait et dont il assurait le respect ? Je savais certes que le Droit s'exprimait dans des lois et dans des décisions prises par des juges, que les lois émanaient d'assemblées parlementaires, et la jurisprudence de Cours et de Tribunaux composés de magistrats. Mais les mécanismes constitutionnels décrits pour l'essentiel ne suffisaient plus à m'éclairer sur le fondement des pouvoirs exercés par les parlementaires et par les juges, non plus que sur les bases des règles qu'ils édictaient et appliquaient.

Le Droit administratif apportait à mes interrogations un élément important de réponse, en ce qu'il reposait tout entier sur l'Etat. C'est au nom de l'Etat que le législateur légiférait et que les juges rendaient leurs arrêts. Or il nous était enseigné que l'Etat était la personnification juridique de la Nation, les membres des assemblées parlementaires étaient les représentants de la Nation, et les juges rendaient leurs arrêts « au nom du Peuple Français ». Là était le fondement de leur pouvoir, les premiers étant élus par l'ensemble de la population, les seconds nommés par le Gouvernement lui-même responsable devant les assemblées. D'autre part des principes fondamentaux, parfois coutumiers, parfois inscrits dans les Déclarations de Droits ou les Constitutions, commandaient la substance des règles que les uns édictent, que les autres sanctionnent, principes organiques comme celui de la séparation des pouvoirs, — « tout homme ayant du pouvoir étant porté à en abuser » —, et l'abus de pouvoir ne pouvant être évité que si « le pouvoir arrête le pouvoir », règles de fond comme la liberté individuelle et l'égalité des hommes en droit.

Mais la réflexion me faisait vite apparaître l'imperfection de ces principes. La séparation des pouvoirs se traduisait par une intrication des pouvoirs les uns par les autres, les assemblées parlementaires chargées de légiférer ayant en fait une large autorité sur les tenants du pouvoir exécutif, gouvernements responsables devant elles et en émanant pour une grande part, les juges appartenant à la fonction publique et désignés par le Gouvernement. Quant à la liberté individuelle, elle trouvait ses limites, pour chacun, dans la liberté d'autrui, et était ainsi affectée par de nombreuses restrictions. Quant à l'égalité des hommes en droit, elle était limitée dans les faits par l'inégalité évidente entre les individus, que ce soit dans les aptitudes physiques, les aptitudes intellectuelles, les moyens d'existence, l'autorité morale. De là l'importance que me paraissait prendre le Droit administratif, construction jurisprudentielle, et qui avait progressivement mis en œuvre un ensemble de mécanismes et de principes tendant à assurer un équilibre meilleur des obligations et des droits. L'Etat apparaissait, dans sa totalité, comme l'expression des intérêts généraux du pays entier et donc devait disposer de prérogatives lui permettant de faire prévaloir les intérêts collectifs dont il a la charge sur ceux des individus. Mais ces prérogatives, exercées par des représentants de l'Etat, pouvaient porter abusivement atteinte aux libertés ou à l'égalité des individus, et devaient donc avoir leur contrepartie dans des garanties, que le juge administratif a élaborées au cours d'un siècle et demi d'histoire, soit par des moyens procéduriers, par des recours conduisant à l'annulation des mesures illégales ou abusives, soit par l'indemnisation des victimes de préjudices subis au nom des intérêts collectifs. Le principe posé de l'égalité devant les charges publiques conduit aussi à l'obligation d'indemniser toute personne qui a été conduite à supporter plus que sa part dans les charges publiques, soit qu'elle ait subi un préjudice du fait d'un mauvais fonctionnement des services publics, soit que ce fonctionnement, même entièrement régulier, lui ait fait supporter un préjudice spécial excessif pour la satisfaction même d'intérêts collectifs légitimes.

C'est tout cela que je devais à tous les enseignements des membres éminents du Conseil d'Etat qui me faisaient, à l'Ecole Libre des Sciences Politiques, découvrir la réalité du Droit administratif, à la construction duquel ils participaient quotidiennement, ou à d'autres, comme Louis ROLLAND, dans sa conférence de la Faculté de Droit. Le Droit commençait à m'apparaître comme comportant un ensemble de notions et de mécanismes en constante évolution, associant les élus de la Nation et les juges, les uns et les autres se contrôlant mutuellement tout en conservant chacun une totale indépendance, et amenés à adapter quotidiennement aux circonstances de lieu et de temps les règles devant définir les rapports entre les hommes, les institutions et les pouvoirs. Ainsi s'affirmait l'ampleur des responsabilités immenses incombant aux uns et aux autres, en même temps qu'à l'ensemble des citoyens, appelés quotidiennement, sans toujours en avoir conscience, et même n'en ayant pas le plus souvent conscience, à apporter leur contribution à cette création continue. Ainsi s'affirmait devant moi la place essentielle du Droit dans tous les aspects de l'existence de chacun et de tous. J'en arrivais même, par une sorte de déformation professionnelle, à constater que toute activité, presque tout geste, avait un ou des aspects juridiques, le Droit, issu d'une accumulation millénaire de multitudes de réactions individuelles et collectives, et en constante évolution, commandant et imprégnant profondément toute existence individuelle comme toute la société.

Mais, dira-t-on, dans tout cela, que devenait ma vie d'étudiant ? L'on sait bien que les étudiants disposent d'une grande liberté et que beaucoup en profitent pour mener, après la discipline des établissements d'enseignement primaire et secondaire, une existence sans contrainte et beaucoup plus personnelle. Cela n'a pas été mon cas. Tout mon temps a été absorbé par la présence aux cours et aux conférences, et par l'étude des enseignements reçus, par les lectures et recherches qui m'en paraissaient le complément nécessaire. J'avais retrouvé à la Faculté et à l'Ecole Libre des Sciences Politiques plusieurs de mes camarades de lycée. J'ai aussi fait d'assez nombreuses connaissances nouvelles. Et des amitiés se sont confirmées ou créées qui se sont prolongées pendant de longues années. Parmi les amis déjà anciens, Robert LABBÉ, André LAVAGNE, Pierre JOIN-LAMBERT, Robert GUILLAIN. Parmi les nouveaux, Suzanne BASDEVANT, Edgar FAURE, dont j'ai déjà parlé, Raymond ODENT, René BONDOUX, bien d'autres. Mais quels qu'aient été les liens ainsi maintenus ou créés, ils dépassaient fort peu les limites de la Faculté et de l'Ecole des Sciences Politiques. Je n'avais pas de loisirs et j'en eus de moins en moins, puisqu'en troisième année s'ajouta la préparation militaire supérieure, pratiquement obligatoire, deux fois par semaine, une heure et demie le matin de bonne heure, et un après-midi complet, et appelait un supplément d'étude pour la préparation de l'examen final. Je n'ai donc pas connu ce qu'on appelle en général la vie d'étudiant.

Je n'ai même pas eu l'occasion, ni la tentation, de m'intéresser à autre chose qu'à mes études, cela peut-être à tort. En particulier je n'avais aucune part aux événements politiques de l'époque. Un exemple. Pendant ma deuxième année de Droit il y a eu une grève des étudiants provoquée par le corps enseignant de la Faculté. Un poste de professeur de Droit international public s'était trouvé vacant, et le Ministre de l'Education Nationale choisit pour le pourvoir le candidat proposé en deuxième ligne par le Conseil de la Faculté, et non le premier. Les professeurs y virent une atteinte aux libertés universitaires, atteinte motivée par des considérations politiques, le candidat présenté en première ligne, LE FUR, étant réputé plutôt conservateur, alors que le second, Georges SCELLE, semblait politiquement plus proche du Ministre radical François ALBERT. Les tendances politiques tant des enseignants que des étudiants étant plutôt conservatrices, des manifestations furent organisées, les cours suspendus, et le Gouvernement dut céder. En ce qui me concerne je ne vis dans tout cela qu'une entrave à la poursuite des cours, ce que je déplorais ! — Je n'ai jamais eu aucune part aux oppositions politiques entre étudiants, malgré la sympathie que j'éprouvais pour certains de ceux qui s'engageaient dans ces luttes, tel Pierre MENDÈS-FRANCE, alors qu'en face de lui TIXIER-VIGNANCOURT me paraissait à tous égards assez déplaisant. Mais je restais là encore enfermé dans le cadre de mes études.

Il en allait particulièrement ainsi au cours de la troisième année qui, cumulant les examens et les concours de Droit, les examens écrits et oraux du diplôme des Sciences Politiques, la préparation militaire, me laissèrent en Juillet 1927 fort fatigué. Et les vacances que je passai avec ma famille à BAGNÈRES-DE-LUCHON, dans un climat chaud et humide, fort peu vivifiant, ne contribuèrent que lentement à remédier à cette lassitude. La prolongation des vacances, mon séjour chez les LABBÉ dans l'Orne, avant le départ au service militaire, compensèrent cette période éprouvante, qui marqua la fin d'une étape importante de mon existence. Quant aux précédentes vacances, je les ai toujours passées en famille, en général sur des plages où mes parents louaient une villa pour la saison. A titre anecdotique en 1921 à DEAUVILLE je fréquentais assidument le club de tennis, ce qui me valut d'être appelé, malgré ma jeunesse, à être chargé d'exercer les fonctions d'arbitre dans de nombreuses parties du championnat international annuel, à connaître alors BOROTRA, FÉRET, Suzanne LENGLEN, fonction dont je m'acquittais, je suppose, de manière satisfaisante, puisque l'on m'a remis un « prix d'arbitrage » sous la forme d'un coupe-papier en ivoire avec manche de vermeil, qui n'a depuis lors jamais quitté ma table de travail et y figure toujours. En 1922, à la BAULE, je bénéficiai d'un baptême de l'air, en accompagnant mon père dans un vol d'une vingtaine de minutes dans un Goliath, au-dessus de la baie, mais qui ne me fît pas une très forte impression ! A partir de 1923 une partie importante de mes vacances annuelles se passèrent dans la propriété des LABBÉ où j'étais invité chaque année, période que j'appréciais beaucoup, à la fois par ce qu'elle m'apportait, et par l'accès à une remarquable bibliothèque de romans policiers où je trouvais des lectures rapides et reposantes.

Le service militaire et le concours du Conseil d'Etat

L'année 1927-1928, tout entière occupée par le service militaire, marqua une importante coupure. Du fait de mes deux années de préparation militaire obligatoire et des résultats satisfaisants obtenus à l'examen clôturant cette préparation, je n'avais à faire qu'une année de service au lieu de 18 mois, à savoir 6 mois comme élève officier et 6 mois comme sous-lieutenant. Incorporé pour la forme à la fin d'octobre 1927 au 5e Régiment d'Infanterie, en garnison à COURBEVOIE, je fus immédiatement dirigé sur SAINT-CYR où cohabitaient alors l'Ecole de formation des officiers de carrière de l'Armée de Terre et les élèves officiers de réserve. Mais, après une brève période, jugé inapte à l'Infanterie, en raison de la faiblesse relative de mon poids par rapport à ma taille (je mesurais plus d'1 m 88), je fus envoyé à l'Ecole militaire d'administration, installée au Château de VINCENNES, où étaient formés conjointement les futurs officiers d'administration d'active et les élèves officiers de réserve devant recevoir des affectations comme officiers d'administration, dans le service de santé et dans l'intendance militaire, ces derniers répartis en trois sections : Bureaux, Habillement, Subsistances. Compte tenu de ma formation juridique je fus affecté au groupe des Bureaux de l'Intendance.

C'était la première fois que je me trouvais séparé (relativement) de manière permanente, de ma famille et en contact avec des jeunes hommes d'autres milieux. A la vérité la plupart de ceux-ci appartenaient à des groupes sociaux très proches de ceux que j'avais jusqu'alors fréquentés. Beaucoup étaient des étudiants en Droit, mais venant de tous les coins de la France ; d'autres avaient fait des études littéraires. Il y avait aussi des séminaristes, ainsi que des jeunes sortant du rang, mélange utile permettant des contacts nouveaux avec des contemporains de tempéraments très divers. Je retrouvais là des camarades de la Faculté de Droit comme André LAVAGNE et Raymond ODENT, mais je faisais aussi la connaissance d'un nombre appréciable de camarades qui devaient devenir vite et restèrent longtemps des amis. Je n'en retiendrai que trois, Christian VALENSI, qui devait me rejoindre au Conseil d'Etat, Jean BAILLOU, ancien élève de l'Ecole Normale Supérieure (Lettres), spécialiste des poètes de la PLEIADE et qui devait faire une carrière à la fois universitaire et diplomatique, et Georges FRIEDMANN qui devait devenir un éminent sociologue du travail. Les six mois passés à VINCENNES furent l'occasion d'acquérir une formation dans les techniques de l'administration militaire, mais aussi une activité intellectuelle et culturelle intense. Christian VALENSI, qui n'était pas seulement juriste, mais avait entrepris des études scientifiques, interrompues pour des raisons de santé, était en outre un excellent musicien et organisa un orchestre avec le concours d'un certain nombre de camarades, s'exerçant tous les soirs après les travaux de la journée. Henri CHEPFER, fils du chansonnier Georges CHEPFER, fut le promoteur d'une revue préparée pour la fin de notre semestre et qui, rassemblant les talents multiples des élèves officiers de réserve, recueillit un éclatant succès à la veille de notre séparation.

Nous n'avions la possibilité de sortir de l'Ecole qu'en fin de semaine, et même fûmes-nous consignés trois semaines consécutives du fait que s'était déclaré un cas de méningite cérébrospinale, demeuré heureusement isolé. Cette situation nous amena à resserrer nos relations et nos contacts, à nous mieux connaître comme à connaître aussi davantage les officiers et sous-officiers qui assuraient notre encadrement et notre formation. Ce fut pour moi une fort nouvelle expérience, utile et féconde. Au classement de sortie, je fus deuxième de la promotion, derrière Christian VALENSI qui l'emporta par ses connaissances scientifiques (notamment en balistique) et dans les exercices physiques.

Je me retrouvais donc au printemps 1928 sous-lieutenant d'administration affecté à Paris, à la 1re sous-intendance des corps de troupes, en charge de superviser la gestion administrative et financière d'un certain nombre de régiments parisiens. Cette sous-intendance avait à sa tête un intendant militaire de 1re classe (grade équivalant à colonel) qui devait être appelé à devenir à l'automne intendant général. Il était assisté, comme chef de bureau, d'un capitaine d'administration sorti du rang, dont je me trouvais l'adjoint, et qui avait sous ses ordres trois sous-officiers du corps militaire des « Commis et ouvriers d'administration » et plusieurs fonctionnaires civils, de sexe féminin. Ce fut ma première expérience du fonctionnement pratique d'une administration de base, comme de la gestion d'un personnel d'exécution, expérience qui me fut précieuse en établissant un lien concret entre ce que j'avais appris sur le plan théorique et les réalités du fonctionnement d'un service public. Le capitaine d'administration, chef de bureau, était un homme précis et méticuleux, constamment soucieux d'une part d'appliquer exactement les règlements et instructions contenus dans le Bulletin Officiel du Ministère de la Guerre, et de se conformer aux précédents, les situations auxquelles il y avait lieu de faire face se renouvelant presque sans modification et ayant donné lieu à l'établissement pour chacun d'une décision type. C'est ainsi que je fis connaissance des formules d'ordonnances de paiement, l'intendant militaire étant ordonnateur d'une partie importante des dépenses des corps de troupes, des mécanismes des marchés de fournitures, des procédures d'adjudication à la fois pour les marchés, et pour les ventes aux enchères de chevaux réformés, des problèmes particuliers posés par la gestion du personnel de la sous-intendance. L'intendant m'invitait à l'accompagner dans les visites qu'il faisait dans les corps de troupes. Et il m'arrivait même de représenter seul la sous-intendance dans les opérations d'adjudication auxquelles donnaient lieu les marchés. De même j'ai eu personnellement à vérifier la comptabilité des « ordinaires » de certains corps de troupes, ce qui m'amena involontairement à causer des soucis à un de mes camarades des Sciences Politiques qui était lui-même chargé de la gestion des ordinaires d'un des régiments que je contrôlais. J'adressai quelques observations à ce corps pour avoir comptabilisé le lait qu'il avait acheté pour la consommation de la troupe à un prix supérieur au prix officiel fixé, et pour avoir acquis un nombre apparemment excessif de brosses à reluire ! Mon pauvre camarade me dit après coup qu'il n'en avait pas dormi pendant plusieurs jours.

Ce qui me frappait surtout c'était combien la mécanique administrative était précise, bien huilée, ne laissant place à aucune hésitation ni à aucun doute, tout paraissant prévu dans les moindres détails. Et je me demandais ce qui pourrait bien se passer en cas d'événements imprévus, appelant des initiatives subites importantes. J'eus aussi le sentiment que le fonctionnement du service reposait largement sur deux ou trois femmes, l'une surtout, qui unissait une vive intelligence à une connaissance éprouvée depuis plusieurs années de tout le fonctionnement de son administration. Lorsqu'au cours de l'été le capitaine, chef de bureau, prit son congé annuel, il me fit des recommandations détaillées, me demandant de conserver avec soin tous les documents et pièces arrivés pour qu'il leur donne suite à son retour. Je m'aperçus rapidement que j'étais en mesure de traiter, sans grande hésitation, toutes les questions qui se posaient et même beaucoup plus rapidement que cela n'aurait été fait normalement, si bien qu'à son retour, le capitaine, tout en ayant toutes les pièces en mains comme les éléments de la suite donnée, manifesta sa surprise que j'eusse pu sans lui mener à bien cette tâche sans difficulté ! J'ai pris là en tout cas une leçon bien utile d'administration pratique.

L'année 1928 fut marquée par un autre événement important. Ayant appris par la presse que l'Académie des Sciences Morales et Politiques avait mis au concours pour l'attribution d'un de ses prix le sujet : « la tutelle administrative », je proposais à mon camarade de promotion des Sciences Politiques Roland MASPETIOL, que nous tentions de rédiger ensemble une étude sur ce sujet. Roland MASPETIOL, de deux ans mon aîné, avait suivi les cours des Sciences Politiques après son service militaire, ce qui lui avait permis de se présenter au concours du Conseil d'Etat dès 1927 et d'y être reçu premier. Pour ma part, je comptais utiliser les quelques loisirs que me laissaient mes fonctions militaires à amorcer ma part de travail. En complet accord entre nous, les chapitres furent répartis : je pris la charge de toute la partie proprement juridique et contentieuse, Roland MASPETIOL, grâce au début d'expérience que lui donnaient ses fonctions au Conseil d'Etat, et les contacts que lui assurait son père, directeur de l'Agence du Crédit Foncier de LYON, prit en charge les aspects concrets administratifs et financiers du problème. Cette formule se révéla très efficace et nous fûmes en mesure de remettre à l'Académie un ouvrage complet sur le thème proposé. L'Académie décida de partager le prix Odilon BARROT de 1930 entre notre ouvrage pour les deux-tiers, et un mémoire remis par un autre auteur, que nous ignorions et dont nous n'avons jamais plus entendu parler. Notre « œuvre » fut immédiatement publiée par la Librairie du Recueil SIREY et, bien que rapidement épuisée, demeura longtemps un classique du sujet. Nous nous sommes demandé, MASPETIOL et moi, au lendemain de la guerre 1939-1945, si nous ferions l'effort de publier une nouvelle édition, mais d'un commun accord nous y avons renoncé. L'on comprendrait aisément que, pour des jeunes gens comme nous, de 25 et de 22 ans, la publication d'un livre de cette importance, couronné par l'Académie des Sciences Morales et Politiques, fût dans nos existences un fait marquant.

Rendu à la vie civile en octobre 1928, je repris mes études de Droit, en m'inscrivant en Doctorat. A cette époque le Doctorat en Droit impliquait l'obtention de deux Certificats sur les quatre donnant lieu à enseignement : je choisis le Droit privé et le Droit public, laissant de côté d'une part le Droit romain et l'Histoire du Droit, d'autre part l'Economie politique. Et je décidai de donner la priorité au Droit privé, c'est-à-dire essentiellement l'ensemble du Droit civil, de la procédure civile et du Droit international privé, pensant que ces disciplines seraient plus difficiles pour moi à appréhender lorsque je serai spécialisé, comme je l'espérais, en Droit administratif. Je m'inscrivis en même temps, à l'Ecole des Sciences Politiques à la Conférence de préparation au Conseil d'Etat, qui devait commencer en février 1929. Cette conférence, qui avait été assurée par MOREAU-NERET et ETTORI, avait à compter de 1929 été prise en charge par RENAUDIN et PUGET. Conformément à la tradition établie, elle comportait deux réunions par semaine de février à juillet, puis cinq par semaine de la fin de septembre au 20 novembre, afin de passer en revue la plus grande partie des matières du programme du concours, en même temps que de nous exercer aux épreuves de celui-ci, qui comportaient, à l'admissibilité, une composition écrite sur un sujet de caractère général et un exposé oral sur un sujet tiré au sort et devant durer un quart d'heure après une préparation d'une heure à huis-clos. Indépendamment de la conférence officielle, nous prîmes l'habitude de nous réunir à quatre ou cinq chaque semaine pour nous exercer à faire des exposés oraux que nous nous corrigions mutuellement. L'essentiel de notre travail consistait à constituer sur chaque matière du programme un dossier contenant l'essentiel de ce qu'il fallait savoir et des plans de compositions ou d'exposés pour nous habituer à traiter les sujets dans une forme ordonnée et synthétique. Le programme était très vaste et recouvrait en définitive tous les aspects des activités des administrations publiques — Les sujets-types étaient « l'Etat, par exemple, et l'éducation, et l'agriculture, et les transports, et l'urbanisme, etc. ». Les candidats étaient supposés tout savoir de ce qui leur serait nécessaire pour exercer, dès leur admission, toutes les fonctions auxquelles peut être appelé un membre du Conseil d'Etat, ce qui impliquait une connaissance approfondie de tout le Droit administratif, des textes et de la jurisprudence, et de la législation, de l'ensemble des ministères et administrations ainsi que de toutes les collectivités publiques qui avaient la charge des problèmes posés comme des structures des services en ayant la responsabilité. L'année de préparation était donc particulièrement chargée, surtout s'ajoutant à des études de Doctorat en Droit. Mais il était aussi très excitant d'aborder et souvent d'approfondir des matières très variées et de pouvoir y consacrer suffisamment de réflexion pour en prendre une vue à la fois large et synthétique.

J'ajoute qu'au cours de cette année je fus, sur une initiative dont je ne me rappelle plus l'origine, invité par le Bureau de PARIS du BRITISH COUNCIL à venir parler à de jeunes stagiaires britanniques de la FRANCE, de ses problèmes principaux, administratifs, politiques, économiques, sociaux. Ces entretiens, chacun avec deux ou trois futurs diplomates ou fonctionnaires de haut niveau, furent pour moi l'occasion de réflexions personnelles et de recherche de synthèses, en même temps qu'à l'établissement de relations personnelles qui eurent parfois une suite.

Nous étions une vingtaine à suivre la Conférence de préparation au Conseil d'Etat tout en sachant que sur le nombre il y aurait peu d'élus, le nombre de postes mis au concours ne devant être fixé qu'au début de novembre et devant coïncider exactement avec le nombre d'emplois vacants d'auditeurs de 2e classe, emplois de début. Or jusqu'à la fin d'octobre il n'y eut qu'un seul emploi vacant, un deuxième vint s'ajouter au début de novembre. A ce moment certains des candidats renoncèrent au moins provisoirement. Et il n'y eut qu'une quinzaine de candidats effectifs, cinq admissibles après les premières épreuves, et deux reçus. Quand j'évoque rétrospectivement cette période, je dois marquer ma reconnaissance aux maîtres de conférences en charge de cette préparation et constater combien, en peu de mois, nous avons appris de réalités sur le Droit de l'Administration, et même de la vie économique, sociale et administrative, par un travail acharné sans doute, mais favorisé par l'expérience que nous transmettaient les maîtres de conférences. Je voudrais ajouter aussi combien j'ai apprécié le climat de cette conférence où, en dépit de la concurrence qu'étaient appelés à se faire les candidats, tous coopérèrent sans réserve et en toute simplicité et amitié à s'aider les uns les autres, établissant ou renforçant entre eux des liens étroits et souvent durables.

J'avais passé avec succès le certificat de Doctorat de Droit privé en juin 1929 et m'étais inscrit au certificat de Droit public, dont je me réservais de suivre les enseignements dès le début de l'année suivante. Le concours, s'ouvrant comme prévu à la fin de novembre, devait durer deux semaines. La première composition écrite porta sur « la mise en valeur des colonies » et l'exposé oral que j'ai tiré au sort concernait « l'acquisition et la perte de la qualité de Français », sujet très technique et sur lequel il était malaisé de briller. Les épreuves écrites se passaient dans la salle de l'Assemblée Générale du Conseil d'Etat et duraient l'une et l'autre six heures. L'exposé oral se préparait dans la salle d'une des sections administratives et était fait dans la salle des séances du Tribunal des Conflits devant les cinq membres du jury (3 conseillers d'Etat et 2 maîtres des requêtes, appartenant chacun à une des sections du Conseil d'Etat). Cette épreuve d'exposé oral était très impressionnante. Le candidat, obligatoirement en jaquette, était précédé et annoncé par un huissier, prenait place à une petite table face aux membres du jury, assis en fer à cheval sur l'estrade, et avait derrière lui un public composé de candidats présents ou futurs et de membres du Conseil. Il avait devant lui une pendule et savait qu'il disposait de juste un quart d'heure et qu'on lui couperait la parole s'il dépassait le temps dont il disposait.

Une fois admissibles, les candidats restant en lice étaient appelés à rédiger une nouvelle composition écrite, en principe un rapport ou des conclusions de commissaire du Gouvernement sur un sujet soit administratif, soit contentieux. Nous eûmes ainsi à faire un rapport sur la coordination des transports ferroviaires et routiers. L'épreuve orale finale avait lieu dans la salle du Tribunal des Conflits avec le même cérémonial que l'exposé oral, mais cette fois prenant la forme d'interrogations émanant successivement des membres du jury, chacun devant poser des questions relevant de la compétence de sa section, l'ensemble de l'épreuve devant occuper quarante-cinq minutes. Ensuite le jury délibérait à huis-clos, faisant le total des notes attribuées aux candidats pour ces épreuves, et prenant ses décisions. Si deux candidats arrivaient à égalité avec un nombre de points leur permettant d'être admis, ils étaient appelés à faire un nouvel exposé, dit exposé de partage, toujours d'un quart d'heure après une heure de préparation à huis-clos, mais l'un et l'autre sur le même sujet, l'ordre de passage étant tiré au sort. Il a failli, m'a-t-on dit, en être ainsi à notre concours, la première addition des notes ayant abouti à un même total pour les deux candidats restant en tête. Si tel avait été le cas, et bien que les deux candidats dussent être reçus, leur rang devait être déterminé par l'exposé de partage, car il commandait l'ancienneté. Mais une ultime vérification permit de constater qu'il y avait un écart d'un point entre les candidats, en faveur de Jean-Louis DELOBEL, et je me trouvais donc reçu 2e. DELOBEL avait été major de la section administrative de l'Ecole des Sciences Politiques en 1926 et avait deux ans d'âge de plus que moi. J'avais été major en 1927 et j'avais tout juste 22 ans, âge minimum exigé pour pouvoir me présenter au concours. Seul pour moi comptait le résultat. Et j'étais parfaitement heureux.

Je n'avais plus qu'à me consacrer aux formalités d'usage, visites aux membres du jury, au Vice-Président du Conseil d'Etat et aux présidents de section, cartes de visite à déposer personnellement chez tous les membres du Conseil d'Etat, tâche que nous avons dû nous partager avec DELOBEL, puisque nous n'étions que deux. Enfin installation officielle — en jaquette — à la première Assemblée Générale suivant le 1er janvier 1930, date de notre entrée en fonctions.

II

Le Conseil d'Etat (1930-1939)

Nommé auditeur de 2e classe au Conseil d'Etat, à la suite du concours de novembre-décembre 1929, et avec effet du 1er janvier 1930, j'entre dans une nouvelle phase de mon existence, abordant une carrière qui devait se prolonger plus de cinquante ans.

Le Conseil d'Etat de l'époque n'est pas pour moi un monde inconnu. Non seulement j'avais eu plusieurs membres de cette assemblée comme professeurs ou maîtres de conférences à l'Ecole Libre des Sciences Politiques, mais j'y comptais un nombre appréciable d'amis entrés aux concours précédents. Par ailleurs les enseignements que j'avais suivis, tant à cette Ecole qu'à la Faculté de Droit, m'avaient familiarisé avec les fonctions du Conseil et avec son organisation. Mais ce n'est qu'une fois en son sein que l'on en découvrait les caractères propres. Non seulement le Conseil d'Etat est un grand corps et une grande administration. Il ne l'est sans doute pas par ses effectifs (alors une centaine de membres, un tiers d'auditeurs, un tiers de maîtres des requêtes, un tiers de conseillers d'Etat) mais par l'importance de ses fonctions. Il est aussi une grande famille. Les relations entre les membres sont beaucoup plus que des relations professionnelles. Dès votre entrée dans le corps l'on vous incite à prendre connaissance du « livre des familles » où sont indiqués les jours de réception des épouses de tous les membres et l'on vous rappelle l'usage d'après lequel chaque débutant doit une visite à celles de ces dames dont les époux sont soit présidents de section, soit membres de la ou des formations auxquelles l'on est affecté. Il arrivait même que certains de ceux-ci eussent l'habitude, après la visite faite à leur épouse, de vous convier à un des dîners qu'ils offrent périodiquement. Et de nombreuses occasions s'offrent de se rencontrer en dehors du Palais-Royal et d'établir des contacts extra-professionnels de plus en plus fréquents et étroits au gré des sympathies qui naissent et se développent entre les uns et les autres.

Les conditions de travail au Conseil d'Etat sont à l'époque et sont demeurées très particulières et n'ont probablement pas d'équivalent ailleurs. Elles se traduisent par une très grande liberté. Les membres du Conseil d'Etat, autres que les présidents de section ou de sous-section, ne disposent pas de bureaux individuels. Ils n'ont que peu d'obligations de présence. Ils ne sont tenus d'assister qu'aux séances des formations auxquelles ils appartiennent, et encore peuvent-ils facilement s'absenter s'ils n'ont pas d'affaire à leur rapport à certaines séances. Pourvu qu'ils s'acquittent dans les délais raisonnables des tâches qui leur sont confiées, c'est-à-dire pour l'essentiel de l'étude d'un certain nombre de dossiers et de l'établissement de projets d'avis ou de décisions sur chacun d'eux, ils peuvent organiser leur travail à leur gré, soit en s'y consacrant à leur domicile, soit en usant de la bibliothèque et des salles de travail qui, dans le Conseil d'Etat, sont à la disposition de tous. Le choix dépend largement des moyens de travail dont chacun dispose. Ayant personnellement une importante documentation chez moi, j'ai toujours fait une large partie de mes travaux à mon domicile. Mais la fréquentation de la bibliothèque et des salles de travail — comme d'ailleurs de la « buvette » à l'heure du thé, pendant les suspensions de séances, permet toujours des échanges utiles qui contribuent tant à mieux connaître les collègues, à profiter de leur expérience, qu'à apprécier leurs réactions en cas d'hésitation soit sur l'orientation et les méthodes de recherche à utiliser, soit sur la solution à donner à des questions délicates ou nouvelles.

Rien ne marque mieux le caractère essentiellement collectif du travail du Conseil d'Etat. S'il s'agit du contentieux, chaque affaire est confiée à un rapporteur qui l'étudie individuellement, présente un rapport et un projet de décision à une sous-section qui est le plus souvent une sous-section d'instruction composée d'un président, de deux conseillers d'Etat assesseurs et d'autres membres, parfois conseillers, le plus souvent maîtres des requêtes et auditeurs, rapporteurs. Une discussion s'engage, à laquelle tous peuvent participer, et aboutit à l'adoption d'un projet de décision. Le dossier passe ensuite à un « commissaire du Gouvernement », qui, en dépit de sa dénomination, n'est nullement un représentant du Gouvernement, mais un membre du Conseil chargé, après une nouvelle étude personnelle du dossier, et compte tenu de la position prise par le rapporteur et la sous-section d'instruction, de se faire une opinion personnelle sur l'affaire, qu'il exposera sous tous ses aspects à la formation de jugement, laquelle sera constituée soit par la réunion de deux sous-sections sous la présidence du président ou d'un président-adjoint de la section du contentieux, soit la section du contentieux comprenant les présidents et assesseurs de l'ensemble des sous-sections, soit l'Assemblée du Conseil d'Etat statuant au contentieux, composée du Vice-Président du Conseil d'Etat, du Président et aujourd'hui des Présidents adjoints de la section du contentieux, des Présidents de toutes les sous-sections d'instruction et des assesseurs de la sous-section chargée de l'instruction de l'affaire, d'un conseiller des quatre sections administratives ainsi que bien entendu du rapporteur et du commissaire du Gouvernement, ce dernier cependant n'ayant pas de droit de vote. Pour certaines catégories d'affaires les sous-sections peuvent juger seules ou renvoyer le jugement à une formation plus large. Devant ces formations de jugement, les débats sont publics, et suivis d'un délibéré à huis-clos. Les décisions prises au cours du délibéré sont lues en séance publique après un délai de quelques jours.

Devant les sections administratives les choses sont plus simples.

Chaque section est saisie de projets de textes ou de demandes d'avis émanant des administrations des ministères relevant de sa compétence. Le Président confie le rapport à un membre de la section, sans distinction de grade, et qui, après examen et discussion, le cas échéant, avec les représentants des administrations compétentes, présente son rapport et ses propositions à la section dont tous les conseillers ont voix délibérative, ainsi que, lorsqu'il s'agit d'affaire à son rapport, le maître des requêtes ou l'auditeur rapporteur. Si l'affaire est de celles qui doivent être examinées par l'Assemblée Générale, le rapporteur doit, au nom de la section, présenter l'affaire à l'Assemblée avec les propositions de la section. Tous les présidents et conseillers d'Etat, membres de l'Assemblée Générale, participent alors à la discussion et au vote qu'appelle le débat, lequel n'est jamais public et n'a lieu qu'en la seule présence des représentants de l'administration intéressée.

A la différence des affaires contentieuses, les dossiers confiés aux sections administratives ou à l'Assemblée Générale ne donnent pas lieu à des décisions mais seulement à des Avis donnés au Gouvernement et qui, sauf en de rares exceptions, ne le lient pas et qu'il n'est même pas tenu de publier.

Il importe aussi de souligner qu'alors que les décisions des formations contentieuses sont rendues en Droit et tendent à trancher les litiges, les Avis des formations administratives se prononcent non seulement sur les aspects juridiques des affaires soumises mais aussi sur l'opportunité des solutions à leur donner sous l'angle de la bonne administration.

Deux caractères essentiels ressortent de ces méthodes de travail. C'est d'abord le caractère collectif des tâches accomplies. Ainsi fait-on mentir le dicton d'après lequel « délibérer est le fait de plusieurs, décider le fait d'un seul ». Ici délibérations et décisions sont collectives. Décisions et avis sont pris à la majorité de tous les membres du Conseil d'Etat ayant droit de vote dans la formation compétemment saisie. La variété des origines, des âges, des formations des uns et des autres permet de dégager une opinion commune sur les points de Droit comme sur les questions d'opportunité, opinion qui correspond assez aisément à l'orientation générale de la société.

En second lieu les méthodes de travail donnent à tous les membres du Conseil d'Etat une très grande liberté non seulement dans l'organisation de leur temps mais aussi dans leurs opinions et dans les positions qu'ils sont appelés à prendre. Chacun peut avoir et exprimer son sentiment sans aucune contrainte, n'étant tenu que par les votes collectifs une fois émis. Cette liberté donne à chacun une importante responsabilité. Elle a sa contrepartie dans le fait que chacun ne saurait se formaliser de voir son point de vue critiqué et écarté par un vote de la formation devant laquelle elle est émise. Aucune considération d'amour-propre ou d'estime ne doit jouer.

Chacun doit rechercher, en toute conscience, les solutions qui lui paraissent à la fois juridiquement exactes et conformes à l'intérêt général, et s'incliner devant les positions prises collectivement par la formation compétente.

Le caractère collectif de toutes les décisions comme de tous les avis est aussi, pour chaque membre du Conseil d'Etat, une grande sécurité, une garantie contre les erreurs, les improvisations hâtives, les positions partisanes ou tendancieuses. Peut-être le sentiment de responsabilité individuelle de chaque membre peut-il être quelque peu affaibli par cette sécurité même résultant du contrôle collectif exercé constamment sur les positions adoptées. Et il n'est pas exclu que ceux qui ont le goût des responsabilités individuelles et d'activités personnelles aient parfois tendance à s'éloigner plus ou moins temporairement du Conseil d'Etat pour prendre des fonctions dans l'administration active ou dans des affaires privées. Toujours est-il que les décisions comme les avis de toutes les formations du Conseil d'Etat sont la responsabilité collective du Conseil d'Etat pris dans son ensemble.

En ce qui me concerne je me trouvais très bien des conditions et du climat dans lesquels s'organise le travail du Conseil d'Etat, à la fois par la grande liberté dont je jouissais, par les responsabilités que j'assumais, et par la sécurité apportée par l'activité collective en commun. Je ne me trouvais pas moins bien du fait que, dans les votes commandant toutes les décisions et tous les avis, le poids de la voix de l'auditeur débutant comptait autant que celui des plus anciens conseillers, et même que celui d'un président de section, voire du vice-président. Enfin j'appréciais beaucoup les relations personnelles s'établissant naturellement entre tous ceux qui travaillent en commun et dont la coopération, quels que soient l'âge et l'ancienneté, s'organisait sur un pied d'égalité, de courtoisie, et même souvent d'amitié. Les sentiments que j'exprime ici, réels dès mon entrée dans le corps, n'ont cessé de se renforcer constamment au cours des années et de créer pour moi un attachement de plus en plus profond pour l'institution, pour la « maison ».

Peut-être les réactions de chacun pourraient-elles varier suivant la ou les formations auxquelles il appartient, mais je ne le crois pas, ayant eu, au cours d'une longue carrière, à apporter mon concours à bien des formations différentes. A mon entrée dans le corps, je fus, comme c'était le cas le plus général, affecté à la Section du Contentieux, formation à laquelle j'étais d'ailleurs le plus apte à apporter un concours effectif immédiat. Le président de la section était alors Jean Romieu, dont j'avais suivi les cours à l'Ecole Libre des Sciences Politiques, qui me connaissait bien, et pour lequel j'avais une grande admiration. Je reçus, à l'intérieur de la section, une double affectation, la principale à la 4e sous-section d'instruction (qui s'appelait alors « Comité d'Instruction »), la seconde à la 2e sous-section fiscale, les sous-sections chargées du contentieux fiscal étant autonomes et jugeant seules. C'est évidemment à la 4e sous-section que je devais le meilleur de mon temps. Or, je ne tardais pas à m'apercevoir que le climat propre de chaque sous-section du « Grand Contentieux » variait sensiblement suivant la personnalité du Président. C'est ainsi que la personnalité exceptionnelle du Président PICHAT, à la tête de la 3e sous-section, était telle que les autres membres de la sous-section ne pouvaient guère qu'apparaître bien pâles à côté de lui. Il en allait tout autrement de ma sous-section dont le Président, excellent homme, de grand bon sens, était loin d'être un grand juriste et n'exerçait qu'une autorité paternelle et fort discrète sur la formation dont il avait la charge. Ses deux assesseurs n'avaient pas une personnalité beaucoup plus marquée ; il en résultait que les débats s'organisaient en fait essentiellement entre les rapporteurs et les commissaires du Gouvernement, les uns et les autres affirmant, eux, des personnalités marquées. Plusieurs des maîtres des requêtes et auditeurs, rapporteurs, jouissaient déjà d'une expérience et d'une autorité importantes. Et les deux commissaires du Gouvernement attachés à la sous-section, bien que très différents l'un de l'autre, avaient tous deux de fortes personnalités. Il s'agissait d'André ANDRIEUX et de Pierre JOSSE. Dans une telle formation, le rôle d'un auditeur débutant était naturellement plus important et lui permettait, avec ses connaissances universitaires toutes fraîches, de dire son mot même dans les affaires rapportées par des membres plus anciens. Les discussions en sous-section étaient ainsi très fructueuses et très formatrices.

D'autre part l'usage était que tous les jeunes membres assistent, chaque vendredi, au délibéré de la section plénière du contentieux ou de l'Assemblée du contentieux, formations où étaient portées toutes les affaires posant des questions nouvelles et où s'élaborait la jurisprudence et donc où se construisait constamment notre Droit administratif. Je me fis immédiatement une règle d'assister toujours à ces délibérations, d'y prendre des notes avec lesquelles je me constituais un fichier qui devint pour moi un instrument de travail inappréciable. Je ne saurais trop souligner l'importance qu'a eu pour moi l'aspect créatif du Droit de la jurisprudence du Conseil d'Etat, véritable construction permanente s'exprimant dans les multiples formations du Conseil d'Etat, en fonction des problèmes soulevés constamment par l'évolution économique, sociale, voire psychologique ou politique, en fonction aussi des circonstances de temps et de lieu, construction à laquelle j'avais le sentiment d'apporter chaque jour ma petite pierre.

De la 2e sous-section fiscale je dirai peu de choses. J'assumais bien entendu les tâches que l'on me confiait et je rapportais les dossiers dont j'avais la charge. Mais j'avais peine à m'intéresser à une matière souvent ingrate et où les débutants ne recevaient la responsabilité que de dossiers mineurs.

De l'activité et des méthodes de travail des formations administratives du Conseil d'Etat, j'ai pratiquement à peu près tout ignoré pendant longtemps. Il y avait en effet un cloisonnement presque étanche entre les sections administratives et la section du Contentieux, sauf au regard du Contentieux fiscal, au point que la section du Contentieux disposait, les jours des séances de jugement, d'une « buvette » particulière ouverte pendant la suspension des séances.

La première affaire qui m'est confiée à mon entrée en fonctions, si modeste qu'en soit l'importance, témoigne du caractère et de la portée des questions que le Conseil d'Etat a à examiner et de ses méthodes de travail. Il s'agit d'un recours formé contre un arrêté du maire de BIARRITZ interdisant d'une part de se déshabiller ou de se rhabiller sur les plages et dans les falaises de BIARRITZ et, en outre, de circuler en costume de bain en dehors des zones réservées aux baigneurs. Le Conseil d'Etat avait déjà été appelé à se prononcer en 1924 sur un arrêté du même maire ayant un objet analogue et l'avait annulé pour deux motifs, parce que, par la généralité de ses termes il aurait pour effet d'interdir aux baigneurs de s'habiller ou de se déshabiller en un point quelconque du rivage, quel que soit son éloignement des habitations, sa fréquentation ou la disposition naturelle des lieux, et même dans les propriétés particulières, parce que, d'autre part, uniquement motivé par l'intérêt financier de la ville (le souci de garantir un monopole aux établissements de bains concédés par la commune), la disposition attaquée était entachée de détournement de pouvoir. A la suite de cette annulation, le maire avait pris un nouvel arrêté, motivé notamment sur ce que les plages et falaises de BIARRITZ étaient toutes fréquentées. Dans son nouvel arrêt (20 mai 1930, BEAUGÉ, Recueil, page 582) la section du Contentieux fait une distinction. Elle reconnaît qu'il appartient au maire, en vertu de ses pouvoirs de police, de prescrire les mesures nécessaires pour assurer le maintien du bon ordre et de la décence sur le rivage de la mer. Donc le maire, en raison de la disposition naturelle et de la fréquentation des plages et falaises de la commune a pu, sans excès de pouvoir, interdire aux baigneurs de se déshabiller et de se rhabiller sur les plages et falaises. En revanche, s'il appartient au maire de prohiber la circulation des baigneurs dans des tenues contraires à la décence, et notamment le port de costume de bain sans peignoir sur les voies et dans les lieux publics, il ne pouvait, comme il l'a fait, interdire, par voie de disposition générale, la circulation en costume de bain « même avec le peignoir », cette prescription ne pouvant trouver sa justification dans l'intérêt du maintien de l'ordre public. Cette décision, qui paraît d'importance minime, montre comme le juge administratif est appelé à exercer un véritable arbitrage entre les exigences de l'ordre public et les libertés indispensables, et, d'autre part, à enfermer l'autorité publique, à l'occasion de l'exercice de son rôle de police, dans des motifs tenant à l'ordre public strictement entendu, par une appréciation des circonstances de lieu et de temps et par la recherche des considérations qui ont réellement motivé la décision prise. Il n'est pas douteux que les mêmes principes auraient pu conduire à des solutions différentes en d'autres lieux, ou à une autre époque.

Des décisions ultérieures ont eu, à plusieurs reprises, à se prononcer sur la validité d'arrêtés municipaux intéressant la diffusion de certains films en tenant compte non seulement du contenu de ces films, mais aussi des caractères propres du milieu local et des réactions possibles de l'opinion à une telle diffusion eu égard à ces caractères.

Dans de tels domaines comme en bien d'autres il est nécessaire de procéder à des appréciations délicates pour lesquelles il n'est pas de trop que l'intervention de personnalités différentes par leur origine, leur formation, leur expérience, dont la confrontation permet de dégager une opinion moyenne acceptable par tous. Le juge a ainsi à la fois à définir une règle générale et à en assurer une application adaptée à chaque cas particulier. L'une et l'autre tâches, intervenant dans tous les aspects de la vie courante, imposent à la fois réflexion, prudence et un sens aigu des responsabilités.

Mais les membres de la section du Contentieux, comme ceux des sections administratives, se voient enfin, en outre de leurs attributions au Conseil, confier des fonctions extérieures, généralement des missions de rapporteurs dans des commissions administratives des divers ministères. Ces tâches ont l'avantage à la fois de donner aux membres du Conseil une connaissance concrète de l'organisation, du fonctionnement et de l'activité des administrations publiques et de faire bénéficier celles-ci de l'expérience propre apportée par la participation aux travaux du Conseil d'Etat. Le hasard voulut que la première mission qui me fut donnée, fut, dès le printemps de 1930, celle de rapporteur d'une commission créée au Ministère du Travail et de la Prévoyance Sociale et chargée, dans la mise en œuvre de la loi récente sur les assurances sociales, d'élaborer des modèles de conventions à conclure entre les caisses d'assurances sociales et les syndicats de médecins comme de praticiens des professions médicales ou paramédicales en vue d'aménager la collaboration entre les caisses et ces professions. Ce fut mon premier contact non seulement avec les assurances sociales, mais encore avec les problèmes sociaux. Bien plus, ce fut aussi la première occasion pour moi de rencontrer des militants des milieux patronaux et ouvriers et des professions médicales et de fréquenter ainsi des milieux qui m'avaient été jusqu'alors tout à fait étrangers.

J'eus aussi en 1930 une chance exceptionnelle. Les pouvoirs publics organisaient à l'occasion du centenaire de la conquête de l'Algérie de nombreuses manifestations, au nombre desquelles fut prévu le voyage d'une délégation de dix membres du Conseil d'Etat en

Algérie. Le bureau du Conseil d'Etat décida que cette délégation serait composée du vice-président, de trois conseillers d'Etat, de trois maîtres des requêtes et de trois auditeurs, qui seraient, dans chaque grade, tirés au sort parmi ceux qui auraient fait acte de candidature. Je me portai candidat et mon nom sortit, alors que j'étais le plus jeune et le moins ancien de tous les membres du corps. Cela me valut de passer quinze jours en Algérie, de faire la connaissance de ce pays et de ses problèmes, de parcourir le pays de l'Ouest à l'Est et jusqu'à El Kantara au Sud, et même d'établir des relations d'amitié avec un collaborateur du Gouverneur Général qui, pendant de nombreuses années, en fait jusqu'à sa mort prématurée à la veille de l'indépendance de l'Algérie, me fit parvenir une abondante documentation sur l'évolution, et sur tous les aspects des problèmes algériens.

Si mes activités au Conseil d'Etat ont occupé l'essentiel de mon temps et dominé constamment mes préoccupations, j'ai été appelé à participer à de nombreux travaux, très divers, et d'importance inégale. Certaines missions se rattachent plus ou moins directement au contentieux ou aux problèmes administratifs relevant du Conseil d'Etat. Tel est le cas de mes fonctions de rapporteur au Comité Consultatif de règlement amiable des litiges concernant les voies ferrées d'intérêt local, ou au Comité Consultatif du Contentieux du Ministère du Travail, ou encore au Comité Consultatif permanent de l'Administration générale, départementale et communale.

J'ai été pendant un temps attiré par les problèmes de transports. A plusieurs reprises j'ai été appelé par des ministres divers à procéder à des études sur la coordination des transports, à la réforme des chemins de fer, à l'élaboration du statut de la future S.N.C.F. Rapporteur au Comité d'Aménagement de la Région Parisienne, j'ai été affecté à la Commission des transports de ce Comité, où j'ai eu à participer étroitement au choix des emplacements des futurs aérodromes et aéroports appelés à compléter le terrain du Bourget qui seul existait à l'époque. Et surtout, rapporteur au Conseil National Economique, j'ai eu la charge, dans le cadre d'une étude d'ensemble sur la coordination des transports, des problèmes posés par la navigation fluviale, ce qui m'amena à proposer et à faire adopter toute une organisation de l'affrètement sur les voies navigables, laquelle a subsisté pendant bien des années, tentant de concilier les intérêts des bateliers artisans et ceux des armateurs industriels.

Mais le hasard des circonstances m'a amené progressivement à m'intéresser plus spécialement aux problèmes de politique sociale. J'ai déjà mentionné ma première mission reçue dans le cadre de l'application des assurances sociales en 1930. Mon passage au Cabinet du Ministre du Travail en 1931-1932, dont je parlerai plus loin, m'a conduit à demeurer rapporteur au Conseil Supérieur des Assurances Sociales, où j'eus notamment la charge d'une étude du problème de l'assurance-invalidité qui m'amena à proposer une réorientation totale de la législation en la matière, en vue de séparer la couverture de l'invalidité de celle de la vieillesse et de la rattacher à l'assurance-maladie. Sur l'initiative du président CAHEN-SALVADOR, je fus aussi appelé en 1932 à participer aux travaux d'un comité mixte, organisé en commun par la Section des Assurances Sociales du Bureau International du Travail et la Section d'Hygiène de la Société des Nations en vue de l'étude internationale des conséquences de la crise économique sur la santé des travailleurs, premier contact pour moi avec les institutions internationales à vocation sociale. Le Secrétaire d'Etat à la Main-d'Œuvre Philippe SERRE me demanda par la suite de participer à des groupes de travail, en charge d'étudier le statut des services de la main-d'œuvre étrangère, puis le chômage et l'embauchage de la main-d'œuvre française et étrangère dans le bassin minier du Nord et du Pas-de-Calais. Comme rapporteur au Conseil National Economique, j'eus la responsabilité en 1934 de procéder à une étude d'ensemble des problèmes posés par la conclusion et la mise en œuvre des conventions collectives de travail. Les événements de 1936 amenèrent le Ministère du Travail à me confier le soin de régler comme arbitre ou surarbitre plusieurs conflits collectifs du travail, ceci me conduisant, après la création de la Cour Supérieure d'Arbitrage, à exercer dans cette Cour les fonctions de commissaire du Gouvernement en 1938 et 1939.

D'autres hasards m'amenèrent à m'intéresser aux problèmes de l'Afrique du Nord. C'est en premier lieu mon voyage de 1930 à l'occasion du centenaire de la conquête de l'Algérie. En 1937 M. VIÉNOT, Secrétaire d'Etat au Ministère des Affaires Etrangères, m'offrit de me charger d'une mission pour réformer l'administration tunisienne, mission que je dus à mon regret décliner en raison des responsabilités que j'avais à l'époque. Quelques semaines plus tard, le même ministre me demanda, à la requête du Résident général de France au Maroc, le Général NOGUÈS, de procéder, avec le concours d'un inspecteur des Finances, à une enquête sur le projet de création d'un quartier réservé à MARRAKECH, ce qui me conduisit à prendre une première connaissance de ce pays. Enfin et surtout le Haut Comité Méditerranéen en 1937-1938 me confia le soin de procéder à une étude d'ensemble, qui n'avait jamais été faite, des problèmes posés par la main-d'œuvre nord-africaine en France. C'est, de toute ma carrière, peut-être la tâche la plus passionnante que j'ai eu à assurer, conjugant les préoccupations de politique sociale à celles des problèmes du colonialisme et des migrations humaines.

Beaucoup de ces missions devraient appeler des commentaires. Toutes ont contribué à ma formation, à l'évolution de mes opinions, de mes convictions, à l'orientation de mes activités ultérieures. Je tâcherai de revenir sur certaines d'entre elles par la suite, au moins sur celles qui m'ont marqué le plus profondément. Il n'est pas aisé d'ailleurs d'isoler telle et telle action ou intervention et de les articuler les unes et les autres, tant la période a été pour moi et très remplie et très riche en même temps qu'intellectuellement productive.

Les cabinets ministériels

Durant toute la période dont je parle, et d'ailleurs avant comme après cette période, les Ministres avaient souvent l'habitude de faire appel à des membres du Conseil d'Etat pour faire partie de leurs cabinets. Je n'avais jamais envisagé d'accéder à de telles fonctions, dont j'ignorais d'ailleurs le rôle exact, tant était grande mon ignorance de la vie politique en général, des hommes politiques en particulier. Une fois de plus le hasard joua un grand rôle. Mon père, juge d'instruction au Tribunal de la Seine, rencontrait fréquemment au Palais de Justice César CAMPINCHI, qui était un des grands avocats d'assises de l'époque. Or celui-ci était également le gendre d'Adolphe LANDRY, député de la Corse, qui devint Ministre du Travail et de la Prévoyance Sociale dans le Ministère Pierre LAVAL au début de 1931. Adolphe LANDRY, ayant fait part à son gendre de son désir d'inclure dans son cabinet un jeune membre du Conseil d'Etat, César CAMPINCHI, qui savait, par mon père, mon entrée récente dans ce corps, lui suggéra de me pressentir. C'est ainsi que j'eus la surprise de recevoir, au début de janvier 1931, un coup de téléphone du Ministre me demandant de venir le voir. Je me rendis donc au Ministère, rue de Grenelle, où Adolphe LANDRY me proposa les fonctions de chargé de mission à son cabinet. Je n'étais nullement préparé à une telle offre. Et, conscient de tout ce que j'avais encore à apprendre pour remplir pleinement mon rôle au Conseil d'Etat, j'étais peu disposé à interrompre mes activités dans ce corps où je venais d'entrer depuis exactement un an. Ma première réaction fut donc réticente, et je fis part au Ministre du désir que j'avais de poursuivre toutes mes activités au Conseil d'Etat, dont je considérais d'ailleurs ne pouvoir décemment m'éloigner si peu de temps après y être entré. Le Ministre m'ayant indiqué qu'il ne me demandait qu'une collaboration à temps partiel, compatible avec la poursuite de ces activités, je m'en ouvris au Président ROMIEU, qui m'incita, dans ces conditions, à accepter l'offre qui m'était faite. J'ai donc donné mon acceptation, et j'ai, comme je l'avais marqué dès le début, poursuivi intégralement mes tâches au Conseil d'Etat, aussi bien pour l'étude des dossiers qui m'étaient confiés que pour l'assistance aux séances de ma sous-section, des formations de jugement, et des délibérés du vendredi. Et je vins occuper dans l'Hôtel de la rue de Grenelle un beau bureau s'ouvrant sur le jardin du Ministre, avec la charge de m'occuper particulièrement de toutes les affaires relevant de la Direction Générale des Assurances Sociales. En dehors de moi-même, le cabinet du Ministre ne comportait que des Corses. Un seul d'entre eux, le chef de cabinet, était un fonctionnaire de l'Administration Centrale du Ministère et suivait les aspects administratifs des responsabilités du Ministre. Tous les autres s'occupaient des affaires corses, des relations avec le Parlement ou avec la presse.

Les Assurances Sociales relevaient d'une Direction Générale, toute récente ; les lois de 1928 et de 1930 qui avaient organisé cette nouvelle institution avaient primitivement prévu la création d'un « Office », établissement public national, prenant en charge toute l'application de la législation nouvelle. Mais le Parlement s'était ravisé et avait par la suite supprimé l'Office, dont le directeur, ingénieur en chef des Ponts et Chaussées, demeurait au Ministère sans attributions définies. C'est le directeur de la Mutualité qui prit la charge des Assurances Sociales et devint directeur Général des Assurances sociales et de la Mutualité. Il s'agissait de Gaston ROUSSEL, coiffant les directeurs techniques que devait comporter l'Office, à savoir Jules LAURENT, chargé des affaires administratives et juridiques, Jacques-Ferdinand DREYFUS de l'actuariat et des affaires financières, et PARRAIN, chargé des problèmes techniques, de l'aménagement matériel des Caisses d'Assurances Sociales, de l'équipement en machines statistiques et autres. En fait, ces trois directeurs assuraient l'ensemble des tâches qu'impliquait la mise en œuvre de la législation nouvelle, Gaston ROUSSEL, qui n'avait eu jusqu'alors que la charge de la Mutualité, comportant la présence à de nombreux banquets et manifestations, et n'ayant qu'une compétence limitée dans les nombreux et complexes problèmes soulevés par la création de toutes pièces d'un système d'ensemble d'assurances sociales, se bornait, de ce fait, le plus souvent à assumer la liaison entre les directeurs placés sous son autorité et le cabinet du Ministre, en apposant son paraphe sur les notes établies par ses collaborateurs. J'en vins ainsi très vite à correspondre, tant par téléphone que par écrit, directement avec ces trois directeurs. J'en arrivais même, dans un souci d'efficacité, à demander aux services de répondre à mes demandes d'information ou de solution des problèmes posés dans des délais déterminés, imposant ainsi, sans toujours m'en rendre compte, aux services compétents des contraintes inhabituelles, au point que, lorsque je quittais mes fonctions, l'un des directeurs me reprocha amicalement d'avoir voulu faire fonctionner l'administration à un rythme qu'elle avait peine à supporter !

Si je devins ainsi, sans l'avoir cherché, un spécialiste des assurances sociales, j'eus également le privilège d'avoir des relations constantes avec le Ministre. Adolphe LANDRY, ancien élève de l'Ecole

Normale Supérieure, où il avait été le condisciple de BOUGLE, de Léon BLUM et de bien d'autres, était philosophe de formation, avait fait une thèse de Lettres sur « L'UTILITÉ SOCIALE DU DROIT DE PROPRIÉTÉ », mais s'était attaché après de nombreuses années aux problèmes de population auxquels il donnait une très grande importance, ce qui l'avait conduit à être un expert en statistiques démographiques. Non seulement il me consultait fréquemment sur les problèmes juridiques, mais il m'intéressa à la démographie et contribua dans une mesure importante à ma formation dans cette discipline. Je m'intéressais moins aux affaires corses, qui donnaient lieu à un courrier considérable, LANDRY apparaissant comme le chef d'un des deux clans qui se partagaient la population de l'Ile, les « Landrystes » s'opposant aux « Piétristes », du nom de François PIÉTRI, alors Ministre des Finances. J'avais moins souvent à traiter des problèmes de travail et d'emploi, malgré l'importance prise alors par le chômage dû à la crise économique de l'époque ; ces problèmes étaient traités directement par le Ministre avec le directeur du Travail, PICQUENARD, qui avait son bureau dans l'Hôtel du Ministre, alors que ses services étaient rue de Varenne dans une partie de l'immeuble occupé aujourd'hui entièrement par le Ministère de l'Agriculture. J'avais les meilleurs rapports avec les autres membres du cabinet, et avec la famille du Ministre. Sa fille Hélène, mariée à César CAMPINCHI, avait un bureau rue de Grenelle. Je rencontrais aussi fréquemment les sœurs du Ministre, Madame PICHON-LANDRY, mariée à Charles-Adolphe PICHON, Délégué général de l'Union des Industries Métallurgiques et Minières, Madame LONG, épouse d'un éminent médecin genevois, et Madame THUILLIER, comme avec Madame LANDRY elle-même et sa famille, Monsieur et Madame LASSALLE et leurs enfants. Ces relations se prolongèrent bien après la période en cours et durent encore.

Au bout de quelques mois, le chef de cabinet, Alexandre MATTEI, fut nommé directeur de l'Administration Générale et du Personnel au Ministère, et LANDRY m'appela aux fonctions de chef de cabinet. J'accédais ainsi à l'âge de 23 ans, et avec une expérience encore limitée, à de telles fonctions. Je demandai et obtins de me faire assister par mon collègue Christian VALENSI, mon camarade du service militaire, qui me remplaça dans mes fonctions de chargé de mission. Cela me permit de poursuivre parallèlement, comme j'y tenais, mes activités au Conseil d'Etat, en dépit de la charge nouvelle qui pesait sur moi. De ce fait j'eus un regard sur tout le courrier administratif du Ministère et aussi des contacts fréquents avec les Parlementaires s'intéressant aux problèmes sociaux, comme les Docteurs CHAUVEAU et GRINDA, le Professeur ANTONELLI, M. PERNOD, le sénateur François SAINT-MAUR et bien d'autres. J'eus aussi à proposer des solutions à des problèmes discutés. L'un des plus importants concerna la définition des conditions dans lesquelles les Assurances Sociales devaient s'appliquer aux salariés agricoles. Les services du Ministère souhaitaient que ces salariés fussent purement et simplement intégrés dans les structures prévues pour les salariés des autres branches d'activité, alors que les organisations agricoles souhaitaient avoir des organismes qui leur soient propres comme des modalités mieux adaptées à leur type d'activité. Après avoir entendu les uns et les autres, et malgré ma tendance personnelle plutôt favorable à la position des services ministériels, je conseillai au Ministre, dans un but d'efficacité, et pour faciliter le financement imposé aux employeurs agricoles, pour la plupart à la tête de petites entreprises familiales, d'accepter des structures et modalités particulières en ce qui les concerne, étant entendu que les droits des salariés agricoles seraient les mêmes que ceux des autres branches.

Les treize mois que je passai ainsi au cabinet du Ministre du Travail et de la Prévoyance Sociale furent pour moi une expérience passionnante et eurent leur prolongement, comme je l'ai déjà indiqué, dans mon entrée comme rapporteur au Conseil Supérieur des Assurances Sociales, et à mon attachement pour l'institution, que je connus en fait depuis sa naissance et aux développements de laquelle j'ai apporté ma contribution. Mes trois collègues plus anciens du Conseil d'Etat, Pierre TISSIER, Pierre CLOSSET et Pierre-Olivier de SARDAN, qui avaient collaboré avec Pierre LAVAL, quand celui-ci était Ministre du Travail, dans la période où se discutaient au Parlement les lois de 1928 et 1930 sur les Assurances Sociales, avaient ensemble rédigé un Traité des Assurances Sociales, premier ouvrage sur la question, publié par les Editions Techniques. Ils m'ont demandé d'en rédiger un supplément de mise à jour, tenant compte des textes d'application pris à partir de 1931. J'acceptai cette tâche et la menai à bien rapidement. Dès lors le Traité dit « des trois Pierre » devint le Traité « des quatre Pierre » ! Mais je dois reconnaître que lorsqu'en février 1932, Adoplphe LANDRY quitta le Ministère après le renversement du cabinet LAVAL, et quelque regret que j'en aie éprouvé pour le Ministre, j'ai éprouvé un sentiment de soulagement du fait de la fatigue accumulée pendant l'année qui venait de s'écouler.

Ma deuxième expérience de participation à un cabinet ministériel fut assez différente. A l'automne 1933, le Président CAHEN-SALVADOR m'indiqua que deux Ministres dans le cabinet qui venait d'être constitué, lui avaient demandé de leur suggérer des noms de membres du Conseil d'Etat pour entrer dans leur cabinet. Il s'agissait de PAGANON, Ministre des Travaux Publics et de MISTLER, Ministre des P.T.T., et il me demanda si je serais disposé à entrer dans le cabinet de l'un ou de l'autre. Cette fois encore j'hésitai. Je tenais toujours à ne pas réduire mes activités au Conseil d'Etat. D'autre part je venais de prendre la charge de la Conférence de préparation au concours d'entrée au Conseil d'Etat à l'Ecole Libre des Sciences Politiques. Et je voyais mal comment ajouter à ces fonctions la collaboration à un cabinet. Le Président CAHEN-SALVADOR estima qu'une participation à temps très partiel au cabinet du Ministre des P.T.T., relativement peu chargé en problèmes juridiques importants, devait être possible, si bien que j'acceptai d'être chargé de mission au cabinet de Jean MISTLER, étant entendu que mes seules obligations seraient de consacrer deux heures par jour en fin d'après-midi à cette tâche.

Je ne connaissais même pas de nom Jean MISTLER. C'était un homme de lettres, ancien élève de l'Ecole Normale Supérieure, romancier et collaborateur de différents périodiques, député de l'Hérault et appartenant à l'entourage des frères Albert et Maurice SARRAUT. Je rencontrai en lui un homme d'une intelligence remarquable, comprenant à mi-mot la portée réelle de n'importe quelle question, orienté surtout vers les aspects culturels de son rôle de Ministre des P.T.T. où il s'intéressa surtout aux timbres pour lesquels il rechercha le concours d'artistes nouveaux, et à la Radiodiffusion, alors dans l'enfance, dont son Ministère avait à l'époque toute la responsabilité. Cela ne l'empêchait pas de s'intéresser activement à tous les problèmes de son Ministère.

Celui-ci avait, au niveau central, une organisation remarquable. Il existait en effet une Direction des Services Centraux, qui était un véritable secrétariat général, dont le titulaire est entouré d'un petit groupe de fonctionnaires de haute qualité, chacun ayant la responsabilité d'un secteur du Ministère, et, qui, sur chaque question, constituait un dossier accompagné d'une note synthétique précisant les problèmes à résoudre et les arguments pour et contre les solutions proposées. Je trouvais donc sur ma table, en arrivant vers 18 heures, la pile des dossiers concernant les affaires du jour et posant des problèmes juridiques ou administratifs de principe. Je pouvais appeler, pour chacun d'eux, le fonctionnaire du service central responsable, si j'avais besoin d'explications. Et, après examen, j'indiquais les solutions qui me paraissaient devoir être adoptées et portais les dossiers au Ministre qui, sauf rares exceptions, se conformait à mes propositions. Beaucoup de ces fonctionnaires devaient être appelés par la suite à la tête des directions diverses du Ministère. Je pus ainsi en peu de temps prendre une connaissance de la variété des problèmes auxquels le Ministère avait à faire face, depuis les problèmes de personnel, essentiels dans une des administrations comptant les effectifs les plus importants, jusqu'aux problèmes techniques des Télécommunications, aux problèmes financiers des chèques postaux, aux problèmes de relations internationales, au nombre desquels était en cours de discussion une convention sur les colis postaux. J'acquis ainsi une haute estime pour le personnel de cette administration, pour son attachement à son rôle, pour la conscience qu'il avait de ses responsabilités, pour son intégrité, pour la rigueur avec laquelle il souhaitait voir sanctionner toute défaillance.

J'eus les meilleures relations avec les dirigeants des organisations syndicales de ce personnel, et surtout avec le secrétaire général de la Fédération Postale de l'époque, COURRIÈRE.

J'eus aussi, pendant quelques jours, à me pencher sur les problèmes de la Radiodiffusion. Celle-ci était la responsabilité d'un service minuscule se limitant à un homme de premier plan, ingénieur des P.T.T., PELLENC, assisté d'un rédacteur, et sur lequel tout reposait. Or la discussion d'une convention internationale appela le responsable à passer une quinzaine de jours à l'étranger et le Ministre me demanda de le suppléer pendant cette période. C'est ainsi que je pus me rendre compte de l'ampleur des responsabilités reposant sur un seul homme. Fort heureusement je n'eus qu'à expédier des affaires courantes sans difficulté. J'aurais été incapable de faire davantage !

Ma tâche au Ministère des P.T.T. ne devait durer guère plus d'un trimestre. Le Ministère fut renversé et dans le nouveau cabinet, MISTLER reçut la charge du Ministère du Commerce. Il me demanda de le suivre dans ce nouveau département, installé côte à côte avec le Ministère des P.T.T. rue de Grenelle. J'eus à peine le temps de prendre possession du bureau qui m'était affecté. Nous arrivions au 6 février 1934. Et je me vois encore dans le bureau du Ministre, au soir du 6 février, en face de Jean MISTLER, écroulé dans son fauteuil, et répétant : « la République est foutue ». Cet homme aux qualités intellectuelles remarquables m'apparut alors comme ayant peu de ressort et encore moins de réaction en face des événements. Il cessa d'ailleurs bientôt toute activité politique et se consacra à son œuvre littéraire qui l'amena à l'Académie Française.

L'enseignement

A l'ensemble des activités d'ores et déjà énumérées s'ajoutent à compter de l'année 1933 des fonctions d'enseignement de plus en plus importantes.

Au début de l'année 1933, les maîtres de conférence en charge de la préparation au concours du Conseil d'Etat à l'Ecole Libre des Sciences Politiques, Henry PUGET et Philippe RENAUDIN demandèrent à être déchargés de cette responsabilité. J'appris que le Président ROMIEU se préoccupait de leur succession. Disposant encore de tous les dossiers que j'avais constitués pour la préparation du concours je m'offris à tenter d'assumer cette charge. Et j'eus donc à partir du mois de février à assumer seul cette préparation. C'est peut-être et même sans doute l'aspect de toutes mes activités enseignantes auxquelles j'eus à me consacrer au cours de ma carrière qui m'apporta le plus de satisfactions personnelles. Rencontrant deux matinées par semaine de février à juillet, puis cinq fois par semaine en octobre et novembre de quinze à vingt candidats tous en fin d'études, d'un haut niveau intellectuel, très motivés et consacrant l'essentiel de leur temps au travail de préparation, j'eus avec ces jeunes gens dont l'âge était proche du mien des relations étroites, m'amenant à les bien connaître individuellement, à les diriger et conseiller sur un plan aussi amical que professionnel, avec le sentiment, justifié ou non, de leur apporter quelque chose. Mon intention était, en une année, de passer en revue la plus grande partie du programme du concours, qui couvrait en fait toutes les activités de l'Etat et des collectivités publiques, et à familiariser les candidats aux épreuves qu'ils auraient à subir au moment du concours. Chaque séance était consacrée en principe à deux exposés oraux d'un quart d'heure chacun suivis de discussions et d'interrogations portant sur une des matières du programme. En outre je demandais à tous de rédiger pendant l'année un certain nombre de travaux écrits du type de ceux qui leur seraient réclamés soit à l'admissibilité, soit à l'admission.

Sur chaque exposé comme sur chaque travail écrit, après avoir fait la critique, je me fixais en règle de proposer un corrigé complet montrant comment je concevais personnellement, dans la forme et dans le fond, la manière de traiter les sujets proposés. J'évitais en revanche les observations trop personnalisées, tenant à éviter de heurter les susceptibilités des uns et des autres comme de les décourager. J'établissais et conservais par devers moi un petit dossier sur chaque candidat et ses travaux, où je notais mes appréciations sur les diverses contributions fournies, les qualités et les défauts, les chances de succès. J'ai encore aujourd'hui ces dossiers, mais ils restent et resteront bien entendu confidentiels.

En 1933, aucune vacance ne se produisit dans l'effectif des auditeurs de deuxième classe au Conseil d'Etat. Il n'y eut donc pas de concours et la session d'octobre-novembre en fut allégée d'autant.

De 1934 à 1938 en revanche, il y eut chaque année un concours, et je pus mesurer l'importance de l'effort qui m'était demandé, s'ajoutant bien entendu à toutes mes autres tâches. La préparation de chaque séance, l'élaboration des corrigés des exposés oraux comme des travaux écrits, les recherches appelant la connaissance exacte de tous les problèmes à passer en revue et à mettre à jour ce que je savais de ceux-ci, l'effort appelé par l'attention à soutenir pendant une matinée entière, tout cela exigeait un travail considérable, et, surtout à la fin de la session d'octobre-novembre, j'avais le sentiment d'être plus fatigué, ou au moins autant épuisé que les candidats eux-mêmes. Je suivais ensuite avec appréhension les épreuves orales du concours, en novembre et décembre pour me rendre compte des résultats de mes efforts. Je m'interdisais en revanche complètement tout contact avec les membres du jury, ne voulant à aucun titre exercer une influence quelconque sur leur jugement. Je connaissais l'aléa des concours, certains candidats pouvant être plus ou moins favorisés par le sujet d'exposé tiré au sort ou par le thème d'un travail plus ou moins familier. Il fallait aussi tenir compte du comportement individuel de chacun, certains perdant leurs moyens dans certaines des épreuves, d'autres au contraire étant favorisés par l'exaltation du moment. Je me gardais de tout jugement sur les résultats du concours. Je connaissais suffisamment les membres du jury pour savoir leur souci d'indépendance et d'objectivité, et j'ai pu constater que certains candidats ou membres de la famille de candidats qui avaient parfois, heureusement dans des cas assez rares, tenté des interventions personnelles s'en sont mordu les doigts, toute intervention de ce genre créant un préjugé défavorable à l'égard du candidat qui en était l'objet.

Si j'ai pu regretter que certains des candidats à la préparation desquels j'avais contribué n'aient pas été reçus, je peux dire que la quasi-totalité des admis méritaient de l'être et ils l'ont d'ailleurs prouvé par leur carrière ultérieure.

J'avais aussi le souci que la préparation du concours ne soit pas trop exclusivement livresque. Et je m'efforçais chaque année d'organiser une ou plusieurs journées d'expériences pratiques, la visite des services d'une commune, celle d'un port autonome, celle d'installations des chemins de fer et d'autres, interventions pour lesquelles je demandais et obtenais en général sans difficulté le concours de personnalités de premier plan. C'est ainsi que Raoul DAUTRY, alors Directeur Général des Chemins de Fer de l'Etat, nous fit lui-même les honneurs des installations les plus modernes de son réseau pendant une journée entière.

Le temps passant, et les charges auxquelles j'avais à faire face s'accumulant, je demandai en 1937 à être secondé par un de mes collègues. Je fis appel à Jean-Pierre INGRAND, qui avait préparé le concours avec moi et avait été reçu un an plus tard. Et nous nous répartîmes la tâche jusqu'en 1939.

Je voudrais faire le moins de personnalités possible, mais, pour donner simplement un exemple, j'indiquerai qu'au premier concours que j'ai eu la charge de préparer, celui de 1934, ont été reçus Michel DEBRÉ, Pierre RACINE, Lionel de TINGUY DU POUET.

En outre de la conférence de préparation au concours du Conseil d'Etat, j'ai été appelé, au cours de la même période, à participer à des enseignements liés à certaines des activités dont j'ai parlé précédemment. C'est ainsi qu'à la suite de mon rapport au Conseil National Economique sur les conventions collectives du travail, l'on m'a demandé de faire en 1935 une série de conférences sur le sujet au Conservatoire National des Arts et Métiers. C'est ainsi également que, de 1937 à 1939, l'on me demanda d'assurer, à l'Ecole Pratique du Service Social, l'une des principales institutions de formation des assistantes sociales, un cours sur les assurances sociales.

Mais les événements de 1936 ont donné un tour nouveau à mes activités enseignantes. Les dirigeants de l'Ecole Libre des Sciences Politiques se sont avisés alors de l'absence de tout enseignement sur les problèmes sociaux en général, et plus particulièrement sur les problèmes posés par les relations entre employeurs et salariés, dans leur Ecole. C'est que l'Ecole avait eu pour fondateurs des hommes imprégnés du libéralisme économique et portés à penser que les problèmes sociaux trouveraient naturellement leur solution si on laissait jouer les lois économiques naturelles et si l'on faisait de bonnes finances. Les événements politiques et sociaux du moment les ont conduits à penser qu'il était peut-être utile et souhaitable de faire une place dans la formation de la future élite politique et administrative à la connaissance des problèmes du travail. Et l'on me demanda, compte tenu de l'expérience que j'avais pu acquérir des conventions collectives du travail et des arbitrages qui m'avaient été confiés dans les conflits du travail, de créer un enseignement sur les relations du travail. Comme il y avait urgence l'on insista pour que le cours débutât dès les premières semaines de 1937. J'eus donc à ajouter à mes obligations antérieures la préparation d'un cours, qui devait être semestriel, comportant en principe quinze leçons, sur le sujet. La direction de l'Ecole, montrant d'ailleurs un certain scepticisme sur le succès que pouvait avoir un tel cours, m'indiqua que je ne devais pas compter sur plus d'une trentaine d'étudiants, s'agissant d'un enseignement facultatif et nouveau, et l'on m'attribua une petite salle pour le faire. Lorsque j'arrivai au jour dit, l'affluence des étudiants était telle que l'on dut, d'urgence, nous transférer dans le grand amphithéâtre de l'Ecole. Il y avait 450 auditeurs ! Et l'audience demeura telle pendant toute la durée du cours, avec, comme conséquence, l'obligation de faire passer des examens sur le sujet à tous les étudiants à l'approche de l'été. L'Ecole avait méconnu l'intérêt que présentait à ce moment un tel sujet. M. AUBIER, créateur et directeur des Editions portant son nom, ayant eu vent de ce succès, me demanda de faire de ce cours un livre. Avec la présomption de la jeunesse, et bien que j'eusse conscience du caractère improvisé et nécessairement superficiel de cet enseignement, je rédigeai rapidement un texte qui en rendit compte et qui fut publié en 1938 sous le titre « Les rapports entre patrons et ouvriers », lequel eut un large succès et fut rapidement épuisé.

Les publications

Ceci m'amène naturellement à dire quelques mots des ouvrages, articles et notes à la publication desquels j'ai pris part dans cette période antérieure à 1939. La plupart d'entre eux sont en relation avec mes multiples activités.

Dans le domaine juridique, comme ouvrages, j'ai déjà cité « la tutelle administrative », rédigé en collaboration avec Roland MASPETIOL, couronné en 1930 par le prix Odilon BARROT de l'Académie des Sciences Morales et Politiques et publié par les Editions Sirey, et ma thèse de Doctorat en Droit sur « Les usagers des services publics industriels », également publiée en 1933 par les Editions Sirey. La Revue de Droit Public publia dès novembre-décembre 1926 mon article sur « Les juges français et le contrôle de la loi », sujet repris par la Revue Française de Science Politique en novembre-décembre 1928 sous le titre « le contrôle juridictionnel de la constitutionnalité des lois ». Dans la Revue de Droit Public de janvier-mars 1932 parut un long article sur « les conflits d'attribution », synthèse d'ensemble du sujet, rédigée pour faire partie d'un projet collectif de grand traité de droit administratif, qui ne vit jamais le jour. Il faut y ajouter 25 notes de jurisprudence sur des arrêts du Conseil d'Etat publiées de 1931 à 1939 dans le Recueil Sirey, et aussi des communications faites dans divers Congrès, telle celle sur la responsabilité des fonctionnaires et autorités publiques vis-à-vis des collectivités administratives au Congrès régional des Sciences Administratives de BRUXELLES en 1935, et celle sur l'urbanisme dans la jurisprudence du Conseil d'Etat, au Congrès international des Sciences Administratives de 1937, publiée dans le n° 2 de 1938 de la Revue internationale de Science Administrative.

Dans le domaine social, j'ai déjà parlé du Supplément au Traité des Assurances Sociales de TISSIER, CLOSSET et Olivier de SARDAN (Editions Techniques 1932) et des rapports au Conseil National Economique, notamment sur les conventions collectives de travail. Je peux y rattacher l'article qui m'a été demandé sur « La prévoyance » pour l'Encyclopédie Française publiée sous la direction d'Anatole de MONZIE et qui fait une large place aux assurances sociales, et un article publié par la Revue Politique et Parlementaire du 10 novembre 1932 sur « La mutualité, le corps médical et les assurances sociales ». Sur le plan des relations du travail, le plus important est évidemment le volume sur « Les rapports entre patrons et ouvriers » (AUBIER 1938). Je mentionnerai également une étude sur l'arbitrage obligatoire des conflits du travail parue dans la Revue Française de Science Politique en août 1937.

A tout cela s'ajoutent des contributions à la Revue « Droit Social » et à différents périodiques de l'époque comme « L'homme nouveau » ou les « Nouveaux cahiers ». Mais celles-ci se rattachent à mes activités extraprofessionnelles, qui pour n'avoir pas eu une place prépondérante dans mon existence du moment, n'en ont pas moins été pour cela négligeables.

Les activités extraprofessionnelles

Appelé à rencontrer de nombreuses personnes de milieux variés, je fus naturellement amené à participer à des activités nombreuses très diverses. Je n'en citerai pour le moment que trois exemples parmi les plus importantes.

C'est d'abord ma participation au « Groupe du 9 juillet », groupuscule réuni en 1934 sous la direction de Jules ROMAINS et comptant un petit nombre de personnes, jeunes pour la plupart, tels Robert MARJOLIN, ou Alfred FABRE-LUCE, pour examiner les réformes à apporter à notre organisation politique. J'y reviendrai plus tard à propos de mon attitude à l'égard de la politique en général.

C'est en second lieu une chronique sociale hebdomadaire que j'ai faite pendant plusieurs mois à Radio P.T.T. sur l'initiative de mon camarade de lycée et ami Pierre BERTAUX, qui m'a amené à traiter, chaque semaine, en un quart d'heure, un sujet social d'actualité de mon choix. Certaines chroniques me valurent un courrier important venant des milieux les plus divers. Je me souviens d'avoir été particulièrement frappé par les réactions xénophobes multiples qui ont suivi une chronique consacrée à la main-d'œuvre étrangère en France.

C'est enfin une activité plus importante et plus nouvelle pour moi. Mon ami et collègue Alexandre PARODI, ayant été appelé aux fonctions de Directeur général du Travail et de la Main-d'Œuvre au Ministère du Travail, dut abandonner la présidence de la Société de Secours Mutuels des Etablissements LECLAIRE et me demanda de prendre sa suite. Ces établissements sont une entreprise de peinture en bâtiment de PARIS que son propriétaire, LECLAIRE, légua, au Second Empire, à son personnel, avec une structure tout à fait originale. L'entreprise fut organisée en Société en commandite. Les commandités étaient deux salariés issus du personnel, exerçant ensemble les pouvoirs d'un patron et se partageant une faible fraction des bénéfices réalisés. Le surplus des profits est réparti en deux fractions. L'une est distribuée entre tous les membres du personnel, au prorata des salaires de chacun. L'autre va à une société de Secours Mutuels groupant le « noyau » du personnel, c'est-à-dire les éléments les plus anciens se recrutant par cooptation parmi l'ensemble des salariés, étant entendu que la présidence de la société est confiée à une personnalité extérieure, laquelle dispose de pouvoirs propres importants de liaison et d'arbitrage entre les divers éléments de l'entreprise. Il est prévu que les fonds disponibles de la société de Secours Mutuels restent dans l'entreprise et contribuent à sa trésorerie et à ses investissements, l'essentiel devant aller normalement à la distribution de prestations sociales au personnel. Tâche toute nouvelle pour moi, mais passionnante. J'eus la chance de pouvoir rendre à cette organisation un service important. La législation en vigueur sur les sociétés de Secours Mutuels ne permet pas à ces sociétés de placer leurs fonds dans une entreprise privée. Il fallut donc abandonner la formule mutualiste au sens strict. D'autre part toute autre formule existante impliquait que les bénéfices de l'entreprise distribués soit au personnel, soit à la mutuelle, fussent frappés de l'impôt sur les sociétés. Je pus obtenir du Ministère des Finances qu'il fît voter un article de loi exonérant d'impôt les sommes provenant des bénéfices d'une entreprise et revenant à ses salariés ou à un organisme social groupant ces salariés. Les travailleurs de l'entreprise m'en furent reconnaissants. Et je pris et conservai un grand intérêt pour cette entreprise et pour ceux qui en assuraient la gestion. Malheureusement la guerre de 1939-1945 m'obligea à renoncer à cette responsabilité et, au retour à la paix, les fonctions auxquelles je fus appelé à la Direction Générale de la Sécurité Sociale étaient incompatibles avec une telle activité. Je n'en fus pas moins invité chaque année pendant longtemps aux réunions organisées dans le cadre de cette entreprise. Et j'ai beaucoup appris de mes contacts avec ses animateurs et les travailleurs des Etablissements LECLAIRE.

Un bilan (1930-1939)

Au moment où nous arrivons à la veille de la guerre de 1939-1945 qui va affecter profondément le déroulement de mon existence comme de beaucoup d'autres, il me paraît utile d'essayer de dégager le bilan de la période qui s'achève en examinant l'impact des transformations que j'ai traversées depuis mon entrée au Conseil d'Etat le 1er janvier 1930.

La vie publique

En premier lieu, cette période a largement complété sinon même parachevé ma formation. A son début je n'étais qu'un étudiant comme un autre, arrivant au terme de ses études universitaires, sans aucune expérience de la vie comme des réalités professionnelles ou sociales.

Dans le domaine du Droit j'avais certes des connaissances solides, surtout en Droit Administratif. Mais je n'avais pas eu à en faire application. Les années écoulées depuis lors m'ont initié aux mécanismes par lesquels ce Droit est élaboré et appliqué. J'ai participé étroitement aux activités du juge administratif, mesurant chaque jour davantage comment se crée et évolue ce Droit, essentiellement jurisprudentiel, et comment les principes et les règles, dégagés par le juge, parviennent à imprégner toute la vie administrative, modelant la conscience de tous les agents qui contribuent à la vie de notre administration. Assistant assidument et participant personnellement à la construction de ce Droit, je pouvais en apprécier l'impact, l'efficacité, à la fois pour les acteurs comme pour l'ensemble de la vie individuelle et collective des hommes et des femmes de notre pays, voire encore en partie pour les relations internationales. Je mesurais chaque jour davantage un peu plus la nature et l'ampleur des responsabilités assumées par la juridiction administrative, l'équilibre à réaliser et à maintenir entre les intérêts individuels et les intérêts collectifs, entre les libertés et les contraintes, entre les exigences des hiérarchies et l'égalité à assurer entre les hommes, la fonction du juge m'apparaissant comme un arbitrage permanent entre les multiples intérêts en cause, arbitrage devant combiner les exigences de la démocratie, les aspirations individuelles, les intérêts généraux des collectivités des divers niveaux, les libertés et les disciplines nécessaires à toute vie collective. Je prenais une haute idée de notre mission et aussi de la difficulté d'assurer constamment une adaptation du Droit à l'évolution des situations sans cesse changeantes dans l'espace et dans le temps. Je parvenais aussi, plus ou moins inconsciemment, à une maturité accrue.

Ce qui était vrai du Droit en général, du Droit Administratif en particulier, est aussi vrai du Droit des Relations Sociales, et notamment du Droit du Travail. Je n'avais pas suivi d'enseignement de Droit du Travail à la Faculté de Droit, et le peu que j'en avais appris tenait à l'étude que j'en avais faite en préparant le concours d'entrée au Conseil d'Etat, connaissance, ici encore, purement livresque. L'année passée au Cabinet du Ministre du Travail, l'importance prise dans la vie quotidienne par les relations du travail, du fait de l'évolution des partenaires sociaux comme des conflits sociaux, ma participation aux travaux du Conseil National Economique, et notamment l'étude que l'on m'avait demandée sur les conventions collectives du travail, les événements de 1936, les arbitrages dont j'ai été chargé dans les conflits qui ont suivi, mes fonctions à la Cour Supérieure d'Arbitrage, enfin l'enseignement que j'ai eu à créer à l'Ecole Libre des Sciences Politiques sur les relations entre patrons et ouvriers, comme la rédaction d'un ouvrage sur le sujet, tous travaux auxquels j'ai pris un intérêt passionné et sans cesse grandissant, m'ont permis de prendre conscience de l'importance de cet aspect des relations humaines et d'une organisation satisfaisante de ces relations. J'ai beaucoup appris de mes contacts avec les employeurs, les travailleurs et leurs organisations, et de l'étude que j'ai été amené à en faire à la fois sous l'angle historique et dans leurs aspects internationaux. J'ai eu ainsi accès à tout un monde que j'ignorais et aux mécanismes complexes et changeants qui en commandent les relations et l'évolution.

Ainsi ai-je été amené à prendre une connaissance nouvelle des hommes dans leurs caractères communs comme dans leur variété et à me former une opinion sur la nature humaine. L'expérience que je commençais à avoir me conduisait à penser qu'il y a dans tout homme du bon et du moins bon. Il appartient à ceux qui ont une influence sur les autres de s'efforcer de valoriser ce qui est bon et de neutraliser le moins bon. Cela a été pour moi, par la suite, une règle de conduite essentielle, de m'efforcer de dégager chez les hommes et les femmes avec qui j'avais des raisons de travailler, ce qu'ils avaient de bon, de meilleur, et de les amener à en tirer le maximum à la fois pour eux-mêmes et pour la collectivité, en même temps que de combattre et de réduire les tendances moins bonnes qu'ils pouvaient montrer. Cela est vrai aussi bien dans les relations personnelles que dans les relations professionnelles. Et je crois m'être toujours bien trouvé dans cette ligne de conduite.

Il m'est ainsi apparu que ce qui a le plus d'importance chez l'homme (ou la femme), c'est le sens de sa dignité. Cette dignité doit être toujours respectée, valorisée, quel que soit l'homme ou la femme en cause. L'étude qui m'a été confiée sur la main-d'œuvre nord-africaine en France a été pour moi particulièrement éclairante. Les travailleurs nord-africains me sont apparus comme souffrant d'être regardés comme des êtres d'une dignité inférieure, ce qui entraînait chez eux des réactions de rejet, de révolte. Je me souviens, par exemple, d'un travailleur algérien, qui était receveur dans un autobus parisien, à qui je demandai pourquoi il préfèrait exercer son métier à PARIS plutôt qu'à ALGER et qui me répondit : « Vous comprenez, ici à PARIS lorsqu'une dame me bouscule en montant dans l'autobus, elle me dit « pardon, Monsieur ». A ALGER elle m'aurait dit : « Ote-toi de là, sale bicot ». Eh bien je n'aime pas cela ». Je pense que ceci est vrai de toutes les relations entre les populations européennes et les populations d'Afrique du Nord ou d'Asie, plus précisément entre les populations évoluées et les populations indigènes des colonies. La révolte contre le colonialisme qui a marqué profondément le XXe siècle m'apparaît comme une réaction des populations coloniales contre l'atteinte portée à leur dignité par les colonisateurs. Ce qui est vrai sur le plan individuel ne l'est pas moins sur le plan collectif. Ceci m'a amené naturellement à ne jamais tutoyer quelqu'un qui ne pouvait pas me tutoyer également et à ne jamais appeler par son prénom quelqu'un qui n'aurait pu faire de même à mon égard.

A un autre point de vue, j'ai découvert que je parvenais assez aisément, peut-être plus aisément que d'autres, à me mettre dans la peau d'une autre personne et à comprendre ses réactions. Si cela ne paraissait pas prétentieux, je dirais que j'ai eu le sentiment d'avoir un certain « don de sympathie », au sens propre du terme. Cela m'est apparu sur le plan individuel, dans des relations que j'ai été amené à avoir avec des personnalités de milieux très divers et que je ne connaissais pas auparavant. Mais cela est vrai sous l'angle collectif, dans les moments où je discernais les réactions d'une collectivité en présence de certains événements. C'est ainsi qu'au cours des événements du 6 février 1934, circulant sur les grands boulevards parisiens entre la Madeleine et l'Opéra, je « sentis » l'émeute en préparation. Il y avait dans l'air une tension, une atmosphère très différente, très nouvelle, et qui me conduisait à ressentir l'éventualité d'attitudes nouvelles. Peut-être que la rencontre fréquente de familles de milieux assez différents, me permet de prévoir assez aisément la réaction des unes et des autres, prises dans leur masse, à tels ou tels événements. Il m'est arrivé ainsi, dans les mois qui ont précédé immédiatement la guerre de 1939-1945, de rendre visite au Ministre de la Marine, César CAMPINCHI, que je connaissais bien depuis mon passage au Cabinet d'Adolphe LANDRY, son beau-père, et de le mettre en garde contre les réactions possibles de l'opinion à certaines mesures envisagées par le Gouvernement, et de constater qu'il me remerciait très vivement de lui avait fait part de mes intuitions, purement indicatives, et qui se révélaient exactes.

Peut-être y a-t-il un lien entre cette intuition et le rôle que j'ai été amené à accepter dans des domaines nouveaux, par exemple dans mes émissions à Radio P.T.T., dans mes contacts avec des milieux que je commençais seulement à connaître alors que je les ignorais précédemment, les milieux patronaux et ouvriers, le personnel des établissements LECLAIRE, certains milieux en grève, entre autres.

Il peut paraître surprenant que, dans les pages qui précèdent, aucune mention ne soit faite de mes positions à l'égard de la politique. Ce n'est pas que je me sois désintéressé de la vie politique. J'y ai même pris un intérêt croissant avec les années. Mais je n'ai jamais appartenu à aucun parti politique non plus qu'à aucune organisation purement politique. Certes j'ai, comme je l'ai indiqué, participé par deux fois à des cabinets ministériels, mais les ministres dont j'ai été le collaborateur ne se sont jamais souciés de mes positions politiques et ne m'ont jamais confié que des tâches administratives, juridiques ou techniques, et je serais bien en peine de préciser les attaches de l'un ou de l'autre. Adolphe LANDRY, député de la Corse, appartenait, semble-t-il, à un groupe parlementaire du centre gauche, Jean MISTLER, lui, était un des espoirs du parti radical. Mais le contenu exact de ces affiliations ne m'apparaissait pas clairement. Mon orientation générale, mes préoccupations sociales, mes intérêts pour les problèmes du travail, devaient m'incliner vers la gauche. Mais je n'ai jamais envisagé un seul instant de m'affilier à un parti, quel qu'il soit. Et cette position est, aujourd'hui encore, la même. Cela pour deux raisons essentielles. La première est que j'entends conserver mon entière liberté de jugement et d'expression de mes opinions. Or l'appartenance à un parti implique nécessairement un minimum de discipline collective que je ne saurais accepter. La seconde raison, voisine de la première, tient à la conception que je me fais de mes fonctions de membre du Conseil d'Etat et de juge administratif. J'estime avoir le devoir de prendre mes positions en fonction de la seule opinion que je puisse avoir à l'égard de tout problème posé et des intérêts en présence, abstraction faite de toute orientation déterminée par un parti ou une organisation politique. Pour ma liberté personnelle et pour le bon exercice de mes responsabilités professionnelles, je considère de mon devoir de ne pas accepter une contrainte ou une discipline quelconque tenant à une orientation qui me serait imposée de l'extérieur.

Cela ne m'empêche nullement de participer à la vie politique du pays. Je vote aux élections comme tout citoyen, mais je me détermine en fonction des personnes en cause, du degré de confiance que je leur fais, et des positions qu'elles prennent sur les problèmes qui me tiennent à cœur. Peu m'importe leur étiquette politique en dehors de ces considérations.

La période 1930-1939 a été marquée par la multiplication de groupuscules constitués plus ou moins spontanément et se proposant d'apporter des remèdes au jeu de la vie politique française. J'ai participé plus ou moins directement à certains d'entre eux, amené à l'un et à l'autre par des amis. C'est ainsi que j'ai eu beaucoup de contacts avec le mouvement X crise. C'est ainsi surtout que j'ai fait partie du groupe constitué autour de Jules ROMAINS et qui a élaboré le « Plan du 9 juillet ». Mais si j'ai fait connaître mes opinions sur les problèmes traités par l'un ou l'autre, je n'ai jamais accepté d'assumer même une part quelconque de la responsabilité collective des positions prises par ces groupes. En ce qui concerne le Plan du 9 juillet, j'ai indiqué l'obligation de réserve que m'imposaient mes fonctions, mais je dois reconnaître qu'au fond de moi-même j'éprouvais beaucoup de doutes sur les solutions envisagées par le groupe, sans avoir une expérience suffisante pour en proposer et en adopter de meilleures. Je pourrais citer encore ma participation à un petit groupe de jeunes fonctionnaires tentant d'élaborer un projet d'Ecole Nationale d'Administration, ou encore mon acceptation de faire partie du Conseil d'Administration de l'Institut Français d'Opinion Publique à sa création, ce qui n'impliquait aucune prise de position politique.

Cela ne signifie pas que je n'aie pas eu, dans cette optique, des positions bien définies sur un certain nombre de problèmes. Certaines ressortent déjà de ce que j'ai dit précédemment. C'est par exemple le souci du respect de la dignité de l'homme et les conséquences qui doivent en résulter à l'égard des problèmes de colonisation. C'est le souci de la laïcité de l'Etat et des services publics, découlant directement de ma non appartenance à toute religion. C'est le souci de la justice entre les hommes, et cela au sens le plus large, non seulement sous l'angle juridique mais aussi et surtout au sens éthique, le refus de toute injustice quelle qu'elle soit, dans la volonté d'une justice sociale, d'une égalité des chances par exemple. C'est enfin le souci de l'Etat, responsable des intérêts collectifs du pays et de la population, et devant à la fois assurer la priorité des intérêts collectifs sur les intérêts individuels et la protection des intérêts individuels contre les injustices pouvant résulter des interventions collectives.

La vie privée

L'intensité de la vie publique que j'ai connue au cours de cette période a laissé peu de place à la vie privée. En réalité cette intensité elle-même a été souvent ou, en tout cas, largement facilitée par les conditions de ma vie privée. Jusqu'en 1940, j'ai continué à vivre chez mes parents, comme mes quatre frères. La famille depuis 1928 était installée 131, Boulevard Malesherbes, à l'angle de la rue Georges-Berger, à l'entrée de la Place Malesherbes, aujourd'hui Place du Général Catroux, dans un appartement où ma qualité de fils aîné me permettait de disposer d'une chambre pour moi seul, alors que mes frères étaient groupés deux par deux. J'aurais pu et dû participer aux dépenses du ménage, mais mon père avait posé en règle que tant que ses enfants vivaient sous son toit, ils seraient défrayés de toutes les dépenses ménagères, mais que le jour où ils prendraient leur indépendance, ils devraient se suffire à eux-mêmes. Cette situation me convenait particulièrement, car je disposais d'une importante documentation professionnelle me permettant de me consacrer, à domicile, à une large part de mon travail, et de pouvoir réserver mes émoluments, modestes d'ailleurs, car l'on restait à l'époque auditeur au Conseil d'Etat pendant plus de dix ans, à mes vêtements, à mes dépenses professionnelles et à mes loisirs, s'il y en avait. En fait je prenais une large part de mes repas hors de chez moi, avec des amis nombreux et divers, le plus souvent à frais communs.

A diverses reprises il fut question pour moi de mariage. Mais, d'une part, l'ensemble de mes occupations professionnelles ne me permettait pas de faire une place convenable à une vie de ménage. D'autre part mes gains professionnels ne me permettaient pas de faire vivre un ménage, et je répugnais profondément à devoir compter, pour l'existence de mon ménage éventuel, sur les revenus d'une épouse. Mes gains me permirent seulement en 1933 d'acheter et d'entretenir une voiture, modeste, une Peugeot 201, que je conservai trois ans, la revendant en 1936 sans la remplacer.

Je prenais en charge, bien entendu, mes vacances, qui de plus en plus se passaient hors de la famille. Du jour où je disposai d'une voiture, je l'utilisai à visiter la France en compagnie d'un ami célibataire comme moi. D'autre part j'avais pris goût à la montagne et je consacrai une partie de mon été à la Tarentaise où je passais plusieurs semaines à l'hôtel, le complément de mes vacances se passant dans la propriété de mes amis LABBÉ. La mort de mes deux grands-mères, l'une en 1928, l'autre en 1932, permit à mes parents d'acheter une maison de campagne, un moulin, à COUILLY-PONT-AUX-DAMES, sur le Grand-Morin, et cela m'incita à y passer une partie de mes vacances en famille, en même temps que de fréquentes fins de semaines, renforçant ainsi encore mes liens familiaux.

Mes activités diverses m'ont amené à établir des relations avec de nombreux amis, que je rencontrais soit à des repas au restaurant, soit pendant les fins de semaines chez les uns ou les autres. Je dois faire une place à part à mes relations avec la famille PARODI. Les parents de mon collègue et ami, Alexandre PARODI, M. Dominique PARODI, Inspecteur Général de l'Education Nationale et Professeur de Philosophie, et Mme Dominique PARODI, avaient pris l'initiative d'organiser une bibliothèque circulante, groupant un certain nombre d'amis de leurs enfants et certains de leurs élèves, qui se réunissaient une soirée par mois pour discuter de l'achat de livres nouveaux, qui ensuite passaient de main en main. Ces réunions qui réunissaient autour de M. et Mme Dominique PARODI et de leurs enfants, Alexandre, Paulette, assistante sociale et animatrice de l'Ecole de Service Social du Boulevard Montparnasse, et Jacqueline, et plusieurs jeunes gens appelés à des destins divers, entre autres Jean CAVAILLES, Roger CAILLOIS, Henriette NOUFFLARD, entre lesquels s'établissaient des liens plus ou moins étroits et durables, M. et Mme PARODI recevaient également, pendant la belle saison, leurs amis et ceux de leurs enfants dans leur maison de campagne de MONTIGNY-SUR-LOING. Ils étaient également en relations avec M. et Mme Elie HALEVY auxquels je faisais des visites fréquentes dont j'ai déjà parlé. Je ne saurais oublier les contacts que je continuais d'avoir avec la famille de M. LANDRY, M. et Mme PICHON-LANDRY, Mme LONG et ses fils. J'attachais pour ma part beaucoup de prix à ces amitiés qui se sont poursuivies jusqu'à l'époque contemporaine, et furent aussi pour moi l'occasion d'un enrichissement intellectuel et social.

Ainsi s'établit pour moi, en sus d'une existence professionnelle très dense, une vie privée riche en amitiés nombreuses et étroites.

L'approche de la guerre

La fin de la période dont je viens de parler fut dominée de plus en plus par l'approche de la guerre qui a marqué surtout les années 1938 et 1939. Cette approche a peu affecté mon existence professionnelle ou privée. Mais je ne pouvais m'abstenir des préoccupations créées par les événements. M. DETŒUF, qui avait créé et qui animait les « Nouveaux Cahiers » demanda ainsi à la fin de l'été 1938 à un certain nombre de personnes lisant sa revue leurs réactions sur les accords en préparation à MUNICH. Je fus un des destinataires des lettres qu'il écrivit alors, et les réponses (ou au moins un certain nombre d'entre elles) parurent dans sa publication. Ce fut le cas pour la mienne qui disait en substance : « Les Français espèrent éviter la guerre en abandonnant la Tchécoslovaquie. La France aura la guerre après s'être déshonorée ». Rien ne peut mieux montrer mes sentiments de l'époque.

III

La guerre (1939-1944)

A partir de l'été 1938 et de la « capitulation » de MUNICH, j'ai senti, comme tout le monde, l'approche de la guerre. J'avais, depuis mon service militaire, et en tant qu'officier de réserve, suivi les séances de perfectionnement, organisées pour le personnel de l'intendance militaire, et accompli à plusieurs reprises des périodes d'instruction. La plus récente m'avait conduit à étudier la fabrication militaire du pain destiné aux membres des corps de troupes de PARIS... D'une manière générale j'avais donné beaucoup d'attention à ce qui pouvait me permettre d'exercer au mieux les responsabilités des fonctions que je pouvais devoir assumer dans une intendance militaire divisionnaire. J'ajoute que mes activités militaires du moment étaient partiellement intéressées, la fréquentation des séances de perfectionnement valant aux participants, sans préjudice de la croix des services militaires volontaires, une « carte de surclassement » qui permettait de voyager en chemin de fer en 1re classe avec un billet de 3e classe, plus tard de seconde, à partir du moment où la 3e classe a été supprimée.

La première partie de l'année 1939 a été très remplie par mes activités au Conseil d'Etat, à la Cour Supérieure d'Arbitrage, à l'Ecole Libre des Sciences Politiques (à la fois par mon cours sur les rapports entre patrons et ouvriers et par la conférence de préparation au concours de l'auditorat au Conseil d'Etat), en outre des séances de perfectionnement militaire, et je sentais un besoin de repos à l'approche de l'été. Indépendamment de quelques fins de semaines au Moulin de la SAULT et de la période passée comme chaque année chez mes amis LABBÉ dans l'Orne, au Château d'AMILLY, j'avais prévu de consacrer un mois environ à un séjour en Tarentaise, à PEISEY-NANCROIX, puis une semaine en Vivarais, région que je ne connaissais pas, à LA LOUVESC. Je restai de la fin de juillet aux environs du 20 août à NANCROIX où j'avais attiré un groupe d'amis qui avaient loué un chalet non loin de l'hôtel où j'avais mes habitudes. Il s'agissait de Mme BERTRAND et de ses enfants, de Gilbert MAROGER, agrégatif de droit public, du ménage KAHNEIMER, ami des BERTRAND. Mon programme comportait un passage à la fin d'août chez Mme LONG, sœur d'Adolphe LANDRY, qui avait une propriété à VEYRIER, entre GENÈVE et ANNEMASSE. C'est au moment de quitter PEISEY-NANCROIX le 23 août, que j'appris l'accord germano-soviétique, lequel me fit penser, comme à tous ceux qui m'entouraient alors, que c'était l'annonce certaine de la guerre. M. Charles-Adolphe PICHON, beau-frère de Mme LONG, vint, comme convenu, m'attendre à ANNECY, à la descente du train, pour me conduire à VEYRIER. Comme je l'avais également prévu, je quittai GENÈVE par le train pour LYON et fus immédiatement frappé par la foule de Français partant de GENÈVE pour rentrer en France. Arrivé à LYON et ayant gagné l'hôtel où j'avais réservé une chambre pour une nuit avant de repartir pour LA LOUVESC, je téléphonai à mes parents, restés alors à PARIS, qui m'incitèrent vivement à regagner la capitale, étant donné que, d'après mes documents militaires, j'étais au nombre des officiers de réserve devant faire l'objet d'un appel par ordre individuel avant la mobilisation générale. Je renonçai donc à mon séjour en Vivarais et pris le train de PARIS le lendemain matin à la première heure dans un train comble, où je dus faire tout le trajet debout dans un couloir. Une fois rentré chez moi, j'attendis mon ordre d'appel individuel qui n'était pas encore arrivé et qui d'ailleurs ne me parvint jamais, s'étant sans doute égaré. Le samedi matin, un gendarme m'apporta un télégramme s'étonnant que je n'aie pas répondu à cet appel. M'étant préparé à l'avance, et au vu de ce télégramme accompagné d'un bon de transport, je pris le premier train pour LIMOGES où j'étais convoqué. Dès le samedi soir je me présentai à la caserne où était installé le centre des réquisitions auquel je devais collaborer, ayant la mission de rassembler sur place tous les objets et matériels dont avaient besoin les formations mobilisées à LIMOGES, à savoir deux ou trois régiments et des hôpitaux militaires de campagne. Ce centre était placé sous l'autorité du commandant de réserve PATUREAU-MIRAND, ancien Député de l'Indre, et comprenant quatre sections, placée chacune sous la responsabilité d'un attaché à l'Intendance, assisté d'une dizaine de « requis civils » appartenant aux classes anciennes et de sous-officiers appelés chacun à représenter une des formations en cours de constitution.

Notre première tâche a été, au vu de documents préparés à l'avance par les centres de mobilisation de LIMOGES, de les transcrire, pour chaque jour à compter de celui de la mobilisation générale, sur des feuilles où devaient figurer les matériels à réquisitionner chez chaque commerçant de LIMOGES pour être remises le jour même aux représentants des formations en cours de constitution. Cette transcription fut exécutée avant le premier jour de la mobilisation générale. Nous passâmes ensuite à l'exécution. L'équipe de chaque section, avec une camionnette ou un camion, sillonna la ville et procéda à la réquisition des objets et matériels prévus, délivra les ordres de réquisition préparés, et enregistra les prix demandés par les commerçants, et qui, d'après la législation applicable, devaient correspondre strictement au prix d'achat en gros par le commerçant à son fournisseur, sans laisser de marge au détaillant. Il y avait heureusement, dans chaque section ou parmi les sous-officiers de réserve représentant les formations en cours de constitution, suffisamment de spécialistes des différents commerces intéressés. Mais les commerçants n'avaient pas été prévenus des réquisitions dont ils devaient être l'objet, cela en raison du secret que devaient observer les centres de mobilisation afin de ne pas voir révéler la nature et l'importance des troupes en formation. Très vite il devint nécessaire de chercher les éléments manquants chez d'autres que les commerçants prévus, et cela n'alla pas parfois sans soulever quelques difficultés, d'autant qu'il y eut des commerçants, à la vérité peu nombreux, qui tentèrent de soustraire à la réquisition une partie de leurs stocks pour les réserver à leur clientèle habituelle. Mais en définitive nous parvinmes à satisfaire tous les besoins prévus. Il fallait ensuite procéder à la liquidation des réquisitions et fournir aux services compétents des états qui permettent de verser à chaque commerçant les sommes lui revenant. Je n'ai pas eu connaissance de réclamations ou difficultés quelconques à cet égard.

Tout cela prit plusieurs semaines. Au début d'octobre, notre tâche touchant à sa fin, j'écrivis à la Direction de l'Intendance au Ministère de la Guerre, lui demandant de me donner une nouvelle affectation, de préférence dans une Intendance Divisionnaire. Je souhaitais en effet, étant jeune et célibataire, participer d'aussi près que possible aux opérations militaires. En réponse, je reçus une affectation à l'Inspection Générale de l'Habillement à PARIS. Je rassemblai donc les membres de mon équipe, beaucoup plus âgés que moi, pour leur faire mes adieux autour d'un apéritif. Pendant notre travail en commun s'étaient créés des liens d'amitié. Nous avions ensemble consacré deux ou trois dimanches à déjeuner ensemble dans les environs de LIMOGES, et mon équipe tint à me remettre un souvenir de LIMOGES sous la forme d'un émail de fabrication locale, ce qui m'émut beaucoup. Ce fut là une expérience nouvelle de relations humaines qui me fut précieuse. Je restai en relation, pendant bien des années, avec certains de mes collaborateurs de l'époque.

Rentré à PARIS je me présentai à mon service où je fus dirigé sur le service récemment organisé des matières premières textiles.

L'Etat avait pris le monopole des importations des matières textiles. Il avait confié la gestion de ce monopole au Service de l'Intendance Militaire, en fait à l'Inspection Générale de l'Habillement, dirigée par l'Intendant Général BOISSEL assisté de l'Intendant Général JARILLOT. La fonction de ce service impliquait à la fois la recherche, l'achat, le transport des matières premières, puis leur distribution aux entreprises appelées à les utiliser pour leurs fabrications tant à fins militaires qu'à fins civiles. Le service des matières premières textiles était placé sous le commandement de l'Intendant militaire de 1re classe DESCHAMPS, ancien collaborateur du Maréchal LYAUTEY au Maroc et qui avait dû passer dans l'Intendance en raison des séquelles de blessures reçues au combat. Les matières premières furent réparties en deux groupes, en charge l'un de la laine, du lin et de la soie, l'autre du coton, du jute et des fibres de corderie. L'on me donna la responsabilité du premier groupe, le second fut confié à un autre attaché à l'Intendance, industriel en carton de TROYES, Marcel RONDEAU. C'est ainsi que je fus amené à diriger et à contrôler pendant plusieurs mois l'importation pour toute la France de la laine, du lin et de la soie, avec le concours d'officiers de réserve spécialistes de ces matières, et de groupements d'importation et de répartition compétents pour chacune d'elles et composés de représentants d'industriels ou d'importateurs de chaque branche d'activité concernée. Expérience toute nouvelle pour moi et qui m'apprit beaucoup, m'amenant en même temps à établir des relations, dont certaines furent très durables, avec des personnalités appartenant à ces activités.

En ce qui concerne la laine, mon correspondant civil principal fut M. ROBICHEZ qui dirigeait le groupement des industriels lainiers et, sur le plan militaire, un officier de réserve spécialiste de la laine, le capitaine HONORÉ. En ce qui concerne le lin, c'est un groupement lillois dirigé par M. MASUREL avec lequel je fus en contact, et je bénéficiai du concours d'un sous-officier de réserve affecté à l'Inspection Générale de l'Habillement, le sergent RITTER. Pour ce qui est de la soie, je n'eus pas de collaborateur militaire, mais j'eus le concours de M. Jean BARIOZ, fabricant de soieries lyonnais, président du groupement d'importation et de répartition de la soie, et de M. Jean ROCHETTE, représentant des importateurs de soie de LYON et qui était l'animateur de ce groupement. Avec tous les relations s'établirent très vite dans les meilleures conditions, tous ayant le même souci de satisfaire au maximum tant les besoins de la défense nationale que les activités des entreprises intéressées. Je n'ai le souvenir que d'un incident qui n'eut d'ailleurs pas de suite. L'Inspection Générale de l'Habillement reçut confidentiellement le compte rendu d'écoutes téléphoniques d'où résultait que certains industriels du Nord tentaient d'importer pour leur compte du lin en dehors des organismes et des règles officiels. Pour autant que je m'en souvienne, l'incident se régla à l'amiable et sans que nous eûmes à faire état, ce qui eût été difficile, des sources de nos informations.

Je ne vois pas l'intérêt de rappeler ce que fut notre travail durant cette période de la « drôle de guerre ». En ce qui concerne la laine, je rédigeai, après l'armistice, un rapport sur ce que fut l'action de l'Etat de novembre 1939 à juin 1940, rapport que le Ministère de la Guerre publia ultérieurement dans la Revue de l'Intendance (troisième trimestre 1952). Je me bornerai à indiquer que pendant des mois nous procédâmes à l'achat de laine (soit mérinos, soit croisée, soit peaux lainées), en Australie, en Nouvelle-Zélande et en République Argentine, et qu'au moment de l'invasion de la France par les troupes allemandes, nous pûmes dérouter les navires transportant les balles achetées vers l'Angleterre, où elles furent prises en charge par le Gouvernement britannique, la valeur de la marchandise contribuant à la couverture des dépenses supportées par ce

Gouvernement pour l'entretien ultérieur des Forces Françaises Libres en Grande-Bretagne et des services de la France Libre à LONDRES. Je ne pus rédiger, comme j'en avais l'intention, des rapports analogues, pour le lin et la soie, du fait de ma démobilisation au début d'août 1940.

Si cette période marque une coupure importante dans le cours de mes activités professionnelles, elle affecta beaucoup moins mes conditions d'existence. Après les quelques semaines passées à LIMOGES, je me retrouvai à PARIS, logeant chez mes parents, et me rendant quotidiennement à mon bureau de l'Inspection Générale de l'Habillement, 51 bis, Boulevard de La-Tour-Maubourg, disposant de fort peu de loisirs. Je restai en contact épisodiquement avec le Conseil d'Etat dont l'activité avait été ralentie, du fait de la mobilisation de la plupart de ses éléments jeunes.

A titre anecdotique j'indiquerai qu'un jour de novembre ou décembre 1939, l'Intendant Général BOISSEL me fit appeler pour me dire : « Je viens d'être chargé de représenter le Ministère de la Guerre aux obsèques d'un Intendant Général (dont je ne me rappelle plus le nom) qui venait de décéder. Je vais devoir prononcer une allocution, et je ne suis guère apte à ce genre d'exercice, d'autant plus que je connaissais très peu l'intéressé. Je pense qu'un membre du Conseil d'Etat comme vous doit faire cela très bien. Je vous demande donc de me rendre ce service ». Et il me remit le dossier personnel de l'Intendant Général décédé. Je pouvais difficilement refuser cette mission et me consacrai sur le champ à la tâche qui m'était confiée. Heureusement les dossiers des officiers sont (ou étaient à l'époque) remarquablement constitués et je trouvai dans le dossier qui m'était remis, à travers les états de services et les notes mises à cet officier général au cours de toute sa carrière, des éléments permettant d'en dégager la physionomie générale. Je remis donc quelques heures plus tard à l'Intendant Général BOISSEL le texte d'un projet d'allocution dont, après l'avoir prononcé, l'Intendant Général BOISSEL me félicita chaleureusement en me remerciant, la famille du défunt lui ayant indiqué, en venant le remercier « comme vous le connaissiez bien » !

Un seul événement m'a perturbé au cours de ces mois. A la fin de l'année 1939 l'Intendant Général BOISSEL m'avait fait savoir qu'il m'avait proposé pour le grade d'Intendant militaire adjoint, ce qui me faisait passer de deux à trois galons, promotion qui ne lui paraissait ne devoir faire aucune difficulté.

Or, à la fin du mois de janvier ou au début de février, il m'appela pour me dire que la commission compétente du Ministère avait écarté sa proposition parce que j'aurais été plus jeune que le plus jeune des Intendants militaires adjoints d'active, et cela bien que les autres attachés de mon ancienneté, ayant quelques mois de plus, fussent compris dans la promotion. Et il me demanda avec insistance, pensant que comme membre du Conseil d'Etat, je devais avoir des relations haut placées, de provoquer une intervention auprès du Ministre. J'ai toujours répugné à demander quoi que ce soit pour moi et j'ai toujours évité de le faire. Sur l'insistance cependant de l'Intendant Général BOISSEL, je me décidai à rendre visite au Ministre de la Marine de l'époque, qui était César CAMPINCHI, gendre d'Adolphe LANDRY, et je lui fis part de la demande pressante que m'avait faite l'Intendant Général BOISSEL. CAMPINCHI donna immédiatement un coup de téléphone au Ministère de la Guerre de l'époque, et je fus rétabli dans la promotion qui parut quelques jours plus tard. Promotion qui en fait pouvait avoir des conséquences dans la suite des événements.

Tout cela nous mène au mois de juin 1940. Chacun sait le trouble profond apporté par l'invasion des armées allemandes, le désarroi de tous, l'évacuation des administrations civiles et militaires parisiennes, lorsque l'ennemi se rapprocha de la capitale. L'Inspection Générale de l'Habillement prit part à cette évacuation, et cela dans un ordre parfait en ce qui la concerne. Tout avait été prévu. Tout se passa dans le plus grand ordre. Le personnel avec les dossiers et le matériel quitta PARIS en convoi automobile avec, comme première destination MENETOU-SALON en Sologne, puis TERRASSON, en Dorgogne, enfin MAZAMET, centre du « délainage », sur lequel j'avais dirigé toutes les peaux lainées importées. C'est à TERRASSON que nous eûmes connaissance par la radiodiffusion de l'allocution du Maréchal PÉTAIN annonçant qu'il avait demandé l'armistice. Tous, profondément émus, avaient le cœur serré, partagés entre la colère et la tristesse. Je n'ai pas entendu l'appel du Général de GAULLE le 18 juin. Mais il a été vite connu et je crois pouvoir dire que la quasi-totalité de mon entourage y vit un message d'espoir. Je n'ai suivi que d'assez loin les événements politiques de cette période, révolté que l'on renonçât à poursuivre la lutte en Afrique du Nord quand cela était encore possible, et souffrant d'un sentiment d'impuissance en présence d'événements sur lesquels l'on ne savait comment agir. J'ai envisagé un moment de tenter de rejoindre LONDRES, mais ne sus comment y parvenir, hésitant aussi à quitter la formation à laquelle j'appartenais. L'armistice conclu, et le Gouvernement s'étant installé à VICHY, l'Inspection Générale de l'Habillement fut transférée à AIGUEPERSE, à quelques kilomètres de la capitale provisoire. C'est là que ma mère, préoccupée de ce qu'allaient devenir ses enfants mobilisés, m'apporta des vêtements civils. C'est là aussi que, presque totalement inoccupé, j'entrepris la rédaction du rapport sur l'importation et la répartition de la laine pendant la dernière période.

C'est là également que je reçus à la fin de juillet ou au début du mois d'août un coup de téléphone de COURRIÈRES, dont j'avais fait la connaissance lors de mon passage au Ministère des P.T.T., me demandant, de la part de René BELIN, Ministre de la Production

Industrielle et du Travail du Gouvernement LAVAL, de venir le voir à VICHY. Une voiture de l'Inspection Générale de l'Habillement m'amena à VICHY où je rencontrai René BELIN. Celui-ci m'indiqua qu'il souhaitait mon concours pour mettre en place une organisation des activités industrielles et commerciales qui, dans la mesure du possible, la fît échapper aux autorités d'occupation, et il me demanda de lui fournir d'urgence un projet de texte accompagné d'un exposé des motifs à cette fin. Malgré le peu de sympathie que j'éprouvais pour le nouveau Gouvernement, je ne crus pas possible de me dérober, d'autant plus que je souhaitais vivement être libéré de mes obligations militaires. J'acceptai donc. René BELIN provoqua ma démobilisation immédiate et prit un arrêté me nommant à son Cabinet en précisant qu'il ne le publierait pas. Je me rendis alors à ROYAT où était replié le Conseil d'Etat pour régulariser ma situation, et j'entrepris immédiatement la rédaction d'un projet instituant, dans chaque branche d'activité économique, un Comité d'Organisation composé d'industriels de la branche et chargé à la fois de répartir les matières premières et d'organiser la production dans les entreprises de cette branche. L'exposé des motifs mentionnait aussi l'intérêt qu'il y aurait à assurer dès que possible, la représentation des salariés dans les comités. L'on avait ainsi l'espoir que l'économie française échapperait au « führer prinzip », donc au national socialisme. Je remis ce texte à René BELIN en 48 heures et je lui demandai de pouvoir me rendre à PARIS pour en rapporter des éléments de documentation permettant d'améliorer un projet souffrant d'une improvisation trop rapide.

J'obtins des autorités françaises et allemandes les autorisations pour faire le voyage et je quittai VICHY par le train le 13 août. Le projet que j'avais rédigé fit son chemin en mon absence et j'eus la surprise de voir paraître au Journal Officiel le 23 août une Loi du 16 août 1940 construite sur sa base, mais largement amendée, et pas toujours dans le sens que j'aurais souhaité (en particulier l'on y avait ajouté un article prononçant la dissolution des organisations nationales existantes d'employeurs et de salariés !). La publication de cette loi souleva une vive irritation chez les autorités d'occupation qui exigèrent que désormais la publication de tout texte législatif soit soumis à leur autorisation préalable. Ces autorités ne s'étaient pas trompées sur l'orientation et les intentions du texte. Je dus attendre deux semaines les autorisations nécessaires pour regagner VICHY où j'arrivai le vendredi matin 30 août.

Ici se place un événement qui devait avoir des répercussions profondes sur toute mon existence ultérieure. Mme BERTRAND, femme de Raoul BERTRAND, un de mes camarades des Sciences Politiques entré dans le corps diplomatique, et qui se trouvait à PARIS, me rencontrant par hasard, me demanda d'apporter à une de ses meilleures amies, Colette MAX, en séjour à VICHY, un billet de 1 000 francs pour envoyer à son frère, Eric d'ORNJHELM, prisonnier de guerre, des colis qu'il devait être plus facile d'expédier de la zone Sud, dite libre, que de la zone occupée. Dès mon arrivée je téléphonai à l'intéressée qui vint sur le champ à mon bureau où je lui remis la somme envoyée par son amie. Je ne me doutais pas que ce premier contact serait le point de départ de relations de plus en plus étroites devant aboutir à notre mariage quelques mois plus tard.

Quant aux Comités d'Organisation, ils reçurent une large application et commandèrent pour une grande part l'activité économique du pays pendant la suite de la guerre. S'ils ont eu ainsi sans aucun doute un rôle utile, le résultat initialement recherché ne fut que partiellement atteint. Au début de septembre, BARNAUD, Directeur de Cabinet de M. René BELIN, revenant de PARIS à VICHY, y apporta un nouveau projet de loi qui superposait aux Comités d'Organisation un Office de répartition des produits industriels comportant pour chaque catégorie de produits un répartiteur unique assisté d'une commission consultative : c'était le retour au « führer prinzip ». Comme je fis observer que le projet nouveau compromettait pour une large part les résultats attendus des Comités d'Organisation, BARNAUD me répondit que nous ne pouvions que nous incliner devant les exigences des autorités d'occupation. Par la suite le Gouvernement prit d'ailleurs des décrets d'application de la loi sur les Comités d'Organisation prévoyant que ceux-ci pourraient prendre la forme d'un directeur responsable assisté d'une commission consultative, formule, elle encore, tout à fait contraire aux intentions des premiers auteurs de la loi.

Toujours est-il que, par la suite, et jusqu'à la fin de l'année, je m'occupai beaucoup moins des Comités d'Organisation que des problèmes de Droit du travail et d'assurances sociales, qui m'étaient plus familiers et où je risquais moins de rencontrer des « diktats » des occupants.

J'eus en revanche à faire face à de multiples problèmes personnels. Tout d'abord je fus, à la fin d'août, promu Maître des Requêtes au Conseil d'Etat. Cette promotion était dans l'ordre des choses, puisque je fus nommé à mon tour d'ancienneté, mais elle peut a posteriori paraître surprenante eu égard aux mesures législatives qui se préparaient et dont j'ignorais encore l'essentiel. Devançant ou croyant devancer les intentions des autorités allemandes, le Gouvernement de VICHY élaborait une série de textes destinés à « épurer » les administrations publiques et la vie publique en général des éléments jugés indésirables, étrangers récemment naturalisés, juifs, franc-maçons, etc. Le projet concernant les juifs excluait de toute activité publique ou enseignante toute personne comptant au moins trois grands-parents d'origine juive. Or si je n'avais jamais appartenu à la religion juive, et si ma mère était d'origine protestante anglicane, mes deux grands-mères et mon grand-père paternel avaient indiscutablement des origines juives, si bien que la Loi du 3 octobre 1940 devait m'exclure du Conseil d'Etat, comme de toute fonction de responsabilité dans le secteur public, et m'écarter de toute activité enseignante. René BELIN qui avait envisagé de me confier un poste de Directeur Régional des Assurances Sociales dut y renoncer en raison des termes mêmes de la loi. Tout cela me porta un coup très dur. J'eus le sentiment de voir la terre se dérober sous mes pieds. Alors que j'avais toujours bénéficié d'une sécurité totale, familiale d'abord, professionnelle ensuite, je me voyais devant le vide, du jour au lendemain, sans rien pour me raccrocher.

Ne pouvant ni ne voulant quitter la zone dite libre, je pensais aux personnalités de la soierie lyonnaise avec lesquelles j'avais travaillé pendant l'hiver 1939-1940 et j'écrivis à Jean ROCHETTE pour lui demander s'il voyait pour moi un point de chute dans son secteur. Je reçus par retour du courrier une réponse chaleureuse émanant conjointement de Jean BARIOZ et de Jean ROCHETTE, m'offrant un poste dans les organisations de la soie, avec des émoluments d'importance comparable à ceux que je recevais du Conseil d'Etat. Je leur dois, à l'un et à l'autre, et je leur conserve de ce fait une profonde reconnaissance.

J'eus aussi l'appui moral et le réconfort que m'apporta Colette MAX. Celle-ci, ayant dû divorcer, s'était trouvée de ce fait deux ans plus tôt dans une situation comparable, seule, sans appuis, avec deux jeunes enfants à sa charge, et sans activité professionnelle car elle s'était mariée à 18 ans, étant encore étudiante. Elle était entrée comme rédactrice-traductrice à l'Institut International de Coopération Intellectuelle, l'ancêtre de l'actuel U.N.E.S.C.O., installé rue de Montpensier (dans les locaux actuels du Conseil Constitutionnel) à deux pas du Conseil d'Etat, sans que je l'eusse jamais rencontrée. Sa réaction courageuse lui avait permis de surmonter ce passage difficile. Et bien que la survie de son Institut, et donc l'essentiel de ses ressources, fussent mis en cause par les événements politiques et militaires, elle regardait l'avenir avec confiance. Nos relations amicales s'en trouvèrent renforcées et je me décidai à lui proposer d'unir nos destins. Elle hésita d'abord, ayant conservé un mauvais souvenir de sa première expérience matrimoniale, mais à la fin du mois de novembre elle accepta et ensemble nous décidâmes de nous marier dans une intimité étroite le jour où, par le fait de la loi, je devais quitter mes fonctions au Conseil d'Etat, soit le 14 décembre 1940. Ce fut le point de départ d'une union toujours plus étroite qui compte aujourd'hui déjà plus de cinquante ans de bonheur sans nuages.

Mes amis lyonnais nous facilitèrent la recherche d'un logement à LYON, en nous trouvant un appartement remis à neuf dans la vieille partie de la ville, rue du Griffon, sur les pentes de la Croix-Rousse, à un cinquième étage accessible par un escalier en plein air, et ayant une large vue sur les toits de LYON. Nous nous trouvâmes, au moins provisoirement, dans une situation favorable sur le plan matériel. Comptant moins de quinze ans de services publics, je devais, d'après la loi, recevoir le traitement correspondant à mes dernières fonctions pendant un nombre de mois égal à deux fois le nombre de mes années de services, soit près de deux ans, auquel s'ajoutaient mes émoluments payés par le groupement d'importation et de répartition de la soie, avec le titre, excessif, de « conseiller juridique des organisations de la soie ». En outre, quelques semaines plus tard je reçus la visite de Francis DURIEUX, Président Directeur Général des Editions Techniques, replié à TOULOUSE, et qui venait me proposer une importante collaboration aux Juris-Classeurs, d'une part la responsabilité de la mise au courant du Juris-Classeur fiscal pour les impôts directs et les taxes sur le chiffre d'affaires, d'autre part la création d'un nouveau Juris-Classeur, dit « du chef d'entreprise », concentrant dans un seul volume les informations juridiques nécessaires aux dirigeants d'une entreprise industrielle ou commerciale individuelle. Ce fut le point de départ d'une collaboration qui, sous des formes diverses, s'est poursuivie jusqu'à la période actuelle, ma femme me servant de secrétaire pour la dactylographie de mes écrits. Nous avions donc de quoi vivre dans une relative aisance. Si nous rencontrâmes des difficultés, cela tint à la raréfaction de tous les produits nécessaires à la vie. Lorsque au début du mois de janvier 1941 à LYON, les magasins jusqu'alors bien achalandés se trouvèrent totalement vidés de tout, notamment de ce qui touche à l'alimentation, pour une famille comme la mienne, sans relations chez les cultivateurs des environs, il fallut vivre d'expédients. En fait nous vécûmes pendant bien des semaines d'un jambon de 19 kilos que m'envoya généreusement le président du Groupement des Peaux Lainées de MAZAMET qui m'avait donné l'hospitalité lors du séjour dans sa ville de l'Inspection Générale de l'Habillement.

Je voudrais aussi souligner combien nous avons été touchés, émus, par la chaleur avec laquelle nos amis lyonnais nous ont accueillis et aidés. L'on dit souvent que les Lyonnais sont très enfermés sur eux-mêmes, peu ouverts aux « étrangers » à leur ville. Cette réputation s'est trouvée totalement démentie à notre égard. Le jour même où, au début de janvier 1941, nous nous installâmes dans notre appartement avec les quelques meubles que ma femme et moi avions reçus et obtenu de nous faire expédier de PARIS, une vieille demoiselle qui logeait sur le même palier et que nous ignorions totalement, vint frapper à notre porte et offrir ses services, notamment pour garder les enfants pendant que ma femme ferait ses courses. Les membres du personnel des organisations de la soie et leurs épouses n'eurent de cesse, pendant tout notre séjour, de venir nous apporter leur aide. Pendant les semaines où ma femme, enceinte de notre fille aînée, fut immobilisée par la maladie, la femme du Directeur du Syndicat des Fabricants de Soieries, elle-même mère de plusieurs enfants, vint tous les jours monter nos cinq étages et assurer notre ravitaillement familial. A tous nous conservons une reconnaissance profonde et émue pour l'assistance qu'ils n'ont cessé de nous témoigner, qu'il s'agisse de dirigeants comme Jean BARIOZ, Président du groupement d'Importation et de la Répartition de la Soie, de Jean ROCHETTE, de Joseph BROCHIER, Président du Syndicat des Fabricants de Soieries et de sa femme, mère de dix enfants, de M. et Mme MATRAY, Directeur du Syndicat des Fabricants de Soieries et, d'une manière générale, de tout le personnel qui les entourait.

En outre des travaux que comportaient mes fonctions, l'on me demanda d'assurer aux descendants et futurs héritiers des entreprises de la soierie un enseignement sur les rapports entre patrons et ouvriers, dans la ligne de mon cours de l'Ecole des Sciences Politiques. Et je le fis bien volontiers, ayant ainsi contact avec une quinzaine de jeunes gens destinés à assumer la responsabilité de cette industrie sous ses divers aspects. J'eus aussi de nombreuses relations avec des personnalités de premier plan. J'en ai nommé plusieurs. J'y ajoute les noms de M. DOLL, dirigeant de l'industrie de la SCHAPPE et importante personnalité de la société protestante lyonnaise, de M. DURINGE, des Tissages de VIZILLE, de M. CHABRIÈRE, représentant des filateurs de soie, de M. PITTON, des dirigeants syndicaux des travailleurs de la soie, salariés et artisans, toujours dans un climat de chaleureuse amitié.

LYON était aussi la capitale de la Résistance dans la zone dite libre, et, si certains de mes amis lyonnais montraient quelque déférence à l'égard du Maréchal PÉTAIN, tous étaient violemment anti-allemands et participaient plus ou moins activement aux organisations de résistance. Voulant avant tout éviter de compromettre l'existence de ma famille, j'évitai toujours de m'insérer dans l'une ou l'autre de ces organisations, mais j'avais avec elles de fréquents contacts officieux. C'est ainsi que je participai régulièrement aux réunions organisées par André PHILIP avant son départ pour LONDRES. Par ailleurs le chef régional de l'Organisation « COMBAT » était un ami d'enfance de ma femme et recevait son courrier familial chez nous. Il nous amena même un soir son patron, Henri FRESNAY, auquel nous offrîmes l'hospitalité pour une nuit, comme nous l'avions fait pour d'autres résistants. C'est d'autre part et surtout à LYON que s'est constitué le Comité Général d'Etudes, groupe restreint voulant préparer la libération et ouvrir des perspectives nouvelles pour la politique de l'avenir, Paul BASTID, François de MENTHON, Pierre-Henri TEITGEN, Alexandre PARODI, René COURTIN, furent les premiers « sages de la Résistance », et ils m'ont demandé à plusieurs reprises de contribuer à leurs travaux. J'étais surtout lié avec Alexandre PARODI, mon collègue et ami de longue date, et Suzanne BASTID, ma condisciple de la Faculté de Droit. Le hasard voulut que mes parents soient venus s'installer à LYON avec une partie de leur mobilier dans l'immeuble où les BASTID avaient leur appartement. Cela contribua encore davantage à nous rapprocher. Alexandre PARODI me fit rencontrer Jean MOULIN à plusieurs reprises ainsi que Georges BIDAULT. C'est dire que nous vivions discrètement au cœur même des mouvements de résistance et que nous en suivions les progrès. J'ajoute que parmi les amis de ma femme présents à LYON figuraient Jean PRÉVOST et son épouse Claude, avec lesquels nous liâmes une étroite amitié.

C'est dans cette ambiance, à la fois studieuse et excitante, que nous passâmes, malgré les difficultés du moment, des jours en définitive heureux. C'est aussi là que naquit à LYON le 10 mai 1942 notre fille aînée Martine, et qu'elle fut baptisée, avec comme parrain, venu spécialement de PARIS à cette fin, mon meilleur ami Robert LABBÉ. Ainsi passèrent l'année 1941 et les premiers mois de 1942. Je conservai le contact avec le Conseil d'Etat, la secrétaire de la Section du Contentieux, Mlle LAINE, me faisant l'amitié de m'adresser régulièrement toutes les fiches de jurisprudence qui me tenaient au courant, en même temps que je l'étais par les visites fréquentes de collègues et amis venant de ROYAT ou de VICHY à LYON.

L'offensive allemande en Russie à partir de juin 1941, l'entrée en guerre des Etats-Unis à la suite de l'agression japonaise à PEARL-HARBOUR, puis le débarquement des forces anglaises et américaines en Afrique du Nord apportèrent de nouveaux espoirs. Mais l'occupation, en novembre 1942, de la zone Sud par les forces militaires allemandes, bien que le statut juridique de la zone occupée ne lui fut pas étendu, modifia profondément le climat lyonnais et rendit plus difficile l'activité des mouvements de Résistance. Un ami que j'avais à la Préfecture me fit savoir confidentiellement que ma sécurité personnelle était menacée. Je me résolus, non sans regret, à chercher pour ma famille un abri plus sûr. C'est alors que Guy de CARMOY, Inspecteur des Finances, que j'avais connu à l'Ecole des Sciences Politiques, me suggéra de m'installer provisoirement avec les miens chez un meunier, en même temps fermier de sa famille, à la Chapelle de BRAGNY, en Saône-et-Loire, à 10 km de SENNECEY-LE-GRAND, près de MESSEY-SUR-GROSNE. Ce meunier disposait de quelques chambres où il accueillait des personnes ou familles pendant les vacances. Je suivis son conseil et nous quittâmes notre appartement lyonnais au début de 1943, le confiant avec ses meubles, à M. et Mme DOLLFUS, industriel de MULHOUSE, repliés à LYON. Nous fûmes admirablement reçus par la famille de ce meunier et, si les installations étaient quelque peu primitives, nous trouvions là une cuisine remarquable ignorant toute restriction. Je me rendais chaque jour à LYON, à mon bureau, faisant, à l'aube et souvent avant l'aube, 5 km à pied pour gagner la petite gare d'où un train de banlieue me conduisait à mon lieu de travail et m'en ramenait dans la soirée.

Depuis les dernières semaines de l'année 1942, Alexandre PARODI et Jean MOULIN m'avaient demandé de gagner LONDRES pour y assurer la création entre les services français de Grande-Bretagne et le Comité Général d'Etudes d'une liaison plus efficace. Malgré mes hésitations à me séparer de ma famille, je finis par accepter, pensant que la sécurité de ma femme et de mes enfants, surtout installés dans une campagne relativement lointaine, serait sans doute mieux assurée sans ma présence auprès d'eux. Alors se succédèrent plusieurs faux départs. Le premier se situa au cours de la semaine de Noël 1942. Christian PINEAU, que je connaissais en sa qualité de secrétaire de la Fédération des Employés et qui appartenait à la Résistance, me fit savoir qu'il devait renoncer à bénéficier d'un voyage à LONDRES qu'il comptait faire et me proposa de prendre sa place. Je devais me présenter au jour et à l'heure qu'il m'indiquait chez un maître-imprimeur de SAINT-ETIENNE. Je pris mes dispositions à cette fin et me rendis à l'adresse indiquée, avec un bagage limité, à SAINT-ETIENNE. Le maître-imprimeur en cause parut embarrassé de mon arrivée. J'appris par la suite que c'était parce que je n'avais pas prononcé le mot de passe prévu. Christian PINEAU avait négligé de me le donner ! Heureusement un des jeunes gens qui entouraient le chef de réseau me connaissait de vue pour m'avoir rencontré à l'Ecole des Sciences Politiques et, m'a-t-on dit, se porta garant pour moi. L'on m'indiqua que deux « Lysanders » devaient venir emporter quatre personnes, deux qui étaient des agents de réseaux de résistance et les deux autres connus comme étant FABIUS et ISIDORE, FABIUS étant le Général SUFFREN et ISIDORE, Christian PINEAU que je remplaçais. L'on me logea provisoirement dans un petit hôtel de SAINT-ETIENNE. Le jour prévu, je partis par le train avec deux ou trois membres du réseau en charge de l'opération, pour CHÂTEAUROUX. Une voiture nous attendait à la gare et nous conduisit à quelques kilomètres à la ferme de M. FAYET, qui semble avoir été un centre déjà habituel pour de telles opérations. Le soir venu tout le monde écouta les messages de la B.B.C., et, bien que la transmission fût très troublée, les spécialistes crurent entendre le message annonçant l'opération pour la nuit qui commençait. Ce message était : « Les tilleuls sont en fleurs ». Nous partîmes donc avec nos bagages, à pied, dans la nuit, pour le terrain où les avions étaient attendus, à quelques kilomètres de là. La nuit passa sans que les Lysanders se montrassent. Nous dûmes donc retourner, toujours à pied, à la ferme où nous dûmes passer toute la journée. Le soir venu, le message cette fois passa, et parfaitement clair. Nous reprîmes la route et retournâmes au terrain. Et vers une heure du matin arriva un Lysander, d'où descendit un voyageur. Mais le pilote indiqua que cet avion serait le seul ; les autorités de LONDRES n'avaient pas reçu d'informations suffisantes sur l'identité de FABIUS et ISIDORE et avaient annulé le départ du deuxième avion. Chaque avion ne pouvant prendre que deux passagers, les deux agents du réseau embarquèrent ; les responsables de l'opération durent en priorité mettre à l'abri le voyageur arrivé de LONDRES, et nous invitèrent, le Général SUFFREN et moi, à regagner la ferme, pensant qu'ayant déjà fait le trajet, nous retrouverions notre chemin sans difficulté. En fait nous ne le trouvâmes pas et nous avons abouti vers 3 heures du matin à l'entrée d'un village inconnu. Nous attendîmes l'aube dans une grange à foin, et, dès qu'il fit jour, nous nous rendîmes à l'unique café de ce village pour prendre des boissons chaudes et nous renseigner sur le moyen de regagner CHÂTEAUROUX. L'on nous apprit qu'un autocar devait passer peu de temps après pour cette destination. Mais le cafetier avait cru devoir, sans nous en parler, téléphoner à la gendarmerie pour lui signaler l'arrivée chez lui de deux individus suspects et crottés. Et deux gendarmes apparurent et nous demandèrent nos papiers. Ceux-ci heureusement, à l'un et à l'autre, étaient parfaitement en règle ; nous avions convenu de dire que nous étions venus dans la région pour chercher un refuge pour nos familles, j'avais même été visiter une maison du village apparemment à cette fin. L'autocar arrivant, nous le prîmes, mais, à la descente à CHÂTEAUROUX, un inspecteur de police nous demanda de l'accompagner au commissariat, où nous fûmes à nouveau interrogés et où l'on inventoria nos bagages — qui ne contenaient rien de suspect — et l'on nous demanda si nous connaissions du monde à Châteauroux. Le Général SUFFREN connaissait un capitaine appartenant, si mes souvenirs sont exacts, au service des renseignements. En ce qui me concerne je citai le nom de M. PATUREAU-MIRAND, mon ancien commandant de LIMOGES, ancien Député de l'Indre. Cela suffit pour que nous pûmes gagner la gare et prendre le train. Je rentrai donc à LYON, mais, inquiet des relations qui avaient pu s'établir entre la police de CHÂTEAUROUX et celle de LYON, je décidai, d'accord avec ma femme, de ne pas rester chez moi, ni me rendre à mon bureau pendant quelques jours. Gustave RAMPON, ami d'André PHILIP chez qui je l'avais rencontré, m'offrit l'hospitalité. C'était un fonctionnaire des Finances, qui devait devenir Directeur du Cabinet de PHILIP après la libération lorsqu'il fut Ministre des Affaires Economiques, et terminer sa carrière comme Trésorier-Payeur Général à LILLE. Je passai une semaine chez lui où Mme RAMPON, et ses enfants comme lui-même m'accueillirent avec une amitié chaleureuse. Personne ne s'étant manifesté ni à mon domicile ni à mon bureau, je rentrai alors chez moi, mais cela m'incita à précipiter quelque peu l'installation de ma famille en Saône-et-Loire.

Les faux départs ultérieurs furent, en revanche, sans histoire. Ils étaient, eux, organisés par le service relevant directement de la Délégation de la France Libre, c'est-à-dire de Jean MOULIN. L'un de ces faux départs m'amena à BOURG où je rencontrai Jules MOCH, qui devait faire partie de notre voyage, le second à PONT-D'AIN où je fus en compagnie d'Henri QUEUILLE, de Georges BUISSON et de « BERNARD », celui-ci Chef de l'Organisation « LIBÉRATION » et dont j'appris plus tard qu'il s'agissait d'Emmanuel d'ASTIER de la VIGERIE. C'est avec ce dernier que je fis chambre commune chez un boucher qui nous alimenta généreusement en viandes de tous ordres. Dans l'un comme dans l'autre cas les opérations envisagées furent annulées, les terrains d'atterrissage n'ayant pas paru suffisamment sûrs aux autorités britanniques. Et c'est seulement le 14 avril, alors que j'étais installé avec ma famille au « Moulin de la Chapelle », que je reçus un coup de téléphone vers la fin de l'après-midi me demandant de me trouver à 21 heures à la Gare de PONT-DE-VAUX-FLEURVILLE. Il fallut trouver une automobile à gazogène avec un chauffeur acceptant de faire ce déplacement. Ma femme m'accompagnant jusque-là, je fus exact au rendez-vous, où je rencontrai, en face de la gare, un petit groupe dans lequel je reconnus Georges BUISSON. Quelques instants plus tard apparut une voiture qui nous emmena de l'autre côté de la Saône, à PONT-DE-VAUX, chez un restaurateur-cafetier où était le rendez-vous et j'appris alors que, depuis une heure de l'après-midi, l'on savait qu'au lieu de deux petits Lysanders attendus, c'était un bombardier bi-moteur HUDSON qui devait venir cette nuit-là. C'était, paraît-il, la première fois qu'un appareil de cette importance était utilisé pour une telle opération. D'où en quelques heures le ramassage de toutes les personnes susceptibles de partir. Et c'est une troupe de onze passagers, plus sept ou huit « baliseurs », qui se mit en route, partie à pied, partie en voiture, pour gagner le terrain par un chemin parallèle à la Saône. Il fallut longtemps pour y parvenir, longtemps aussi pour se mettre en place, bien qu'après la traversée d'un banc de brouillard, nous trouvâmes un ciel clair. Après une brève attente, le bombardier se montra, et le pilote ayant atterri déclara ne pouvoir prendre que huit passagers sans bagages. Trois des présents durent rester sur le carreau, avec les baliseurs. Parmi mes compagnons de route je ne connaissais que Georges BUISSON, les autres étant des représentants d'organisations de résistance de la zone Sud. Après un départ sans histoire, et non sans avoir rencontré à plusieurs reprises notamment au-dessus du Havre des projecteurs qui ne nous inquiétèrent pas longtemps, nous atterrîmes dans un aéroport militaire anglais où je fis la connaissance du pilote qui nous avait amenés, et qui était le GROUP CAPTAIN PICKARD, lequel devait disparaître quelques semaines plus tard dans l'attaque dirigée contre la prison d'AMIENS.

A partir de ce moment, je me réfère au journal que j'ai tenu pendant tout mon séjour en Angleterre et jusqu'au débarquement. Bien sûr ce journal contient beaucoup d'éléments personnels qui, s'ils peuvent intéresser mes enfants — le journal étant destiné à ma femme — ne peuvent trouver place utilement en ces souvenirs. Je n'en retiendrai que ce qui paraît avoir un intérêt plus large. Mais le choix ne sera pas toujours facile.

Londres et le débarquement

Nous voici donc à LONDRES accueillis dans un immeuble de Dorset Square appartenant aux Services Spéciaux Britanniques (MI 5 ou 6, MI signifiant MILITARY INTELLIGENCE). Le Service en charge des relations avec la France est dirigé par le Capitaine JOHNSON, qui a toujours vécu à PARIS. Il est assisté de deux jeunes Lieutenants : Hubert O'BRYAN TEAR, parfaitement bilingue, d'ailleurs de mère française, ancien de CAMBRIDGE et qui a longtemps vécu en France ; Peter STORRS appartient au corps diplomatique, a été attaché à la Délégation Britannique à OSLO et ressemble beaucoup aux garçons du CIVIL SERVICE que j'avais rencontrés à l'Institut Britannique de PARIS pour leur apprendre les réalités françaises. Tous sont charmants et ne savent que faire pour rendre notre claustration provisoire aussi agréable que possible : promenades à travers LONDRES, etc. Sont avec moi Georges BUISSON et un autre de nos compagnons de voyage, DESCHAMPS, Professeur à l'Ecole de La Martinière de LYON, révoqué par VICHY et représentant Franc-Tireur. J'ai fait la connaissance également de Daniel MAYER, arrivé vingt quatre heures avant nous, envoyé à LONDRES par le Parti Socialiste. Discussion animée le lundi 19 août entre DESCHAMPS et Daniel MAYER sur l'organisation de la paix. DESCHAMPS préconisait la thèse d'une mise en tutelle permanente de l'Allemagne, l'Allemagne peuple mineur, alors que Daniel MAYER, d'accord avec moi et BUISSON, affirmait la nécessité d'une paix égale, d'un traitement égal de tous. L'on y retrouvera l'idée que j'avais exprimée dans une note rédigée en 1941-1942 et où je préconisais d'éviter de créer « les complexes d'infériorité, causes de guerre ». Lundi 19 avril Jacques BINGEN est venu me chercher au B.C.R.A. pour me faire passer des mains des autorités anglaises dans celles des autorités françaises. Il m'a immédiatement amené chez PHILIP qui m'a demandé mes impressions de France. Je lui ai parlé de l'effet produit par les déportations et aussi de l'attitude des populations sur la question GIRAUD-DE GAULLE (A mon avis, ouvriers et paysans sont 100 % Gaullistes, 25 % de la bourgeoisie Giraudistes et ceux-ci comprenant des éléments très agissants et influents). PHILIP me parle, lui, de la situation des mouvements gaullistes qui apparaît peu brillante si on l'en croit. ROOSEVELT lui a dit qu'il établirait en France une administration américaine et les

Gouvernements anglo-saxons s'orienteraient vers un bloc de dictatures catholiques, type Franco-Salazar, contre le Communisme, d'où le refus de reconnaître le Comité National Français comme organisme politique. PHILIP considère cependant comme un succès le fait pour MASSIGLI d'avoir obtenu que le retrait de VICHY de la Société des Nations soit regardé comme nul du fait d'une déclaration du Comité National. Sur le plan GIRAUD-De GAULLE, l'on s'orientait vers un bicéphalisme plus ou moins boiteux. Pour commencer l'on désignerait des représentants communs dans certaines conférences internationales. C'est ainsi qu'ALPHAND vient d'être agréé par GIRAUD et De GAULLE à la fois pour aller en Amérique à une conférence sur le ravitaillement des pays occupés.

J'ai dîné avec Claude ZIMMERN et le Capitaine LANDRIEUX qui m'ont donné leurs impressions sur le Comité Français. D'après eux, le Général serait chambré par certains de ses collaborateurs, dont le principal défaut serait une anglophobie terrible qui a aliéné les sympathies des dirigeants anglais (en même temps que la raideur du Général lui-même) alors que la souplesse de GIRAUD lui attirerait les Anglais et les Américains qui voient en lui un instrument facile.

Jeudi 22 avril. Comme tout arrivant, j'ai fait une tournée de visites pour être questionné par tous les services possibles sur les renseignements que je pourrais apporter. J'ai rencontré notamment, en dehors de PHILIP et de Pierre TISSIER, MASSIGLI, SOUSTELLE, CASSIN, DIETHELM, ALPHAND, Raoul BERTRAND, MARJOLIN, André GROS, Gaston PALEWSKI. De manière générale, j'ai dit partout :

1. Que les Français attendent avec impatience un débarquement et que s'il ne se passait rien cette année l'on risquait d'assister à une désagrégation de la Résistance, voire à des mouvements désespérés ;

2. Que sur la question GIRAUD-De GAULLE, les paysans et ouvriers étaient 100 % Gaullistes, la bourgeoisie comprenant par contre 20 à 25 % de partisans de GIRAUD qui craignent de voir dans le Gaullisme une résurrection du Front Populaire : que tout accord ayant l'apparence d'une capitulation de De GAULLE serait accueilli en France avec une grande déception ; que l'installation de GIRAUD en FRANCE par les Américains signifierait très probablement une guerre civile ; qu'en un mot pour l'opinion tout entière, GIRAUD, à tort ou à raison, c'est FRANCO ;

3. Que les communistes ont en France une forte organisation militaire alors que les autres éléments de l'armée secrète apparaissent bien inconsistants, sauf quelques exceptions ;

4. Qu'une fraction importante de l'opinion dans la Résistance redoute un retour aux vieilles formules parlementaires et aux hommes du passé. Seuls peut-être les paysans resteraient assez attachés à leurs parlementaires.

Ici, impressions générales :

— Sur le plan international, position faible de De GAULLE par suite d'une masse incroyable de maladresses qui sont le fait soit de hasards malencontreux, soit de collaborateurs malhabiles. Les Etats-Unis sont absolument hostiles. Seul WALTER LIPPMANN ferait campagne pour De GAULLE. Il paraît pour le moment difficile de remonter le courant, les Américains refusant de voir les Gaullistes et l'on ne peut pratiquement les approcher. De GAULLE est en mauvais termes avec CHURCHILL, quoique l'opinion britannique demeure favorable. Tout cela rend souhaitable un accord avec GIRAUD. Cet accord semble en voie de réalisation sur une formule boiteuse, un Comité avec deux présidents alternatifs. Ce serait un moindre mal, mais les questions de personnes ne sont pas réglées.

— Sur le plan de la vie intérieure de l'organisation Gaulliste, le Général apparaît, d'après tout ce que l'on dit — je ne l'ai pas encore vu — comme une personnalité exceptionnelle. Par contre peu de fortes personnalités autour de lui et même peu de gens très bien, de la bonne volonté, du travail, des ambitions personnelles. Je m'en tiens là, n'ayant pas eu le temps de juger les uns et les autres.

J'ai déjeuné ce matin au Centre d'Accueil des Volontaires Français, vraiment émouvant ; tous les jeunes gens arrivés le plus souvent au péril de leur vie par les moyens les plus divers et les plus incroyables pour se rallier donnent confiance.

Samedi 24 avril. J'ai vu PLEVEN hier, intéressant, intelligent, peut-être un peu systématique. Comme j'exprimais mon impression sur le contraste entre les fortes assises du Gaullisme dans l'opinion française et sa fragilité sur le plan international, il a protesté avec énergie : « Le Gaullisme est en mauvais termes avec les Gouvernements britannique et américain, mais dans les deux pays l'opinion lui serait entièrement acquise ». Je n'ai pu encore me faire une opinion personnelle bien certaine sur ce point. L'opinion britannique semble très favorable, mais un fléchissement, par fatigue, ne serait pas exclu d'après certaines indications qui m'ont été données. Quant à l'opinion américaine, elle serait fort mal éclairée et assez ignorante du problème. Donc moins d'optimisme confiant que PLEVEN.

Je viens de voir le Général De GAULLE. C'est une très forte personnalité, entretien direct, sérieux, objectif. Il donne l'impression de réfléchir à ce qu'il dit, de peser ses questions, de peser aussi les réponses qu'il reçoit. Il m'a interrogé sur la FRANCE, mais j'ai eu l'impression que ce que je lui disais ne faisait que répéter ce qu'il avait déjà entendu d'autres bouches, puis il m'a donné son sentiment sur l'évolution de la situation de la France. Il pense que les puissances anglo-saxonnes envisagent la possibilité d'un accord prochain avec l'Italie (sans doute avec même l'assentiment de l'Allemagne), peut-être même plus tard avec l'Allemagne, et croient préférable dans ces conditions de laisser la FRANCE dans un état de

« fluidité », de manière à éviter qu'une FRANCE dure et forte ne les gêne dans leurs négociations et leurs accords éventuels. Il a donc peu d'estime, pas d'illusion, même de sympathie pour les alliés. Il faut faire l'union, le bloc des Français contre eux, contre leurs désirs tout au moins, pour être forts.

Il a l'intention de m'appeler à son Cabinet pour m'occuper de la coordination des différents commissariats. Je serai sans doute Directeur-Adjoint du Cabinet, et le Général me demande de préparer un texte sur la réorganisation de la coordination. Je m'y attellerai immédiatement. Ce ne serait pas difficile s'il n'y avait pas de question de personnes, TISSIER a déjà le titre de Secrétaire Général à la Coordination, PLEVEN est Commissaire National chargé de la Coordination et risque de prendre la mouche si on le dépouille de son titre.

Mardi 27. Je constate de plus en plus le vide relatif et les petitesses de l'organisation Londonienne. L'affectation d'un bureau soulève une tempête de difficultés. Les questions de personnes prennent une importance démesurée, et cela d'autant plus qu'elles sont presque les seules, car, si l'on doit me charger de la Coordination, je vois mal pour le moment ce qu'il y a à coordonner.

Jeudi 29 avril. J'ai abandonné le MOUNT ROYAL pour m'installer à MARLBOROUGH COURT, sympathique et luxueuse pension, très anglaise, où personne ne parle le Français. Sur le plan de mon travail, mon organisation n'est pas encore au point. Je n'ai toujours pas un bureau définitif, mes fonctions de Coordination me paraissent assez floues, car nos Administrations, sauf celles des colonies, sont assez vides de contenu et ne peuvent guère que préparer l'avenir, ce qu'elles font avec une sage lenteur. Peut-être cela changera-t-il si l'accord se fait entre De GAULLE et GIRAUD, et si nous allions en Algérie. Mais depuis hier, le vent est au pessimisme, GIRAUD ayant raidi sa position, peut-être à l'instigation des Américains.

J'ai eu ce soir la visite, dans mon bureau provisoire, de BURNAY, Directeur des Services Judiciaires, qui m'a exposé, non sans d'excellents arguments, que le Mouvement Gaulliste était et devait être un parti et avoir une politique alors que l'on tend par trop à se limiter à l'organisation de la libération. Peut-être De GAULLE ne veut-il pas aller plus loin mais c'est son devoir, il est vraisemblable qu'il y sera contraint. En tout cas c'est le droit des Gaullistes d'être plus Gaullistes que De GAULLE, argumentation qui se rattache à l'idée d'un putsch Gaulliste que certains, dit-on, préconiseraient si, après l'installation à ALGER, le ménage avec GIRAUD s'avérait par trop invivable.

Pour moi, j'écoute, je n'ai pas encore d'opinion, je ne veux former mon sentiment qu'après mûr examen et avec une connaissance meilleure des hommes, de l'homme.

Ce qui est fâcheux c'est le conflit entre la Russie et le Gouvernement Polonais et LONDRES. Qu'y a-t-il derrière tout cela ? Pourquoi le Gouvernement Britannique donne t-il tant de publicité à ce conflit ? On se le demande, on sent une certaine inquiétude.

Samedi 1er mai. Longue et vive discussion hier avec Jean PICARD sur le Gaullisme. Jean PICARD exprimait des doutes sur l'intérêt qu'aurait jamais présenté le Mouvement, soutenant que la Résistance française aurait existé de toute façon, que le Gaullisme n'y avait rien ajouté, que le personnel Gaulliste était fait en majeure partie de gens qui avaient voulu se mettre à l'abri. Violente réaction de Mme SERREULLES, belle-sœur d'ALPHAND, sur le plan du personnel de LONDRES, de moi-même en ce qui concerne la Résistance française, qui à mon avis n'a pu se transformer de Résistance individuelle en Résistance collective fondée sur un sentiment national de solidarité, que par l'action d'organisations trouvant elles-mêmes leur unité et leur orientation commune dans le Gaullisme.

Il y a en réalité une effroyable pénurie d'hommes. Nous avons fait avec TISSIER le bilan des hommes de LONDRES éventuellement utilisables dans les différents organismes à constituer à ALGER en commun avec les Giraudistes. On arrive péniblement à une trentaine de noms, et encore, si l'on met de côté les diplomates et les généraux, pour tout ce qui est juridique, administratif, économique, social, il y a en pratique bien peu de monde. C'est assez inquiétant.

J'ai vu aujourd'hui le Colonel ARCHDALE, Chef de la Mission Britannique de Liaison avec la FRANCE Combattante. Je lui ai répété toutes mes inquiétudes sur les conséquences d'un retard dans les opérations en FRANCE. Il comprend très bien mais, évidemment, n'y peut rien. Sa préoccupation est d'utiliser la radio pour soutenir le moral français tout en évitant de donner de faux espoirs. Les journaux parlent aujourd'hui de nouveaux entretiens HITLER-LAVAL. Il s'agit sûrement encore de livraisons d'hommes. Où tout cela va-t-il nous conduire ?

Dimanche 2 mai. J'ai été à une manifestation syndicale organisée en l'honneur du 1er mai. Très beau discours de POIMBŒUF, le reste plus quelconque. J'ai rencontré Adrien TIXIER de retour d'AMÉRIQUE. Je compte le voir bientôt plus longuement. La seule indication intéressante qu'il m'ait donnée est que le problème du Gaullisme est maintenant un problème de politique intérieure aux ÉTATS-UNIS. ROOSEVELT ne cèdera pas car il se discréditerait pour les prochaines élections. Mais quelle conclusion en tirer ? Pouvons-nous prétendre nous battre contre lui chez lui ? Cela me paraît bien hasardeux.

Mardi 4 mai. Une excellente nouvelle ce matin : la prise de MATEUR par les Américains, qui semble marquer une accélération de l'offensive tunisienne. Une douche en contrepartie ; j'ai dîné avec DURANT, Directeur de l'Institut Britannique d'Opinion Publique, et qui paraît être toujours remarquablement informé. D'après lui, primo, l'affaire tunisienne ne sera pas liquidée à la fin de juin, secundo il n'y aura jamais de débarquement anglo-américain en FRANCE parce qu'un tel débarquement impliquerait l'installation d'un Gouvernement De GAULLE dont CHURCHILL ne veut à aucun prix. La FRANCE ne serait donc libérée que tout à fait à la fin des hostilités au moment où tout serait joué. Cela serait tout de même pour 1944. Sur la question GIRAUD-De GAULLE, GIRAUD invite De GAULLE à venir à BISKRA. De GAULLE répond : je ne veux aller qu'à ALGER, cela pour que la discussion bénéficie de l'atmosphère de la pression de l'opinion. L'impression générale est que GIRAUD sent toute l'opinion contre lui et veut aboutir. Il semble en effet que bien peu de monde soit pour lui en Afrique du Nord. On est Pétainiste ou Gaulliste, non Giraudiste. Discours de De GAULLE cet après-midi dans une réception organisée en l'honneur des Français récemment arrivés pour rejoindre la FRANCE combattante. De GAULLE a exposé sa position sur le problème GIRAUD-De GAULLE en termes très mesurés, modérés pour la forme et dans le fond. J'ai trouvé que ce discours manquait même de flamme et était destiné plus à la presse qu'aux recrues.

J'ai dîné hier soir avec Alfred MAX et QUILICI, directeur du Journal LA MARSEILLAISE. Celui-ci m'a déçu, intelligent et fin certes, mais terriblement m'as-tu vu, égocentriste, un Sacha GUITRY médiocre, au fond sans idée personnelle. Il s'est montré très hostile à mon idée de radiodiffuser une chronique sur « la FRANCE que nous voulons », estimant que les Anglais s'y opposeraient et surtout que le Mouvement ne peut définir un programme sans provoquer des divisions dans son sein. Un élément intéressant se dégageait cependant de sa conversation : c'est le caractère essentiellement personnel du Mouvement Gaulliste à ses débuts, les premiers fidèles se rattachant à leur chef comme leur seul appui, leur bouée de sauvetage, comme des vassaux à leur seigneur, au chef de clan. Le développement de la Résistance en France, l'extension de l'organisation a de plus en plus dépersonnalisé le groupe pour en faire un Mouvement, mais, pour les premiers venus et de manière générale pour beaucoup de Londoniens, surtout les militaires, le caractère personnel subsiste. Il y a pour le chef un attachement de chien fidèle, une véritable idolâtrie. J'ai peine à concevoir un tel sentiment pour le moment, cela viendra peut-être.

Mercredi 5 mai. J'ai déjeuné avec le Général De GAULLE qui m'avait invité. Lui très détendu, très humain, très simple, posant des questions, s'intéressant à tout, sans apprêt. Le Général PETIT, de retour d'Union des Républiques Socialistes Soviétiques, a longuement parlé de ses impressions. Il est très convaincu des qualités du régime, dans l'ordre moral, intellectuel, économique, comme aussi des sympathies actuelles des Russes pour la France combattante. Adrien TIXIER, arrivant d'Amérique, a dit peu de choses et s'est borné, répondant à une question du Général, à expliquer l'évolution de John LEWIS qui, après avoir constitué une organisation de travailleurs sans spécialité, et marché dans le sens de ROOSEVELT, a fait alliance avec le Parti Républicain où se trouvent ses pires adversaires parce que ROOSEVELT ne lui a pas donné le grand Ministère social sur lequel il comptait.

Cet après-midi, André PHILIP, en inaugurant un petit Comité qu'il a constitué, a demandé que soit poursuivie l'étude des problèmes de structure dans l'ordre économique et social. J'en suis bien entendu mais je suis partagé entre deux sentiments :

1. l'intérêt de définir ainsi un programme large et durable d'organisation économique et sociale ;

2. la nécessité de prévoir d'abord les mesures de première urgence et de désigner les hommes chargés de les appliquer. Or *rien* n'est encore fait à ce second point de vue. C'est le rôle de la Commission du Débarquement dont l'activité sur ce point est demeurée nulle. C'est là le plus urgent et peut-être même, la seule chose nécessaire. Les textes de structure n'ont vraiment d'intérêt que si l'on veut faire un programme économique et social de la France combattante. Je ne suis pas très sûr qu'on le veuille vraiment.

7 mai. Le moral ce soir est excellent. La nouvelle de l'entrée des troupes alliées dans les faubourgs de TUNIS et de BIZERTE m'a tout ragaillardi. Si cela pouvait hâter la suite des opérations !

J'ai commencé à faire du foin au sujet de la carence à peu-près totale des mesures à organiser en vue du Débarquement et de la libération du territoire, mais je crois que si je ne fais pas tout le travail moi-même, rien ne sera fait, je vais m'y atteler. En attendant je vais à de nombreuses commissions pour prendre le vent et je prépare beaucoup de laïus pour la radio.

9 mai. Hier soir dîner sympathique et intéressant chez le ménage SERREULLES avec Adrien TIXIER, le colonel PASSY, LENOIR (de Franctireur), BROSSOLETTE et sa femme, Jacques BINGEN. La conversation était menée par BROSSOLETTE et TIXIER. LENOIR était étrangement et candidement naïf et ignorait les questions essentielles. En revanche exposé passionnant de BROSSOLETTE sur la reconstitution du Parti Socialiste en France et sur les perspectives à venir, vues notamment d'après GRENIER (Communiste). Il y aurait 20 à 30 % de Communistes, 50 % de Gaullistes, tous d'accord au fond sur un même programme d'économie dirigée à base d'organisations professionnelles. D'après BROSSOLETTE, De GAULLE est appelé à s'effacer dans un délai de dix huit mois. Alors qu'adviendrait-il après ?

TIXIER a repris son thème sur le Gaullisme, problème de politique intérieure américaine, car élément de la propagande de l'opposition contre ROOSEVELT.

Mercredi 12 mai. J'ai enfin un bureau pour moi, au rez-de-chaussée du 4 CARLTON GARDENS donnant sur le MALL et SAINT-JAMES PARK, confortable, bien meublé, avec trois téléphones. J'ai déjà pondu deux projets de textes sur les mesures économiques et sociales à prendre en cas de débarquement. Je vais continuer. Je pense avoir incessamment ma nomination d'Attaché Principal au Contrôle de l'Administration de l'Armée qui me vaudra un quatrième galon.

J'ai eu un entretien hier soir avec DUVAL (André POSTEL-VINAY) vraiment très sympathique, intelligent, simple et direct. C'est un garçon avec lequel il sera possible de travailler. La seule chose qui m'ennuie, que je n'arrive pas à obtenir, c'est l'heure hebdomadaire d'entretien avec De GAULLE que je réclame à corps et à cris. Je commence à penser que PALEWSKI fait de l'obstruction systématique.

Ce qui me déprime, c'est le sentiment que les pourparlers pour l'Unité sont dans une mauvaise voie. De GAULLE, en se braquant sur la question de la ville où devait avoir lieu la rencontre, a posé l'affaire sur un terrain détestable alors qu'il subsiste des accords de principe sur lesquels il serait solide (élimination de PEYROUTON, NOGUES, BOISSON, séparation des pouvoirs civils et des fonctions du Commandant en Chef). Il s'est mis au regard de l'opinion dans un mauvais cas. GIRAUD se raidit, vient de nommer LABARTHE, Secrétaire d'Etat à l'Information, ce qui est un camouflet. Un fonctionnaire du FOREIGN OFFICE, qu'on m'a présenté hier soir dans ma pension m'a dit en confidence que MACMILLAN, représentant anglais à ALGER, avait envoyé un rapport déclarant que De GAULLE avait « MISSED THE MARKET ». J'ai essayé d'expliquer la position de fond en soulignant l'appui que De GAULLE avait dans l'opinion française. Mon interlocuteur, très compréhensif, a souligné l'intransigeance nécessaire de tout Gouvernement immigré.

Dimanche 16. J'ai dîné avec CURLE, jeune Capitaine que j'avais connu à l'Institut Britannique de PARIS alors qu'il se préparait au DIPLOMATIC SERVICE. Il est actuellement au Secrétariat du WAR CABINET. Accueil très sympathique, spécifiquement anglais, il est très fier des vertus britanniques, de l'esprit civique, de l'illogisme, du culte des traditions, de la lenteur des évolutions. Il me dit qu'une révolution profonde est en train de s'accomplir progressivement par la disparition de toutes les fortunes. Par contre sur les événements actuels, il est d'une extrême discrétion. Il ne m'a même pas parlé du départ de CHURCHILL pour les Etats-Unis qu'il connaissait cependant sûrement. Une seule prévision : CHURCHILL ne laissera jamais tomber De GAULLE par attachement sentimental et à cause de l'opinion britannique. En attendant, la presse est hostile et même assez perfide.

Lundi 17. J'ai dîné avec FRANCFORT qui appartient aux Affaires Etrangères, Raoul BERTRAND, DUVAL, un autre BERTRAND, Philosophe et Germaniste, et un diplomate de retour de Finlande. Ce dernier est intéressant : d'après lui la Finlande, sur la demande américaine d'une paix séparée, a demandé aux Etats-Unis de :

— servir d'intermédiaire ;
— donner leur garantie.
Sur les deux points, elle a essuyé un refus.

Dimanche 16 mai. Un problème très important s'est trouvé indirectement posé vendredi à la Commission de l'Information à propos de ma causerie sur les salaires et surtout d'un texte de GRENIER sur le même objet. GRENIER est syndicaliste, veut inciter les ouvriers à engager une vaste campagne d'agitation pour l'augmentation des salaires. Une telle campagne n'a de raison d'être que si elle prépare l'insurrection massive des masses ouvrières. Le moment est-il venu ? Voilà la question. Elle est grave et il n'est pas facile d'y répondre. L'on n'y a pas formellement répondu, la censure anglaise s'en chargera sans doute.

Je rentre à l'instant de CAMBRIDGE. Je suis encore sous le charme de la ville, de ses collèges, de ses parcs, de l'hospitalité anglaise. J'étais invité par PICKTHORN, Professeur au CORPUS CHRISTI COLLEGE, ami de Jean PRÉVOST, hospitalité simple et fastueuse, intérêt des conversations plus réduit. Nous avons avec PICKTHORN bavardé de beaucoup de choses, de politique, de philosophie, de littérature, de tout bien superficiellement. J'ai le sentiment qu'avec de très larges connaissances, il a aussi de nombreux préjugés, un conservatisme indéracinable et est assez loin des réalités. Il ne croit pas à la réalité dans le passé, ni à la possibilité dans l'avenir d'une vraie offensive russe. Seule discussion intéressante avec BURNAY, venu de LONDRES avec moi, sur mes idées d'organisation de la paix. Il y a opposition entre mon optimisme et son pessimisme concernant la possibilité d'influer sur la psychologie des peuples.

Vendredi 21 mai. Malgré tous mes efforts, je n'arrive pas à faire quelque chose de vraiment utile. Je me borne à aller dans diverses commissions, parfois intéressantes, et à lire des quantités de papiers, je m'informe, j'apprends, mais mon activité réelle est fort limitée. J'insiste tous les jours auprès de PALEWSKI pour voir le Général et être à même de demander un emploi plus actif, mais PALEWSKI, qui est jaloux de son privilège d'approcher le soleil, met une molle et aimable passivité à n'en rien faire. Peut-être finira-t-on par partir pour ALGER, le vent est à l'optimisme aujourd'hui et peut-être trouverai-je là-bas une activité. Je préférerais pour ma part que l'on débarquât en France et que je puisse être compris dans la première équipe de débarquement. Mais sera-ce possible ? En attendant, je vais faire dans huit jours une conférence aux élèves commissaires de la marine sur le Gouvernement de VICHY. Cela va m'occuper.

J'ai déjeuné également avec Adrien TIXIER. Nous avons déploré ensemble l'apathie, la paralysie, la torpeur de l'Administration de la France combattante, dues, semble-t-il, à l'attente de l'Unité en même temps qu'au terrible et stérilisant désordre d'André PHILIP. C'est un peu désespérant. TIXIER se plaint aussi de ce que MASSIGLI ne cesse d'envoyer des instructions en opposition avec celles de De GAULLE.

Dimanche 23 mai. Je viens de rendre visite à Mme LUXMOORE qui acceptait de servir d'intermédiaire pour notre courrier. Elle est une femme charmante qui offre l'hospitalité généreusement aux jeunes officiers venant de toutes les régions du COMMONWEALTH et qui connaît Freddy, lequel m'avait recommandé d'aller la voir.

Mardi 25 mai. A la suite d'entretiens que j'ai eus hier soir avec André PHILIP d'abord et PALEWSKI ensuite, j'ai eu le sentiment que l'on ne désirait pas que j'aille à ALGER. C'est du moins l'impression que j'ai ressentie. La possibilité de demeurer ici avec VIENOT, qui serait le Délégué Général du Comité, comme Secrétaire Général de l'ensemble des services administratifs, et de participer à la préparation du débarquement et même aux opérations du débarquement qui se feront sans doute d'ici, de conserver des liaisons sûrement plus faciles qu'à ALGER, enfin de revenir sans doute plus rapidement en France, tout cela au fond me plaît assez, et je me fais très bien et même avec une certaine satisfaction à l'idée de rester ici avec un travail bien défini et des fonctions intéressantes. J'ai eu un long entretien avec VIENOT à ce sujet ce matin. Lui est très chaud en ce sens. Mais personne ne sait le sentiment du Général à qui la question n'a pas été encore soumise.

J'ai déjeuné hier avec COMERT avec lequel m'avait convié André GROS. C'est l'anti-Gaulliste forcené et irréductible. Pour lui De GAULLE ne songe et n'a jamais songé qu'à la dictature et, qui plus est, ce serait un homme sans intelligence et sans caractère (!). Quand j'ai parlé du prestige du Gaullisme en France et de ses racines profondes, COMERT m'a répondu : « Je ne vous crois pas ». Il raconte des histoires qui ne sont pas toutes très jolies, notamment sur l'anglophobie du Général, trop certaine, mais se déclare maintenant tranquillisé car il pense que De GAULLE va être noyé dans le nouveau Comité Exécutif et de ce fait réduit à l'impuissance. C'est moi ce que je redoute car les autres membres du Comité et le système lui-même me paraissent devoir conduire à une bien fâcheuse inaction.

Vendredi 28 mai. Pour le moment, je suis chargé du poste de Directeur au Commissariat National à l'Intérieur. J'espère pouvoir me consacrer aux études économiques et sociales pour l'après-guerre et à la préparation du débarquement, notamment à la formation des équipes administratives de la mission de liaison, en attendant mieux. De GAULLE et sa suite sont partis ce matin pour ALGER. Il y a deux courants dans l'entourage immédiat. L'un est un optimisme total. L'on est convaincu que le Général sera reçu comme le Messie et que l'on fera ses quatre volontés. Une autre opinion est plus réservée et même quelque peu inquiète. L'on craint que le conservatisme et les autres éléments du Comité Exécutif provisoire ne s'opposent à toute action positive et condamnent tout le Comité à une attitude purement passive qui conduira, si la guerre dure au-delà de l'été, à une désaffection de l'opinion française. Dans une pareille éventualité, il n'y aurait plus qu'une solution pour nous : préparer une révolution. PHILIP paraît bien partager ces inquiétudes car il a décidé de faire poursuivre les études d'après-guerre à LONDRES pour son compte personnel et presque en cachette. Georges BORIS, qui est son Directeur de Cabinet, pense, lui, que se succéderont à ALGER deux ou trois Gouvernements jusqu'à ce que l'on ait trouvé une formule satisfaisante.

J'ai décidé, restant ici, de poursuivre systématiquement l'étude de l'Anglais, et j'ai trouvé des Anglais charmants qui sont d'accord pour me rencontrer périodiquement en vue de parler Anglais avec moi. C'est le cas notamment de Patrick BURY, Professeur d'Histoire à CAMBRIDGE.

Vendredi 4 juin. Les nouvelles reçues d'ALGER nous ont donné une véritable douche écossaise. Il semble, d'après les termes mêmes des télégrammes reçus, que De GAULLE soit tombé dans un guet-apens. D'une part, GIRAUD a fait venir de grandes quantités de troupes indigènes, peut-être par crainte d'un putsch Gaulliste, putsch auquel nous avons nous-mêmes cru un instant lors de l'incident de la démission de PEYROUTON, acceptée par De GAULLE avant que GIRAUD ait reçu la lettre la lui annonçant. D'autre part De GAULLE a dû subir une formidable pression de la part des Américains et des Anglais, allant peut-être jusqu'à la menace de lui couper les vivres. Il ne paraît pas douteux qu'il a perdu la première manche. La lutte va certainement continuer à l'intérieur du nouveau Comité. Où conduira-t-elle ?

Raymond ARON, avec qui j'ai déjeuné hier, est le premier anti-Gaulliste sincère et désintéressé que je rencontre. Pour lui il n'est pas douteux que De GAULLE cherche le pouvoir pour lui-même et il est redoutable à ce titre en ce qu'il est le seul à avoir la classe et le tempérament d'un dictateur. ARON préfère un GIRAUD ou un CATROUX parce que eux, à son avis, sont incapables d'exercer un pouvoir personnel. C'est une thèse qui peut se défendre. Elle a le défaut :

— de manquer de tout élément constructif ;

— de justifier une campagne contre De GAULLE qui menace d'affaiblir le Gaullisme et la Résistance française. Peut-être est-il difficile de concilier les nécessités immédiates et les soucis d'un avenir que l'on ne conçoit d'ailleurs pas de manière bien précise.

Lundi 14 juin. Adrien TIXIER, avant de partir pour ALGER, m'a indiqué qu'il avait l'intention de me réclamer pour prendre des responsabilités dans les services du Commissariat au Travail dont il prend la charge. Le même jour, le Général COCHET m'a fait venir pour m'annoncer qu'il demandait mon affectation à la FORCE F pour l'Etat-Major de la Mission de Liaison. A tous deux, j'ai répondu que j'étais à la disposition des autorités supérieures et que je ne demandais qu'à être employé là où je serais le plus utile. Mon désir est seulement de débarquer le plus tôt que ce sera possible. C'est un peu pour cela que je préférerais, actuellement, rester à LONDRES. Je pense d'ailleurs que pour moi, au moins pour un temps, il ne peut guère être question d'un départ car je dois remplacer TISSIER pour la direction de l'ensemble des services administratifs de LONDRES. Mon intention est d'en profiter pour hâter la préparation du débarquement.

Je dois ces jours-ci parler trois fois à la radio dans une série d'appels concernant les déportations.

Sur le plan général, les discussions d'ALGER sont bien déprimantes. Anglais et Américains en ont par-dessus la tête de nos perpétuelles dissensions. Les Gaullistes sincères sont exaspérés de la résistance opposée à tout effort de rajeunissement et de rénovation des cadres administratifs et militaires. De GAULLE aurait offert sa démission mais l'on ne conçoit guère que l'on puisse se passer de lui. MACMILLAN aurait dit-on écrit à sa femme qu'il n'y aurait qu'un homme à ALGER : De GAULLE.

Mardi 15 juin. Les difficultés d'ALGER me préoccupent car elles paralysent toute action efficace, même dans les domaines où il serait le plus urgent d'agir. Elles contribuent aussi à créer chez les Anglais un mécontentement, une exaspération de plus en plus sensibles. Et pourtant De GAULLE a manifestement raison. J'ai le sentiment qu'il va emporter le morceau mais qu'il y aura bien du temps perdu, et d'ici que nos services aient pu se réorganiser et recommencer à fonctionner normalement, combien de semaines s'écouleront encore ? Il est bien décourageant de travailler dans de telles conditions, et il y a tant à faire.

Mardi 22 juin. Depuis la semaine dernière toute la vie des Forces Françaises Libres à LONDRES a été dominée par les événements d'ALGER. La discussion rebondissant sans cesse, l'intervention impérative des Américains nous remplissant de colère et d'amertume, laissent craindre une rupture. Ce soir il semble que l'on soit arrivé à un compromis, mauvais certes comme tout compromis, mais meilleur qu'une rupture, au moins de l'avis général et du mien.

J'ai dîné hier soir avec FRESNAY qui m'a donné des nouvelles de MARSEILLE et de LYON et avec qui je me suis longuement entretenu des problèmes de la Résistance. Lui voudrait affirmer l'autonomie de la Résistance, collaboratrice de De GAULLE mais non sa subordonnée. Il fait figure de poulain échappé.

Je m'efforce de perfectionner mon Anglais en dînant chaque semaine soit avec BURY, soit avec BAYNE POWELL, ami et collaborateur de KING HALL.

Je travaille surtout à la préparation du débarquement avec l'équipe que j'ai constituée à cette fin, notamment avec Emile

LAFFON et Jacques MAILLET, à la préparation des futurs cadres administratifs et aux problèmes économiques et sociaux de l'avenir.

Vendredi 25 juin. J'ai fait une conférence aux futurs officiers de liaison qui a été, j'en ai le sentiment, un succès. J'ai eu également un long entretien avec Emmanuel d'ASTIER de la VIGERIE, passionnant, sur l'opportunité pour la France de lancer des idées nouvelles sur la collaboration internationale.

Et pourtant jamais le travail n'a été plus décevant. Aucune organisation, aucune méthode, aucun espoir d'une amélioration dans un proche avenir, à en croire CLOSON de retour d'ALGER. Impossibilité de toute négociation avec les autorités militaires anglaises qui n'ont pas l'autorisation du FOREIGN OFFICE. Ni décision du côté français, ni discussion possible du côté anglais, toute une administration en suspens et en sommeil en attendant sa réorganisation. Voilà un joli bilan.

Une seule échappatoire : le travail avec la France sur le plan de la préparation de la libération par le choix des cadres et la préparation de leur mise en place, sur le plan aussi des idées. LAFFON et MAILLET font à cet égard de l'excellent travail, ils ont préparé une « Charte Economique et Sociale » qui n'est vraiment pas mauvaise, quoique je ne l'eusse pas rédigée exactement ainsi. Nous allons maintenant essayer de mettre sur pied un texte international dans le cadre des idées suggérées par d'ASTIER de la VIGERIE. Pour la préparation de la mise en place des cadres, nous parlons de Comités de Libération. Le problème est celui de leur désignation, Emmanuel d'ASTIER voulant éviter leur accaparement par des hommes de la Résistance, et les Partis reconstitués ne pouvant nous donner que des vieilles barbes. Là au moins il y a du travail utile à faire.

Lundi 28 juin. J'ai passé un week-end particulièrement sympathique chez la cousine AUDREY.

J'ai maintenant l'impression de pouvoir faire du travail utile dans le cadre de la préparation du débarquement sur le plan administratif, politique et économique.

Les Américains sont cependant indécrottables. Après la triomphale réception de De GAULLE à TUNIS, ils publient une dépêche annonçant en substance que les autorités américaines en Afrique du Nord auraient reçu tous pouvoirs pour empêcher les incartades du Général et faire en sorte que son ambition ne vienne pas mettre les bâtons dans les roues de l'action militaire alliée, cela sous une forme nettement désagréable, manifestant leur mauvaise humeur devant l'unanimité de la foule française de TUNIS. Où cela nous mène-t-il ?

Jeudi 1er juillet. Aujourd'hui bien des choses déprimantes : l'arrestation de Jean MOULIN et de l'Etat-Major de l'Armée Secrète apprise aujourd'hui. D'autre part le sentiment que les Anglais autant que les Américains, considèrent notre Comité d'ALGER, comme n'offrant aucune garantie sérieuse et qu'un scepticisme britannique se manifeste sur la possibilité pour la France de se redresser jamais et de redevenir une grande Nation.

Tout cela résulte d'entretiens que j'ai eus depuis trois jours avec CURLE, ROBSON, Professeur et Parlementaire travailliste, MARJOLIN, de retour des Etats-Unis et ARON. J'ai invité CURLE à déjeuner en vue de lui parler :

— de la possibilité éventuelle de collaboration personnelle à défaut de négociation officielle sur la préparation des problèmes civils du débarquement ;

— de la possibilité de réunir quatre ou cinq Anglais et quatre ou cinq Français en vue d'étudier la manière de concrétiser un accord franco-anglais très étroit allant jusqu'à la demi-fusion envisagée par CHURCHILL en juin 1940. J'ai mis les mêmes problèmes et particulièrement le second sur le tapis au cours de mes autres entretiens. De tous il est résulté l'impression qu'aucune discussion de problèmes pratiques immédiats n'est réellement possible tant que les Gouvernements alliés n'auront pas reconnu au Comité d'ALGER le caractère d'un Gouvernement français. Le scepticisme des Anglais même les mieux disposés au regard de l'opportunité d'un accord étroit avec la France est manifeste.

La politique américaine d'hostilité systématique à De GAULLE appuyée dans une large mesure par le Gouvernement britannique développe chez les Français libres une xénophobie à laquelle ils ne sont que trop portés, le Général plus que tout autre, et risque de favoriser une vague terrible de nationalisme dans la France libérée. De là mon inquiétude alors surtout que je crois à l'impossibilité de toute paix durable en dehors d'un internationalisme poussé très loin. Ce que je comprends mal c'est que les Américains ne s'aperçoivent pas que leur politique anti-Gaulliste augmente chaque jour davantage les chances d'une dictature Gaulliste, en développant la popularité de De GAULLE et en créant le climat nécessaire à cette dictature. Si la FRANCE est très atteinte dans toute cette politique, De GAULLE, lui, en est sans cesse plus fort.

Je crois d'autant plus nécessaire d'essayer de profiter des dispositions favorables des Chefs de la Résistance pour lancer un certain nombre de principes d'organisation internationale qui affirmeraient la position de la FRANCE comme tendant à l'interpénétration des peuples. J'en ai longuement discuté avec ARON. Lui préfèrerait s'en tenir à quelques réalisations concrètes. Je crois, moi, à l'opportunité de lancer un certain nombre d'idées forces en sachant bien qu'il s'agit de formules irréalisables dans un avenir proche, mais comme l'était à leur époque celles de la Déclaration des Droits de 1789, et d'essayer d'en faire entrer ensuite une partie dans les faits. Faute de meilleurs moyens, n'est-ce pas aussi une voie de rendre à la FRANCE quelque autorité morale dans le monde ?

Je sais bien que l'on est très loin de tout cela. MARJOLIN me disait tout à l'heure qu'aux ÉTATS-UNIS les délégués Français et Anglais à HOT SPRINGS avaient été hostiles à une organisation économique internationale trop poussée car celle-ci aurait été aux mains de producteurs et aurait conduit à une limitation de la production et à la fixation de prix élevés au préjudice des pays consommateurs. Je les comprends, mais c'est navrant.

Sur un plan plus concret, je travaille à la préparation de la mise en place des futurs cadres de la France libérée par des Comités Locaux de Libération, composés de représentants de la Résistance, émanant des principales tendances locales de l'opinion et chargés :

— de mettre en place au jour J les titulaires désignés pour les principales fonctions locales ;

— de leur donner provisoirement l'orientation politique indispensable. Du bon fonctionnement de ces Comités dépendra l'efficacité de notre action. Il s'agit d'arriver avant les alliés, surtout avant les Américains.

Ce sera pour quand ? Certains croient à la possibilité d'un débarquement cet automne (Amiral d'ARGENLIEU dans le Cotentin), d'autres pensent à une grande offensive d'hiver conjuguée entre les Russes et les alliés, notamment dans les Balkans. Je crains que ces derniers n'aient raison.

Dimanche 11 juillet. Le débarquement en Sicile a dû être très excitant pour tous mais, pour nous, la joie de cette nouvelle étape s'est perdue dans l'inquiétude que nous cause le problème français. C'est en particulier le refus déclaré de ROOSEVELT de reconnaître le Comité Français, la volonté affirmée par CHURCHILL à MASSIGLI de s'opposer à tout ce qui pourrait favoriser l'arrivée de De GAULLE au pouvoir, le refus anglo-américain de toute collaboration à l'étude des problèmes civils du débarquement et de l'occupation des territoires occupés. Tout cela est fort inquiétant et laisse craindre que nous soyons complètement écartés lors du débarquement. Il est question que je sois chargé pour ces questions de toutes les relations avec le Brigadier LEE lorsqu'il y en aura et s'il y en a.

PHILIP arrivé d'ALGER hier a émis l'idée que je devrais aller en Afrique du Nord pour m'y occuper du Conseil d'Etat, j'ai protesté avec énergie.

J'ai dîné ce soir avec Jacques KAYSER qui vient d'arriver et va essayer de prendre des contacts avec les milieux anglais. Il croit savoir que ROOSEVELT aurait subordonné l'intervention d'opérations importantes en Europe à une collaboration russe en Extrême-Orient contre le Japon. STALINE aurait refusé. D'autre part en Afrique du Nord on laisse dire qu'il n'y aura rien de sérieux cette année. L'importance des préparatifs ne concorde cependant pas avec cette prédiction. Je veux croire et espérer malgré tout.

Mercredi 14 juillet. Une pâle revue, un discours sans chaleur de MASSIGLI devant un auditoire sans grand caractère, quelques palabres avec André PHILIP sur l'organisation du Commissariat à l'Intérieur, un dîner sympathique avec le ménage GRENIER, de bonnes nouvelles des opérations de SICILE et de RUSSIE, un message ambigu de ROOSEVELT, voilà le bilan du 14 juillet.

Sur le plan général, un courant se dessine dans tous les milieux français, particulièrement ceux de la Résistance, pour faire bloc autour du Comité de la Libération pris en corps, faire abstraction des personnes et porter tout l'effort sur la reconnaissance du Comité à laquelle ROOSEVELT paraît toujours très hostile. Position que j'approuve de tout cœur en regrettant qu'on ne l'ait pas prise plus tôt.

Sur le plan personnel il paraît se confirmer que je serais chargé de la direction d'un Service Militaire d'Etudes Administratives qui serait le « Service des AFFAIRES CIVILES » DES FORCES FRANÇAISES DE GRANDE-BRETAGNE, chargé de préparer sur le plan administratif et en liaison avec les autorités alliées tout ce qui touche au débarquement et à la libération. J'en serais enchanté.

J'ai eu, à ce propos, aujourd'hui un déjeuner fort intéressant avec le Docteur BECK, petit homme jeune et sans apparence, jésuite défroqué, m'a-t-on dit, et qui paraît occuper un poste très important dans les services s'occupant de la France et avoir ses entrées auprès de CHURCHILL. Je lui ai parlé du débarquement et aussi de mon projet d'étude des bases d'un accord durable franco-anglais. Il a paru assez impressionné, on verra ce que ça donnera.

Vendredi 16 juillet. Le brigadier LEE, avec qui André PHILIP m'avait invité hier à dîner, a expliqué avec sagesse et bon sens qu'il ne fallait pas s'attendre à un débarquement en France, car il n'y avait plus en Angleterre de troupes pour une telle opération. Lui croyait à un « collapse » allemand durant l'hiver par l'effet d'offensives conjointes dans le PROCHE-ORIENT, en RUSSIE et en NORVÈGE.

Dimanche 18 juillet. Tout le monde est plein d'un optimisme débordant en raison des événements de SICILE et de RUSSIE. D'après les uns, l'ITALIE capitulerait bientôt et les Allemands devraient évacuer la plus grande partie de la France. D'après les autres nous assisterons incessamment à des offensives combinées dans les BALKANS, en RUSSIE et dans le Nord de la FRANCE. Dans l'une et l'autre hypothèses nous serions à PARIS avant novembre. Tout cela, bien entendu, est pure conjecture et n'a aucune base sérieuse, mais cela fait toujours du bien d'entendre des choses que l'on souhaite. En attendant je travaille. J'ai passé ma journée entière à préparer une conférence que je dois faire à CAMBRIDGE sur la situation matérielle et morale de la FRANCE, sujet passionnant mais diablement difficile. Dîner ce soir simple et sympathique avec le ménage BROSSOLETTE.

Vendredi 23 juillet. J'ai vu le Général GIRAUD hier au Commissariat à l'Intérieur pendant quelques instants. Grand, bel homme, de la prestance, au premier abord assez banal. Visite analogue à celle que tout étranger peut faire en quelques minutes dans une administration qu'il ne connaît pas. Je sais qu'il a eu des entretiens assez vifs avec certains Chefs de la Résistance. A Hill Street, rien de tel. Il a un entourage qui semble très attaché à lui personnellement et plein de mépris pour le Comité de Libération. Le personnalisme sévit plus autour de Giraud qu'autour de De Gaulle. Leitmotiv de Giraud : Je suis un militaire et ne fais pas de politique. Aucune question sur Pétain. « Pétain est mort pour moi le 11 novembre 1942 ».

Mercredi 28 juillet. Le Secrétariat Général à la Coordination m'accable de broutilles sans intérêt et je commence à m'occuper sérieusement de la préparation administrative du débarquement.

Je suis officiellement habilité à m'occuper et à m'occuper seul des négociations à ce sujet avec les autorités militaires britanniques. En même temps Bois Lambert, à qui j'avais fait part de mon idée d'organiser une mission militaire de liaison administrative groupant l'ensemble des officiers de liaison chargés des contacts entre les armées alliées et les administrations françaises au moment du débarquement, s'était rendu à Alger et en était revenu avec la décision créant cette mission et lui en confiant le commandement. Il devait par la suite avec beaucoup d'efficacité recruter les personnels masculins et féminins pouvant constituer cette mission, en prévoir la répartition entre les différentes unités anglaises et américaines, et en assurer la gestion et la discipline. Pour ma part, je devais m'occuper des aspects administratifs et de la formation de ces officiers de liaison, — leur faire connaître les éléments essentiels des divers aspects de l'administration civile française — la plupart les ignorant d'autant plus que beaucoup d'entre eux vivaient à l'étranger depuis longtemps — et aussi leur donner des éléments sur la situation économique, psychologique et sociale des populations après les mois d'occupation et de restriction, en même temps définir ce que l'on attendait d'eux dans la remise en place d'une administration civile en mesure à la fois d'aider les armées dans les opérations et de remettre en place une autorité française pour satisfaire les besoins et la vie quotidienne des populations des zones libérées. A cette fin j'avais groupé, dans un Service Militaire d'Etudes administratives, des officiers, la plupart de réserve, correspondant aux principaux champs d'action prévisibles et je leur avais demandé : 1) de rédiger chacun un tableau sommaire des cadres administratifs concernant l'activité régionale et locale en la matière, la législation en vigueur dans leur domaine et l'état de la situation de fait, 2) d'enseigner aux futurs officiers de liaison tout ce qu'ils devaient savoir pour l'accomplissement de leur mission. Les principaux groupes, chacun de deux ou trois officiers spécialistes, en charge des divers aspects de l'administration, concernaient en premier lieu l'administration territoriale et départementale sous la direction de Haas-Picard, les Finances sous la direction de Lemoine, fonctionnaire de l'administration française des Finances, et le ravitaillement confié à l'Intendant militaire POMIROL, un des rares officiers d'active du S.M.E.A. Tous travaillèrent d'arrache-pied pendant plusieurs mois et établirent des documents d'une grande qualité. De mon côté je montais au Commissariat à l'Intérieur un service placé sous la direction de Mlle Andrée DELOYERS, connue à Londres sous le pseudonyme d'Andrée LARTIGUE, jeune scientifique belge qui avait rallié les Forces Françaises Libres, et chargé de constituer avec les éléments d'information reçus par l'intermédiaire de la Section non militaire du B.C.R.A. et venant de France à travers les organisations de Résistance des renseignements actuels et précis sur les personnalités et les facteurs immédiats de la situation de chaque département français, en commençant par ceux qui étaient les plus susceptibles d'être libérés en premier et d'en faire des dossiers pouvant être remis aux officiers de liaison administrative lorsque l'on saurait où auraient lieu les opérations de débarquement. Je me réservais d'assurer la coordination de cet ensemble de travaux qui devait absorber l'essentiel de mon temps pendant les mois suivants.

Jeudi 29 juillet. J'ai appris la chute de MUSSOLINI dimanche soir en trouvant un message qui m'annonçait cette grande nouvelle. Ma réaction immédiate ; peut-être est-ce enfin le commencement de la fin ?

Sir George Moss dont j'ai déjà parlé, spécialiste des affaires chinoises au FOREIGN OFFICE et qui habite ma pension, m'a dit ce matin que le gouvernement avait éprouvé quelque inquiétude il y a une quinzaine au sujet de l'attitude turque qui apparaissait réticente. Comme d'autre part l'on avait appris la présence dans les Balkans de quarante nouvelles divisions allemandes venues d'on ne sait où, l'on craignait une attaque sur la TURQUIE qui n'aurait peut-être pas rencontré de résistance sérieuse. Toute crainte est évidemment aujourd'hui dissipée, les divisions devaient remplacer les troupes italiennes dont la défaillance était prévue.

Lundi 2 août. Hier dimanche déjeuner avec COUVE de MURVILLE, Jacques MAILLET et Roland PRÉ. Nous avons surtout parlé des négociations monétaires qui sont bien peu satisfaisantes. Le FOREIGN OFFICE ne veut pas entendre parler de l'introduction de billets français lors du débarquement, car ce serait reconnaître le Comité de Libération comme gouvernement ! L'organisation mise sur pied depuis deux jours à ALGER pour les affaires militaires créait cependant une meilleure impression, mais la reconnaissance n'est pas encore là.

Samedi 7 août. La situation politique du Comité de Libération semble s'améliorer. L'accord réalisé à ALGER sur les problèmes militaires, la prochaine reconnaissance par les gouvernements alliés sont d'un heureux augure. Malheureusement la carence interne demeure désespérante. Aucune autorité, aucune direction, panier de crabes, nous ne sommes absolument pas gouvernés et chacun tire dans le dos du voisin.

Mon organisation du débarquement piétine, elle ne pourra entrer en action que le jour où l'on pourra discuter avec les Anglais. Déjeuner aujourd'hui avec le Brigadier LEE et d'ASTIER de la VIGERIE. LEE demande encore un peu de patience.

Ce qui va mieux c'est mon projet d'étude des bases d'un rapprochement franco-anglais. Du côté français une équipe pratiquement constituée comporte avec BROSSOLETTE, Jacques KAYSER, GROS, MARJOLIN, MENDÈS-FRANCE et moi. Première réunion le 18 août. Du côté anglais, j'ai déjeuné hier avec SELLON, ancien Directeur de l'Institut Britannique à PARIS, qui doit me livrer prochainement le produit de ses réflexions.

J'ai déjeuné mercredi avec le Colonel MORINAUD, en principe futur Chef d'Etat-Major de la FORCE F. Il m'a indiqué en gros le programme d'action qui ferait de cette FORCE une troupe d'opérations. Cela m'a paru très intéressant.

J'ai eu un long entretien avec François de MENTHON jeudi soir. C'est surtout moi qui ai parlé faisant la critique objective mais sans indulgence de LONDRES et d'ALGER, de la pénurie d'hommes, de l'absence d'organisation et de direction, des défauts du Général sur le plan de l'administration et du jugement des hommes. Tout cela était nouveau pour lui. Il a fini par comprendre pourquoi il ne pouvait guère être question de s'en tenir au projet du Comité Général d'Etudes organisant une dictature De GAULLE.

Dimanche 8 août. J'ai passé toute la matinée avec François de MENTHON, MAILLET et CLOSON dans une Conférence sur le futur gouvernement provisoire de la FRANCE. J'insiste pour éviter tout aspect dictatorial, pour une forme collégiale et impersonnelle, et pour que ce ne soit pas le gouvernement qui soit chargé de faire la Constitution.

Jeudi 12 août. La guerre va bien. L'offensive russe continue, irrésistible. La chute de KARKHOV est imminente. La fin de l'expédition de SICILE aussi. CHURCHILL est en AMÉRIQUE pour discuter avec ROOSEVELT des moyens d'atteindre la victoire finale. Tout cela est très réconfortant.

J'ai des entretiens longs et répétés avec François de MENTHON, sur l'organisation politique à mettre sur pied lors de la libération. Il est frappé comme moi de la carence totale de PHILIP et d'ALGER. Le projet qu'il a apporté de FRANCE, satisfaisant dans son principe est inacceptable surtout pour des raisons internationales du fait de la place excessive qu'il fait à De GAULLE. Deux seules solutions à envisager l'une et l'autre suivant les circonstances : le transfert à PARIS du Comité d'ALGER qui se reconstitue aussitôt avec un renouvellement presque complet de ses membres, ou la constitution à PARIS d'un gouvernement de fait entièrement neuf, solution nécessaire si les Américains s'opposaient à l'arrivée du Comité d'ALGER. Nous nous sommes livrés au petit jeu de la distribution des portefeuilles : Président du Conseil De GAULLE, Vice-Président PHILIP (sans enthousiasme), Intérieur TIXIER, deux communistes l'un au Travail, l'autre on ne sait trop où, QUEUILLE peut-être aux colonies, BASTID sûrement quelque part, RIST peut-être aux Finances, mais quid des Affaires Etrangères ? quid de l'Economie Nationale ? avec la lanterne de DIOGÈNE nous cherchons des hommes et non sans inquiétude.

Mecredi soir 18 août. Offensive générale, qui j'espère, aboutira en vue de me faire rester ici pour m'occuper des questions de débarquement. Le Commandant KITTREDGE, chargé des questions françaises à l'Ambassade Américaine, a manifesté le désir que des contacts officieux fussent pris entre les officiers Français chargés des questions de débarquement et les officiers Américains appelés à être officiers de liaison. Je vais le voir demain pour tâcher d'organiser ces contacts, premier pas peut-être dans la voie d'une collaboration effective à l'étude des questions de débarquement.

Long déjeuner en tête-à-tête avec VIENOT où nous avons fait le tour de tous les problèmes du jour, intéressant, amical, sans apporter rien de neuf.

Par contre, première réunion ce soir de la fraction française de mon futur « Comité Franco-Anglais », MENDÈS-FRANCE, Jacques KAYSER, André GROS, MARJOLIN et moi, seul manquait BROSSOLETTE parti en ALGÉRIE — longue et intéressante discussion aboutissant :

— A accepter les conditions possibles d'une collaboration Franco-Anglaise : a) nécessité de distinguer les hypothèses internationales pouvant être envisagées — ALLEMAGNE communiste : en ce cas aucune autre solution pour la FRANCE qu'une entente avec la RUSSIE et l'ALLEMAGNE, — ALLEMAGNE démocratique, ce que nous souhaitons —, alors place pour un accord étroit Franco-Britannique ; b) exclusion absolue de toute idée d'accord dirigé contre la RUSSIE. Nous ne participerions pas à une politique réactionnaire tendant à organiser des Etats conservateurs occidentaux dirigés contre le communisme. Le bloc Franco-Anglais éventuel devrait s'orienter vers des accords amicaux avec les Russes.

— A définir la position essentielle que nous voudrions voir adoptée au regard de l'ALLEMAGNE : pas de démembrement. Mutation de populations dans les SUDÈTES et en SIBÉRIE. Problème polonais réglé par les Russes.

L'organisation économique assurant industriellement des débouchés de travail pour la FRANCE dans la mesure de la reconstitution de nos moyens de production.

Suppression des clauses discriminatoires après un certain délai.

Grosse difficulté : désarmement général impossible, mais pratiquement imposé à la RUSSIE.

— A rechercher des domaines possibles de collaboration. Nous n'avons abordé que le côté culturel et intellectuel.

MARJOLIN et MENDÈS-FRANCE sentent chez les jeunes notamment chez des militaires, une grande indifférence à l'égard de la FRANCE. KAYSER et moi avions une impression contraire, mais tirée de contacts avec des milieux intellectuels.

Tous nos travaux reposent sur la confiance dans un redressement possible et rapide de la FRANCE. Des doutes ont été exprimés parmi nous. Je veux être confiant.

Vendredi 20 août. Des contacts alliés se développent même avec les Américains. KITTREDGE et TUCK organisent pour Dimanche un thé-cocktail en vue de faire rencontrer de jeunes officiers de marine Américains appelés à faire des liaisons dans les ports avec des officiers Français.

Hier soir en rentrant je trouve un mot de Sir George MOSS, spécialiste des affaires chinoises au FOREIGN OFFICE, qui habite ma pension et me demande de l'appeler d'urgence. Il m'invite à déjeuner avec son ami SPRINGS, officier de la R.A.F. dans les Services Secrets, qui nous communique des renseignements importants. Il s'agit d'une décision du WAR OFFICE de limiter à une bande d'une vingtaine de milles à partir de la ligne de combat la zone d'administration militaire, les arrières restant au civil. Le tout est de savoir quel civil.

Dimanche 22 août. J'apprends en ouvrant le journal que LITVINOV est relevé de ses fonctions d'Ambassadeur de l'U.R.S.S. à WASHINGTON. J'ai eu alors le même pénible sentiment qu'en apprenant il y a quatre ans jour pour jour la conclusion de l'accord Germano-Soviétique, le sentiment que la machine était en marche et qu'elle allait nous emporter. Cette première impression est maintenant un peu dissipée. Sir George MOSS, rencontré au breakfast puis au lunch, m'a assuré sa confiance dans la loyauté Russe. Il s'agit seulement pour lui d'un chantage. Il est plus inquiet de l'optimisme nouveau que l'on montre à BERLIN et qui serait dû à l'invention d'une arme secrète.

Après le déjeuner il m'a longuement parlé des problèmes d'EXTRÊME-ORIENT et surtout de l'INDOCHINE. Il craint que si DECOUX ne résiste pas aux Japonais et apparaisse comme leur donnant une aide volontaire ouverte, il soit difficile de rétablir l'autorité française contre la pression chinoise.

Mercredi 25 août. Travail sur les questions de débarquement. Ce qui m'ennuie c'est que je suis pris entre COCHET et d'ASTIER de la VIGERIE qui sont à cran l'un contre l'autre. COCHET surtout très aigri. Je n'ai pas de raison de préférer l'un à l'autre. Je crains, tout en n'y pouvant mais, de payer les pots cassés. Je m'efforce de montrer les mêmes égards pour les deux, mais du côté de COCHET l'effet heureux de chacune de mes visites est annulé par une campagne sournoise et hostile d'ANXIONNAZ.

Je suis dans les meilleurs termes avec le Brigadier LEE, qui m'a exposé hier en détail le schéma de son organisation des CIVIL AFFAIRS. Notre collaboration est cependant entièrement subordonnée à la portée de la reconnaissannce qui sera accordée au Comité d'ALGER. Si celle-ci ne s'étend pas au territoire métropolitain, nous n'avons qu'à rentrer sous notre tente. Cela m'inquiète beaucoup. Ce qui m'a déprimé aussi c'est la conviction de LEE qu'il n'y aura pas d'opérations prochaines de ce côté. D'après lui une telle éventualité est exclue du fait qu'il n'y a pas de troupes suffisantes ici.

Nous continuons à travailler à la formation de notre « Comité Franco-Anglais ». La réunion du groupe français, hier, réunissait KAYSER, MARJOLIN, GROS et moi. Long échange de vues sur la manière d'aborder la discussion. Point de friction entre nous : l'idée de sécurité. Pour moi il n'y a plus de problème national de la sécurité, il n'y a qu'un problème de rechercher des moyens d'éviter la guerre en général. Entretien très intéressant sur la question cet après-midi avec BORIS qui voit l'essentiel dans l'intégration de la FRANCE dans l'alliance Anglo-Russe et envisage en Europe une succession de régimes économiques se dégradant progressivement d'Est en Ouest du communisme à un demi-libéralisme, l'équilibre politique étant assuré par cette variété des régimes économiques et sociaux.

Jeudi 26 août. FENARD, qui est l'homme à tout faire de CARLTON GARDENS, et qui est mon collaborateur direct comme Secrétaire Général à la Coordination, m'a adressé timidement une critique aujourd'hui en me disant que j'étais un meilleur administrateur que le Colonel TISSIER mais que j'avais un défaut terrible, c'est que j'étais « trop propre ». En réalité j'ai vu là l'éloge qui m'a paru le plus agréable que je puisse recevoir, car il est peu de choses auxquelles je tienne plus qu'à la propreté.

Lundi 30 août. Mon travail prend tournure. Entretien très intéressant et sympathique vendredi avec le Major Général KIRBY sur l'organisation des CIVIL AFFAIRS. D'autre part deux heures cet après-midi avec René MAYER sur la question des transports. Je vais tout de même finir par faire quelque chose d'intéressant peut-être ?

Je viens de dîner avec le jeune et sympathique Lieutenant-Colonel FURTON qui en mettant les choses au mieux ne croit pas à un débarquement en FRANCE avant l'été prochain.

Une histoire drôle comme je sortais de HILL STREET en uniforme deux jeunes femmes et deux officiers de la R.A.F. sortaient d'une maison voisine et une des jeunes femmes s'est écriée « OH Général De GAULLE ».

René MAYER s'est rendu compte de l'intérêt du travail que je fais ici, m'a affirmé sa confiance et m'a donné une large délégation.

Dimanche 5 septembre. Ce matin réunion avec nos quatre officiers envoyés pour la première fois aux cours de CIVIL AFFAIRS de WIMBLEDON. Compte rendu : accueil particulièrement chaleureux, le Colonel-Directeur de l'Ecole a dit que cette réunion marquerait dans sa carrière du fait que des Français y participent pour la première fois, manifestation d'amitié de tous, atmosphère réconfortante. Je leur ai donné quelques indications sur ce qu'il convenait de dire de la Résistance.

J'ai fait vendredi un voyage à BRISTOL pour répéter une troisième fois ma conférence sur la situation matérielle et morale de la FRANCE, cette fois à des jeunes étudiants des cours de vacances de l'Institut britannique. Gros succès, je crois. Un fait assez émouvant : comme j'allais me coucher au collège, j'entends de la musique dans la salle des conférences, je pousse la porte, les quatre-vingt-cinq étudiants étaient là, apprenant la Marseillaise et la chantant avec une conviction et un entrain vraiment touchants.

J'ai profité de ce voyage pour parler avec SELLON de mon projet de « Comité Franco-Anglais » ; le projet prend corps mais tout est bien long.

Mercredi 8 septembre. La nouvelle de la capitulation italienne a éclaté comme une bombe dans nos bureaux sur le coup de cinq heures et demie et a provoqué une explosion de joie et d'optimisme. Tout le monde croit la guerre finie. J'ai partagé et je partage cette joie mais non encore cet optimisme délirant. Les choses vont bien mais rien n'est terminé.

Mon organisation londonienne ne se présente pas mal. BOISLAMBERT sans doute se montre pour le moment quelque peu entreprenant et envahissant mais c'est un charmant garçon et très efficace et comme il ne connaît rien aux questions administratives, je pense qu'il me laissera agir, c'est tout ce que je demande.

J'ai vu ce matin le Général MATHEVET, qui semble un brave homme avec du bon sens. Je crains cependant un peu que tous ces gens inoccupés veuillent s'intéresser un peu trop à mes affaires civiles. Il faudra m'en accommoder.

Samedi 11 septembre. Deux réunions intéressantes cet après-midi. D'abord un long entretien avec nos officiers de WIMBLEDON. Tendance générale : les alliés considéreront la FRANCE comme un territoire occupé analogue à un territoire ennemi sauf dans la mesure où un accord en décidera autrement.

En second lieu, long entretien avec Maurice GRAMMONT, ancien secrétaire de Jean MOULIN, vraiment très bien, très dynamique, plein d'idées. Nous avons parlé surtout de la mobilisation des femmes, de l'effort nécessaire pour s'intéresser à la jeunesse et la reprendre en mains, des questions d'ALSACE-LORRAINE, de bien d'autres choses encore.

Mercredi 15 septembre. Grande dépression hier soir en apprenant les nouvelles d'ITALIE. Aujourd'hui j'ai repris confiance et j'espère que les Américains finiront par tenir NAPLES et PALERME jusqu'à l'arrivée de la huitième armée. Après l'affaire sera cuite. Dans le cas contraire, la guerre peut se trouver singulièrement prolongée.

Dimanche 19 septembre. Un papier remis vendredi par KITTREDGE à ALPHAND comme représentant la position Anglo-Américaine sur les questions de débarquement aboutirait à un gouvernement exclusivement militaire avec de simples officiers de liaison Français. Une telle solution est inacceptable. Il est probable qu'une telle proposition faite officiellement entraînerait des réactions vives et peut être un refus de collaboration des Français. Tous mes efforts seraient à l'eau et puis, qui sait, peut-être nous trouverions-nous exclus du débarquement. Ce serait gai !

Les Russes continuent à avancer à toute vitesse. En ITALIE les choses vont bien mais moins vite.

Lundi 20 septembre. Discussions sur les futurs Préfets et surtout discussions sur le régime administratif de la FRANCE libérée. RENELLIÈRE, Conseiller Juridique de BECK, affirme que le papier KITTREDGE n'est qu'un projet Américain dont les Anglais ne veulent pas. Mais il a ce soir à six heures et demie la visite de KITTREDGE. Celui-ci officiellement est venu me faire part du sens général de l'accord intervenu entre les Etats-Majors Anglais et Américain à LONDRES, accord qui aurait eu l'agrément du FOREIGN OFFICE et serait soumis à WASHINGTON. Cet accord aurait été rédigé dans le cadre de l'Instruction ROOSEVELT-CHURCHILL comportant : 1) l'absence de tout gouvernement reconnu dans la FRANCE libérée ; 2) l'interdiction de tout rapport avec VICHY ; 3) le conseil de s'occuper le moins possible de la politique et de l'administration françaises. Ils en ont tiré un papier reconnaissant tous les pouvoirs au Commandant en Chef, nomination, juridiction et législation avec une mission française de liaison purement consultative. Une telle formule est évidemment inacceptable.

Longue discussion ce soir avec PARIS, venu d'ALGER exprès, KAYSER, GROS, STEFANINI, sur la position à adopter : refus de toute collaboration sur de pareilles bases. Bien que je sois partisan d'une politique de présence, je pense qu'il est certains principes sur lesquels l'on ne peut céder. La difficulté est dans la question de savoir si l'on reconnaît ou non au Comité d'ALGER les pouvoirs d'un gouvernement provisoire, notamment pour la nomination des fonctionnaires. Je ne crois pas que le principe soit jamais admis. Est-il possible pour nous, voire par une voie oblique, d'arriver au même résultat, tout est là.

Lundi 27 septembre. Je suis jusqu'au cou dans la négociation de l'accord sur le débarquement, non pas officiellement, car, si VIENOT négocie et s'il me fait assister aux conférences qu'il tient pour préparer son travail, je n'ai pas l'impression que cela ait beaucoup avancé. C'est par la petite porte que je puis peut-être jouer un rôle plus important. J'ai déjeuné samedi avec RENELLIÈRE, avocat de PA-

RIS, de son vrai nom GOEAU-BRISSONNIÈRE, qui est un agent de l'INTELLIGENCE SERVICE et qui est le conseiller Français du Docteur BECK, Chef véritable du P.I.D. et éminence grise de CHURCHILL pour les questions politiques françaises. Déjeuner vraiment passionnant dont voici l'essentiel. RENELLIÈRE insiste, il prêche d'ailleurs un convaincu, sur l'importance décisive des premières minutes de la libération. Rien ne sert de préparer de gros projets de réorganisation administrative, de discuter gravement une Constitution ou de nominations à long terme, ce qu'il faut préparer, c'est l'instant de la libération, la prise en main immédiate de l'administration. De cet instant dépendra toute la suite. Il ajoute d'ailleurs qu'il n'y a rien actuellement qui annonce les opérations prochaines de notre côté. CHURCHILL, très sentimental cependant, était violemment ému par la réception d'une feuille morte venue de FRANCE et cela peut entraîner chez lui des réactions imprévisibles. De l'avis de RENELLIÈRE, « l'Amgot » en FRANCE serait maintenant écartée. CORDELL HULL luimême affirme que foncièrement démocrate, il ne demande qu'à être convaincu de la base démocratique du Comité ou plutôt qu'à laisser convaincre ses services. BECK serait ainsi prochainement amené à aller passer une quinzaine à WASHINGTON. Nous avons discuté le sens général du projet d'accord établi à ALGER et sommes tombés d'accord pour le critiquer en raison de sa lourdeur. Ma suggestion de baser un accord sur l'application de la loi sur l'état de siège en confiant aux autorités militaires alliées les pouvoirs qu'aurait l'autorité militaire française, mais cela seul, l'a beaucoup séduit.

Chose très intéressante mais bien curieuse, il semblerait que les Anglais aient peur de la FRANCE dont ils estiment la position future exceptionnellement forte. BECK ayant reçu FRESNAY mais l'ayant entendu nous faire du « survansittarisme » comme il s'y attendait mais demander une Déclaration des Droits et Devoirs des Nations a immédiatement prié un de ses collaborateurs de préparer une telle Déclaration afin que les Français n'en aient pas le mérite.

RENELLIÈRE n'a pas caché : 1) que les Anglais déchiffraient tous nos télégrammes ; 2) qu'ils avaient de FRANCE de nombreuses informations qu'ils ne nous communiquaient pas. En particulier il y aurait eu un mouvement vague de démissions de Maires nommés par VICHY au point que les Allemands auraient demandé à avoir communication de ces démissions. D'autre part la désignation de syndics des réfugiés de l'ORIENT aurait donné lieu à la demande par un Vichyssois d'une élection dont les résultats auraient été quinze mille voix pour la liste socialiste anti-Vichyste, huit cents voix pour les Vichyssois. Enfin les rapports actuels des Préfets affirmeraient que l'opinion serait de plus en plus favorable à GIRAUD mais manifesterait un effort pour se retourner, les rapports de gendarmerie au contraire seraient toujours inaltérablement Gaullistes. RENELLIÈRE insiste enfin sur la nécessité qu'il y aurait de ménager certains agents anglais qui ont dû se livrer à des gestes peu populaires ou qui auraient dû dénoncer des Gaullistes.

Ce soir un coup de téléphone de RENELLIÈRE me demandant d'urgence une note sur l'état de siège, suite de notre entretien de samedi et m'annonçant que les choses évoluent très vite et favorablement. Tout cela est très excitant, n'est-il pas vrai ?

Jeudi soir 7 octobre. LAFFON, arrivé aujourd'hui d'ALGER, apporte des nouvelles toutes fraîches. Elles ne sont pas très brillantes. Il paraît qu'en ITALIE les Alliés ont une infériorité numérique marquée sur les Allemands. La situation serait très hasardeuse. De GAULLE a dit à LAFFON que la bataille cruciale de la guerre se livrerait en ITALIE dans la deuxième quinzaine de novembre mais qu'elle n'était pas jouée, ROMMEL pourrait gagner. Mais d'après De GAULLE, même dans ce cas, les Allemands s'effondreraient. De GAULLE considère que les Alliés devraient, s'ils n'étaient pas idiots, faire un débarquement de ce côté au même moment. Mais il semble qu'on envisage tout au plus une opération limitée à caractère d'abcès de fixation.

Par contre les nouvelles de CORSE ne sont pas mauvaises. Il y a eu une tentative singulière et un peu inquiétante du Front National à base communiste de grouper toute la Résistance et de prendre le pouvoir avec le concours aveugle et imbécile des Giraudistes. Tout cela s'est admirablement arrangé grâce au Préfet LUIZET, qui s'est révélé vraiment très bien, au Général MOLLARD, brave homme et au Général MARTIN, Giraudiste mais intelligent. La suprématie est restée au pouvoir civil.

Mercredi 13 octobre. Déjeuner passionnant avec BORIS et surtout RENELLIÈRE. Celui-ci nous a révélé des tas de renseignements capitaux : 1. CHURCHILL voudrait susciter en FRANCE une grande insurrection pour alléger la tâche des armées d'ITALIE. Le succès de l'insurrection CORSE lui a donné l'idée de reprendre la chose sur une large échelle. EDEN est à fond contre, et nous faisons l'impossible pour arrêter une telle opération qui, non appuyée sur un débarquement, conduirait à un échec certain et affreusement sanglant. 2. BECK est parti pour WASHINGTON avec des notes d'EDEN a) excluant tout ce qui pourrait ressembler à « l'Amgot » en FRANCE ; b) fondant toute sa politique sur le Conseil de la Résistance ; c) suggérant l'attribution au commandement allié, en cas de débarquement, des pouvoirs de l'état de siège qu'ils délégueraient immédiatement, pour la plus large part, aux autorités civiles françaises. Tout ça n'est pas mauvais mais je n'aime pas beaucoup l'accent mis sur le Conseil de la Résistance qui pourrait diminuer l'autorité du Comité d'ALGER.

D'autre part, gros débats sur des questions de personnes à la fois pour les services secrets et l'armée secrète, des commandements territoriaux en FRANCE et des Commandements de la Mission de Liaison. J'ai horreur de ces discussions.

Hier soir, première réunion du Comité Franco-Anglais dont je suis indiscutablement le père, du côté Français, KAYSER, GROS, VERMEIL et moi, du côté Anglais Lord CROMER, BROGAN, SELLON, KINGSLEY MARTIN, BURY. Discussion sur les méthodes, KAYSER, du côté Français, a fortement insisté sur la nécessité d'un large échange de vues où l'on examinerait les divergences possibles sur les problèmes généraux, les griefs réciproques. Les autres au contraire tiennent à partir de problèmes limités et concrets. Finalement l'on décide d'étudier les critiques à adresser à la propagande de la B.B.C. en Français, initiative BROGAN qui est à la B.B.C. Nous allons essayer de raccrocher à cette question les problèmes de politique générale. A la vérité je suis en ce moment terriblement surmené et n'ai le temps de rien faire de sérieux, passant toutes mes heures en visites, réunions, discussions, coups de téléphone, sans un instant pour réfléchir ou rédiger tranquillement même quelques lignes. C'est très déprimant surtout lorsqu'on a le sentiment qu'il y a tant à faire et que l'on ne fait réellement rien de bon.

Mardi 26 octobre. Ce soir encore, nouvelle réunion dans un Comité Franco-Anglais où l'on a enfin établi un programme de travail utile : Etude de la psychologie britannique par les Français, de la psychologie française par les Anglais en vue de dégager les points d'accord et les désaccords et d'en tirer les conclusions pour l'organisation d'une collaboration éventuelle. J'ai déjeuné successivement avec André HAURIOU et avec MATHIEU tous deux récemment arrivés de FRANCE. Sur le plan général ici période d'attente. Lassitude de la lenteur des opérations en ITALIE. Heureusement qu'en RUSSIE ça marche le tonnerre. Si cela pouvait continuer à ce rythme !

Samedi 6 novembre. Ce qui m'inquiète, c'est la pagaille qui règne du côté Français. Les travaux et l'action de notre mission de liaison sont paralysés par les interférences de MATHEVET qui, avec son entourage, semble vouloir se réserver toutes les questions de débarquement plus ou moins militaires et de SICE qui fait de même sur le plan médical. Les étoiles de l'un et de l'autre peuvent à juste titre influencer les Anglais et les Américains comparés aux quatre galons de BOISLAMBERT. Ajoutez à cela que BOISLAMBERT n'est toujours pas officiellement introduit auprès des Etats-Majors alliés, que le service allié des CIVIL AFFAIRS est en complète réorganisation et que le Brigadier LEE, notre ami, a disparu. Tout cela permet de se demander s'il n'y aurait pas accord des militaires Giraudistes et des Etats-Majors alliés pour nous éliminer. Cela me cause quelques soucis sur le plan général d'abord et sur le plan personnel ensuite.

Jeudi 11 novembre. Le remaniement du Comité d'ALGER consécutif à la réunion de l'Assemblée consultative marque le succès définitif du Gaullisme. C'est une phase essentielle dans l'évolution de la politique française. Espérons que les actes suivront et qu'on verra enfin disparaître cette opposition Vichyssoise qui demeurait si forte dans l'armée. Espérons aussi que sera définie une politique jeune, hardie, novatrice.

Beaucoup d'Anglais vus depuis quelques jours. Déjeuner avec les CHALMERS WRIGHT, très sympathiques mais dont je n'ai pas tiré grand chose. Lundi dîner avec BAYNE-POWELL et MALLAURY BROWN, éditeurs pour l'Europe du CHRISTIAN SCIENCE MONITOR et amis personnels du Général BARKER, Chef d'Etat-Major des Forces de débarquement, vraiment très bien, cet Américain. Nous avons longuement parlé des problèmes de la libération. Je pense utiliser cette relation. Aujourd'hui déjeuner avec un jeune officier de marine Américain qui m'a affirmé que KITTREDGE avait complètement changé de batterie depuis quinze jours et était maintenant très favorable à De GAULLE. Ce serait très significatif.

Compte rendu de l'entretien du mardi 9 novembre 1943 avec Renellière

J'ai eu un long entretien aujourd'hui avec RENELLIÈRE qui m'a appris sur beaucoup de points des choses d'une très grande importance et d'un particulier intérêt.

1. Libération de la France

a. Il est confirmé que le commandement des services alliés s'occupant de l'administration des territoires français libérés serait confié à un Général Français. L'on penserait à CATROUX ou encore à de LATTRE-DE-TASSIGNY.

b. RENELLIÈRE m'a montré un document capital qu'il m'a dit être le texte d'un accord Anglo-Américain fixant la position alliée sur le problème constitutionnel français. Ce texte, tout en affirmant la volonté des alliés de ne pas s'immiscer dans les affaires intérieures françaises proclame la responsabilité des Alliés à l'égard du peuple Français en ce qui concerne sa libération effective. Se fondant sur cette responsabilité, les alliés entendent veiller à ce que le peuple Français ait réellement la liberté de choisir sa Constitution. Rappelant les précédents des plébiscites de l'An VIII et de 1852 qui ont conduit l'un et l'autre au Bonapartisme, ils s'opposent formellement à toute formule d'établissement d'une Constitution par un organisme gouvernemental qui se bornerait à en soumettre ensuite le texte à une ratification par plébiscite. Ils entendent exiger la réunion d'une Assemblée constituante librement élue n'ayant qu'un rôle constituant à l'exclusion de toute activité gouvernementale.

2. Les Alliés et le Comité d'Alger

a. Les Américains ont en leur possession une lettre du Sénateur FARJON, manifestant des sentiments de grande sympathie et de profonde admiration pour le gouvernement de VICHY et parlant du Maréchal comme de son « vénéré Chef ». Les Américains font état de cette lettre comme de celle du Président de l'O.C.M. et en jouent à la fois pour proclamer que l'une des plus importantes organisations de Résistance est au fond favorable à PÉTAIN et pour soutenir que la Résistance est partiellement fasciste et non réellement démocratique. Cette propagande porterait et ferait le plus grand mal.

b. Le Président ROOSEVELT aurait eu l'intention de faire, à l'occasion de l'Anniversaire du débarquement des troupes alliées en AFRIQUE du Nord, un grand discours qui aurait été très déplaisant pour les Français. Le Docteur BECK a réussi à éviter ce discours.

3. Questions internationales

a. Le discours du Général et la déclaration du Comité d'ALGER sur la Conférence de MOSCOU ont été assez mal accueillis dans les milieux officiels. L'on pense qu'il eût été préférable plutôt que d'adopter cette position « étroitement chauvine et nationaliste » de montrer une attitude « à la tolérante » en présentant la FRANCE comme la première et la plus grande des nations opprimées et en essayant de parler au nom de toutes les nations auxquelles l'on n'a pas donné la parole. On suggère qu'après les proclamations peut-être nécessaires mais démagogiques d'ALGER, VIENOT essaye de définir une position plus nuancée dans son discours de demain.

b. D'après les informations reçues de MOSCOU, il semble que les représentants britanniques aient échoué dans leur intention de se poser en arbitres entre Américains et Russes. Ceux-ci ont habilement écarté tout arbitrage en proposant pour chaque question donnant lieu à friction la constitution d'un Comité qui réglerait plus tard la question. Les problèmes français n'ont pas été résolus à MOSCOU.

c. Le Comité Européen doit se réunir à LONDRES avant la fin de novembre. Son ordre du jour comporte dans l'ordre deux questions : 1. l'administration provisoire des territoires libérés ; 2. régime définitif de ces territoires. RENELLIÈRE croit pouvoir jouer un rôle dans les travaux du Comité. Il compte beaucoup sur notre aide, notamment celle de BORIS.

4. RENELLIÈRE me signale, — et il attache à ce fait beaucoup d'importance — que le VATICAN a à ALGER un informateur, même un représentant officieux qui est un jésuite camouflé, M. DESROCHES, Directeur des Dernières Nouvelles d'ALGER. Celui-ci dans ses rapports soutient l'Evêque d'ALGER, Mgr DINARD, malgré le vichysme absolu manifesté par celui-ci. D'autre part le VATICAN aurait fortement appuyé l'établissement à ALGER de représentations portugaises et espagnoles, voyant là des canaux précieux pour ses informations.

5. A une question que j'ai posée concernant l'éventualité d'opérations militaires plus proches, RENELLIÈRE m'a répondu que des instructions avaient été données pour l'établissement de tous les plans pour janvier au lieu de mars comme il avait été jusqu'ici prévu.

Mardi 17 novembre. Les événements sur le plan général ne sont pas très rassurants. L'incident du LIBAN non encore réglé a déchaîné dans la presse d'ici une campagne d'une violence quelque peu déconcertante et attristante pour ceux qui croient à l'amitié Franco-Britannique et disproportionnée aux causes véritables. D'après RENELLIÈRE, que j'ai vu aujourd'hui, il y aurait à l'origine une sorte de complot entre CHURCHILL et les TURCS pour entraîner ceux-ci dans la guerre en leur concédant la direction de la FÉDÉRATION PANARABE. Il y a en tout cas une francophobie certaine des spécialistes britanniques des affaires musulmanes que ce soit ceux du FOREIGN OFFICE ou ceux du MOYEN-ORIENT. Qu'il y ait eu des maladresses de notre côté, cela est trop certain mais elles ne sauraient justifier un tel déchaînement et la volonté manifeste d'enfler l'incident. Du côté d'ALGER il semble que l'on ait un moment perdu la tête. VIENOT a reçu lundi des instructions équivalent à un ultimatum (menace de retirer toutes les troupes françaises du MOYEN-ORIENT, etc.). Il a pris prétexte d'une mauvaise transmission pour protester et menacer de démissionner. De GAULLE a fait à ALGER un excellent discours aussi ferme dans le fond que modéré dans la forme. Espérons que cela s'arrangera.

RENELLIÈRE m'a appris aussi que BECK est revenu de WASHINGTON avec des résultats appréciables pour nos affaires. Je dois le voir un jour prochain.

Elément réconfortant : l'offensive Russe qui ne se ralentit pas. La conviction des neutres (Suédois) est que l'ALLEMAGNE ne peut plus tenir au-delà de quelques semaines (mais que son écroulement suppose tout de même une opération militaire à l'Ouest). Le bruit court que CHURCHILL, STALINE et ROOSEVELT se réuniraient incessamment. Les services britanniques travaillent ouvertement en vue de l'hypothèse d'un Armistice très proche.

Mardi 23 novembre. Les circonstances extérieures me créent des préoccupations. L'affaire libanaise, terriblement éprouvante pour nos susceptibilités exacerbées et nos nerfs à fleur de peau, est de nature à créer des doutes sur la profondeur réelle des amitiés Franco-Britanniques. Il en va de même des difficultés chaque jour renouvelées d'une activité professionnelle dont l'efficacité est bien faible au regard des efforts fournis.

Samedi 4 décembre. J'ai quelque peu le cafard. Je me demande la réelle portée pratique de ce que je fais. J'ai l'impression de perdre beaucoup de temps à des broutilles, ne rien faire de vraiment essentiel. Et puis un discours comme celui de SMUTS, publié hier et rayant la FRANCE des grandes puissances, n'est pas pour me donner du cœur au ventre.

Mardi 7 décembre. VIENOT me communique un télégramme de HOPPENOT relatant une conversation avec DUNN et d'où résulte : a) que l'Etat-Major allié n'envisage en aucune manière de négocier avec le Comité Français de Libération Nationale, entendant se borner à nous notifier le régime qu'il entend appliquer dans les territoires français libérés — b) qu'à la différence des règles à appliquer dans les autres pays, il n'y aura pas en FRANCE de monnaie émise par le C.F.L.N. parce que celui-ci n'est pas un gouvernement. VIENOT m'a dit qu'il avait déclaré au FOREIGN OFFICE qu'une telle attitude emporterait le refus de toute collaboration française au débarquement et à l'administration du territoire libéré.

RENELLIÈRE vu cet après-midi, et à qui ces renseignements ont été communiqués les rattache à la situation politique générale. Echec total des négociations de paix entreprises à LISBONNE, retour à une position purement militaire, d'où déclaration de TÉHÉRAN, et à la préparation d'opérations qu'il n'envisage pas avant trois mois. Jouent également le réflexe anti-Gaulliste de ROOSEVELT et de CHURCHILL, ainsi qu'une action personnelle de LEAHY qui a joué un rôle important au CAIRE et à TÉHÉRAN.

Autre facteur nouveau et qui peut tout troubler. Les milieux officiels britanniques sont très inquiets des rampes de lancement menaçant l'ANGLETERRE et LONDRES en particulier et que les Allemands installent dans le Pas-de-Calais. Cela pourrait entraîner des opérations précipitées. L'on me disait ce soir de source très sérieuse que des opérations seraient imminentes dans un secteur différent de celui des canons et que les troupes embarqueraient du 8 au 12.

Lundi 13 décembre. Tout paraît indiquer qu'il n'y aura maintenant que des opérations très limitées, que rien de sérieux n'aura lieu avant le printemps. C'est vraiment affreux.

Samedi 18 décembre. KITTREDGE avec qui j'ai dîné hier soir et à qui j'ai demandé quand il pensait que nous déjeunerions ensemble à PARIS me répondit qu'il craignait que ce ne fût pas avant 1945. Il me dit qu'il n'y avait pas en octobre en ANGLETERRE plus de quinze divisions en état de participer à des opérations et que le SHIPPING ne permettait pas d'en amener plus de dix nouvelles par mois. D'autre part les Allemands seraient en mesure d'amener immédiatement quarante divisions sur n'importe quel point de débarquement. Enfin, en mettant les choses au mieux, il n'est possible de débarquer que dix divisions en huit jours. Il sait qu'il y aura un débarquement en 1944 en FRANCE mais il pense que les Allemands résisteront désespérément et que la FRANCE sera affreusement dévastée. Et il a laissé entendre que c'était là le point de vue de l'Etat-Major. On pense si cela me rend gai.

KITTREDGE entre autres choses m'a aussi expliqué très clairement les raisons de l'hostilité américaine à la FRANCE combattante. Les responsables sont PLEVEN, PHILIP, TIXIER. Il a surtout parlé de PLEVEN. Celui-ci est venu voir CORDELL HULL au début de 1941 et lui a demandé de cesser de reconnaître VICHY, CORDELL HULL aurait répondu que les Etats-Unis étaient prêts à reconnaître De GAULLE comme le Chef des Français combattants et à l'aider de toutes les manières mais qu'il n'entendait pas rompre avec VICHY alors surtout que CHURCHILL avait expressément demandé que la rupture soit évitée. Là-dessus PLEVEN a porté la question devant l'opinion Américaine, essayant de faire pression sur le gouvernement par la presse d'opposition. La délégation Gaulliste est devenue le siège principal de la propagande d'opposition à ROOSEVELT et à son gouvernement. L'affaire étant ainsi portée sur le plan de la politique intérieure et électorale, la sympathie de ROOSEVELT était définitivement perdue.

WILLOUGHBY du FOREIGN OFFICE, très sympathique à nous, me disait avant-hier que les gouvernements alliés conservent une certaine réserve à l'égard du Comité d'ALGER car ils trouvent le Comité dans le pétrin et sont sceptiques sur la possibilité pour lui d'en sortir du fait du dilemme : ou ne plus épurer assez et être gêné par une forte opposition intérieure ou épurer trop et donner l'impression d'un groupe de partisans sectaires. Oui mais où cela mène-t-il ? C'est très joli d'être contre ALGER mais que mettre à la place ? Les Américains verraient volontiers un VICHY renouvelé peut-être mais ce n'est pas le cas des Anglais.

31 décembre. N'étaient les victoires russes, les événements sont peu réconfortants. La nomination d'EISENHOWER ne nous réjouit pas. Les Américains auraient préféré MARSHALL. Les Anglais ont peu d'enthousiasme pour MONTGOMERY lui-même. Je crois qu'en tout cas il va nous falloir nous orienter plus délibérément vers les Américains. Peut-être après tout si nous savons nous y prendre, pourrons-nous en tirer plus que des Anglais.

10 janvier 1944. Les victoires russes me remplissent d'espérance. Les journaux parlent de la possibilité d'un écroulement du Front Est. Qu'en résultera-t-il ? Ici, à coup sûr, rien n'est encore prêt pour un débarquement. J'ai dîné il y a huit jours juste avec une série d'Américains et KITTREDGE m'a refait son raisonnement : insuffisance actuelle des troupes en Angleterre, ralentissement probable de l'offensive russe en avril par suite du dégel, mauvaise qualité actuelle des troupes Allemandes de l'Ouest devant être compensée au printemps par l'entraînement donné aux divisions nouvelles constituées avec les meilleurs éléments de ces troupes d'où la nécessité d'un débarquement en force. Rien avant la fin du printemps ou le début de l'été. Puis une tête de pont dont l'établissement exige plusieurs semaines (deux mois) est inoffensive, lente et difficile. Tout cela est parfaitement sensé mais trop raisonnable.

Après ce dîner américain, nous sommes allés chez un officier Américain grippé où s'est engagée une longue discussion sur les rapports Franco-Américains qui s'est prolongée jusqu'à deux heures du matin. BOISLAMBERT, qui était lui-même terriblement grippé, a cependant été étonnant. C'est vraiment un « débater » remarquable. Il a un art consommé d'éluder les questions difficiles et même de les retourner dans un sens favorable. Autre chose quelque peu intéressante : la réunion de mon Comité Franco-Anglais vendredi dernier où nous avons discuté des éléments de rapprochement et des divergences entre les deux pays. Réunion sympathique et non dépourvue d'intérêt. Mais j'avoue que je ne crois plus beaucoup à l'efficacité pratique de ces réunions, et que je n'ai poursuivies que pour ne pas avoir l'air de renoncer.

Dimanche 23 janvier. La situation générale demeure bonne en dépit du démêlé Anglo-Russe au sujet de la POLOGNE auquel je n'attache pas une importance excessive. D'ASTIER de la VIGERIE nous a raconté son entretien avec CHURCHILL. Je retiens surtout que le seul sérieux obstacle à un accord total entre les alliés et le Comité Français de la Libération Nationale réside dans les cas personnels de BOISSON, PEYROUTON, FLANDIN, et surtout du premier à l'égard duquel ROOSEVELT paraît avoir pris des engagements formels.

Dimanche 30 janvier. Emmanuel d'ASTIER a passé sa semaine en discussion avec CHURCHILL qui prétendait monnayer l'envoi d'armes à la Résistance contre l'abandon du procès de BOISSON, PEYROUTON et FLANDIN. Il semble que maintenant les choses s'arrangent.

Au point de vue du débarquement, DESJARDINS paraît avoir obtenu avec les Américains et les Anglais des résultats surprenants pour la presse et la radio. Le reste est stationnaire. Les tendances actuelles paraissent être : collaboration au sein d'organismes communs dans la zone des opérations, administration civile dès que l'on sort de cette zone. Un point un peu inquiétant : l'anti-communisme de beaucoup et notamment des socialistes qui ont manifesté avec énergie à l'Assemblée d'ALGER. D'autre part un renseignement différent tend à présenter les troupes de LECLERC et LECLERC lui-même comme violemment fascistes et antisémites. D'autre part de divers côtés et notamment chez les adversaires de gauche du Gaullisme l'on tend à insister sur le prétendu ralliement de De GAULLE au conservatisme et à la réaction contre le communisme. TRIBUNE allait jusqu'à comparer De GAULLE à DARLAN, disant que ROOSEVELT et CHURCHILL avaient finalement compris qu'ils avaient en De GAULLE l'homme avec lequel il fallait recommencer l'opération DARLAN. C'est un problème grave.

Déjeuner avec STEFANINI de retour d'ALGER qui m'a dit que l'Assemblée Consultative et l'Assemblée d'ALGER avaient usé réciproquement tous les hommes (par critiques mutuelles destructives) et qu'il ne restait que le Général et lui seul. Déjeuner aussi avec MALLAURY-BROWN qui considère MONTGOMERY comme le grand stratège des opérations prochaines. Dîner avec RAUZAN, sympathique, soucieux de la politique économique de l'avenir, désireux de voir présenter le plan de réorganisation économique de la FRANCE comme un élément d'importance internationale, ce sur quoi je suis entièrement d'accord, mais aussi de revenir le plus possible au libéralisme, ce sur quoi je suis moins d'accord. Quoi d'autre ? — un dîner inodore avec le ménage André GROS, un déjeuner avec Guy de ROTHSCHILD, sympathique, un peu trop sioniste pour mon goût, un déjeuner avec FORESTIER (François MORIN) avec qui nous nous sommes retrouvé une foule d'amis communs.

J'ai découvert aussi que la jeune Antoinette MICHEL qui travaille avec nous était la fille d'Yvonne MICHEL.

Dimanche 13 février. Une bonne et sympathique émotion : la réception de l'exemplaire « spécialement imprimé pour LAROQUE » du Rapport du Comité National d'Etudes sur les Problèmes Economiques d'après-guerre.

Sur le plan général le vent est bon en ce qui concerne les rapports Franco-Alliés. L'on approche semble-t-il d'une reconnaissance du C.F.L.N. comme Gouvernement provisoire du territoire libéré et les multiples contacts que j'ai eus avec les Anglais et les Américains ont été très favorables.

Ce qui est moins bon, c'est l'évolution de la guerre. La tête de pont de NETTUNO est dans une situation peu favorable. Rien ne permet d'augurer de prochaines opérations en FRANCE. Les Alliés travaillent sur l'éventualité d'un effondrement allemand. Leurs experts affirmeraient que l'état de l'industrie ne permettait pas à l'ALLEMAGNE de tenir plus de trois mois.

Une réunion intéressante avant-hier de mon Comité Franco-Anglais sur les problèmes de politique étrangère. Au postulat de nécessité d'une politique commune, SELLON a opposé sa crainte de voir la politique britannique entraînée par la politique américaine à des actions dans le PACIFIQUE auxquelles la FRANCE ne pourrait s'associer et qui la rejetteraient vers la RUSSIE. Tout le problème au fond est de savoir la force de l'union Anglo-Américaine et la mesure dans laquelle ce lien est compatible avec une union politique assez étroite Anglo-Française.

Samedi 19 février. Dans la nuit gros bombardement, auquel j'ai prêté une médiocre attention, mais qui m'a aujourd'hui violemment secoué du fait de la mort d'un de mes officiers, le Capitaine FATOUX. Je n'avais avec l'intéressé que des relations professionnelles, mais c'est tout de même le premier mort de guerre si près de moi. J'ai été très choqué.

Dimanche 20 février. Au retour chez moi après le dîner, je me suis trouvé en pleine alerte. J'avais hésité à rester au fond de ma station de métro et finalement j'ai décidé de rentrer chez moi, voyant deux hôtes de mon établissement faire de même. Spectacle splendide. Il faisait clair comme en plein jour. Une ligne ininterrompue de feux blancs provenant sans doute de fusées entourait tout le quartier, gros barrages d'artillerie, de nombreuses bombes incendiaires, l'une devant ma porte, brûlant à mon arrivée. L'alerte est maintenant finie, mais il doit y avoir un sérieux incendie tout près, à en juger par le bruit et les craquements que j'entends et les cloches des pompiers qui passent toutes les minutes.

Samedi 26 février. Bombardement sérieux. Après dîner j'accompagnai le ménage JAMES de ROTHSCHILD jusqu'à sa porte. Une grosse bombe était tombée à 100 mètres et leur appartement était dévasté. Sur un kilomètre à la ronde, l'on marchait sur du verre cassé. Le ciel rougeoyait de flammes montant des décombres. Nombreuses vitres cassées dans nos immeubles dont j'ai fait une rapide inspection. Le tout assez impressionnant. Je suis rentré à une heure du matin passablement secoué.

Dans la journée important entretien avec MAILLOUX sur deux points :

— *Premier point :* Certains milieux conservateurs (Astor) et les travaillistes, tendent à croire que De GAULLE veut organiser une « Amgot » française sur les territoires libérés. Il faut réagir. Je vais essayer après le départ de MAILLOUX pour ALGER.

— *Deuxième point :* MAILLOUX se plaint de la tendance trop exclusive des vieux Gaullistes qui n'admettent pas le rapprochement avec ceux qui furent anti-allemands dès le début mais aussi anti-Gaullistes (DUCHESNE, ARON, etc.). Je partage son point de vue et vais faire ce que je pourrai. J'ai déjà donné rendez-vous à ARON à cette fin.

Dimanche 27 février. Mon temps est par trop absorbé par ces questions et par le Blitz. Je demande officiellement à VIENOT de me décharger du Secrétariat Général à la Coordination, de moins en moins compatible avec les travaux de préparation du débarquement.

Jeudi 2 mars. Déjeuner avec MALGLAIVE avec qui j'ai surtout parlé du Contrôle Financier du B.C.R.A. — Réunion importante avec VIDAL, COULET, STEFANINI, HAAS-PICARD, pour mettre au point les problèmes de police dans la zone des combats. Reprise des réunions hebdomadaires chez VIENOT, rétabli d'une longue grippe, discussion sur la tenue civile ou militaire dans les services civils. J'ai rappelé ma demande d'être relevé de mes fonctions de Secrétaire Général à la Coordination pour m'occuper uniquement du débarquement.

Vendredi 3 mars. Réunion chez BOISLAMBERT qui manque vraiment d'organisation et de méthode, c'est dommage. L'après-midi, exposé chez VIENOT par ALPHAND de ce qu'il rapporte d'AMÉRIQUE en ce qui concerne :

1 — le ravitaillement

2 — les questions monétaires

Dîner avec ARON, très préoccupé des problèmes d'avenir politique, économique, social dont il voit mal la solution. J'ai dû lui paraître assez désabusé car je n'ai pas montré pour les problèmes évoqués tout l'intérêt qu'ils méritent, parce que je suis plongé dans les préoccupations immédiates. J'ai lu depuis un excellent papier de ARON sur la question dans la FRANCE LIBRE de février. C'est un garçon bien intelligent et sympathique.

Dimanche 12 mars. Comme événement saillant, l'essentiel a sans doute été la présence d'ALPHAND de retour de WASHINGTON avec lequel nous avons parlé des négociations en cours sur les problèmes du débarquement et des formules à envisager pour l'organisation du pouvoir français à la fois sous l'angle civil et sous l'angle militaire. D'autre part un dîner avec MÉDÉRIC qui critique vertement les hommes d'ALGER, leurs mesquineries personnelles et exprime crûment son inquiétude sur les possibilités de Gouvernement et de redressement de la FRANCE. Le procès PUCHEU m'a donné un sentiment de malaise, condamnation purement politique et sans charges précises. Mon âme de juriste se sent peu satisfaite, et pourtant pouvait-on faire autrement dès lors que l'on en avait décidé le procès ? Déjeuner avec GUIGUI et deux officiers (GARNIER-TENON, GUINEZ) envoyés par TIXIER pour traiter des questions sociales, très différents l'un de l'autre mais non indifférents.

Dimanche 19 mars. Journée d'attente. D'attente d'un remaniement ministériel annoncé mais non encore sorti. D'attente d'un grand discours de De GAULLE prononcé hier soir, à bien des égards très remarquable, traçant les lignes d'un grand programme en termes excellents. La réalisation sera-t-elle aussi heureuse ? D'attente d'une décision de WASHINGTON au sujet du rôle du Comité de la Libération. Des journaux ont indiqué hier que ROOSEVELT aurait dit avoir communiqué sa décision à EISENHOWER mais ne pouvoir la rendre publique.

En dehors de cela, je suis mêlé par la force des choses :

— au conflit entre Emmanuel d'ASTIER et le B.C.R.A. ;

— aux discussions tournant autour de l'organisation de la délégation du Comité à PARIS. Tout cela ne mérite pas de passer à la postérité.

Indices d'opération : TILGE dit que la Division Américaine où il a été en stage est prête à 95 %. MANUEL parle d'un délai de soixante jours qui lui aurait été donné. Je croirais assez volontiers au 15 mai.

Mardi 29 mars. Déjeuner intéressant avec BECK qui croit :

— à l'invasion et à la libération de la FRANCE dans les six mois ;

— à la proximité d'une déclaration alliée fixant le régime du territoire libéré.

Dimanche 2 avril. La quinzaine a été mauvaise sur le plan général. Crise du Comité où l'on annonce des remaniements sans cesse remis. Crise entre Emmanuel d'ASTIER et le B.C.R.A. Crise internationale surtout, la déclaration de ROOSEVELT laissant à EISENHOWER le soin de traiter en FRANCE avec qui il veut est une gifle pour le Comité. Crise à LONDRES enfin où les Généraux d'ASTIER et MATHEVET s'en vont pour être remplacés par KOENIG. Cela va-t-il affecter mon travail ?

Sur le plan international deux positions : celle de VIENOT et d'Emmanuel d'ASTIER, refuser de collaborer, pas de liaison si pas de reconnaissance au moins indirecte. Celle de la majorité du Comité, s'introduire indirectement par tous les moyens. La première position est la meilleure si elle réussit à obtenir satisfaction. Est-ce le cas ? Emmanuel d'ASTIER devait aujourd'hui déjeuner avec CHURCHILL et EDEN. Peut-être nous racontera-t-il quelque chose demain ? Différentes indications permettent de penser que les opérations seraient pour la deuxième quinzaine de mai. Quoi d'autre depuis quinze jours ? Je me suis fortement employé à dissiper le malaise créé dans la presse et l'opinion anglaises par le procès PUCHEU. Déjeuner avec VIENOT et deux membres du Parlement, surtout réunion de mon Comité franco-anglais où j'ai soutenu avec chaleur une thèse juridique à laquelle je ne crois pas mais avec succès, semble-t-il. Sir Charles PATRICK par sa lettre de démission du Comité parlant de meurtre judiciaire, d'atteinte à la conscience du monde civilisé, a violemment choqué les autres membres anglais du Comité.

La semaine dernière, samedi 25 mars, j'ai fait à OXFORD chez SELLON, une fois de plus, une conférence sur la FRANCE avec succès m'a-t-il semblé. Incident qui mérite d'être noté : VINAVER a surpris une conversation entre le Major HAMILTON et SELLON où le premier me reprochait de n'avoir pas assez parlé de ce que la FRANCE doit aux Anglais, d'avoir fait état de l'importance des pertes françaises depuis 1939 (à mon avis du même ordre que les pertes britanniques), de trop parler de la Résistance. Il souhaiterait que les conférences sur la FRANCE soient faites par des Britanniques. Il se rattacherait à une tendance récente de SELLON à se rapprocher des milieux officiels, notamment du BRITISH COUNCIL, pour être soutenu et à faire de son Institut un instrument de propagande du Gouvernement britannique. Cela est bon à savoir.

Avant-hier, déjeuner avec ROLLIN qui m'a renseigné sur l'organisation belge du débarquement. Au fond elle n'est pas beaucoup plus avancée que la nôtre. On va essayer d'organiser une collaboration avec lui.

Mardi 5 avril. Il y a eu d'abord hier le remaniement du Comité. L'entrée des communistes me satisfait mais :

1. On ne leur a pas donné des postes comportant d'importantes responsabilités réelles.

2. Pour le surplus, c'est un remaniement à la DALADIER. On prend les mêmes et on les déplace. C'est navrant. Je crains vraiment que notre Général soit incapable de gouverner. Et puis ce soir longue conversation avec Jean LÉVY de retour d'AMÉRIQUE, terriblement pessimiste sur le ravitaillement et l'approvisionnement de la FRANCE libérée. A son avis, MONNET a totalement échoué. Rien n'est fait que des papiers, rien n'est prêt ni même en préparation. Il est très inquiet.

Lundi 10 avril. Cela ne va pas très bien. Je suis las et déprimé. L'approche de l'anniversaire de notre séparation, le printemps qui avance, l'approche d'événements importants mais dont j'ignore la nature et l'importance, et surtout le rôle que j'y pourrais jouer, le malaise causé par les événements d'ALGER et celui que m'apportent les rapports de FRANCE, antisémitisme croissant, etc., l'incertitude où je me trouve de mon activité dans les semaines qui vont venir, tout cela crée une atmosphère désagréable. Enfin c'est une mauvaise passe. Il faudra en sortir.

Le déjeuner que j'ai fait vendredi avec VIENOT, Jean LÉVY et MORANGE ne m'a pas réconforté. Jean LÉVY et MORANGE ont été d'une extrême sévérité pour MONNET et sa politique et pour ALPHAND, celui-ci accusé de mensonges, celui-là traité de gangster. Tous d'accord pour souligner l'échec de cette politique et la gravité de cet échec pour la reconstruction de notre économie. Jean LÉVY à ce propos a été amené à parler de ce qu'il croit la raison de notre décadence au cours des dernières années. Le Français a perdu la conscience de Français. Il a la conscience professionnelle mais il est fonctionnaire, industriel, père de famille, agriculteur, avant d'être Français. Peut-être les dernières années ont-elles redressé les choses, je me le demande. Tout cela est triste.

Vendredi 14 avril. J'ai fait la connaissance du Général KOENIG qui vient d'arriver, jeune, simple, sympathique. J'espère m'entendre bien avec lui. Je crains que mes rapports avec son Chef d'Etat Major, le Colonel PASSY, soient plus difficiles, celui-ci m'ayant déclaré hier qu'on lui aurait dit que j'étais le plus farouche « anti-Passyste » de LONDRES. Je ne sais où il a pris cette idée saugrenue. Dieu sait si je me préoccupe peu de PASSY. Ce qui est plus gentil c'est ce que m'a dit ce soir Mme JACKSON, la secrétaire de BORIS, avec qui nous parlions des réputations et des personnalités de LONDRES. Elle m'a dit que je passais pour « l'homme le plus charmant de la FRANCE combattante » ! Si c'était une jeune et jolie femme... ce n'est vraiment pas le cas.

Je vais abandonner à compter de dimanche le Secrétariat Général à la Coordination. Ce sera un soulagement.

D'après les renseignements sûrs, source CHURCHILL lui-même, les alliés envisageraient, pour la première période des opérations, l'établissement seulement de quelques têtes de ponts pour fixer les Allemands, faire sortir leur aviation et la détruire, la vraie attaque ne devant suivre que plus tard. Cela promet alors d'être long, je ne veux pas y penser.

Mardi 25 avril. Une surprise : l'arrivée d'Olivier LONG qui était à Paris il y a dix jours. Il m'apporte sur toutes choses des informations fraîches :

1. PARIS et la FRANCE, opinion très tendue du fait des arrestations massives faisant passer les questions matérielles tout à fait au second plan, exaspération contre la B.B.C. qui n'est plus dans le ton, désaffection pour les alliés (les Américains risquent d'être reçus à coups de fusils) et lassitude.

2. Arrestation du frère de VIENOT, déportation des fils et de la femme de COMERT.

Les Français en SUISSE se tiennent très mal. Attitude scandaleuse de POMARET, les parents CAHEN-SALVADOR n'ont rien compris, gens bien, tous sentant mauvais.

3. L'Allemagne, les trains marchent et sont à l'heure. Les bombardements ne sont pas aussi efficaces qu'on pourrait le croire car ils n'atteignent pas les machines-outils et une usine déblayée remarche en une semaine. Le fait nouveau est la place croissante prise par les soldats du front de l'Est qui tiennent le haut du pavé et devant qui tout le monde baisse pavillon. S'ils devenaient communistes, ils seraient les maîtres.

4. L'Europe entièrement acquise au Communisme, surtout l'Europe Centrale. Nous avons aussi parlé de la Croix-Rouge Internationale.

Autre fait essentiel : ouverture des discussions avec l'Etat-Major des CIVIL AFFAIRS. Aujourd'hui réunion préparatoire, KOENIG, BOISLAMBERT, moi, PASSY, PARIS, HOLMES. On va constituer des commissions travaillant sans désemparer, PARIS très inquiet des questions posées et de leur aspect politique, VIENOT téléphone à BORIS parlant de l'AMGOT. Ces gens sont fous, ces diplomates croient mener une négociation alors qu'il s'agit de mettre au point un mécanisme administratif et militaire. Ils veulent se mêler de tout et ne savent pas grand chose. Nous aurons certainement des accrochages mais j'ai du mal à convaincre ces gens qu'il vaut mieux en laisser la responsabilité à des officiers sans pouvoirs afin de les désavouer le cas échéant.

Mardi 2 mai. Depuis une semaine il s'est passé une masse de choses très importantes. Jeudi 27 avril se sont ouvertes les discussions avec l'Etat-Major des CIVIL AFFAIRS d'EISENHOWER. A neuf heures j'ai assisté avec BOISLAMBERT à la présentation de nos spécialistes, à ceux de l'Etat-Major allié qui se sont tous répartis en Comités devant être sans délai en mesure de traiter tous les problèmes du débarquement. Les Comités ont commencé à travailler immédiatement. De ce fait, changement complet dans mon travail du fait que, par la force des choses, je suis un peu l'élément coordinateur français. Tous les officiers me rendent compte et me demandent des consignes après chaque réunion. Tous les soirs réunion générale pour confronter les observations et les résultats. Ensuite, presque tous les soirs, je vais avec BOISLAMBERT rendre compte à KOENIG. Jeudi soir la séance s'est prolongée jusqu'à une heure et demie du matin. Les premières impressions pour moi ont été bonnes. J'ai le sentiment que les officiers Anglais et Américains ne tiennent pas à se mêler trop de nos affaires qu'ils connaissent fort mal et que nos craintes d'AMGOT sont vaines. Le point le plus délicat est du côté des finances où les délégués alliés et personnages importants entendent discuter de problèmes de politique économique assez larges. KOENIG s'est montré lui un peu inquiet que les alliés, après avoir recueilli de nous toutes les informations possibles se croient en mesure de se passer de nous si, du fait d'une non reconnaissance du Comité, celui-ci nous donne l'ordre de cesser de collaborer. Là encore je suis optimiste. Hier lundi KOENIG et VIENOT ont notifié l'arrêt des négociations du fait de l'impossibilité pour nous de correspondre avec ALGER (suppression de la valise et du chiffre). Il semble que ce soit un ordre d'ALGER et KOENIG n'aurait pas été fâché de trouver ce motif ne voulant pas prendre la responsabilité de discuter seul la question de l'insurrection nationale qu'EISENHOWER voudrait lancer. Pour ma part je ne trouve pas que cet arrêt est très heureux. J'espère qu'il sera très temporaire. RAUZAN et BERNARD croient que l'on va nous remettre incessamment un projet d'instruction des alliés à leurs officiers qui sera pour nous inacceptable du fait non d'une mauvaise volonté mais de leur ignorance de l'organisation française laquelle les conduirait à faire faire par leurs officiers des choses que nous voulons garder pour notre Administration. Afin d'essayer de prévenir le coup, on m'a demandé de rédiger une note sur les mesures prévues par le Comité Français de Libération Nationale pour remettre en place une administration française efficace. Je l'ai faite cet après-midi.

Vendredi dernier j'ai passé la journée à CAMBERLEY à essayer de constituer les équipes des missions de liaison. L'on m'a attribué le commandement de la mission auprès du Groupe d'Armée américain. Les équipes sont malheureusement peu brillantes dans leur ensemble. Notre pauvreté en hommes de qualité est désespérante. L'on fera ce que l'on pourra. Il va falloir en tout cas que je fasse un effort de ce côté. J'ai déjà commencé à faire rassembler des éléments sur l'armée américaine. J'ai décidé à la demande de l'ensemble des officiers de liaison administrative comme de BOISLAMBERT de faire un exposé d'ensemble sur le rôle que les officiers de liaison auraient à jouer, compte tenu de la mise en place par la Résistance, de fonctionnaires, de responsables régionaux et locaux qui mériteraient la confiance des Français et des autorités alliées. J'avais déjà fait un exposé dans ce sens à la B.B.C., que celle-ci avait jugé si intéressant qu'elle l'a répété plusieurs fois. J'ai rappelé que la Résistance avait mis en place, sous l'autorité du Comité Français de Libération Nationale, des Préfets, des Commissaires Régionaux de la République clandestins qui se manifesteraient dès le débarquement et qu'il importait d'établir les meilleures relations entre les autorités militaires alliées et les autorités françaises reconnues. En revanche des officiers de liaison administrative devaient s'abstenir absolument de se substituer aux autorités françaises même défaillantes. Il fallait qu'ils en réfèrent chaque fois aux personnalités mises en place par la Résistance pour prendre les décisions utiles. Cette conférence a eu lieu en présence des représentants des CIVIL AFFAIRS anglaises et américaines et elle a fait, je crois, une très bonne impression, j'espère, à tous.

Jeudi 4 mai. Déjeuner hier chez VIENOT avec KOENIG, LECLERC, MACK, SARGEANT, STRANG ; peu d'intérêt. Le but de la réunion était de convaincre les Anglais de nous aider à obtenir la reprise des relations avec ALGER. VIENOT n'a même pas toujours été de très bonne foi faisant allusion à une mauvaise atmosphère des discussions avec les CIVIL AFFAIRS, de chez EISENHOWER. Après le déjeuner, départ avec KOENIG pour CAMBERLEY, présentation des futurs Chefs de Mission de Liaison, mise au point de la répartition de nos effectifs. J'ai passé la soirée avec FOURNIER, sympathique et très intéressant, figure typique de savant, il a essayé de m'expliquer en long et en large une découverte qu'il a faite et qui, si on amène à l'utiliser industriellement, révolutionnerait l'industrie électrique. Il aurait trouvé une matière qui produit une énergie considérable dans un très faible volume. Passionné pour ses recherches, en même temps membre du Comité des Intellectuels anti-fascistes, père de cinq enfants, élève de Mme CURIE, LANGEVIN et Jean PERRIN. Il doit commander une mission de liaison d'armée avec moi. Aujourd'hui arrivée de CLOSON de retour de FRANCE. Sur le plan général, rien de neuf. Une déclaration d'EDEN hier aux Communes comportait en fait reconnaissance du Comité, mais c'est verbal. Je ne crois pas qu'il y aura jamais de déclaration écrite ni d'accord diplomatique. Que fera le Comité dans ces conditions ?

Mon impression sur LECLERC, un jeune militaire assez sympathique d'allure mais très exclusivement militaire et assez officier de cavalerie. Je ne crois pas qu'il s'intéresse beaucoup à autre chose qu'à sa deuxième D.B. Il est vrai qu'à l'heure actuelle cela suffit.

Lundi 8 mai. Toutes négociations franco-alliées sont interrompues du fait d'absence de communication avec ALGER. Le Comité Français de Libération Nationale et De GAULLE ont annoncé hier que LE TROQUER ne viendrait pas à LONDRES, et BORIS considère que c'est une impasse d'où l'on ne se sortira qu'après le début des opérations. La conséquence est l'impossibilité de tout travail préparatoire, l'incertitude même de l'emploi des missions de liaison. Je proteste avec énergie contre une telle politique. Les Américains et les Anglais peuvent se passer de nous, nous avons besoin d'eux et je n'admets pas que pour une pure raison d'amour propre l'on se prive du profit de négociations qui prenaient un tour favorable. Rien n'était plus facile que d'envoyer d'ALGER des négociateurs munis d'instructions et les solutions mêmes sur lesquelles l'on se mettait d'accord n'engageraient personne avant ratification d'ALGER. J'en viens à me demander, en présence de l'attitude de VIENOT qui a poussé aux solutions radicales et même de KOENIG, s'ils ne sont pas au fond mécontents d'échapper à des responsabilités. En tout cas le caractère entier du Général, la susceptibilité de nos ministricules d'ALGER, nous font bien du mal.

Quoi d'autre ? Vendredi grand déjeuner belge, PIERLOT, SPAAK de SCHRYVER, GUTH avec les Chefs des CIVIL AFFAIRS anglais, américains, belges, français (KOENIG, moi-même) sympathiques mais sans grand intérêt, entretien amical avec KIRBY, rien de plus. Samedi soir, réunion à quatre chez RAUZAN avec BERNARD et un Major américain très francisé, Secrétaire du Comité de Négociation. J'ai exposé ce que nous comptions faire pour remettre en place l'Administration française et l'assistance en a été assez impressionnée. RAUZAN pense qu'il faudrait en faire un exposé aux officiers Anglais et Américains. J'ai rédigé une note que l'on est en train de traduire.

Déjeuner samedi avec ZIEGLER, intelligent, jeune, sympathique, grand ami de MAILLET, et chargé de l'action intérieure chez KOENIG. Aujourd'hui déjeuner avec deux officiers hollandais des CIVIL AFFAIRS.

CLOSON, que BORIS a vu deux fois, donne à ce dernier l'impression que SERREULLES a délibérément menti pour empêcher PARODI d'accepter la délégation générale du C.F.L.N. mais que maintenant le trio LAFFON, MAILLET, PRÉ exerce une dictature substituée à celle de SERREULLES, BINGEN succédant lui-même à BROSSOLETTE. CLOSON est paraît-il assez amer contre LAFFON, je ne doute pas que LAFFON aille de l'avant sans se soucier beaucoup des autres ni d'aucune discipline, j'ai de la sympathie et de la confiance pour ce trio ainsi que pour le quatrième mousquetaire, surtout pour lui (PARODI). Je me sens en définitive un certain optimisme.

Samedi 13 mai. J'ai passé la semaine à maugréer, à protester contre l'attitude d'ALGER refusant de nous laisser poursuivre les discussions avec les alliés en vue du débarquement. Mon travail est très ralenti de ce fait et je n'arrive pas à accepter qu'on sacrifie la position en or que nous donnait l'excellent esprit des premières discussions. J'ai profité des circonstances pour passer deux jours à CAMBERLEY afin de prendre contact avec mes collaborateurs et de prendre le vent. J'ai eu vraiment une agréable surprise. L'atmosphère du camp est excellente, l'esprit très bon, la vie matérielle est plus que bonne. Je regrette de ne pouvoir vivre davantage au milieu de ces garçons et de ces filles.

Hier, déjeuner avec PASSY. Autre facteur décourageant, les opérations semblent bien retardées. AVERELL HARRIMAN de retour de MOSCOU aurait dit que les RUSSES étaient essoufflés, auraient subi de lourdes pertes au cours d'une campagne d'hiver qui, par suite du temps très doux n'avait pas permis d'atteindre les objectifs fixés et n'avaient pas l'intention de lancer leur nouvelle offensive avant que les alliés soient eux-mêmes engagés à fond. La position de ces derniers étant la même, cela peut durer longtemps.

MORTON aurait dit à « APOTHEME » : quelles seront les réactions en France si au début de l'hiver nous n'avons réalisé qu'une tête de pont ? Et PASSY parle du 15 juin (11 juillet d'après De GAULLE) pour le début des opérations. C'est décevant. JOHNSON avec qui j'ai déjeuné aujourd'hui croit seulement à un retard de quinze jours et est plus optimiste.

Bien que pendant ce temps les Français souffrent, sont arrêtés, torturés, vivant sous l'oppression. Cette pensée est particulièrement insupportable ce soir. Je suis si dégoûté de l'incompréhension d'ALGER, de la paresse des alliés, des préoccupations électorales de ROOSEVELT. J'en ai marre.

L'arrivée de RAOUL et de LALANNE, mon oncle et ma tante, m'eut été agréable mais je suis dominé par les préoccupations que je viens d'exposer.

Mardi 16 mai. Les négociations avec les alliés continuent à être arrêtées. D'autre part le brigadier LEE a remis à BOISLAMBERT un texte d'instruction aux officiers de CIVIL AFFAIRS qui est proprement effarant, consacrant la mise en tutelle de l'Administration française par les autorités militaires alliées. KOENIG a réagi énergiquement par une note remise dès ce matin à BIDDLE. J'ai accompagné d'autre part BOISLAMBERT chez LEE pour lui dire ce que nous en pensions. Personnellement je ne crois pas qu'il y ait mauvaise volonté ni mauvaise intention de la part des anglo-américains mais seulement ignorance et maladresse. Toujours est-il que le résultat est l'interdiction même des conversations les plus officieuses. Il n'est pas commode de travailler comme cela. D'autres petites choses ont encore accentué ma rogne. Je me suis rendu à CAMBERLEY où j'ai constaté que mes Chefs de mission ne s'occupaient pas de leur mission, ayant tous d'autres occupations. FOURNIER dirigeant les cours, CLEMENÇON, chargé du recrutement, d'autres à LONDRES, si bien que mon monde est à l'abandon et que je n'y peux rien, ne pouvant moi-même être jamais là-bas. Seuls éléments un peu réconfortants, j'ai dîné hier avec le Coloney RYAN débordant de cordialité et de confiance. Nous avons parlé avec émotion de nos familles respectives et de notre futur travail en commun. Déjeuner ce matin avec LAZAREFF et BLEUSTEIN-BLANCHET, le premier bien déplaisant physiquement et sans vraiment grand intérêt. Tout cela n'empêche que je suis d'une humeur de chien. Je suis mûr pour mener une négociation au goût du grand Charles. Mes vis-à-vis prendraient quelque chose. En attendant je vais tâcher de me reposer et de passer ma mauvaise humeur.

Jeudi 18 mai. J'ai eu une grande discussion ce soir avec BOISLAMBERT, BURNAY, STEFANINI, FARASSI, CAMERLINCK sur l'attitude à prendre en face du monstrueux FIELDBOOK OF CIVIL AFFAIRS que nos amis nous ont soumis car le document est vraiment monstrueux. Après avoir affirmé en termes excellents, qu'il n'est pas question d'un AMGOT en France, il donne des instructions qui, à toutes les pages, impliquent un tel AMGOT. A la vérité il y a souvent une petite phrase qui prévoit que les instructions ne seront appliquées que si l'Administration française ne remplit pas son rôle de manière satisfaisante, mais rien n'est prévu pour le cas où l'Administration fonctionnerait bien. L'appréciation de ce fonctionnement est à la discrétion du commandement allié. Je crois bien, pour dire vrai, que nous sommes en présence d'un document fait pour une hypothèse d'AMGOT et que, par paresse, les auteurs ont entendu l'adapter en ajoutant de ci, de là une phrase de réserve. Toujours est-il que le résultat est désastreux. Le commandement allié se réserve de nommer ou suspendre des fonctionnaires, d'exercer le pouvoir législatif ou réglementaire, d'établir des cours militaires pour juger des Français, établir sous l'autorité militaire des camps d'internés civils, créer des commissions alliées pour la libération des prisonniers, contrôler les prix et les salaires, de même que les budgets publics, etc. La question est de savoir l'attitude à adopter en raison de la présente interdiction de négocier. BURNAY avec plus de nuances, STEFANINI avec plus de vigueur négative, ont soutenu que la politique d'ALGER avait été de faire un coup d'éclat en rompant les négociations et que nous affaiblirions sa position prise sciemment en présentant un contre-projet, qui quelle qu'en soit la teneur, limiterait notre liberté d'action ultérieure. J'ai soutenu le point de vue contraire qui est également celui de BOISLAMBERT. Je considère :

1. Que nous n'avons pas le droit de ne pas tout tenter pour faire aboutir des mesures qui pouvaient faciliter nos négociations ultérieures et par suite le ravitaillement de la FRANCE, même dût notre amour propre ou notre politique en pâtir quelque peu.

2. Nous avons un intérêt essentiel, pour nous et pour les rapports extérieurs de la FRANCE dans l'année à venir, à avoir des Français avec les Forces Alliées du débarquement et que, pour cela encore, nous devons éviter tout ce qui peut faire obstacle à ce résultat. Nous sommes respectivement restés sur nos positions. Il a été seulement décidé de rédiger un contre-projet conçu dans le cadre de la formule optimiste pour nous et de soumettre la question à KOENIG demain matin, BOISLAMBERT s'offrant à remettre le contre-projet à

titre personnel, quitte à être désavoué et même sanctionné pour avoir enfreint l'interdiction de négocier. Je vois que nous sommes dans la grande politique. BURNAY et STEFANINI voient dans les agissements des Civil Affairs l'expression de noirs desseins de politique économique et financière américaine à lointaine échéance. J'y vois surtout de l'ignorance et de la maladresse. Je ne crois pas à des machinations et du machiavélisme, je suis violemment hostile à toute politique de prestige.

Autre chose, BOISLAMBERT à qui j'ai parlé de ce que m'a dit PASSY hier de la zone d'action anglaise au Sud de la Seine voudrait maintenant que je passe avec les Anglais. Je veux bien parce que PARIS est dans leur zone.

Vendredi 19 mai. Réunion ce matin à 8 heures et demie chez KOENIG, lui entièrement d'accord pour que nous remettions aux alliés une nouvelle rédaction à notre goût du FIELDBOOK OF CIVIL AFFAIRS, réaction de bon sens, notre devoir est de faire le maximum pour aider les gens de chez nous ou tâcher qu'ils soient embêtés le moins possible par les armées alliées, cela quelles que soient les instructions d'ALGER. CHEVIGNE déclare qu'à son avis les alliés font ce qu'ils peuvent pour que nous rentrions en FRANCE avec les moyens les plus faibles possibles dans l'espoir qu'il se dégagerait en France une formule autre que celle d'ALGER, espoir auquel d'ailleurs ils se raccrochent sans y croire. Le reste de la réunion fut peu intéressant. Je suis parti ensuite à CAMBERLEY où j'ai pris contact avec tous les officiers affectés aux formations américaines, j'ai fait la connaissance d'une série de jeunes joliment bien, MASSIGNAC, DUPUY, BLANCHEN, etc. L'ensemble est bon avec quelques idiots mécontents ou envieux. Je me suis efforcé de provoquer l'organisation du travail en équipe ; ce n'est pas facile quand on n'est pas là.

Dîner ce soir avec DESJARDINS qui part chez LECLERC. Comme on lui a refusé de le prendre comme Commandant de char, il abandonnait ses galons. C'est chic de sa part. Je proteste tout de même contre le prestige exclusif qui s'attache chez nous à la gloire militaire et qui fait qu'un homme ne soit considéré que s'il a combattu alors même qu'il aurait pu rendre au pays des services infiniment supérieurs dans une activité intellectuelle, ce qui eût été à coup sûr le cas pour DESJARDINS. Mais c'est tout un état d'esprit, une manière de juger qu'il faudrait changer.

Dimanche 21 mai. Toutes les heures de mes longues journées sont absorbées par des occupations incessantes. Il s'en faut de peu que le résultat de la lecture que je viens de faire d'une série de remarquables rapports arrivés de FRANCE (Source « ALAIN ») me jette dans le cafard. L'un d'entre eux exalte le Maquis, Centre de Redressement de la FRANCE en 1943 et où il voit le point central, le point de cristallisation de la Résistance nationale et jette un cri d'alarme en constatant la désagrégation actuelle des Maquis auxquels l'on a préféré la formule du plancage à celle du combat et qui périssent aujourd'hui impuissants sans s'être battus. D'autres rapports ont un caractère plus philosophique et essaient de dégager le sens profond des problèmes français actuels. La guerre d'aujourd'hui n'est pas la guerre de la FRANCE, les Français s'apprêtent à subir la décision du vainqueur, ils ne font pas d'efforts réels pour créer quelque chose de neuf par eux-mêmes. Un autre étudie de manière remarquable l'opposition entre la tendance analytique des Français et la formule de synthèse qui est à la base des Etats totalitaires et il insiste sur la nécessité pour la France de concilier ces deux tendances et par là-même les deux préoccupations de justice et de liberté autour desquelles il faut reconstruire le nouvel ordre politique et économique. Il y a là comme on peut le voir moult matière à penser et pour une fois je ne m'en fais pas faute, mais sans optimisme. J'ai l'impression que la masse des Français ne souhaite que retrouver une bonne petite vie tranquille et sont prêts à accepter tout ce qui, au premier abord, leur paraîtra pouvoir arriver à ce résultat. Est-il même bien sûr qu'au fond de nous-mêmes nous pensions différemment ? C'est ainsi que je viens de parcourir, avec les rapports arrivés de FRANCE, les derniers journaux clandestins ? Tout est plein d'exécutions, d'arrestations, où cela nous mène-t-il ?

J'ai d'ailleurs travaillé toute la journée à revoir le contre-projet de FIELDBOOK OF CIVIL AFFAIRS que nous voulons remettre à nos amis, travail fastidieux et déprimant. Hier soir à la demande de BERNARD j'ai été avec lui chez KOENIG appuyer sa demande d'autorisation de discuter des questions de ravitaillement dans l'intérêt de nos populations. J'ai de plus en plus l'impression qu'ALGER veut laisser aux alliés la responsabilité des difficultés du début. Cette attitude me révolte et je ne le cache pas.

Lundi 29 mai. Attaque en Italie, progrès foudroyants, KOENIG croit que tout le dispositif allemand peut s'écrouler en quelques jours sans possibilité d'un arrêt de l'offensive alliée avant la plaine du Pô et encore là faudrait-il amener vingt-cinq divisions qui n'y sont pas. Tous les espoirs sont permis.

Approche évidente du débarquement, tension de l'opinion, ronflement permanent de moteurs d'avions. L'heure est très proche. Discours de CHURCHILL mercredi d'une bienveillance ahurissante pour FRANCO, d'une froideur anormale pour le Comité Français de Libération Nationale. Réaction unanime de la presse et de l'opinion en faveur de la FRANCE et du C.F.L.N., réaction commandée dans une large mesure, il faut bien le dire par une hostilité foncière pour les Américains et leur politique, leur tutelle. Il n'est pas douteux cependant que le fond de l'opinion, la masse profondément pro-française et l'accueil émouvant délirant reçu par les troupes de LECLERC à leur passage à travers l'ANGLETERRE et à leur arrivée en sont une preuve éclatante.

Annonce de la prochaine arrivée de De GAULLE. J'ai été surpris qu'après le discours de CHURCHILL il maintienne son intention. Peut-être qu'il y a là le désir un peu romantique de débarquer en FRANCE un des premiers et l'on parle en tout cas beaucoup d'une rencontre De GAULLE, CHURCHILL, ROOSEVELT, l'atmosphère y est très favorable. Sur le fond, aucun vrai désaccord du moins dans mon domaine. La discussion n'est que sur des formules mettant en cause des questions de prestige (reconnaissance ou non, renonciation par ROOSEVELT à sa position ou non) mais rien de vraiment fondamental.

Je me demande si les conversations et l'arrivée de LE TROQUER et d'ASTIER de la VIGERIE ont affecté mes projets. Il s'est confirmé que les premières opérations vont être menées par le 21e Groupe d'Armées auquel sera rattachée la première armée américaine. J'aurais bien voulu en être. Mais KOENIG, sondé par BOISLAMBERT a estimé qu'il n'y avait pas lieu de changer les affectations. Je resterai donc en attendant le moment où le Groupe d'Armées Britannique entrera en action. Je le regrette car les questions de principe se régleront avec le 21e Groupe d'Armées et surtout il faudra attendre.

Ce matin déjeuner avec Guy de ROTHSCHILD et John FOSTER, celui-ci intelligent et sympathique mais très Jurisconsulte des AFFAIRES ÉTRANGÈRES à la recherche d'une formule. Je passe deux demi-journées au moins à CAMBERLEY à endoctriner mes types. Pas désagréable ni inintéressant, mais l'attente est longue.

Samedi soir 3 juin. Attente d'opérations imminentes, attente de l'arrivée également imminente de De GAULLE, attente personnelle de toutes sortes d'événements qui détermineront mon sort dans les mois qui viennent. Sur le plan personnel, à la vérité, les choses se présentent assez mal. Il est certain maintenant que le 21e Groupe d'Armées opérera seul pendant au moins trois mois. Attaché au Groupe d'Armées Américain qui n'interviendra qu'ensuite, je risque de me morfondre des semaines dans une attente indéfinie. Cela ne me sourit pas mais je ne vois pas comment en sortir. J'espère bien ne pas rester vraiment inactif. Je crains de devoir rester en ANGLETERRE et j'en trépigne parfois d'impatience. Semaine sans histoire à part cela. RACHET vient d'arriver de PARIS et m'a donné des nouvelles de PARODI. Par contre son rapport confirmant des indices antérieurs peut conduire à penser que SERREULLES joue un rôle singulier. Je n'en parlerais pas ici s'il ne me paraissait pas utile de garder trace d'événements que l'on pourrait trop aisément oublier par la suite :

1. SERREULLES aurait dissimulé pendant deux mois et jusqu'à son départ de FRANCE le télégramme de De GAULLE désignant Alexandre comme son délégué en FRANCE.

2. SERREULLES a affirmé en arrivant à LONDRES que MAILLET ne voulait pas rentrer. Or a) MAILLET a protesté par câble contre sa

radiation de la liste des priorités à LYON, b) il est immédiatement parti par l'ESPAGNE. Si jamais il lui arrive quelque chose, je suis inquiet d'être sans nouvelles, je ne me le pardonnerais pas. RACHET considère que le rôle de SERREULLES a été particulièrement néfaste et il fait part de la demande formelle d'Alexandre qu'on ne le renvoie pas en FRANCE. J'avoue qu'après tout cela j'hésite à rencontrer l'intéressé, ne sachant quoi en penser.

Lundi soir 5 juin. ROME est prise. Puisse cet événement marquer le commencement de la fin comme l'annonçait la prédiction de NOSTRADAMUS. La B.B.C. ce soir terminait son émission de neuf heures en citant la réaction d'un Français d'ALGER : A bas les Boches, maintenant PARIS, et, en écoutant la foule en liesse, je pensais à PARIS. J'espérais un peu que le débarquement serait pour aujourd'hui, il n'y en a plus en tout cas pour longtemps. L'on nous a demandé de placer les officiers de liaison du 21e Groupe d'Armées à préavis de six heures.

De GAULLE est arrivé hier matin à LONDRES et semble plus intransigeant que jamais. Il n'a pas amené ses Ministres, manifestant ainsi sa volonté de n'accepter aucune discussion politique en présence de l'attitude de ROOSEVELT et, cet après-midi, il a déclaré à ALPHAND qu'il n'y aurait pas de liaison administrative. Je trouve cette intransigeance déplorable. J'avoue que malgré toute mon admiration pour l'homme, tout en lui me heurte. Je suis presque toujours en opposition avec les positions qu'il prend. Deux heures avec ALPHAND, BOISLAMBERT et BERNARD ce soir, pour rédiger une note insistant sur la nécessité d'arrangements pratiques à défaut d'un accord diplomatique improbable et sur l'état d'esprit très favorable que nous avons rencontré dans nos premières discussions. Je vais de ce pas retrouver ces trois types pour mettre la note au point. A la vérité j'ai très sommeil. Ce qui est un peu triste c'est qu'ALPHAND est au fond léger et inconsistant et que BOISLAMBERT n'a pas trouvé le moyen dans l'heure qu'il a passé avec De GAULLE d'aborder même la question.

Mardi soir 6 juin. Ça y est. Dès hier soir j'apprenais à la fois d'ALPHAND et de BOISLAMBERT que les opérations commençaient. Confirmation ce matin. Quelle journée ! mélange de joie, d'excitation, de sentiment d'irréel, d'allégresse et d'impuissance désespérante, un immense espoir, pas de joie réelle, un désir de faire quelque chose et l'impossibilité de tout travail effectif. Espérons tout de même que c'est cette fois pour de bon le commencement de la fin, et tout cela pour moi gâté par l'évolution de nos affaires. Conflit aigu entre De GAULLE et CHURCHILL sans que l'on sache bien le point précis de désaccord, De GAULLE ayant lu le speech d'EISENHOWER a demandé une modification, elle a été refusée. De GAULLE a déclaré que dans ces conditions il refusait de parler après EISENHOWER, ce qui fut à tort interprété comme un refus total de parler. De plus, refus de fournir des officiers de liaison. Fureur de CHURCHILL, pas de solution. Le principal point litigieux serait la question monétaire. RAUZAN a essayé de mettre au point une formule de compromis, mais De GAULLE à mon avis ne l'acceptera pas. Deux tendances, l'intransigeance (COURCEL, sans doute PALEWSKI, SOUSTELLE), conciliation sur les formules dès lors que le fond est sauvegardé (BOISLAMBERT, BERNARD, d'ARGENLIEU, COULET, RAUZAN, moi-même). BORIS est intransigeant sur la question monétaire, VIENOT et PARIS sont durs. Le malheur est que l'avocat des conciliants est ALPHAND qui se dégonfle, ne croit à rien et flotte au gré du vent.

Grande excitation ce matin à CAMBERLEY où je n'ai bien entendu rien dit de la position de De GAULLE. Les officiers pleins de respect pour moi du fait que je les fais travailler depuis quinze jours sur la région même du débarquement, ils croient que j'étais au courant !

Que vais-je faire demain, je me le demande vraiment. Je voudrais tant avoir une mission précise, apporter une contribution concrète à cet immense effort.

Samedi soir 10 juin. Je suis depuis quelques heures d'une humeur particulièrement charmante et plein même d'une vraie allégresse. Il est question que j'aille en FRANCE dans quelques jours avec De GAULLE. Voici comment cela s'est fait. COULET à deux heures et demie m'apprend que De GAULLE envisage d'amener avec lui et de laisser en FRANCE une mission civile chargée de prendre l'Administration en mains dans la tête de pont. Mission COULET-COURCEL avec quelques collaborateurs. Au premier moment dépression. Si l'on envoie ainsi des civils tout de suite, la liaison administrative perd tout intérêt et toute raison d'être. Et puis l'idée me vient que l'on pourrait rattacher aux civils les officiers de liaison ou au moins un pour les liaisons avec le commandement allié, ce qui satisferait les demandes de celui-ci dans la mesure où ses demandes sont légitimes tout en gardant le contrôle total de la liaison placée sous les ordres de l'autorité civile. J'en parle aussitôt à COULET et COURCEL qui bondissent sur l'idée, alors surtout que l'un et l'autre, sans vraie compétence administrative, seraient ravis de m'avoir avec eux. Et ce soir chez De GAULLE une allusion ayant été faite à l'inexpérience administrative de nos amis et à l'utilité pour eux d'avoir un Conseiller administratif, PALEWSKI dit « Il y a bien LAROQUE mais acceptera-t-il ? ». COULET saute là-dessus et renchérit, et voilà. Si j'accepterais, tu parles, je m'habillerais en planton pour cela. Il n'est donc pas impossible que soit détaché temporairement, soit en tant que Conseiller administratif civil, soit comme officier de liaison vrai, je sois dans quelques jours en FRANCE. Tout cela finira peut-être en queue de poisson mais pour le moment j'y crois.

A part cela :

1. Les opérations vont bien. Mon ami Sir George Moss m'a fait part en confidence de renseignements intéressants qu'on lui aurait

donnés. La situation se développe favorablement. Je pense bien que les jours prochains vont être durs, mais je suis confiant, très confiant.

2. Sur le plan politique, stagnation. L'on parle depuis ce matin d'un voyage de De GAULLE en AMÉRIQUE mais en des termes tels (ROOSEVELT dit n'avoir aucune idée de ce que De GAULLE veut discuter avec lui) que l'impression n'est guère bonne. Cédant à DUFF COOPER, De GAULLE a envoyé vingt officiers de liaison mais qui sont partis dans de mauvaises conditions, isolés, sans documents, sans instructions. Premier départ en grande pagaille, en général enthousiasme, faux retour de quelques heures après pour certains d'entre eux, inquiétude sur le rôle boiteux qu'on veut leur faire jouer. KOENIG rencontré dans la rue me dit hier ; la mission de liaison partira, mais il faudra patienter quelque temps. Patienter, comme si j'en avais envie !

16 juin 1944. C'est de FRANCE que j'écris ces lignes. Je suis en FRANCE à BAYEUX depuis deux jours, et quels jours !

Mardi soir 13 juin. A sept heures, un coup de téléphone m'apprit que le départ était pour le lendemain, à cinq heures du matin. Quelle agitation, pas de dîner, empaquetage de mes affaires avec l'aide de mon oncle et de ma tante de RICCI, retour à HILL STREET à 10 heures et demie du soir après une brève visite à KOENIG et entretien avec BOISLAMBERT, travail jusqu'à une heure et demie du matin à constituer des dossiers et faire les paquets. Retour à deux heures du matin. Fin des colis personnels, une heure et demie de lit sans sommeil, lever à quatre heures, départ à quatre heures quarante pour aller chercher COULET. Avant cinq heures, rendez-vous à l'Hôtel CONNAUGHT où se rassemblent les héros de l'expédition, KOENIG, BETHOUARD, PALEWSKI, BILLOTTE, d'ARGENLIEU, BOISLAMBERT, les quatre destinés à rester en FRANCE, COURCEL, COULET, CHEVIGNE, moi-même, plus un Commissaire de police, DUROC, déguisé en 2e classe, deux chauffeurs plantons. A cinq heures et demie, la caravane s'ébranle, étrange impression d'irréel. Cela ressemble beaucoup à notre départ de PARIS le 10 juin 1940, presque un anniversaire. Les voitures roulent lentement à travers la campagne, au soleil levant, par un temps radieux. Huit heures et quart PORTSMOUTH, embarquement sur « LA COMBATTANTE », petit destroyer français de 900 tonnes. Huit heures trois quarts, départ vers la FRANCE. Malaise pendant la traversée malgré le beau temps. Je bavarde avec les matelots, gars sympathiques. Défilé ininterrompu de bateaux de toutes sortes venant de la côte française. Je ne réalise pas encore vraiment. Et puis après trois heures et demie de traversée, la côte apparaît au milieu d'une masse invraisemblable de bateaux, innombrables, donnant l'impression à la fois d'une puissance prodigieuse mais aussi d'une incroyable immobilité. Deux transbordements successifs pour aller à terre. Un premier voyage emporte

De GAULLE et les huiles. Nous attendons trois quarts d'heure notre tour, ce qui nous remplit d'inquiétude. Arrivée à terre en FRANCE, à trois heures, départ pour BAYEUX, entassés au milieu de nuages épais de poussière, inquiétude nouvelle, l'officier de la NAVY qui nous pilote, manifestant l'intention de faire demi-tour pour revenir au bateau et ne paraissant pas admettre l'idée que certains membres de la caravane resteraient en France. Tout de même, nous arrivons à BAYEUX à trois heures quarante. Nous y retrouvons De GAULLE à la Sous-Préfecture, recevant les personnalités. L'on connaît la scène du Sous-Préfet que l'on a obligé à faire descendre le portrait de PÉTAIN, scène racontée par la B.B.C. Et puis sur la place, au milieu d'une foule chaleureuse. De GAULLE parle. Grand enthousiasme, mais à mon sentiment peu de vraie émotion.

Départ pour ISIGNY en trois jeeps. Tout le long de la route, les gens rencontrés s'écrient « Des Français ! De GAULLE ! ». ISIGNY, scène bouleversante. Au milieu des ruines de la ville qui avait souffert des bombardements multiples, une foule énorme, des femmes sanglotant, des hommes, des enfants s'accrochant à nous, cherchant à nous serrer la main, nous jetant des fleurs, chantant la Marseillaise, criant « Vive De GAULLE, vive la FRANCE, parfois vive l'AMÉRIQUE ». Quelques mots de De GAULLE, la Marseillaise. J'ai rarement vu quelque chose de pareil. A GRANDCAMP, scène analogue au milieu des marins et des pêcheurs, puis retour par la côte, vers la plage de COURSEULLES où De GAULLE s'embarque.

Après de multiples difficultés matérielles, nous regagnons BAYEUX à onze heures du soir. Je suis crevé, n'ayant ni mangé, ni dormi depuis la veille et ayant subi une traversée, une longue tournée en jeep. En plus, je me sens sale à faire peur. Grand dîner préparé par les éléments locaux de la Résistance. J'étais si fatigué que je n'ai rien pu manger, mais bien heureux tout de même. J'ai rarement vécu une journée aussi émouvante, aussi bouleversante.

Samedi 17 juin. Dès jeudi matin, nous nous mettons au travail, en équipe, COULET, COURCEL et moi. Rédaction d'une proclamation aux populations libérées, mise au point d'une déclaration à la presse en langue Française, visite aux hôpitaux très émouvante, tant de blessés ont été frappés par des balles ou grenades allemandes lancées volontairement, sauvagement au moment du départ des troupes. Des femmes, des enfants sont mutilés. Personnel médical parfait, faits de générosité et d'amitié. Premier examen des problèmes qui se posent. Le remplacement du Sous-Préfet est décidé. C'est le gendre de BRUNETON, ancien collaborateur de PUCHEU, honni par la population. La désignation de Raymond TRIBOULET, Secrétaire du Comité de Libération de l'Arrondissement de BAYEUX, propriétaire important de SAINTE-CROIX-GRAND-TONNE, dans le voisinage de BAYEUX.

C'est pour lui le point de départ d'une carrière politique qui le conduira à être Député, puis Ministre des Anciens Combattants, enfin membre de l'Académie des Sciences Morales et Politiques.

Je ne sais comment décrire l'atmosphère de ces jours. Nous sommes installés dans les trois pièces de réception de la Sous-Préfecture, sans téléphone, sans possibilité de déplacement, saisis de problèmes en désordre avec obligation de décision immédiate, le plus souvent sans aucun élément sérieux d'information. On a l'impression de jouer un peu un jeu de hasard. Je ponds cinq ou six arrêtés par jour, modifiant les lois, décrets, arrêtés, dans tous les domaines, ravitaillement, finances, procédure, police, etc. C'est excitant et curieux.

Je loge chez de vieilles personnes, un ancien fonctionnaire de la Banque de France, très sympathique et hospitalier. Nous prenons nos repas en popote, à l'Hôtel du LION D'OR. Je ne saurais dire combien la FRANCE, ses gens, son souffle, sa terre, son esprit, son atmosphère me remplissent d'aise, de joie, de bonne humeur et surtout d'espoir.

J'ai de nouveau un appétit d'ogre et heureusement le ravitaillement est ici d'une extrême et honteuse abondance. C'est un des problèmes qui me préoccupent.

COULET et COURCEL terminent à côté de moi les lettres qu'ils vont envoyer à LONDRES par un jeune marin d'un bateau français qui repart demain pour l'ANGLETERRE. Il fait beau ce soir, très beau et frais, un vrai temps de printemps normand, bien que nous soyons presque en été. Je me sens bien, léger, dispos, heureux.

Je viens de commencer un grand rapport que nous voulons envoyer à LONDRES, mais LONDRES est déjà si loin. Notre seule crainte est que les gens de là-bas ne comprennent pas ce que nous faisons, veuillent entraver nos initiatives au nom de principes théoriques. Que l'on nous fasse confiance et nous ferons du bon travail, nous en faisons déjà. Nous sommes tous jeunes, ardents et confiants, si bien que l'avenir est à nous.

Vendredi soir 23 juin. Il est étrange comme l'on peut s'habituer aux situations les plus ardemment attendues. j'ai l'impression de mener maintenant une vie normale avec une nouvelle routine. Je loge de nouveau à la Sous-Préfecture avec COULET et COURCEL, vraiment garçons charmants, intelligents, agréables à vivre, sympathiques. Aucune nervosité, aucune excitation dans notre existence, des questions parfois difficiles d'administration ou de politique, des discussions, des tournées. Pas de coup de feu jusqu'à présent. Il est vrai que les armées sont pour le moment stabilisées ; si l'attaque reprend tout peut changer.

En ce moment l'on se bat pour CHERBOURG. C'est déjà loin. Ici, canon de temps en temps, des chars, des camions passent, beaucoup d'Anglais, le front est à moins de quinze kilomètres, mais l'on a une impression de totale sécurité. Les destructions, les victimes sont malheureusement nombreuses. Enterrement hier à ISIGNY de trente-cinq morts dont sept ou huit enfants. Messe en plein air très émouvante. Les réfugiés posent des problèmes ardus, la guerre est là, mais elle est déjà passée.

Les populations sont très passives. Elles continuent la même existence. J'ai dîné hier et avant-hier chez le ménage TURLOTTE et chez le Docteur JEANNE, tous Gaullistes ardents. Repas remarquable digne du passé, expression sincère d'excellents sentiments mais une très bourgeoise modération même chez eux. Qu'est-ce-que cela doit être ailleurs ! Pour la première fois aujourd'hui, visite au Comité Départemental de la Libération de la Manche, j'ai peur qu'il ne représente plus guère l'opinion moyenne de leur département. Cela fait tout de même plaisir de voir de tels hommes soucieux de faire du neuf, animés d'un véritable esprit révolutionnaire.

Aucune relation avec LONDRES, aucune nouvelle du reste de la famille. Je ne m'en fais pas trop, j'ai tellement d'espoir et de confiance en ce moment.

Rapports personnels avec les Anglais et les Américains excellents. Parfois de petits accrochages sur des questions de principe ou de souveraineté, rien de sérieux, mais évidemment pas de communauté totale de pensée et d'orientation.

Lundi 3 juillet. Je continue à vivre dans la même euphorie et les jours passent vite, très vite, avec le même espoir au cœur. Que de choses déjà depuis dix jours. Je m'en veux, de ne pas les avoir notées, j'ai tant à faire que je n'arrive pas à en trouver le loisir. Evénement dominant : CHERBOURG. La ville est prise le mardi matin 27 juin. Le 28 dans la matinée j'y arrivais avec COULET. Premier contact, le Sous-Préfet, un nommé BOURDIN, pauvre type, ridicule méridional à gestes d'acteur, liquidé sans phrase. La ville, impression étrange, peu de dégâts mais vide, de rares passants, des maisons sans carreaux, des soldats Américains qui ont toujours l'air en salopette grise, du verre brisé partout par terre, une ville abandonnée. Ce jour-là travail uniquement administratif. Toute la journée se passe à recevoir les notabilités et les fonctionnaires. Bonne impression générale. Après moult recherches, nous découvrons un Sous-Préfet excellent, du moins nous le pensons, Ingénieur des Travaux Publics de l'Etat, représentant de l'O.C.M. au Comité Départemental de Libération, il s'appelle LEVIANDIER, jeune, sérieux, énergique. Autre question essentielle, mise sous séquestre de « CHERBOURG ÉCLAIR » et mise en route de la presse Cherbourgeoise en quelques heures, évitant de justesse la publication d'une feuille par les Américains. Retour à Cherbourg le lendemain matin, cérémonie très émouvante, trois mille personnes, trois discours, COULET excellent, grand enthousiasme, foule vibrante et émue, Marseillaise fervente.

A BAYEUX nous trouvons BOISLAMBERT qui vient d'arriver avec des médecins, soixante femmes, quelle invasion. Je commence à concevoir des inquiétudes pour notre tranquillité et aussi parce que l'afflux d'un personnel d'utilité contestable risque d'avoir des effets psychologiques fâcheux. BOISLAMBERT terriblement envahissant et mouche du coche. Quel dommage que ce garçon soit trop petit et n'ait jamais rien fait de ses dix doigts. Avec son intelligence, son dynamisme et son autorité, il serait épatant, mais il est surtout gênant, avec moi très amical. Il est d'accord pour que je reste avec COULET, c'est tout ce que je demande, et d'ailleurs je vois mal comment il pourrait en être autrement. C'est tout de même moi qui fais tout le travail administratif et je ne vois guère qui pourrait me suppléer.

Nous attendons KOENIG annoncé depuis trois jours et le retour de COURCEL.

Les opérations stagnent un peu. Rumeur pessimiste il y a trois jours. Sept panzers devant nous se préparaient à attaquer, dont une venant du front russe. Je n'ai jamais été pessimiste, aujourd'hui le vent est à l'optimisme. L'on parle de la fin de la guerre. MONTGOMÉRY aurait dit que les Allemands jettent toutes leurs réserves et que la fin est une question de jours. A LONDRES on parle de la fin pour octobre. J'y crois et je trépigne d'impatience et de joie.

Je discute avec COULET ce soir ce que nous ferions après la libération de toute la région de ROUEN. Notre intention est de foncer sur PARIS dès que cela se pourra.

La vie est belle et le sera bientôt encore plus. J'ai oublié de dire que je suis Colonel. J'ose même à peine l'avouer, cela me met mal à l'aise, le grade de Commandant me convenait. Je ne me sens pas Colonel et je n'aime pas cela. Je n'ai pas eu le pouvoir de refuser de porter mon cinquième galon et je n'ai pas fait part de mes sentiments à personne, l'on ne me croirait pas sincère et pourtant je suis comme cela. Enfin cela est peu de chose. Il y a un travail énorme et d'une variété presque déconcertante. Il faut tout faire, tout savoir, faire tous les métiers sans aucun concours technique, sans aucune relation avec les échelons supérieurs, c'est étonnant et passionnant. Physique et moral sont magnifiques. Je continue à beaucoup travailler et circuler et ce qui fait plaisir c'est que le résultat est déjà apparent. L'Administration marche, l'autorité du Gouvernement provisoire est établie, indiscutée. Il y a certes sur le plan matériel beaucoup à faire mais nous n'avons pas peur de nos responsabilités. COULET est vraiment un type épatant, je m'entends à merveille avec lui. Nous faisons totalement équipe, travaillant, vivant ensemble et nous complétant de manière parfaite.

L'on sait les difficultés qu'a soulevées le problème de la monnaie en circulation. Les autorités alliées avaient utilisé et mis en circulation une monnaie de débarquement. Nous avons dû prescrire à l'ensemble des comptables publics de refuser cette monnaie. Cela a valu à COULET la visite du brigadier LEWIS, Chef des CIVIL AFFAIRS de l'Armée Britannique qui est venu lui faire des reproches et qui a donné lieu à une scène aujourd'hui bien connue, COULET affirmant qu'il était le Gouvernement Français et que nous n'accepterions pas une atteinte à la souveraineté française. D'autre part, nous avons mis à la disposition des armées alliées les millions en billets de la Banque de France que nous avions apportés de LONDRES en plus des sommes dont disposaient les caisses publiques de l'Arrondissement de BAYEUX, si bien que les besoins des armées étaient naturellement satisfaits. Cet incident, je pense, n'aura pas de suite.

Jeudi matin 6 juillet. Je suis ce matin étrangement inoccupé. Tous les papiers sont liquidés. La présence de deux vraies sténographes arrivées de LONDRES me fait gagner beaucoup de temps. Moins de visites pour le moment et je me sens paresseux. Ce qui est terrible c'est qu'il n'y a plus de contact avec la famille et cela me cause des soucis.

Il y a aussi les villages détruits, les réfugiés au moral d'ailleurs magnifique. J'espère que là encore nous aurons de la chance et que nous arriverons à régler sans difficulté les problèmes qui se posent. Notre mécanique tourne maintenant presque normalement. Deux points préoccupants ; d'abord l'insuffisance de notre action proprement politique, pas assez de propagande, d'information politique. Les gens ignorent ce qu'est le Gaullisme et se rendent à peine compte de ce qu'il y a de changé. COULET n'aime pas faire parler de lui. Je ne saurais l'en blâmer. Mais l'on nous reproche à juste titre de ne pas assez profiter de la situation, de ne pas assez empoigner l'opinion. Second point, l'afflux croissant et probablement à croître chaque jour davantage d'éléments extérieurs. Je redoute que le trop grand nombre d'officiers, fonctionnaires, administrateurs ou autres sur la petite étendue de territoire libéré suscite certains mécontentements. Déjà la maladresse de notre ami CHEVIGNE dans le domaine de la mobilisation ou des réquisitions a créé un malaise. Chez ces populations égoïstes et fermées, au fond fort peu Gaullistes, il y a un risque sérieux de créer un courant hostile contre les « étrangers ». Il faut que nous en parlions à KOENIG qui est attendu demain.

La libération de CAEN vient d'avoir lieu. Avec COULET, nous nous sommes rendus immédiatement à la ville et nous allons à la Préfecture relever de ses fonctions le Préfet et installer le nouveau Préfet désigné par la Résistance qui n'est autre que Pierre DAURE, beau-frère de COULET, dont il a épousé la sœur. La ville est en ruines et l'atmosphère que nous y avons rencontrée a été assez différente de celle que nous avions connue car toute la population a souffert et était plutôt atterrée et passive. Pas d'enthousiasme et au contraire beaucoup de lassitude et de fatigue. Nous avons visité les blessés, rassemblés dans l'hôpital et le lycée et évidemment la dernière quinzaine sous les bombardements a éprouvé énormément et les monuments et la population. D'autre part les obus continuent à tomber sur la ville. De l'autre côté de l'Orne, il y a encore l'artillerie allemande qui bombarde.

J'ai le sentiment que mon rôle à BAYEUX touche à son terme. De plus en plus de fonctionnaires viennent assumer les responsabilités locales et je pense que le Commissaire de la République de Normandie qui est toujours à ROUEN ne peut pas encore assumer ses responsabilités dans la partie non libérée de sa région, donc COULET doit encore rester là quelque peu mais je ne vois pas pourquoi personnellement je prolongerais mon séjour. J'ai donc demandé à être rattaché à la Mission de Liaison qui doit accompagner le détachement des AFFAIRES CIVILES constitué pour aller à PARIS et qui sera commandé par le Colonel Frank HOWLEY qui jusqu'à présent était le Chef du DÉTACHEMENT D'AFFAIRES CIVILES de CHERBOURG, et ceci a été fait et j'espère pouvoir rejoindre rapidement ce DÉTACHEMENT.

J'ai donc quitté BAYEUX le 15 août et j'ai rejoint LE MANS où j'ai rencontré le Préfet de la libération qui est COSTA, membre de la Cour des Comptes. C'est là d'ailleurs que j'ai retrouvé pour la première fois le Général De GAULLE entrant dans la ville pendant que j'étais là. J'ai pris contact avec le DÉTACHEMENT DES AFFAIRES CIVILES DE PARIS dont je dois rencontrer les éléments avancés à ALENÇON et de là je compte rejoindre CHARTRES et avec le DÉTACHEMENT DES AFFAIRES CIVILES du Colonel HOWLEY prendre la direction de PARIS.

Deux éléments nouveaux. En premier lieu LE TROQUER, membre du Comité d'ALGER chargé de suivre plus directement les opérations intéressant la fraction libérée du territoire, est venu dans notre secteur et m'a donné une délégation pour m'occuper du ravitaillement de PARIS de manière à assurer que ce ravitaillement fonctionne dans des conditions convenables dès la libération. D'autre part je me suis rendu à RENNES où j'ai rencontré le Commissaire de la République, le Sénateur LE GORGEU et où j'ai retrouvé Lucie AUBRAC qui était consternée de la réunion qu'elle venait d'avoir avec le Comité Départemental de la Libération de RENNES où elle a constaté à son vif regret les dissensions entre les différentes tendances politiques et elle était quelque peu découragée, j'ai dû lui remonter le moral.

22 août. BOISLAMBERT expliquant ce matin la situation militaire telle qu'il venait de l'apprendre par un agent des services de renseignements arrivé dans la nuit, a expliqué que les éléments essentiels d'une PANZER se trouvaient rassemblés dans la plaine de ROSNY à l'Est de MANTES et qu'il allait y avoir là un sérieux coup dur. J'en éprouvais une vive inquiétude sachant que ma famille était dans ce secteur.

Jeudi 24 août. Je suis dans un bureau du Château de RAMBOUILLET attendant des nouvelles, prêt à reprendre la route de PARIS dès qu'elle sera libre. Cela va se produire d'un instant à l'autre.

J'ai pris la route avec le DÉTACHEMENT avancé DES AFFAIRES CIVILES DE PARIS en compagnie du Colonel GUNN de l'Armée Américaine. Dès qu'on se rapproche de PARIS l'on est entouré d'une foule énorme, surtout à partir d'ANTONY où notre groupe inclus dans les éléments de la DIVISION LECLERC est acclamé le long de la route au milieu d'une foule délirante qui jette des fleurs, crie, chante. C'est une journée pour moi, une de plus, de très profondes et très vives émotions. Arrivés à la Porte de PARIS, la Porte d'ORLÉANS, l'on nous dit qu'il ne faut pas se diriger par le Boulevard Saint-Michel parce qu'on continue à s'y battre. J'oriente donc mon détachement vers la rue Saint-Jacques et nous arrivons à l'HÔTEL DE VILLE où, montant par le grand escalier, je trouve au premier étage, dans le bureau du Préfet, le Préfet désigné pour la libération qui n'est autre que FLOURET, que je connaissais bien, puisqu'il était Directeur du Cabinet Mistler quand j'étais membre de ce Cabinet. Nous tombons dans les bras l'un de l'autre. Et c'est là que j'attends le Général De GAULLE qui, après s'être arrêté à la Gare MONTPARNASSE puis à la Préfecture de Police où il a rencontré le Préfet de Police de la libération, LUIZET qui précédemment était le Préfet de la CORSE, est venu à l'Hôtel de Ville accompagné de PARODI et a prononcé le discours, dans la grande salle du premier étage, répondant à Georges BIDAULT qui lui avait souhaité la bienvenue au nom du Conseil National de la Résistance.

Paris

Le vendredi soir 25 août 1944, après avoir assisté, à l'Hôtel de Ville de PARIS, aux discours historiques de Georges BIDAULT et du Général De GAULLE, je reprends ma voiture, emmenant avec moi un officier Américain du détachement des « CIVIL AFFAIRS », je me fais ouvrir la grille de la cour du CONSEIL D'ETAT pour y faire garer ma voiture, et je me rends à l'HÔTEL DU LOUVRE, abandonné depuis peu par les Allemands qui y étaient installés et je demande deux chambres pour mon collègue Américain et pour moi. Nous sommes accueillis avec un comportement obséquieux...

Le lendemain samedi 26, j'ai pour préoccupation majeure de tenter de rejoindre ma famille. Je me rends à la première heure aux Invalides où je rencontre le Général KOENIG, installé dans le bureau du Gouverneur militaire de PARIS et je lui fais part de mon désir. L'on téléphone à SAINT-GERMAIN-EN-LAYE pour demander si la route d'ORGEVAL et de MORAINVILLIERS est libérée et sûre. L'autorité militaire locale fait une réponse affirmative. Les communications téléphoniques avec MORAINVILLIERS ne sont pas encore rétablies mais on demande que Mme BERTRAND, chez qui résident ma femme et mes enfants, soit avertie que le Colonel LAROQUE est à PARIS et va venir les retrouver. Et je pars sur l'heure. Ignorant l'emplacement exact de la maison, j'interpelle à l'entrée du village un habitant, stupéfait de voir arriver une voiture portant la Croix de Lorraine et un Colonel Français en uniforme, et qui m'accompagne aussitôt à ma destination. Ai-je besoin de dire ce qu'est cette journée. ? Elle m'empêche certes de participer à la descente des Champs-Elysées à côté du Général De GAULLE, de LE TROQUER et de PARODI, où je me fusse trouvé si j'étais resté à PARIS. Mais rien ne peut l'emporter sur la joie, l'allégresse de retrouver celles qui m'étaient les plus chères et dont j'étais séparé depuis 17 mois, ma femme d'abord et avant tout, sa fille Françoise, ma fille aînée Martine, que j'avais quittée alors qu'elle avait 11 mois et qui en a maintenant 26, mais qui paraît me reconnaître tout de suite, ma deuxième fille Nicole, née en mon absence, et qui, elle, ne me connaît pas et fait d'abord la tête. Journée merveilleuse et inoubliable.

Rentré à PARIS, j'apprends que le détachement des CIVIL AFFAIRS est installé à l'Hôtel LOTTI, rue de Castiglione, où l'on a fait transporter les bagages que j'avais laissés à l'HÔTEL DU LOUVRE et qu'il dispose de bureaux dans un local situé Place Vendôme dans l'angle sud-ouest de la Place, où des pièces me sont réservées ainsi qu'aux officiers de liaison qui m'accompagnent. Ma femme et mes enfants restent provisoirement à MORAINVILLIERS. Mais ma femme, malgré toutes les consignes, obtient de passer une nuit avec moi à l'Hôtel LOTTI et de partager le Breakfast anglo-américain du lendemain matin.

Ma mission essentielle, à laquelle je me consacre en priorité, est de mettre en relation les membres du détachement avec les autorités françaises parisiennes, ce qui n'offre en pratique aucune difficulté, tant le nouveau Préfet de PARIS, FLOURET, et le nouveau Préfet de Police, LUIZET, avaient, avec l'aide de la Résistance, tout prévu, et réussi à mettre en place immédiatement une organisation administrative en état de fonctionner. En ce qui concerne le ravitaillement de PARIS dont j'avais été personnellement chargé, je rencontre mon jeune collègue et ami François OLLIVE et un inspecteur des Finances dont j'ai oublié le nom, qui avaient conçu un plan et un programme extrêmement précis, immédiatement mis en œuvre, avec le concours des moyens alliés. Tout se passe si bien que mes fonctions, pour cela et pour le reste, pendant les jours qui suivent, deviennent presque une sinécure.

Les autorités d'ALGER rejoignent PARIS peu de jours plus tard et le Comité Français de Libération Nationale cède la place à un Gouvernement dont les membres sont nommés (le 19 septembre, sauf erreur de ma part) et dans lequel mon ami Alexandre PARODI devient Ministre du Travail et de la Sécurité Sociale, ce dernier terme apparaissant pour la première fois dans un document officiel. L'un de ses premiers gestes est de me demander de venir le voir au Ministère, dans le jardin duquel nous avons une longue conversation. Il m'offre de prendre la charge de la Direction Générale des Assurances Sociales. Je lui réponds que j'en serais enchanté s'il est entendu que mon rôle est d'élaborer et de mettre en œuvre un plan de Sécurité Sociale. Il me confirme que telle est bien son intention. Presque au même moment, Pierre-Henri TEITGEN me propose de devenir Secrétaire Général du Ministère de l'Information, qui venait de lui être confié, et François COULET exprime le désir que je l'assiste dans les nouvelles fonctions de liaison au niveau gouvernemental qui lui sont conférées, avec le commandement allié. Je décline la première de ces offres, à la surprise de certains de ceux qui m'entourent et qui y voyaient le point de départ d'une carrière politique laquelle ne me souriait nullement. Quant à la seconde offre, je la décline également, parce que, malgré les liens récents et étroits qui s'étaient créés entre COULET et moi, je ne conçois pas que la « liaison administrative » conserve désormais l'importance qu'elle avait eue lorsqu'il fallait affirmer l'indépendance de la FRANCE et son prestige dans la suite des opérations. Il reste que je me suis engagé pour la durée de la guerre et que celle-ci continue. Mais PARODI demande et obtient sans difficulté que je sois démobilisé au début du mois d'octobre.

PARODI, après avoir réintégré dans les fonctions de Directeur Général des Assurances Sociales DOIGNON, qui avait été révoqué par le Gouvernement de VICHY, le met à la retraite car il avait dépassé la limite d'âge, et provoque ma nomination qui prend effet le 5 octobre 1944.

J'ai en même temps des problèmes personnels à régler. Nous n'avions pas de logement à Paris et le peu de meubles que nous avions est à LYON dans l'appartement que nous avons laissé à M. et Mme DOLLFUS. Heureusement mes beaux-parents, restés et retenus au MAROC, disposent d'un appartement demeuré intact à NEUILLY, Boulevard Richard-Wallace, et nous permettent de l'occuper provisoirement. Nous avons donc, ma femme et moi, à procéder à une enquête pour rechercher une installation définitive. Le Colonel en charge des locaux qui avaient été occupés par l'armée Allemande me signale différents appartements maintenant libérés, et, après en avoir visité quelques-uns, et nous être renseignés sur les occupants antérieurs pouvant légitimement les reprendre, nous jetons notre dévolu sur un appartement de sept pièces dans un immeuble construit au début du siècle sur le terrain où Victor Hugo à eu sa dernière résidence et où il est mort, et dont le locataire, un avocat israélite âgé a été déporté alors qu'il était en mauvaise santé et dont on ne pense pas qu'il puisse survivre à sa déportation. Je me renseigne, par l'intermédiaire d'une relation commune, auprès des membres de sa famille pour savoir si celle-ci envisage de reprendre l'appartement où avaient vécu également les petits-enfants du locataire, qui, eux, avaient échappé à la déportation. Sur une réponse négative, nous décidons donc de prendre cet appartement à bail à

En famille, Monsieur et Madame Gustave Laroque et leurs cinq fils
Luchon, 15 août 1927

En 1928
Service militaire

6 novembre 1939
La 2[e] guerre mondiale

La 2e guerre mondiale – Juillet 1940

La 2e guerre mondiale – Juillet 1940

3667

Le débarquement en Normandie le 14 juin 1944
Le Général de Gaulle
Le Colonel de Chevigné
Le Commandant Pierre Laroque
sur la plage de Courseulles, avant le réembarquement du Général
pour l'Angleterre au soir du 14 juin 1944

Harcourt
PARIS

8 septembre 1956

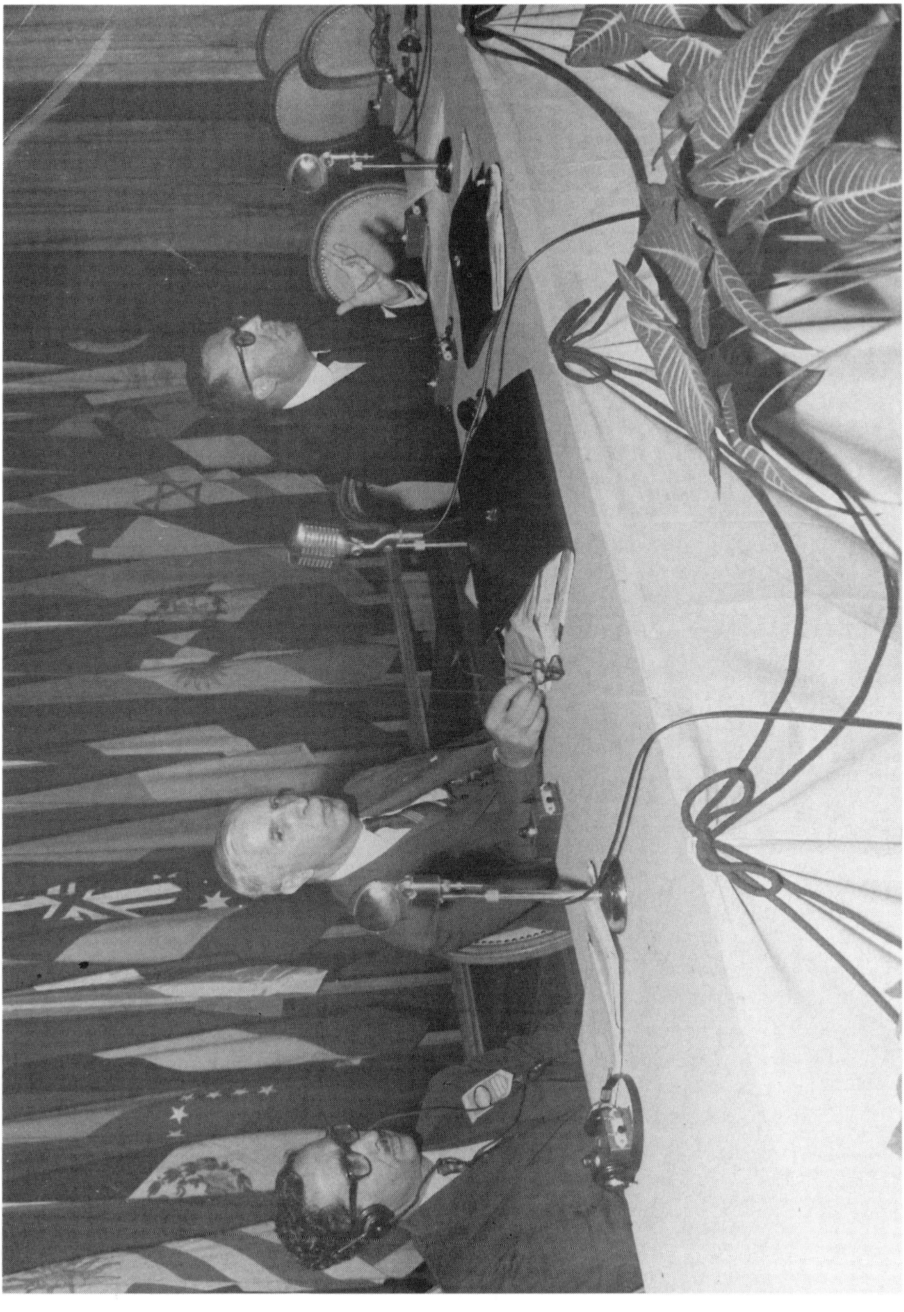

XIe conférence internationale du service social du 19 au 25 août 1962
Le 22 août 1962 à Pétropolis (Brésil)

En mission à Buenos-Aires le 30 août 1962 avec M. Solari,
secrétaire d'Etat à la Sécurité sociale
du Gouvernement de la République Argentine

En vacances à Montlouis – Pâques 1965

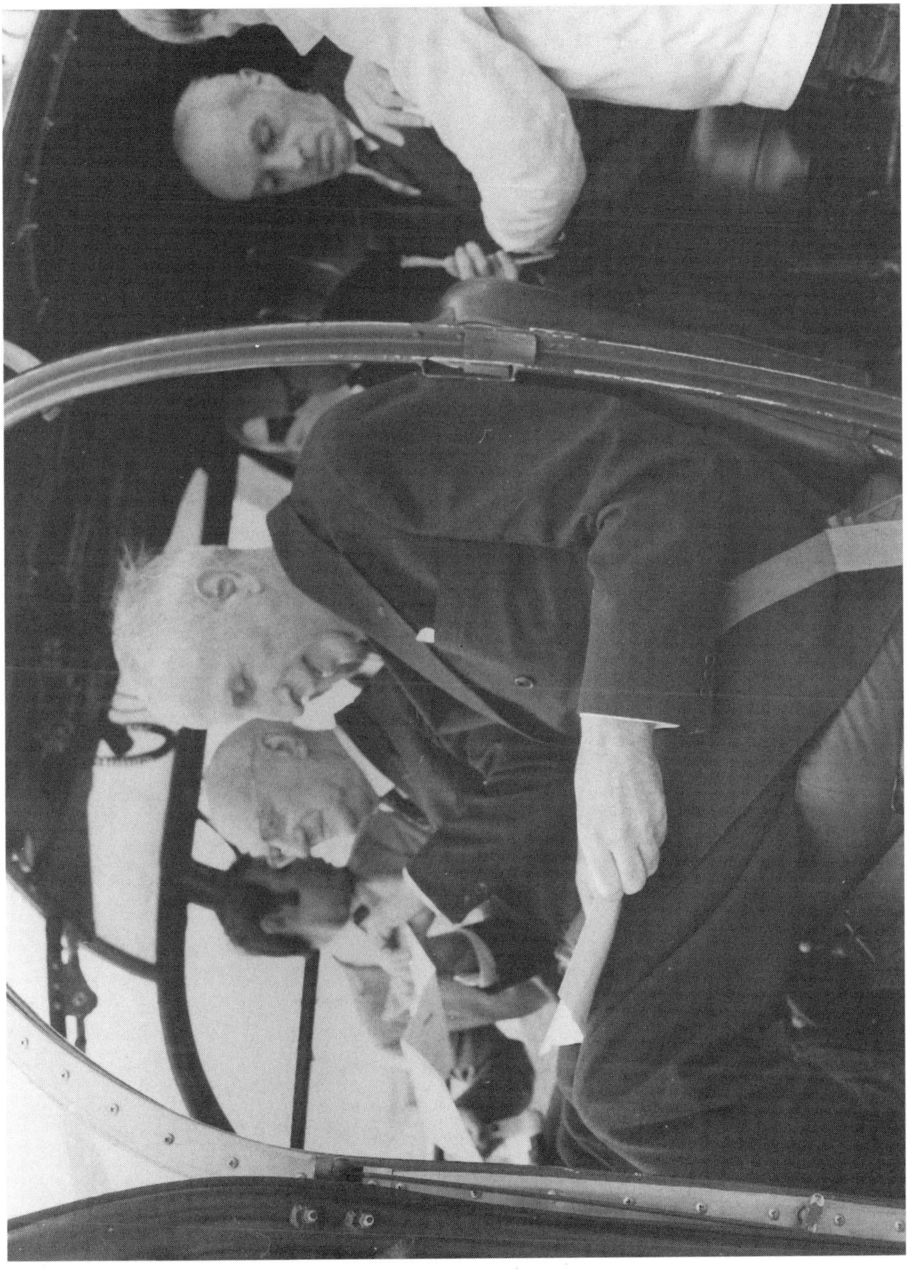

Roissy-en-France, le 22 avril 1966
Visite de l'aéroport en cours d'aménagement, avec Alexandre Parodi, vice-président du Conseil d'Etat

Pierre Laroque, alors président de la Section sociale du Conseil d'Etat
dans son bureau, au Conseil d'Etat
Place du Palais-Royal en février 1967

Assemblée générale du Conseil d'Etat le 28 avril 1970
présidée par Georges Pompidou, Président de la République

Michel Debré — Jacques Chaban-Delmas — Georges Pompidou — René Pleven

Pierre Laroque
Président de
la section Sociale
du Conseil d'Etat

Alexandre Parodi
Vice-Président
du Conseil d'Etat

René Martin
Président de
la section des
Travaux Publics

Roland Maspétiol
Président de
la section de
l'Intérieur

Billiers – Centre de rééducation de la Mutualité Sociale Agricole
le 3 novembre 1972

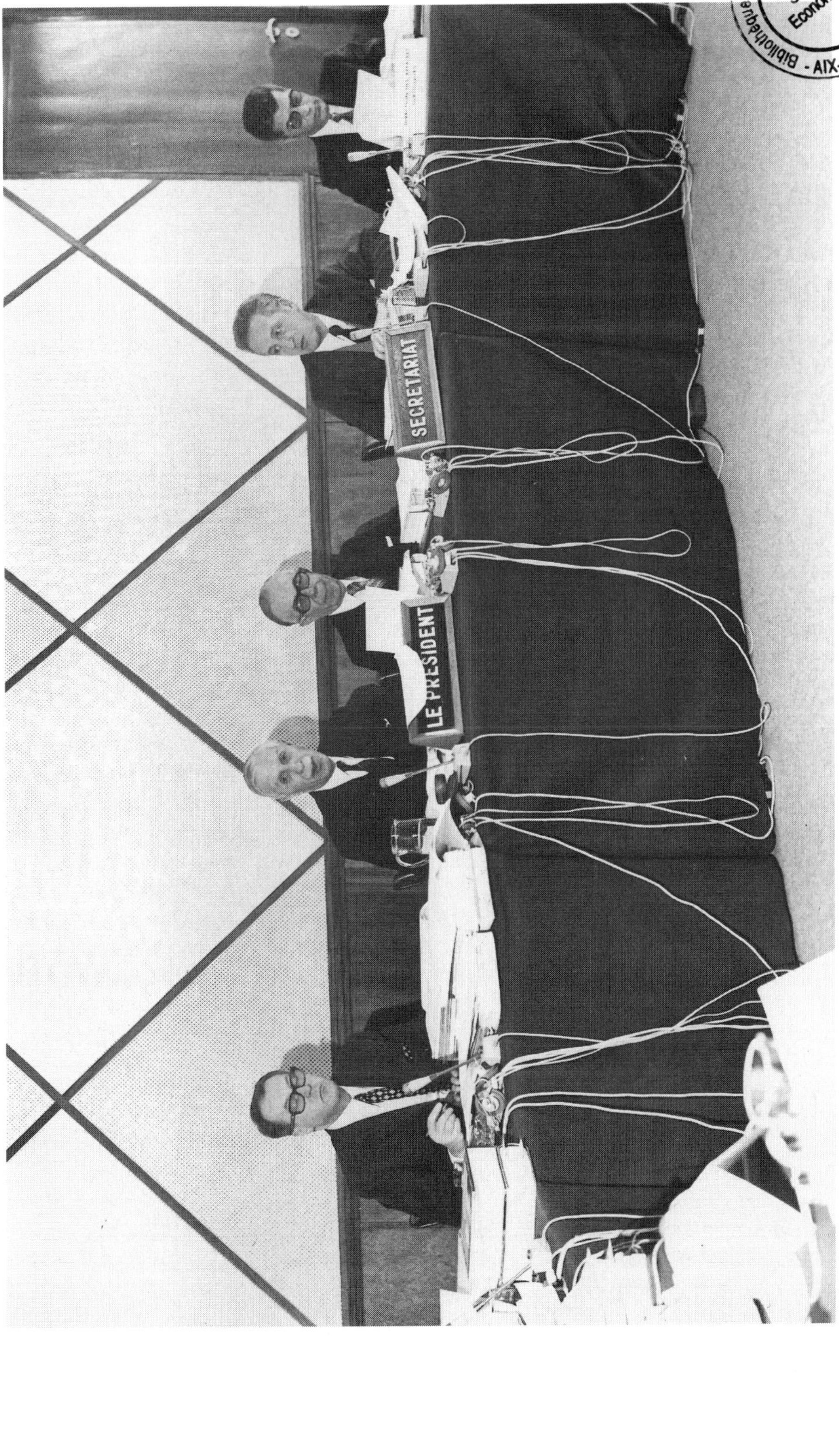
SECRETARIAT
LE PRESIDENT

Comité d'Experts de la Charte Sociale Européenne
Conseil de l'Europe – Strasbourg le 7 février 1973

Vangrenbergh P. Laroque Sur Wiebringhaus Papandréou

Remise de la médaille du Mérite Européen à
Mme Simone Veil, le 10 novembre 1983
Présidence du Sénat, Petit Luxembourg

Remise de la Grand Groix de la Légion d'honneur le 10 octobre 1984
par le Président de la République, François Mitterrand

Présidence de la République Française
Service photographique
Photographie n° 5472-123 du 10 octobre 1984
Mention obligatoire

Inauguration au métro Auber de l'exposition
« 40e anniversaire de la Sécurité Sociale »
le 30 septembre 1985, par Mme Georgina Dufoix,
ministre des Affaires Sociales et de la Solidarité Nationale

Réception en l'honneur de Francis Blanchard,
Directeur général du Bureau International du Travail,
au Conseil Economique et Social, le 26 novembre 1985

Le Comité des sages
Etats généraux de la Sécurité Sociale – le 28 avril 1987

J. Picot, G. Calot, G. Dorion, P. Laroque, Ph. Seguin,
J. Marmot, J. Bernard, S. Nora, J. Choussat

Jean Picot, Membre de l'Institut des Actuaires Français ;
Gérard Calot, Directeur de l'Institut National d'Etudes Démographiques ;
Georges Dorion, Inspecteur général des Affaires Sociales, rapporteur général adjoint ;
Pierre Laroque, Président de Section Honoraire au Conseil d'Etat, Directeur général Honoraire de la Sécurité Sociale ;
Philippe Seguin, ministre des Affaires Sociales et de l'Emploi ;
Jean Marmot, Conseiller-Maître à la Cour des Comptes, Secrétaire général de la Commission des Comptes de la Sécurité Sociale, rapporteur général ;
Jean Bernard, de l'Académie Française, Président du Comité National consultatif d'Ethique des Sciences de la vie et de la santé ;
Simon Nora, Inspecteur général des Finances Honoraire ;
Jean Choussat, Inspecteur général des Finances, Directeur général de l'Assistance Publique de Paris

Le 16 avril 1987

Une réunion de famille, le 11 novembre 1987

la fin de décembre. Il est nécessaire d'y faire d'importants travaux de mise en état et notamment de peinture, pour lesquels je bénéficie du concours de l'Entreprise LECLAIRE dont j'avais présidé la Société de Secours Mutuels avant ma mobilisation. Ma femme se rend à LYON pour liquider l'appartement de la rue du Griffon, s'entendre avec M. et Mme DOLLFUS, qui vont pouvoir rejoindre MULHOUSE après la libération de l'Alsace, et organiser le déménagement de nos meubles. Nous pouvons emménager à la fin du mois d'avril et au début du mois de mai 1945. Nous sommes depuis lors toujours dans cet appartement.

Cette période est aussi pour moi profondément affectée par la santé de ma mère. Mes parents rentrés à PARIS louent provisoirement un appartement meublé rue Falguière en attendant de pouvoir trouver un nouvel appartement et d'y ramener leurs meubles partis à LYON. Des examens médicaux révèlent alors chez ma mère un cancer avancé du côlon. L'opération, tentée par l'un des meilleurs chirurgiens du moment, ne laisse malheureusement aucun espoir de guérison. Et je vais vivre les six mois qui suivent devant la détresse de voir disparaître progressivement cette mère qui m'était particulièrement chère. Tous les soirs, en quittant le Ministère, je passe l'embrasser, et je la quitte le cœur lourd. En même temps je suis de plus en plus préoccupé par le sort de mon plus jeune frère, Raymond, plus jeune que moi de quinze ans, qui a été arrêté par la Gestapo de LYON au printemps 1944 et déporté en ALLEMAGNE. C'est seulement au mois de mai, quelques jours après le décès de ma mère, que je reçois les résultats des recherches que j'ai demandées aux autorités militaires américaines d'entreprendre et d'où il résulte que mon frère avec les survivants du Commando d'ELLRICH, où il avait survécu, n'a pu échapper au massacre auquel les gardes allemands ont procédé à GARDELEGEN, alors que les déportés allaient être rejoints par les forces militaires alliées se rapprochant elles-mêmes des forces russes. Je n'ai été soutenu dans ces heures difficiles que par la chaleur et l'affection des miens et par le travail acharné et écrasant auquel j'ai eu alors à faire face pour assurer la mission que j'avais acceptée avec enthousiasme.

Pour la période qui s'ouvre, je ne dispose plus du secours d'un journal comme j'en avais tenu pour les mois passés à LONDRES et à BAYEUX. J'ajoute que je n'ai conservé aucune note sur cette période, estimant que tous les documents dont je disposais appartiennent à l'administration et que je les ai laissés par suite à mes successeurs et aux archives publiques. Je ne peux donc faire appel qu'à mes souvenirs personnels, et, l'âge venant, ma mémoire, autrefois excellente, est malheureusement souvent défaillante. Il ne faudra donc pas m'en vouloir, si dans la suite de ces souvenirs l'on constate des lacunes et peut-être même des inexactitudes.

IV

La Sécurité Sociale

La période qui s'ouvre à l'automne 1945 est pour moi dominée par l'élaboration et la mise en œuvre du plan français de Sécurité Sociale. Tenant à ce que les années écoulées n'altèrent pas les réalités de l'époque, je me réfère aux documents que j'ai pu reconstituer. L'essentiel s'en trouve dans les exposés des motifs des ordonnances de 1945, dans une allocution aussi, sorte de discours-programme, que j'ai prononcée le 23 mars 1945 à l'inauguration d'un enseignement sur la Sécurité Sociale créé dans le cadre de l'Ecole Nationale d'Organisation Economique et Sociale, dirigée alors par Georges LUTFALLA, et en présence d'un aréopage réunissant autour du Ministre d'alors, Alexandre PARODI, les représentants les plus éminents des organisations syndicales, du patronat, de la mutualité, du corps médical, et, d'une manière générale de toutes les organisations et institutions impliquées dans la réforme en voie d'élaboration.

Quelles sont alors les préoccupations qui, pour moi, constituent la base, le fondement de la Sécurité Sociale ? Issue de mes travaux des années écoulées, de mes expériences vécues, et des recherches que j'ai été appelé à faire pour la préparation de mes enseignements, ma préoccupation de base est celle de débarrasser les travailleurs de la hantise du lendemain, de cette incertitude génératrice chez eux d'un complexe d'infériorité paralysant l'expansion de leur personnalité, et origine réelle de la distinction des classes entre les possédants, sûrs d'eux-mêmes et de leur avenir, et les non possédants, constamment sous la menace de la misère. Mon souci est donc d'atteindre à plus de justice sociale, à réduire les inégalités existant entre les hommes sur le plan de la sécurité du lendemain.

La Sécurité Sociale apparaît ainsi comme un élément dans une politique d'ensemble beaucoup plus vaste, englobant : la garantie à tous de la possibilité de trouver un emploi rémunérateur, donc le plein emploi et l'élimination du chômage ; une rémunération assurant à chacun des moyens de vivre et de faire vivre sa famille dans des conditions décentes ; la sécurité de l'emploi, donc des garanties contre l'arbitraire patronal dans les embauchages et les licenciements ; une organisation médicale permettant de conserver à chacun intégrité physique et intellectuelle par des soins appropriés, et, plus encore, par la prévention de la maladie et de l'invalidité, notamment par l'hygiène et la sécurité du travail ; enfin, dans les cas où un travailleur ou sa famille se trouve privé en tout ou partie du gain provenant du travail, par le chômage, la maladie, la maternité, l'invalidité, la vieillesse, ou voit son niveau de vie diminué par la présence de jeunes enfants au foyer, l'attribution d'un revenu de substitution ou de complément.

Bien sûr, depuis longtemps déjà, la FRANCE, comme les pays économiquement les plus évolués, a connu des efforts multiples entrepris pour atteindre certains au moins des buts ainsi poursuivis. Les premiers d'entre eux ont correspondu au souci de la prévoyance. Prévoyance libre d'abord, par les économies individuelles ou familiales, facilitées par les Caisses d'Epargne, par les sociétés de Secours Mutuels qui ont en FRANCE un long passé historique. Interventions ensuite des Eglises, puis des pouvoirs publics, par des mesures d'assistance, facultatives, puis obligatoires. Mise en jeu de la responsabilité des chefs d'entreprise à l'égard des accidents et maladies d'origine professionnelle. Assurance obligatoire par les régimes d'assurances sociales couvrant plus ou moins totalement les travailleurs contre les charges résultant des maladies ou accidents et leur attribuant des revenus de remplacement. Allocations familiales s'ajoutant aux revenus du travail pour réduire la charge de l'entretien d'enfants au foyer. Mais tout cela s'est fait d'une manière fragmentaire et dispersée, par des moyens dont l'efficacité s'est trouvée réduite par l'absence de coordination, par l'existence aussi de failles et de lacunes.

Le problème est donc d'abord d'envisager la Sécurité Sociale comme un tout, dans une organisation qui regroupe l'ensemble des régimes et des institutions en un système général, pouvant comporter des solutions différentes en fonction des besoins de chacun, mais qui ne peut être qu'un système de prévoyance obligatoire s'appliquant à toutes les catégories de la population, substituant à une protection dispersée entre des risques divers et entre des groupes également divers, une véritable Sécurité Sociale pour tous.

De plus cette Sécurité Sociale doit reposer sur une solidarité nationale. Tout le monde doit y participer dans la mesure de ses moyens. Ce résultat certes peut être obtenu grâce à l'intervention de l'Etat agissant par la voie fiscale, et certains pays ont adopté délibérément cette voie. Telle ne paraît pas être la formule à recommander en FRANCE.

Deux ordres de dangers doivent être évités. Le premier est le risque de détruire ou au moins de décourager chez les individus l'esprit d'initiative et d'entreprise. Il faut éviter de développer chez les travailleurs la tendance à un optimisme égoïste, à courte vue, la tendance à se laisser vivre. La Sécurité Sociale doit être conçue de manière qu'en débarrassant le travailleur des soucis du lendemain, elle lui permette de développer pleinement sa personnalité, de s'affirmer, de se dépasser soi-même, de s'élever intellectuellement et socialement. Ceux qui auront la charge de l'application des systèmes français de la Sécurité Sociale devront l'orienter non dans le sens de la paresse et de la stagnation, mais de la vigueur et de la jeunesse.

Un deuxième danger réside dans le risque de la bureaucratisation. Il faut éviter de voir s'édifier une administration énorme, au personnel bureaucratique et paperassier. L'administration des organismes de Sécurité Sociale doit être faite d'institutions vivantes, se renouvelant par création continue, par l'effort des intéressés eux-mêmes et de leurs représentants en assurant directement la gestion. La tradition française dans le domaine de la Sécurité Sociale est celle d'un effort désintéressé et généreux d'assistance mutuelle, c'est la tradition de la mutualité, du syndicalisme, celle du vieux socialisme français, celle de la fraternité. Il incombe aux collaborateurs de la Sécurité Sociale de faire l'éducation des travailleurs pour leur faire prendre conscience des responsabilités qui leur incombent dans les institutions qui sont les leurs et d'orienter constamment l'activité de ces institutions dans un esprit de générosité, un esprit de désintéressement sans lequel aucun effort social ne peut atteindre sa pleine efficacité.

Il faut pour cela des organismes proches des hommes, de dimension limitée pour que chacun les connaisse et s'en sente effectivement responsable. C'est cela aussi la démocratie sociale.

L'effort à accomplir tend précisément à développer notre démocratie politique en une vraie démocratie sociale, à la fois en assurant une plus grande égalité dans la sécurité du lendemain et en développant une participation responsable de chacun et de tous à l'animation et à la gestion de l'action entreprise. L'on ne saurait y parvenir que par une transformation profonde de notre société. Le problème à résoudre n'est pas seulement ni principalement un problème technique. Il s'agit surtout de créer et de développer des comportements nouveaux, de modifier profondément la société dans son esprit même. Et je terminais mon allocution à l'inauguration de l'enseignement de la Sécurité Sociale de l'Ecole Nationale d'Organisation Economique et Sociale en disant « C'est une révolution que nous voulons faire et c'est une révolution que nous ferons ».

Tel est l'esprit dans lequel nous avons abordé nos travaux à l'automne 1945 et dans lequel nous nous sommes efforcés de remplir notre mission.

Structure et organisation de la Direction Générale de la Sécurité Sociale

Au moment où je prends mes fonctions, ma première préoccupation est de définir la structure et l'organisation de la Direction Générale de la Sécurité Sociale dont j'ai la responsabilité. La définition et l'objet même d'une telle direction exigent le regroupement en un ensemble cohérent de tous les services contribuant à la réalisation de la Sécurité Sociale telle que je l'ai définie. Le noyau de la nouvelle direction est naturellement la Direction Générale des Assurances Sociales et de la Mutualité préexistante. Encore faut-il lui rattacher les services en charge d'autres prestations dépendant jusqu'alors de directions différentes. Il s'agit essentiellement des prestations familiales, dont la responsabilité incombait jusqu'alors à la Direction Générale du Travail et de la Main-d'Œuvre, du fait qu'elles étaient considérées comme une modalité du salaire. Dès lors qu'elles sont désormais conçues comme des éléments de la sécurité de chacun, débordant d'ailleurs les travailleurs salariés pour s'étendre à tous les travailleurs actifs, salariés ou non, et même à toute la population, active ou inactive, du pays, leur place est à la Direction Générale de la Sécurité Sociale. Il eût été logique d'y rattacher également l'aide aux travailleurs sans emploi, c'est-à-dire tout ce qui concerne le chômage, ce qui eût entraîné la création d'une assurance-chômage, encore inexistante. Le problème est posé, mais les perspectives de la reconstruction de l'économie du pays devant impliquer pendant plusieurs années un total plein emploi et sans doute même le recours à une immigration de travailleurs étrangers, il ne paraît pas opportun, pour le moment, d'envisager une telle initiative. La question est donc réservée. D'autre part le régime de VICHY, en créant la « corporation agricole », avait enlevé au Ministère du Travail toute compétence en matière de travail et d'assurances sociales agricoles. Le Ministre de l'Agriculture du Gouvernement de la Libération, malgré la disparition de la « corporation », tient à conserver sous sa coupe les problèmes sociaux du monde agricole, et il est donc décidé que la Direction Générale de la Sécurité Sociale ne serait pas compétente à l'égard de ces problèmes, si regrettable que puisse paraître et qu'ait été en fait cette séparation, qui a toujours été défavorable aux travailleurs agricoles.

Les attributions de la Direction Générale de la Sécurité Sociale étant ainsi définies, il me faut créer l'instrument de mise en œuvre de ces attributions.

La Direction Générale des Assurances Sociales comporte jusqu'alors un « bureau central », sorte de Cabinet ou de Secrétariat Général de cette Direction, auquel sont réservés tous les problèmes de principe ou de politique générale de l'ensemble des services. J'estime contestable une telle formule, qui conduit à priver chaque bureau technique de la connaissance des problèmes les plus intéressants et de les décourager de tout effort d'innovation. Je décide donc la suppression du bureau central et la création d'un simple secrétariat ayant la charge de toutes les activités communes exigeant une centralisation : l'arrivée du courrier, sa répartition entre les bureaux, le départ du courrier, le classement du courrier personnel du Directeur, les problèmes de personnel, de matériel et de locaux, le secrétariat, au sens propre, du Directeur Général. J'entends confier ce secrétariat non à un simple exécutant, mais à un fonctionnaire d'un niveau élevé, connaissant l'ensemble des activités, des services et du personnel, au courant de tout et en mesure d'aider le Directeur Général dans son rôle d'animation et de coordination. J'ai la chance de trouver, sur la recommandation d'un des hauts fonctionnaires de la Direction, un sous-chef de bureau ayant toutes les qualités requises, en la personne de Mme SURZUR, jeune veuve sans enfant, habitant à proximité du Ministère, et comptant plusieurs années de fonctions au sein de la Direction Générale des Assurances Sociales. Pendant les sept années que j'ai passées à la Direction Générale de la Sécurité Sociale, elle est une collaboratrice d'une qualité exceptionnelle. Arrivant la première le matin, et partant la dernière le soir, d'un dévouement sans limite, connaissant personnellement tous les membres du personnel de la Direction Générale, et ayant avec eux des relations étroites et confiantes, en même temps que montrant un sens psychologique qui lui permet d'être la confidente de chacun, portant un jugement très sûr non seulement sur les mérites mais aussi sur les possibilités de chacun. C'est aussi une femme de caractère, très cultivée, et ayant des opinions personnelles correspondant très largement aux miennes, et un sens exceptionnel du service public ainsi qu'un désintéressement total. Elle est et demeure un des piliers essentiels de la Direction Générale de la Sécurité Sociale et la collaboration qu'elle m'apporte se poursuivra par-delà même mon départ dans de nombreuses et autres occasions, dont j'aurai à reparler.

Avec elle, les autres piliers de la Direction Générale de la Sécurité Sociale sont naturellement les deux Directeurs-Adjoints, issus l'un et l'autre de la Direction Générale des Assurances Sociales, et entre lesquels j'ai réparti les différents Bureaux. L'un est en charge des services administratifs et financiers, l'autre de ceux qui ont à traiter des diverses prestations sanitaires ou sociales. Le premier est Francis NETTER, ancien Elève de l'Ecole Polytechnique, entré au Ministère en 1930 comme actuaire à la Direction Générale des Assurances Sociales, et qui a déjà été en charge de tous les aspects financiers de celle-ci. Le second est Lucien GUIBERT, qui, quelques semaines plus tard, va prendre la direction de la Caisse Nationale de Sécurité Sociale, et sera remplacé par Etienne GOUT,autre polytechnicien, mais plus orienté vers les aspects sociaux que vers les aspects financiers de la matière. Chacun des Directeurs-Adjoints a la responsabilité de plusieurs sous-directions. Le Directeur-Adjoint en charge des services administratifs et financiers coiffe une sous-direction administrative groupant : un Bureau compétent pour tous les problèmes administratifs et juridiques posés par les Caisses, créations, circonscriptions, désignation des administrateurs, élections, personnel des Caisses, discipline générale, tutelle des Caisses ; un Bureau en charge de la Mutualité, survivance de l'ancienne Direction de la Mutualité fusionnée dans le passé avec la Direction Générale des Assurances Sociales ; — un Bureau des Régimes Spéciaux de Sécurité Sociale propre à certaines catégories professionnelles et qui sera ultérieurement doublé d'un Bureau en charge des Régimes Propres aux Travailleurs Non Salariés ; — et une Sous-Direction Financière comptant quatre Bureaux, l'un compétent pour l'ensemble des Problèmes Financiers Généraux de la Sécurité Sociale, deux autres dans la définition des règles de comptabilité applicables aux Caisses et le contrôle de ces comptabilités ; — un autre enfin chargé des Problèmes d'Organisation et de Méthode, portant notamment sur le type des matériels, machines comptables, ordinateurs, et autres, des différents organismes et Caisses.

Le Directeur-Adjoint en charge des Prestations a sous sa coupe : — une Sous-Direction des Assurances Sociales et des Prestations Familiales coiffant les Bureaux de l'Assurance-Maladie, de l'Assurance-Invalidité, de l'Assurance-Vieillesse, des Prestations Familiales ; — une Sous-Direction des Accidents du Travail et Maladies Professionnelles comportant deux Bureaux, l'un pour les Prestations proprement dites, l'autre pour la Prévention des Accidents et Maladies et les cotisations propres à ce régime ; — enfin une Sous-Direction de l'Action Sanitaire et Sociale placée sous la responsabilité du Médecin-Conseil de la Direction Générale et compétente aussi bien pour l'orientation et la coordination des activités sociales et sanitaires des Caisses que pour les relations avec les professions médicales, paramédicales et sociales.

Deux Bureaux sont rattachés directement au Directeur Général : — le premier Bureau dit Bureau de Législation, qui tiendra la plume et aura la charge dans la première période de l'élaboration et de la mise en forme des textes généraux, ordonnances, lois, décrets, nécessités par la réforme, et de coordonner dans cette mesure les travaux entrepris par les divers Bureaux. Ce Bureau, plus tard, mais de manière de plus en plus exclusive, aura la charge des relations internationales en matière de Sécurité Sociale ; — le deuxième Bureau, Bureau d'Information et de Documentation, devant d'une part alimenter les services en documents nécessaires à leurs travaux, d'autre part assurer les relations publiques de la Direction Générale de la Sécurité Sociale, relations particulièrement importantes pour faire l'éducation du public et de l'opinion dans les diverses activités de la Direction. Le Chef du premier Bureau est, dans la première période, Marcel LEGRAS qui sera le principal rédacteur des textes de base, et qui, lui aussi, sera de ce fait un des piliers essentiels de la Direction Générale.

Il faut y ajouter le Service du Contrôle Général de la Sécurité Sociale, héritier du Contrôle Général des Assurances Sociales, placé sous l'autorité d'un Chef de Service et d'un Adjoint, et comportant un certain nombre de Contrôleurs Généraux et de Contrôleurs, chargés d'une part, de toutes les missions que lui confient soit le Ministre soit le Directeur Général, d'autre part, d'un contrôle permanent des différents services et organismes régionaux et locaux, l'amenant à être un instrument essentiel de liaison entre les services centraux et les administrations et Caisses en charge de l'application des législations de Sécurité Sociale sur le terrain. Le contrôle a un recrutement propre, et qui dans l'avenir sera assuré par l'Ecole Nationale d'Administration au même titre que celui du corps des Administrateurs Civils, et groupe des fonctionnaires de haute qualité, qui jouent un rôle essentiel de coordination et d'animation de l'Institution. Il est placé sous l'autorité du Directeur Général de la Sécurité Sociale jusqu'au moment où il sera rattaché directement au Ministre, devenant un corps interministériel d'Inspection Générale et s'intégrant dans une Inspection Générale des Affaires Sociales en 1967.

Les Assurances Sociales, issues de la législation de 1928-1930, comportaient encore une Caisse Générale de Garantie, organisme financier chargé de centraliser les fonds affectés aux Assurances Sociales, essentiellement le produit des cotisations, de gérer ces fonds et d'attribuer aux Caisses les sommes nécessaires pour leur permettre de faire face à leurs missions. De plus le régime de VICHY avait créé un Institut National d'Action Sociale des Assurances Sociales (I.N.A.S.A.S.), qui avait, au niveau national, charge de promouvoir des activités ou institutions présentant un intérêt général dans le domaine médical ou social. Il est décidé de fusionner ces deux organismes en une Caisse Nationale de Sécurité Sociale assumant directement toutes les activités de gestion devant être organisées au niveau national : la centralisation et la répartition des fonds entre les Caisses, la coordination de l'action sanitaire et sociale de celles-ci, des réalisations d'intérêt national, la prévention des accidents du travail et des maladies professionnelles, les opérations immobilières de l'ensemble des Caisses sous l'angle technique et sous l'angle financier. Cette Caisse Nationale, établissement public national, est gérée par un Conseil d'Administration composé, à côté de représentants des Ministres intéressés, Travail et Sécurité Sociale, Santé Publique, Economie et Finances, de représentants élus par les membres des Conseils d'Administration des Caisses de Sécurité Sociale et d'Allocations Familiales, le Président devant être un Conseiller d'Etat ou un Président de Section au Conseil d'Etat désigné par le Vice-Président du Conseil d'Etat, afin d'assurer la totale indépendance de l'Institution. Le Directeur Général de la Sécurité Sociale et le Directeur-Adjoint chargé des Affaires Financières sont membres de droit de ce Conseil.

Enfin un Conseil Supérieur de la Sécurité Sociale, succédant à l'ancien Conseil Supérieur des Assurances Sociales, joue un rôle consultatif auprès du Ministre et du Directeur Général pour tous les problèmes qui lui sont soumis et assume aussi d'importantes fonctions contentieuses, en appel d'organismes régionaux. Il est composé de membres élus par les Conseils d'Administration des Caisses, de représentants des Ministères intéressés, et de représentants des personnels des Directions Régionales comme des Caisses. Il est présidé par un membre du Conseil d'Etat ou de la Cour des Comptes. En fait il l'a été successivement par le Président de la Section Sociale du Conseil d'Etat et par le Premier Président de la Cour des Comptes. Son Secrétaire Général a toujours été un membre de la Cour des Comptes, assisté d'un certain nombre de rapporteurs pris au sein du Conseil d'Etat, de la Cour des Comptes et de l'Inspection Générale des Finances, et de quelques agents du Ministère. Il a, durant cette période, une activité très importante. Les Caisses d'Allocations Familiales ont demandé et obtenu la création d'une Commission Supérieure des Allocations Familiales appelée à traiter, parallèlement, des problèmes propres aux prestations familiales.

Le fonctionnement de l'ensemble des services et organismes de Sécurité Sociale donne lieu à un Contentieux dont le volume est considérable. Des mécanismes adaptés ont dû être prévus pour assurer dans des conditions satisfaisantes, le jeu de ce Contentieux. Des Commissions du Contentieux de la Sécurité Sociale (aujourd'hui devenus Tribunaux des Affaires Sociales) ont été créés en charge de l'essentiel des litiges nés de l'application de la législation. Elles sont composées, suivant le système dit de l'échevinage, d'un Magistrat Président, et d'Assesseurs pris parmi les administrateurs patronaux et ouvriers des Caisses. Leurs jugements sont susceptibles d'appel devant les Chambres Sociales des Cours d'Appel. Tous relèvent du contrôle de la Chambre Sociale de la Cour de Cassation.

Des contentieux spéciaux ont dû être aménagés pour résoudre d'une part les difficultés d'ordre médical, d'autre part certains litiges techniques concernant notamment l'invalidité ou les taux des cotisations applicables en matière d'accidents du travail et de maladies professionnelles.

C'est ainsi tout un monde qui a pris corps, qui s'est organisé et a évolué, pour réaliser la Sécurité Sociale sous tous ses aspects, avec son administration, ses services financiers, sa justice, et même ses relations internationales, tout un monde qu'il faut construire, animer, coordonner et adapter, et tout cela en un délai de quelques mois, car tout le fonctionnement de l'institution nouvelle en dépend. A ce résultat ont largement contribué le climat de l'époque et notamment l'élan de solidarité qui a marqué profondément la libération du pays et a favorisé la reconstruction rapide de notre économie, les travailleurs ne ménageant ni leur temps ni leur peine dans les efforts nécessaires pour cette œuvre nationale. A celle-ci la Sécurité Sociale elle-même apporte sa contribution, les travailleurs ayant conscience de la contrepartie à leurs efforts qui résulte des garanties dont ils bénéficient.

Méthodes de travail

Assumant pour la première fois la direction d'un Service aussi important, je n'ai pas alors d'expérience concrète de la manière de procéder. Les occasions que j'ai eues de participer à la gestion de services administratifs, soit au cours de mon service militaire, soit dans les fonctions exercées à LONDRES n'ont jamais concerné que des organismes ou groupes à effectifs restreints et où je pouvais avoir des contacts personnels et permanents avec tous mes collaborateurs. Et si ma participation à des cabinets ministériels ou à des commissions nombreuses et diverses m'ont permis de connaître de l'extérieur bien des services administratifs, de Ministères ou autres, je n'ai jamais eu la responsabilité directe de grandes administrations. Je dois donc me faire à moi-même ma doctrine, élaborer une méthode de travail, en fonction de ce que je sais déjà.

La Direction Générale de la Sécurité Sociale comprend approximativement 400 collaborateurs de tous grades. Elle a d'autre part la direction technique de 16 Directions Régionales et la tutelle directe ou indirecte de plusieurs centaines de Caisses ou organismes divers comme de sociétés mutualistes, d'Unions et de Fédérations de Caisses ou de telles Sociétés relevant du statut de la Mutualité. Il s'agit d'assurer le fonctionnement permanent et cohérent de cet ensemble considérable.

La Direction Générale

C'est avec le personnel de la Direction Générale que j'ai bien entendu les contacts les plus directs et les plus étroits. Ma première préoccupation est de connaître tous les membres de ce personnel, de leur faire comprendre mon orientation, et d'établir avec tous des relations confiantes.

A. Je commence donc par réunir la totalité du personnel de la Direction dans la grande salle des commissions, et je lui présente un exposé d'ensemble sur mes intentions. Je ne leur dissimule pas que, par delà l'expédition des affaires courantes, tous vont avoir une tâche supplémentaire considérable pour l'élaboration et la mise en œuvre d'une grande réforme, qu'ils sont et doivent être les artisans de transformations sociales majeures, appelant un grand effort mais dont ils auront à la fois le mérite et la responsabilité. Il s'agit là d'une action collective appelant un travail d'équipe, dont j'espère que, si elle est menée à bien, elle leur apportera une légitime fierté et la reconnaissance de tous les travailleurs de même que de toute la population du pays. Je les en remercie d'avance.

Par la suite je tiens, au début de chaque année, à organiser une réunion analogue, faisant le bilan des travaux de l'année écoulée, et définissant les objectifs de l'année qui s'ouvre, pour faire prendre conscience à chacun de la part qu'il prend à la grande œuvre dont nous avons collectivement la charge.

B. En vue de l'organisation du travail courant, je prévois des réunions régulières à jours et à heures fixes.

D'une part, je prévois une réunion hebdomadaire des chefs de service, à savoir les deux Directeurs-Adjoints, les cinq Sous-Directeurs, les Chefs des deux Bureaux directement rattachés au Directeur Général, le Chef du Service du Contrôle Général de la Sécurité Sociale et son adjoint, et la secrétaire de la Direction Générale. Cette réunion a un double objet : d'une part mettre tout le monde au courant de mes activités de la semaine écoulée et des conclusions et réflexions que j'en tire, d'autre part faire le tour des problèmes et du programme de travail de la semaine commençante. Chacun, à tour de rôle, fait part des questions qu'il a à résoudre, des réunions interministérielles ou autres auxquelles il est appelé ou sera appelé à participer, et reçoit les indications sur les positions à prendre, les orientations à suivre, en même temps qu'il prend connaissance de l'activité et des opinions des autres services que le sien, chacun devant tout savoir et transmettre par la suite les informations et orientations reçues à ses collaborateurs.

D'autre part, je réunis une fois par semaine, à tour de rôle, et à jour et heure fixes, les représentants des Chefs de chaque Sous-Direction, des Bureaux directement rattachés au Directeur Général, et du Contrôle Général de la Sécurité Sociale. Pour chaque Sous-Direction sont présents le Directeur-Adjoint dont elle relève, le Sous-Directeur, les Chefs de Bureau et éventuellement tel ou tel fonctionnaire plus concerné par les problèmes traités. Il est procédé à un tour d'horizon des activités, ici encore, de la semaine écoulée et de la semaine commençante.

La durée de ces réunions varie naturellement suivant la composition de chacune d'elles et suivant l'importance et la difficulté des questions traitées.

Ce qui m'importe avant tout, c'est d'éviter les cloisonnements, c'est de faire que tous soient au courant de tout et soient conscients de leur part dans un travail collectif avec la même orientation et dans une totale cohésion. C'est aussi d'éviter que l'un ou l'autre d'entre nous ait le sentiment ou tende à avoir le sentiment d'être indispensable parce qu'il aurait le monopole de certaines informations ou directives. Ceci est valable pour moi comme pour tous les autres. Je tiens à être assuré que mon absence éventuelle, quel qu'en puisse être le motif, ne soit pas cause de trouble, et que chacun continue à agir dans le même sens et dans le même esprit.

A coup sûr une telle formule exige beaucoup de temps. En fait l'essentiel de mes matinées est absorbé par ces multiples réunions, mais le jeu en vaut la chandelle, car ainsi est assurée la continuité du service public, en même temps que s'établissent des rapports de confiance entre tous.

Si l'harmonie des relations à l'intérieur de la Direction est ma préoccupation de tous les instants, je n'aurais garde de sous-estimer les relations d'une part avec les autres Directions du Ministère, d'autre part avec le Ministre et son Cabinet.

Avec les autres Directions du Ministère — C'est d'abord avec la Direction Générale du Travail et de la Main-d'Œuvre — Le titulaire en est alors Jacques MAILLET dont j'ai fait la connaissance à LONDRES, qui est devenu pour moi et reste un ami. Il n'y a donc entre nous aucun problème. Mais il faut dire aussi que si nos activités sont parallèles, elles donnent lieu à peu de contacts ou d'actions communes sauf dans le domaine de la prévention des accidents du travail et des maladies professionnelles. C'est ensuite avec la Direction de l'Administration Générale et du Personnel que les relations sont beaucoup plus fréquentes, puisque celle-ci fournit à tous les services les moyens de travailler, locaux, matériel, personnel. Après quelques mois, c'est une femme, la première qui accède dans l'ensemble du Gouvernement, à un poste de cette importance, que cette Direction revient. Il s'agit de Mme GIRARD, avec laquelle j'ai d'excellents contacts. Ses qualités d'organisation et d'efficacité font que nous nous entendons parfaitement. Et, partageant le même souci d'objectivité et d'efficacité, nous sommes toujours d'accord sur la solution des problèmes de personnel.

Reste un aspect plus important, celui des relations avec le Ministre et les membres de son Cabinet. Dans l'instabilité qui caractérise les Cabinets de la 4e République, je relève d'un certain nombre de Ministres successifs, mais quatre ont compté surtout : Alexandre PARODI, ami personnel, qui me faisait une totale confiance, Ambroise CROIZAT, communiste, Daniel MAYER, socialiste, et Paul BACON, M.R.P. Malgré la variété des attaches politiques des uns et des autres, j'ai eu la chance de m'entendre au mieux avec chacun d'eux. Sans doute n'ai-je jamais réussi à obtenir, comme j'en exprime le souhait chaque fois que j'en ai l'occasion, que chacun me réserve, à jour et à heure fixes, un moment d'entretien pour traiter des problèmes de ma Direction. Mais tous me reçoivent chaque fois que j'en fais la demande, et tous m'ont toujours épaulé dans mon action et mon orientation. Avec Ambroise CROIZAT, le premier contact a été un peu réfrigérant. Lors de notre premier entretien, en janvier 1946, j'ai eu le sentiment, en lui exposant l'état de mes travaux et les perspectives prochaines, de parler à un mur. Mais après une quinzaine environ, le mur s'est humanisé, et l'accueil s'est fait humain et même chaleureux, et le Ministre m'a toujours appuyé et soutenu en toutes circonstances.

C'est au point que lorsque j'ai proposé pour les fonctions de Sous-Directeur un fonctionnaire qui se trouvait être Maire socialiste de SURESNES et qui m'avait demandé de ne pas le présenter, vu les mauvaises relations qu'il avait dans sa commune avec le parti communiste, j'ai persévéré, refusant de tenir compte de telles considérations, étrangères à l'intérêt du Service, et CROIZAT m'a donné immédiatement et sans discussion satisfaction. C'est avec Daniel MAYER que j'ai eu une seule opposition et sur une question mineure. Il s'agissait d'un militant socialiste d'un département du Midi qui avait postulé auprès d'une Caisse de Sécurité Sociale un emploi d'enquêteur en matière d'accidents du travail, emploi qui ne pouvait être pourvu qu'avec l'agrément ministériel. Le Directeur Régional de la Sécurité Sociale ayant émis un avis défavorable fondé sur l'insuffisante compétence technique de l'intéressé, je n'ai pu qu'appuyer la proposition de refus d'agrément faite par ce Directeur. Or Daniel MAYER tenait à donner satisfaction à l'intéressé qui avait des fonctions importantes dans la hiérarchie du parti socialiste, et cependant ne voulait pas prendre la responsabilité d'un agrément contraire aux propositions du Directeur responsable. Comme je maintenais fermement ma position, estimant ne pouvoir désavouer le Directeur Régional, Daniel MAYER demanda et obtint que le Directeur du Travail au Ministère acceptât de proposer un avis favorable. Ce désaccord n'eut d'ailleurs pour moi aucune conséquence, Daniel MAYER, en présence d'une critique personnelle dirigée contre moi par un sénateur lors d'une discussion parlementaire, prit vigoureusement ma défense. Quant à Paul BACON, je n'ai jamais eu avec lui aucun désaccord. Il défendit, comme ses prédécesseurs et avec la même fermeté, notre Sécurité Sociale et tous ceux qui en étaient les animateurs.

Tous les Ministres ont d'ailleurs dans leur Cabinet respectif soit certains de mes collègues du Conseil d'Etat, soit des collaborateurs des services ou organismes de Sécurité Sociale, et il n'y a jamais eu entre nous de différends ni techniques, ni politiques.

C. Quant aux autres Ministères, ceux avec lesquels j'ai le plus de rapports sont la Santé et les Finances. Il peut arriver que des désaccords apparaissent entre les services de la Santé et ceux de la Sécurité Sociale, mais ceux-ci se règlent toujours à l'amiable et ne prennent jamais un caractère aigu. Quant au Ministère des Finances et plus particulièrement à la Direction du Budget, l'un des premiers titulaires de cette Direction me dit un jour que, tant que le coût de la Sécurité Sociale serait couvert par les cotisations encaissées, il ne ferait aucun obstacle aux mesures que je proposerais. Or il faut savoir qu'à l'époque, il était entendu que toutes les dépenses touchant de près ou de loin la Sécurité Sociale, y compris les frais de fonctionnement de l'administration et des juridictions contentieuses, sont supportées sur le produit des cotisations. Je n'avais donc aucun souci à me faire.

D. Des problèmes d'un ordre différent se posent du fait que l'organisation de la Sécurité Sociale s'étend à l'ensemble de la France (et même aux départements d'outre-mer), et qu'à travers les provinces le fonctionnement de l'institution relève principalement soit de services administratifs de l'Etat déconcentrés, soit de Caisses disposant d'une personnalité propre et d'une certaine autonomie. Je ne peux donc me contenter de coordonner et d'animer les services centraux. Pour assurer la mise en place et le fonctionnement des services et institutions assurant sur le terrain le jeu de ces institutions, il m'est indispensable d'établir des relations étroites avec les responsables régionaux et locaux.

J'entends d'abord utiliser largement à cette fin le Contrôle Général de la Sécurité Sociale. En accord avec les dirigeants de ce Service, je demande que chaque région ou groupe de régions soit placé sous la responsabilité d'un Contrôleur Général assisté d'un certain nombre de Contrôleurs, assumant une liaison permanente entre la Direction Générale et les Services et Institutions régionaux et locaux. Des plans annuels de contrôle sont établis pour chaque circonscription, de manière que dans chacune un certain nombre de Caisses fassent l'objet d'un contrôle approfondi auquel sont associés les Inspecteurs relevant de la Direction Régionale compétente. Les contrôleurs en charge de chaque circonscription rendent compte périodiquement du fonctionnement de la ou des Directions Régionales et des Caisses de leur circonscription. Et je tire de l'examen personnel des rapports reçus les conclusions qui s'imposent tant sur le plan local que sur le plan national, les services de la Direction Générale compétents étant incités à prendre les dispositions nécessaires pour remédier aux imperfections constatées par les moyens appropriés.

D'autre part, je m'astreins personnellement à consacrer chaque mois deux ou trois jours à un déplacement en province, visitant les Directions Régionales et un certain nombre de Caisses de Sécurité Sociale et d'Allocations Familiales, m'entretenant avec les membres des Conseils d'Administration des Caisses, les cadres tant de la Direction Régionale que des Caisses. Ces visites sont pour moi fructueuses, car elles me révèlent des incompréhensions, des malentendus, des défaillances, imputables soit à l'imperfection de certains textes ou circulaires, soit à l'insuffisante connaissance qu'ont les services ministériels des réalités locales. De plus, et surtout pendant les premières années de mes fonctions, je fais organiser au moins au Chef-lieu de la région visitée, parfois même au Chef-lieu du département, des réunions groupant soit distinctement, soit ensemble, les représentants les plus qualifiés des milieux patronaux, ouvriers et médicaux en même temps que les administrateurs des diverses Caisses, pour leur expliquer le sens de l'action entreprise, leur faire comprendre mes soucis à la fois d'efficacité sociale, et de démocratisation de la gestion des institutions, de leur donner le sens des responsabilités que je leur demande d'assumer dans cette gestion, et les inciter à exercer une action éducatrice à la fois sur les bénéficiaires de la Sécurité Sociale et sur les hommes et les femmes en charge du fonctionnement de celle-ci, pour donner une réalité concrète à l'esprit de solidarité qui doit commander constamment l'action entreprise.

Tout cela est la source pour moi de lourdes sujétions, mais aussi l'occasion de connaître les réalités du terrain, les différences d'approche de nos problèmes d'un endroit à l'autre, de prendre connaissance de la variété des inflexions constatées ici ou là. Lorsque, quelques mois plus tard, un jeune étudiant de l'Université de HARVARD, Henry GALANT vient en FRANCE pour y étudier, en vue d'une thèse de Doctorat, les bases de nos Institutions de Sécurité Sociale, je lui recommande de ne pas se contenter de visiter l'administration parisienne, mais de faire un large tour de la France. Il revient en me disant son étonnement de constater combien une législation nationale unique peut, en pareille matière, être appliquée de manière aussi différente d'une région à l'autre en fonction des différences psychologiques et sociologiques régionales et locales. C'est pour moi la constatation d'une adaptation heureuse des institutions aux réalités concrètes du terrain.

J'ajoute que les membres des Conseils d'Administration des Caisses de Sécurité Sociale d'une part, des Caisses d'Allocations Familiales d'autre part, décident de se grouper en organismes nationaux chargés de les représenter, en même temps que d'apporter aux Caisses des éléments d'information et d'orientation pour faciliter la tâche de chacune. La Fédération Nationale des Organismes de Sécurité Sociale, d'une part, l'Union Nationale des Caisses d'Allocations Familiales d'autre part, sans aucune contrainte, par la force de leur compétence et par les services rendus, sont amenées à jouer un rôle considérable dans le fonctionnement général de l'Institution. Et je prends l'habitude de réunir périodiquement les bureaux nationaux de l'une et de l'autre pour examiner avec eux les problèmes qui peuvent les préoccuper et chercher les moyens de les résoudre, en coordonnant les efforts des pouvoirs publics et de leurs organisations. Les Présidents et les Directeurs de ces organisations, pour la Fédération Nationale des Organismes de Sécurité Sociale, Henri RAYNAUD d'abord, puis Aimé TEXIER, avec Clément MICHEL comme Directeur, et de l'autre pour l'Union Nationale des Caisses d'Allocations Familiales Roger MONNIN et Roland LEBEL, ont joué un rôle essentiel dans la vie de l'Institution pendant toute la période dont je parle et bien au-delà.

Au début de chaque année nouvelle, je rédige une circulaire s'adressant à l'ensemble des fonctionnaires comme des administrateurs et personnels des Caisses et Organismes de Sécurité Sociale pour entretenir leurs efforts et leur faire part des perspectives envisagées pour l'année qui s'ouvre. Ces circulaires m'ont été parfois reprochées par des parlementaires s'étonnant qu'un fonctionnaire s'arrogeât le droit de définir des politiques aussi générales. Mais les Ministres successifs, dont je savais avoir l'accord, m'ont toujours défendu contre de telles critiques.

E. Dans les développements qui précèdent j'ai raisonné comme si les problèmes de la Sécurité Sociale se limitaient au territoire français. Bien entendu ce type de problèmes a été prioritaire, surtout dans la période d'élaboration et de mise en œuvre de l'organisation de la Sécurité Sociale. Toutefois les préoccupations internationales n'ont jamais été omises et ont pris une importance croissante au fur et à mesure que l'organisation se mettait en place et prenait une activité normale.

J'ai toujours tenu à traiter personnellement de tous les problèmes internationaux, très nombreux, auxquels nous avons été confrontés.

Comme je l'ai déjà indiqué, le 1er Bureau de la Direction Générale, lorsque l'œuvre législative eût pris corps, a assumé la charge des problèmes internationaux de la Sécurité Sociale qui étaient devenus l'aspect essentiel et finalement exclusif de son activité. Ces problèmes ont été principalement de deux ordres.

C'est d'une part, l'établissement de relations avec les organisations collectives internationales traitant directement ou indirectement de problèmes de Sécurité Sociale : Organisation Internationale du Travail, Conseil de l'Europe, Organisation des Nations-Unies, Organisation Mondiale de la Santé, U.N.E.S.C.O., etc.

C'est d'autre part, la négociation puis l'application de conventions bilatérales ou multilatérales de Sécurité Sociale destinées à régler le sort des personnes qui, passant d'un pays à un autre, se trouvent successivement régies par des législations différentes à chaque passage de frontière.

Je me propose de revenir ultérieurement sur l'évolution des activités exercées dans ces deux ordres de problèmes. Je me borne pour le moment à indiquer simplement que j'ai consacré progressivement une part croissante de mon temps à ces activités, d'une part en participant personnellement aux réunions d'institutions collectives internationales, d'autre part en dirigeant effectivement les négociations de conventions, avec le concours du responsable du 1er Bureau et aussi des techniciens plus particulièrement qualifiés compte tenu des problèmes à traiter.

Je dois cependant indiquer que bien souvent les activités internationales, dans beaucoup de leurs aspects, intéressent plusieurs Ministères. C'est ainsi par exemple que la Sécurité Sociale des populations agricoles relève du Ministère de l'Agriculture. De là la présence nécessaire dans le groupe des négociateurs ou dans les délégations diverses en charge de représenter la France dans les réunions internationales, de représentants de ces différents Ministères. D'autre part, les relations internationales relèvent dans leur ensemble du Ministère des Affaires Etrangères, la conclusion de conventions appelle l'intervention de ce Ministère et de ses représentants auprès des Gouvernements étrangers. Mais les problèmes de Sécurité Sociale présentent, dans leur ensemble, une technicité que ne pouvaient dominer les autres services ou départements. J'ai donc toujours demandé et obtenu d'assurer la direction des négociations et des délégations, assisté de techniciens des autres Ministères ou administrations intéressées et de diplomates du Ministère des Affaires Etrangères. Cela m'a contraint à de nombreux déplacements à l'étranger, qui m'ont permis d'autre part d'entrer en contact avec les autorités et spécialistes de nos problèmes d'un grand nombre de pays et d'organisations et de profiter de leur expérience. Je n'ai pu le faire que grâce à la structure et aux méthodes de travail de la Direction Générale, qui m'ont permis de m'absenter avec la certitude que l'administration dont j'avais la responsabilité fonctionnait de manière satisfaisante et comme je le souhaitais pendant mes absences.

Mise en place de l'organisation de la Sécurité Sociale (1944-1947)

La structure de la Direction Générale de la Sécurité Sociale étant fixée et mise en place, il est désormais possible d'entreprendre l'élaboration de la législation et des institutions appelées par les objectifs définis.

A. Une première tâche s'impose avec une particulière urgence, celle du redressement de la situation financière des assurances sociales au sortir de la période d'occupation. D'une part l'augmentation importante des dépenses, due notamment à l'état de santé des assurés et des membres de leurs familles, et à la diminution relative de la masse des cotisations encaissées en raison des circonstances, génèrent un déficit qui n'a cessé de croître et risque de mettre l'institution en état de cessation de paiement. D'autre part le Gouvernement de Vichy, en instituant en 1941 l'allocation aux vieux travailleurs salariés, n'a pourvu à son financement que par des expédients provisoires, l'essentiel résidant dans l'emploi, pour le service des annuités de cette allocation, des réserves de l'assurance vieillesse. Celle-ci reposait pour une large part sur la capitalisation d'une partie des cotisations versées, ce qui avait entraîné pour les

Caisses d'Assurance Vieillesse et pour la Caisse Générale de Garantie, l'accumulation depuis 1930 de capitaux placés en valeurs mobilières et en immeubles. Les Caisses dépositaires de ces capitaux se trouvent, du fait de la couverture nécessaire de l'allocation aux vieux travailleurs salariés, à peu près exsangues en 1944, ne conservant que quelques immeubles de rapport.

D'autre part la perte de valeur de la monnaie et la hausse générale des prix qui en est la conséquence appellent des mesures urgentes, notamment un relèvement du taux de nombreuses prestations. Cela est vrai de l'allocation aux vieux travailleurs salariés mais aussi de la plupart des prestations des assurances sociales. La réforme profonde des assurances sociales réalisée par l'ordonnance du 19 octobre 1945 dans le cadre du plan général de Sécurité Sociale appelle également des dépenses nouvelles. Une étude d'ensemble des problèmes ainsi posés est opérée au cours de l'automne de 1944 par Francis NETTER et ses collaborateurs et aboutit à un ensemble de mesures donnant lieu à des ordonnances du 30 décembre 1944, entrant en vigueur au début de 1945.

En premier lieu l'allocation aux vieux travailleurs salariés est séparée entièrement des assurances sociales. Elle est largement refondue et son taux est majoré de 50 % à compter du 1er janvier 1945. Une cotisation nouvelle de 4 % des salaires plafonnés lui est affectée, à la charge des employeurs. D'autre part la cotisation globale des assurances sociales elle-même est portée de 8 à 12 % des mêmes salaires (moitié à la charge des salariés, moitié à la charge des employeurs), taux qui devrait permettre pendant plusieurs années d'assurer l'équilibre de la branche, l'excédent possible des dépenses étant couvert par la diminution progressive de la charge de l'allocation aux vieux travailleurs salariés, à laquelle se substitueront en fait peu à peu les pensions de vieillesse.

B. L'ensemble des bureaux de la Direction Générale de la Sécurité Sociale consacrent, dès leur mise en place, l'essentiel de leurs efforts à l'élaboration des textes législatifs et réglementaires nécessaires à la réalisation des réformes souhaitées. Pour chaque aspect de la réforme, il est procédé à la consultation des personnalités et des organisations intéressées ou compétentes. Au fur et à mesure que les textes, que les idées se précisent et que les problèmes sont posés, apparaissent naturellement des divergences, des oppositions. Je consacre personnellement une grande partie de mon temps à élaborer des réponses aux critiques, à justifier les solutions adoptées ou envisagées, à fournir au Ministre les éléments des multiples conférences de presse ou interventions permettant de combattre les attaques dirigées contre les mesures prises ou projetées.

Les principales critiques, celles qui attirent le plus les plus vives observations, concernent les structures de la nouvelle organisation.

1. Un large débat s'institue sur le principe de la « caisse unique », celle-ci impliquant que les organisations en charge de la Sécurité Sociale doivent avoir une base territoriale, chaque secteur géographique étant doté d'une Caisse Primaire compétente pour gérer l'ensemble des prestations pour tous les bénéficiaires compris dans ce secteur. Ceci implique la disparition, dans les assurances sociales, des « caisses d'affinité » de la période antérieure, caisses mutualistes, caisses Le Travail (à base syndicale C.G.T.), caisses familiales (à base syndicale C.F.T.C.), caisses professionnelles ou interprofessionnelles (à prépondérance patronale), caisses départementales réunissant les assurés qui n'ont fait choix d'aucune autre caisse d'affinité. Bien entendu les organisations ou personnalités ayant créé ou géré les caisses supprimées réagissent contre cette formule, bien que l'expérience passée eût montré et la nécessité de règles communes à toutes les caisses d'une même circonscription pour éviter des concurrences coûteuses, et l'indifférence de la majorité des assurés à l'égard de tels choix, qui se traduit par la prépondérance générale des Caisses Départementales. L'existence d'une caisse unique présentait en outre l'avantage de la simplicité pour l'accès tant des cotisants que des bénéficiaires, celui d'économies importantes de gestion, et la nécessité d'une coordination dans le financement des différentes branches de la Sécurité Sociale. La résistance de la mutualité, du syndicalisme chrétien, du patronat, s'affirme à tous les niveaux de la discussion, au nom d'une liberté de choix, demeurant en fait dans le passé largement théorique, en réalité dans une lutte pour le pouvoir, où les parties en présence n'ont pas toujours su reconnaître les véritables intérêts en cause. Avec l'appui de la principale organisation syndicale ouvrière, l'administration fait prévaloir sa préférence pour la caisse unique. Toutefois les organisations familiales obtiennent du Général De GAULLE le maintien, à l'origine purement provisoire, de Caisses d'Allocations Familiales distinctes des Caisses Primaires de Sécurité Sociale, étant entendu cependant que les circonscriptions des Caisses seront dans une large mesure les mêmes, que les cotisations donneront lieu à un recouvrement commun, et que toutes les Caisses, quelles qu'elles soient, relèvent du point de vue financier de la Caisse Nationale de Sécurité Sociale.

Une hésitation se manifeste toutefois, pour des raisons techniques et non politiques, sur le point de savoir si le rattachement des bénéficiaires doit se faire sur la base de leur lieu de résidence ou de leur lieu de travail. La solution idéale serait que la circonscription de chaque caisse comporte à la fois lieu de résidence, pour que les bénéficiaires soient proches de leur caisse, et lieu de travail, pour les employeurs responsables des cotisations et intéressés directement aux accidents du travail et aux maladies professionnelles. Dans un premier temps, lorsque cette solution n'est pas possible, la prépondérance est donnée au lieu de travail.

La détermination et l'étendue des circonscriptions des caisses prêtent également à discussion. Ma tendance personnelle est de souhaiter la création d'un nombre assez élevé de caisses, ayant des circonscriptions peu étendues, de manière à permettre aux bénéficiaires de prendre une responsabilité concrète dans la gestion des caisses, de mieux connaître les institutions en charge de leurs intérêts et les hommes et femmes gérant celles-ci. Je me heurte cependant à une difficulté que je ne peux surmonter. Les organisations syndicales se déclarent hors d'état de trouver le plus souvent des personnalités présentant la compétence et les garanties souhaitables en nombre suffisant pour fournir des administrateurs de caisses plus nombreuses que les départements. Il en résulte qu'il faut se résoudre à admettre que, dans la plupart des cas, les caisses de base seront départementales. Seuls un petit nombre de départements sont pourvus de deux caisses ou davantage. Bien plus, pour l'agglomération parisienne, les caisses de base seront interdépartementales de manière à couvrir le plus souvent possible lieu de résidence et lieu de travail. Je persiste à le regretter, ceci ayant conduit à l'échec relatif des efforts accomplis pour donner aux assurés ou allocataires le sens vivant de leur responsabilité à l'égard des organismes créés pour gérer leurs intérêts.

2. La mutualité a deux raisons principales de montrer des réticences à l'égard de la Sécurité Sociale. Tout d'abord les mutualistes s'étaient vu reconnaître un rôle prépondérant dans la gestion des assurances sociales par les lois de 1928-1930 et ne peuvent qu'avec réticence se voir déposséder de cette mission. On les comprend et je les comprends. Mais j'attache une importance décisive à ce que les responsables de la gestion des caisses soient issus pour l'essentiel des bénéficiaires, ce qui n'est pas le cas, en fait, dans les assurances sociales, où les responsables mutualistes appartiennent le plus souvent aux milieux de professions libérales, aux milieux patronaux ou aux cadres des entreprises industrielles et commerciales, et rarement aux salariés de base. Mon souci de démocratie sociale me conduit donc, quelque estime et sympathie que j'éprouve pour la mutualité et les mutualistes, à passer outre à leur résistance.

La mutualité craint aussi de voir son existence et son rôle social mis en cause par la création de la Sécurité Sociale, celle-ci absorbant l'essentiel des missions que s'assignent les groupements mutualistes. Sur ce point je ne partage pas les inquiétudes des mutualistes. Je suis convaincu que, au contraire, bénéficiant d'une sécurité nouvelle de base grâce à la Sécurité Sociale, les travailleurs seront naturellement portés à souhaiter en accentuer l'efficacité par des avantages complémentaires, d'autant plus que les projets en cours laissent à la charge des assurés une partie des frais médicaux et que les prestations servies n'assurent qu'une couverture partielle de leurs besoins. Je tiens beaucoup, en ce qui me concerne, à ce que la mutualité se développe, et je propose pour ce motif l'adoption, parallèlement aux textes organiques de la Sécurité Sociale, d'une ordonnance refondant le statut de la mutualité, élargissant son champ et ses possibilités d'action. L'expérience a montré que la Sécurité Sociale, bien loin de compromettre l'existence de la mutualité, a libéré ses animateurs du carcan où l'avaient enfermée les assurances sociales, et ont donné à l'ensemble des mutualistes un dynamisme nouveau et à la mutualité entière un essor exceptionnel, et un rôle social dépassant ce qu'elle avait connu dans le passé.

3. Le syndicalisme chrétien réagit, lui aussi, contre la disparition des caisses dont il a eu l'initiative et le mérite. S'il a certes une audience dépassant en fait l'effectif de ses adhérents, ceux-ci, à l'époque, sont modestes par comparaison à ceux de la Confédération Générale du Travail. Et ils ne permettent pas de donner aux représentants de cette tendance, dans les conseils d'administration, le nombre de sièges qu'ils souhaitent pour exercer une influence importante dans la gestion des nouvelles caisses. Aussi les dirigeants de la Confédération des Travailleurs Chrétiens décident-ils de refuser de participer aux conseils d'administration des caisses nouvelles, sauf dans le petit nombre de départements où leur influence peut être importante, spécialement dans ceux du Haut-Rhin, du Bas-Rhin et de la Moselle, ce qui conduit à laisser ainsi à la C.G.T., unifiée depuis 1935, le monopole de fait de la représentation ouvrière dans l'essentiel du pays. Son attitude changera lorsque, en 1947, les administrateurs des caisses seront non plus désignés par les organisations syndicales mais recrutés par voie d'élection.

4. Le patronat, de son côté, a dans sa majorité, été réticent à l'égard des projets en préparation. Il éprouve évidemment déplaisir à voir disparaître les caisses professionnelles ou interprofessionnelles d'assurances sociales, créées par les Sociétés de Secours Mutuels d'entreprise ou interentreprise, dépendant en fait très largement des dirigeants patronaux. Il réagit surtout à sa dépossession de la gestion des allocations familiales, qu'il avait eu le mérite de créer depuis la fin du siècle dernier et où il a toujours considéré que les prestations sont en réalité un élément du salaire devant relever de la seule responsabilité de l'employeur.

Si ce point de vue patronal se comprend, il va maintenant à l'encontre de l'objectif essentiel de la réforme, qui est de confier aux bénéficiaires la responsabilité de la gestion des institutions créées à leur profit. Il est aussi de dissocier entièrement les prestations familiales du salaire, de manière à éviter une compétition permanente entre salaires et prestations d'allocations familiales, conduisant inévitablement à l'impopularité des prestations familiales, vues par les travailleurs comme un obstacle aux majorations de salaires. Les prestations familiales doivent être des prestations sociales comme les autres, exprimant une solidarité collective à l'égard des familles, compte tenu du nombre et de l'âge des enfants dont elles ont la charge. Il est remarquable de constater que l'hostilité syndicale pour les prestations familiales disparaît du jour où la gestion de ces prestations devient en fait pour l'essentiel la responsabilité des allocataires, et qu'ainsi les préoccupations familiales ont pris une place nouvelle dans les revendications syndicales et par là même dans la psychologie du monde ouvrier.

Le patronat critique aussi la réforme de la couverture des accidents du travail et des maladies professionnelles, préférant l'assurance facultative auprès de sociétés commerciales privées à l'assurance obligatoire aux Caisses de Sécurité Sociale. Mais il ne pouvait être question de renoncer à ces aspects essentiels de la réforme proposée, alors surtout que celle-ci non seulement conduit à une protection beaucoup plus complète et plus efficace des travailleurs, mais aussi permet une diminution importante du coût de l'assurance.

5. Parmi les réticences à l'égard de la Sécurité Sociale, l'on trouve encore tout un ensemble de catégories sociales qui souhaitent des institutions qui leur soient particulières. Il s'agit d'abord des cadres, c'est-à-dire en fait de l'ensemble des salariés dont la rémunération excède le plafond fixé pour le calcul des cotisations comme pour le montant des prestations destinées à parer à la perte de ces rémunérations. L'on ne saurait certes contester que les cadres ne peuvent avoir le sentiment que la réforme leur donne un total sentiment de sécurité lorsque les prestations dont ils bénéficient sont d'un montant trop inférieur aux salaires perdus. D'ailleurs, dans certaines entreprises ou branches d'activité, différentes mesures avaient été prises pour faire bénéficier les cadres d'avantages inspirés de la législation des assurances sociales. Les intéressés tiennent naturellement à ne pas en perdre le bénéfice. Aussi l'administration a-t-elle aidé les organisations de cadres à élaborer avec le patronat une convention collective interprofessionnelle créant un régime complémentaire qui attribue des prestations calculées sur la fraction du salaire dépassant le plafond de cotisation de la Sécurité Sociale et financées par des cotisations basées sur cette fraction. Cette convention, signée, entre en vigueur au début de 1947 et permet d'obtenir l'adhésion générale des cadres à leur intégration au régime de Sécurité Sociale.

En second lieu les fonctionnaires ont marqué initialement, au moins pour une partie d'entre eux, une réticence à se voir appliquer la réforme. Il n'était certes pas question de supprimer le régime des retraites des fonctionnaires, qui est en réalité un élément essentiel de leur statut et ne peut en être dissocié. Mais, pour le surplus, je tiens personnellement beaucoup à ce que les agents publics ne restent pas en dehors de la solidarité collective impliquée par le régime nouveau. Et je viens assister à une réunion générale de la Fédération Nationale des Fonctionnaires pour souligner, d'une part, combien il serait regrettable que les fonctionnaires se dissocient de la collectivité des travailleurs salariés et, d'autre part, combien je souhaite que des fonctionnaires puissent être désignés parmi les représentants de ces travailleurs dans les conseils d'administration des caisses, afin d'y apporter le concours de leur compétence et des traditions de la Fonction Publique. Je réussis ainsi à les rallier au principe de l'intégration, tout en admettant que des sociétés mutualistes de fonctionnaires pourront servir d'intermédiaires entre les caisses et les fonctionnaires pour le Service des Prestations.

En troisième lieu différents groupes de salariés bénéficient, avant la Sécurité Sociale et même avant les assurances sociales, de régimes de protection sociale différents et souvent plus avantageux que le régime général nouveau. Ils peuvent difficilement accepter d'être privés des avantages qui leur étaient ainsi reconnus, et d'ailleurs, il n'était aucunement question de leur retirer ces avantages. Aussi les textes nouveaux prévoient-ils que, si ces régimes anciens disparaissent, ils sont remplacés par des régimes complémentaires garantissant le maintien des avantages reconnus auparavant. Mais cette formule ne satisfait pas les principales catégories considérées, et les organisations syndicales représentant ces catégories menacent leurs Confédérations de quitter celles-ci si elles prétendent persister à soutenir sur ce point la réforme prévue, comme la C.G.T. l'a fait. Aussi la C.G.T., tout en le regrettant car elle est attachée à la généralisation de la Sécurité Sociale à toutes les catégories de travailleurs salariés, se trouve contrainte de demander le maintien intégral de l'autonomie des régimes spéciaux préexistants.

D'autre part le Ministère de l'Agriculture tient à maintenir sous sa coupe le régime applicable aux salariés agricoles, tout en supprimant la « Corporation agricole » créée par le régime de VICHY.

***

Si, malgré la résistance ou les réticences ainsi manifestées, la réforme prend corps, c'est que le besoin de sécurité ressenti par la population, et l'élan de solidarité qui marque la période en cours l'emportent largement sur les préoccupations partielles et particulières des groupes socio-professionnels. C'est aussi que les hommes issus des organisations de résistance attachent à ce progrès social une particulière importance. Le Conseil National de la Résistance, nous ne l'oublions pas, a inscrit dans son programme l'établissement d'un plan de Sécurité Sociale. C'est enfin le poids de la Confédération Générale du Travail, rassemblant cinq millions de membres qui appuient avec énergie les efforts entrepris. L'Assemblée Consultative provisoire, appelée au printemps de 1945 à se prononcer sur les grandes lignes du projet, après avoir entendu les objections des principaux intéressés, donne à une forte majorité son approbation au projet.

Ce qui est remarquable c'est qu'à aucun moment ne sont contestées les propositions de fond. Les critiques portent uniquement sur les structures et le mode de gestion des institutions.

Le seul problème de fond important qui se soit posé est celui de l'aménagement des relations entre les professions médicales et les Caisses de Sécurité Sociale. Il n'a certes jamais été question de remettre en cause les principes essentiels de la médecine libérale, à savoir la liberté d'installation des praticiens, le secret professionnel, le libre choix des praticiens, la liberté de prescription. La discussion ne porte que sur le principe de l'entente directe entre praticien et patient sur le montant des honoraires. Il n'apparaît pas possible en effet de laisser au praticien la liberté de réclamer des honoraires, dont le taux serait tel qu'il priverait le patient de la sécurité que l'on tient à lui garantir. A l'entente directe l'on est donc amené à substituer le principe du « tarif opposable » s'imposant au praticien comme à la Caisse de Sécurité Sociale et garantissant au patient sinon toujours la gratuité totale des soins, du moins une limitation des frais telle que ceux-ci ne soient pour aucun un obstacle au recours à ces soins. Les professions médicales et paramédicales, bien entendu, sont attachées à leur liberté, mais il est exclu qu'on leur donne entière satisfaction. Après de longues discussions il est décidé, avec l'accord des représentants de la Confédération des Syndicats Médicaux Français, que les tarifs d'honoraires seront fixés par des conventions passées entre les Caisses et les Syndicats de praticiens, et qu'ils s'imposeront aux uns et aux autres et que là où l'accord ne se réaliserait pas, les tarifs seront déterminés d'autorité par le Ministre.

Pour le surplus les propositions envisagées recueillent l'accord de tous. C'est par exemple, dans le domaine de la maladie, la création d'une assurance de la longue maladie. Alors que l'assurance maladie prévue par la législation antérieure des assurances sociales ne couvrait les soins que pendant six mois, désormais, d'une part, cette durée est portée à trois ans, et à l'expiration des trois ans, chaque cas particulier doit donner lieu à un examen en commun entre médecin traitant et médecin conseil de la Caisse, le traitement pris en charge étant fixé en fonction de la situation particulière de chaque patient. De multiples améliorations plus ou moins importantes sont aussi introduites.

Il faut bien entendu tenir compte de la situation économique et financière du moment. Le pays sort de la guerre durement éprouvé par les suites du conflit et de l'occupation. L'économie est en ruine, les équipements en grande partie détruits. Un effort considérable est urgent. Des priorités doivent être définies. C'est ainsi en particulier qu'une importance spéciale est reconnue au redressement de la natalité, ceci se marquant notamment dans la place essentielle donnée dès l'origine aux prestations familiales. De même un effort spécial est demandé et sera demandé aux travailleurs. Il est donc essentiel de les protéger au maximum contre les accidents du travail et les maladies professionnelles, et de leur donner le plus de garanties possibles contre la maladie en général. En revanche la vieillesse ne reçoit pas une priorité aussi grande. L'allocation aux vieux travailleurs salariés doit parer aux besoins les plus urgents. Il n'apparaît pas possible de donner immédiatement au régime de retraites toute l'ampleur que l'on souhaiterait. Il est implicitement entendu qu'au fur et à mesure que la situation économique s'améliorera, le régime sera revu et amélioré.

J'attache également une particulière importance à intégrer au système d'ensemble les départements du Haut-Rhin, du Bas-Rhin et de la Moselle, qui sont restés régis par le système allemand des assurances sociales. Des représentants de ces trois départements sont associés aux travaux entrepris, notamment M. MECK et M. Théo BRAUN pour les syndicats chrétiens, M. MOHN pour la C.G.T. et l'on s'efforce de définir un régime qui prenne en compte ce qu'il y a de meilleur à la fois dans les institutions du régime local et dans celles du régime des assurances sociales du reste de la France.

Toutes ces préoccupations se traduisent dans la série de textes qui interviennent, après avoir été examinés d'abord au sein du Conseil Supérieur des Assurances Sociales, puis, pour les textes organiques, par une commission spéciale où tous les intérêts sont représentés, sans préjuger de l'intervention de l'Assemblée Consultative provisoire.

Le texte organique de base est l'ordonnance du 4 octobre 1945. Elle est suivie de plusieurs ordonnances du 19 octobre 1945, fixant le régime des assurances sociales applicables aux assurés des professions non agricoles, modifiant et complétant la législation des accidents du travail et maladies professionnelles, modifiant le régime agricole des assurances sociales, portant statut de la mutualité, de multiples ordonnances et décrets relatifs à la législation applicable dans les départements du Haut-Rhin, du Bas-Rhin et de la Moselle, — le règlement d'administration publique du 29 décembre 1945 pris pour l'application de l'ordonnance du 19 octobre 1945 fixant le régime des assurances sociales applicable aux assurés des professions non agricoles — plusieurs textes successifs concernant les divers aspects de la législation sur les allocations familiales. Si les principaux de ces textes présentent un caractère général et définitif, d'autres sont provisoires et seront remplacés par des dispositions nouvelles dans le courant de l'année 1946.

C. Les travaux entrepris en 1945 se poursuivent pendant toute l'année 1946. Tout d'abord il faut organiser et mettre en place les Caisses Primaires et Régionales de Sécurité Sociale, les Caisses d'Allocations Familiales, en fonction des règles et attributions nouvelles. Des problèmes de locaux, de matériel, doivent être réglés. Il faut procéder à un reclassement des personnels des anciens organismes dans les nouveaux. C'est la tâche d'une commission spéciale présidée par le Conseiller d'Etat Delépine et qui, pendant de nombreuses semaines, avec le concours des groupements représentatifs de ces personnels, réussit à régler au mieux la répartition et le classement des personnels provenant tant des Caisses d'Assurances Sociales et d'Allocations Familiales antérieures que des entreprises privées d'Assurances d'Accidents du Travail.

En même temps de nombreux textes d'application des Ordonnances de 1945, décrets, arrêtés, circulaires, se succèdent. Le plus important est le Décret du 8 juin 1946, portant règlement d'administration publique pour l'application de l'Ordonnance Organique du 4 octobre 1945, qui contient toutes les dispositions essentielles qu'appelle l'entrée en vigueur de cette Ordonnance.

Mais se pose aussi le problème de la généralisation de la Sécurité Sociale aux éléments de la population qui n'en bénéficient pas encore. L'on a jugé alors devoir parer au plus pressé qui était de garantir la sécurité des travailleurs salariés, car c'est sur eux que devait reposer l'essentiel de l'effort de reconstruction du pays et de redressement de l'économie. L'on renvoie à plus tard l'application du régime à la population non salariée. Mais les circonstances ont quelque peu bouleversé ce programme.

Je reçois en février 1946 une délégation de membres de la première Assemblée Nationale Constituante, délégation composée de représentants des quatre grands groupes parlementaires, MM. Gabelle (Mouvement Républicain Populaire), Jean Moreau (Indépendant), Musmeaux (Communiste), Segelle (Socialiste), qui viennent me demander avec insistance de provoquer l'intervention d'une loi étendant le bénéfice de la Sécurité Sociale à l'ensemble des travailleurs non salariés et à leurs familles. Déjà débordée par la mise en place du régime applicable aux salariés, l'Administration ne souhaitait pas se préoccuper immédiatement de cette tâche. Mais je ne puis me dérober et, sur un coin de table, avec les quatre parlementaires, je rédige un projet de loi qui, après mise au point, est adopté à l'unanimité par l'Assemblée Constituante à la veille de sa séparation et devient la Loi du 22 mai 1946 « portant généralisation de la Sécurité Sociale » à tout Français résidant sur le territoire de la France métropolitaine et, dans des conditions définies par un Règlement d'Administration Publique, aux étrangers résidant en France ou même, résidant à l'étranger, mais travaillant de façon permanente sur le territoire français. La loi fixe les principes régissant tant les cotisations que les prestations, avec des modalités particulières pour les professions agricoles et forestières, et confie à des décrets le soin de fixer les dates d'entrée en vigueur des différentes dispositions de la loi, en subordonnant cette entrée en vigueur à la condition que l'indice de la production industrielle atteigne 110 % du même indice pour l'année 1938 en ce qui concerne la vieillesse, et 125 % pour les autres risques, règle introduite à la demande expresse du Ministre de l'Economie Nationale André PHILIP.

L'on sait que le projet de Constitution établi par la première Assemblée Constituante a été rejeté par référendum et qu'une nouvelle Assemblée Constituante a été élue. Cette deuxième Assemblée, avant de se séparer, adopte à son tour une loi du 13 septembre 1946, décidant que les dispositions de la loi du 22 mai 1946 sont, en ce qui concerne l'assurance vieillesse, mises en vigueur à compter du 1er janvier 1947 pour la perception des cotisations, et du 1er avril 1947 pour l'ouverture du droit aux prestations. Mais, entre temps, le Mouvement Républicain Populaire développe une large campagne d'opinion dont le principal animateur est le Député VIATTE, parmi les travailleurs non salariés des professions libérales, artisanales, industrielles et commerciales, contre l'application de la Sécurité Sociale. D'une part l'on a créé dans la population de ces groupes socio-professionnels, le sentiment que leur intégration dans la Sécurité Sociale n'aurait pour objet que d'apporter des ressources à l'assurance vieillesse des travailleurs salariés. D'autre part la Confédération des classes moyennes, reconstituée pour l'occasion, a plus ou moins ouvertement laissé entendre que cette intégration ferait perdre, aux membres de ces professions non salariées, leur statut social privilégié de travailleurs indépendants en les abaissant au niveau des salariés. Cette nouvelle préoccupation commande le refus des intéressés de payer les cotisations prévues. En présence de la force de ces campagnes, le Ministre Ambroise CROIZAT estime qu'il ne peut être question d'appliquer la Sécurité Sociale à ceux qui n'en veulent pas et décide qu'il y a lieu de suspendre l'application de la loi et de rechercher des formules différentes, ce qui conduit à constituer une commission nouvelle, présidée par le Conseiller d'Etat SURLEAU, qui, après plusieurs mois de travaux et de discussions avec les représentants des diverses catégories d'intéressés, aboutit au vote de la loi du 17 janvier 1948 organisant au profit de toutes les personnes non salariées des professions artisanales, industrielles et commerciales et libérales, des régimes d'allocations de vieillesse adaptés à chaque groupe socio-professionnel et gérés, pour chacun, suivant des modalités particulières. A l'égard des professions agricoles, c'est seulement en 1952 qu'un tel régime sera établi.

Le maintien de régimes spéciaux de salariés, l'aménagement de mécanismes propres à chaque groupe de non salariés mettent en échec la solidarité nationale qui s'exprime dans le plan de Sécurité Sociale de 1945 et retarde de plusieurs années l'extension d'une garantie efficace de sécurité pour les divers travailleurs non salariés.

Entre temps l'année 1946 voit paraître l'ensemble des législations appelées par la mise en vigueur effective des réformes de 1945. Les Caisses de Sécurité Sociale, dès le 1er juillet 1946, mettent en application le nouveau régime des assurances sociales applicable aux travailleurs salariés. Une loi du 22 juin 1946, dont le rapporteur à l'Assemblée Nationale Constituante est Adolphe LANDRY, et un Règlement d'Administration Publique du 10 décembre 1946, réforment profondément le régime des prestations familiales. Une autre loi du 31 octobre 1946 complétée par un Règlement d'Administration Publique du 31 décembre 1946, fixe de manière définitive le nouveau régime des accidents du travail et des maladies professionnelles. Une troisième loi, du 24 octobre 1946, définit les modalités des mécanismes contentieux devant contribuer à assurer l'application de l'ensemble des législations en cause. Une autre loi, du 30 octobre 1946, institue la désignation par voie d'élection des membres des Conseils d'Administration des Caisses de Sécurité Sociale et d'Allocations Familiales, les premières élections devant avoir lieu au printemps de 1947. Cette loi est complétée par un décret du 28 décembre 1946. Des Caisses Régionales d'Assurance Vieillesse nouvelles sont détachées des Caisses Régionales de Sécurité Sociale pour la gestion du risque vieillesse.

L'ensemble des textes ainsi rappelés forme la base juridique de la Sécurité Sociale, définissent les champs d'application, les droits et les obligations des bénéficiaires et des assujettis, les prestations et les cotisations de chacun. Mais la réalité concrète est considérablement plus riche. Elle est faite d'abord de tous les organismes, de toutes les Caisses, des services administratifs, qui ont été mis en place, des hommes et des femmes qui, par dizaines de milliers, ont été reclassés et appelés à apporter, en fonction de leur expérience et de leurs connaissances leur concours à l'institution. Les membres des Conseils d'Administration, issus jusqu'en 1947 des organisations professionnelles, à partir de 1947 d'élections auxquelles sont appelés à participer bénéficiaires, salariés et employeurs cotisants, se plaignent fréquemment de l'importance des pouvoirs de tutelle conservés par l'Administration. Ils méconnaissent l'impossibilité pour la collectivité nationale de se désintéresser de l'emploi de masses considérables de fonds que manie l'ensemble de l'institution et des incidences sur l'économie du pays des sommes ainsi prélevées et distribuées. Ils méconnaissent aussi la responsabilité incombant aux représentants de l'Etat au regard de l'égalité à assurer entre tous devant la loi et de la réalisation aussi juste que possible de la solidarité à la fois entre les générations et entre les catégories socio-professionnelles.

Ils méconnaissent aussi l'importance réelle de leur rôle propre. Si, à coup sûr, le taux des prestations comme des cotisations relève de l'autorité publique, il reste que les contestations auxquelles peut donner lieu leur application relèvent de commissions gracieuses émanant des Conseils d'Administration et composées d'administrateurs et que l'interprétation des textes, tout en étant contrôlée éventuellement par les juges, peut varier et varie en fait en fonction des situations locales, et que les administrateurs ont ainsi un rôle essentiel à jouer dans l'adaptation des principes directeurs posés par les lois et les règlements aux cas individuels. Ces administrateurs ont également une grande liberté dans l'organisation des services des caisses, par exemple dans le choix entre centralisation et décentralisation, sur les services appelés à assurer la distribution des prestations et le recouvrement des cotisations, donc à faire la liaison entre les caisses, d'une part, les bénéficiaires et les cotisants d'autre part. Ce devrait être aussi à eux de faire l'éducation des bénéficiaires comme des assujettis, de donner à chacun la conscience de ses responsabilités à l'égard de l'institution, le sens de la solidarité sur laquelle est fondée l'institution.

C'est enfin et surtout des administrateurs que dépend l'exercice de l'Action Sanitaire et Sociale complétant les mécanismes des prestations. Les auteurs des ordonnances et des lois organisant la Sécurité Sociale, prenant pleinement conscience des inconvénients de la rigidité qu'implique une réglementation s'appliquant uniformément à toute la population en présence de l'extrême variété des situations individuelles ou collectives, ont tenu à prévoir que les caisses tant de Sécurité Sociale que d'Allocations Familiales disposeraient de fonds d'Action Sanitaire et Sociale prélevés sur la masse des cotisations et leur permettant de compléter et d'adapter le jeu des prestations à la variété des besoins et des situations. Certes une commission au niveau national est appelée à formuler des orientations générales dans l'utilisation de ces fonds et, au niveau régional, des commissions doivent coordonner l'action exercée par les caisses avec les réalisations et orientations des autres services ou institutions publics ou privés à fins sociales. Mais la décision sur l'utilisation des fonds appartient toujours aux Conseils d'Administration, et les administrateurs ont ainsi un rôle essentiel à jouer dans l'exercice concret de cette action, dans l'humanisation du jeu de la Sécurité Sociale.

Au niveau national même, la Caisse Nationale de la Sécurité Sociale dispose, elle aussi, d'un Fonds d'Action Sanitaire et Sociale et d'un Fonds de Prévention des Accidents du Travail et des Maladies Professionnelles, qui lui permettent des initiatives de portée nationale. Indépendamment de l'existence de quelques établissements hérités de l'Institut National d'Action Sociale des Assurances Sociales, supprimé en 1945, et qui sont surtout des prototypes, la Caisse Nationale, dont, il ne faut pas l'oublier, le Conseil d'Administration est composé, dans sa grande majorité, de membres élus par les administrateurs des caisses de Sécurité Sociale et d'Allocations Familiales, est amenée dans la limite des fonds dont elle dispose à établir des programmes nationaux de réalisations sanitaires et sociales de grande portée. C'est ainsi que, dans la première période elle a porté son effort sur les problèmes de l'enfance, sur la protection maternelle et infantile, puis sur la création d'un réseau d'établissements appelés à recevoir les « enfants inadaptés », à participer à la lutte contre les grands fléaux sociaux, la tuberculose, le cancer, les troubles psychiatriques, par exemple. C'est ainsi également que le Fonds de Prévention des Accidents du Travail et des Maladies Professionnelles a favorisé la création, par une association groupant les grandes organisations patronales et ouvrières, d'un Institut National de Sécurité chargé d'entreprendre et conduire, au niveau national, une action propre de lutte pour la sécurité du travail à la fois par des recherches scientifiques et techniques et par un effort d'éducation et de formation de tous les intéressés. Devenu ultérieurement l'Institut National de Recherche pour la Sécurité (I.N.R.S.), cet Institut s'est vu confier par la Caisse Nationale de Sécurité Sociale la gestion d'un grand centre technique de recherche en la matière, à VANDŒUVRE, près de NANCY. D'une manière générale, la Caisse Nationale apporte une contribution constante à l'ensemble des recherches médicales en cours ou envisagées dans la mesure de ses moyens, et contribue à orienter ces recherches. Les administrateurs des Caisses de Sécurité Sociale et d'Allocations Familiales sont appelés ainsi à jouer en ces domaines un rôle d'une particulière importance. Etant personnellement membre du Conseil d'Administration de la Caisse Nationale comme représentant le Ministère du Travail et de la Sécurité Sociale, je peux témoigner de la portée de l'action ainsi menée.

En outre la Caisse Nationale a la charge de coordonner et de contrôler l'ensemble des opérations immobilières des organismes de Sécurité Sociale, au plan tant national que régional et local. Une commission des opérations immobilières, présidée depuis son origine, par M. BAZIN, administrateur C.F.T.C., assisté d'un architecte conseil éminent, M. SAINSAULIEU, veille avec attention à ce que toutes les opérations immobilières entreprises par des Caisses ou avec leur concours, qu'elles concernent les locaux destinés aux services des caisses ou à des réalisations sanitaires ou sociales, soient menées avec le maximum de garanties techniques, sociales et financières.

A cet égard certains se souviennent sans doute des critiques auxquelles a donné lieu la « politique des châteaux » qu'auraient menée les Caisses de Sécurité Sociale ou d'Allocations Familiales. Il est de fait que, dans la période de l'immédiate après-guerre, un nombre important de familles ont cherché à se débarrasser de demeures historiques dont elles n'étaient plus en mesure d'assurer l'entretien, et qu'un certain nombre d'organismes de Sécurité Sociale ont acquis à bon compte certains de ces domaines pour les utiliser à des fins sanitaires ou sociales : préventoriums, aériums, colonies de vacances, etc. Dans une période où de nombreux enfants éprouvés par la guerre avaient besoin de soins spéciaux qui ne pouvaient utilement leur être donnés que dans des régions climatiquement favorables, il a paru opportun de saisir ces occasions et de faire bénéficier une enfance défavorisée des possibilités ainsi offertes de conjuguer avec une action médicale indispensable l'utilisation de monuments historiques auxquels ces enfants n'auraient jamais eu accès. La Sécurité Sociale a pu ainsi, avec un minimum de frais, sauvegarder un patrimoine historique sans elle condamné à la disparition, tout en poursuivant une action sanitaire en même temps qu'éducative au profit d'enfants en danger. Je ne pense pas que la Sécurité Sociale doive avoir honte de cette « politique des châteaux ». L'administration des monuments historiques m'a d'ailleurs à l'époque manifesté sa satisfaction du concours que lui apportait ainsi la Sécurité Sociale.

***

Les années 1946 et 1947 sont marquées aussi par la création de la Fédération Nationale des Organismes de Sécurité Sociale, groupant les Caisses Primaires et Régionales de Sécurité Sociale, et de l'Union Nationale des Caisses d'Allocations Familiales, groupant les Caisses d'Allocations Familiales. Ces deux organisations sont appelées à jouer un rôle essentiel dans la vie de la Sécurité Sociale, à la fois en permettant de dégager les orientations des administrateurs et dirigeants des diverses Caisses du pays et en prenant en charge des problèmes communs. En particulier, ce sont ces groupements qui discutent et adoptent avec les organisations syndicales des personnels des Caisses, les Conventions Collectives fixant le statut du personnel et le régime particulier de retraite. Ce sont eux également qui représentent l'ensemble des Caisses au sein de l'Association Internationale de Sécurité Sociale, ce qui les a conduits longtemps à montrer des réticences à admettre une adhésion à cette Association Internationale de la Caisse Nationale de Sécurité Sociale qui leur paraissait leur faire ombrage.

Je m'en voudrais de ne pas souligner l'importance du concours apporté à la Sécurité Sociale par les animateurs de ces organisations de 1946 à 1967. En ce qui concerne la Fédération Nationale des Organismes de Sécurité Sociale (F.N.O.S.S.), le premier Président en est Henri RAYNAUD, syndicaliste, chargé à la C.G.T. des problèmes de la Sécurité Sociale. Issu de l'administration des Postes, il a conservé un sens élevé du service public. Doué d'une vive intelligence, il apporte à l'administration un concours éclairé et très efficace. Il m'arrive certes d'être en désaccord avec certaines positions de la F.N.O.S.S., dans les réunions auxquelles je rencontre périodiquement le bureau de cette Fédération. Mais nous en discutons les uns et les autres loyalement et il est rare que nous n'arrivions pas à un accord. J'ajoute que je répugne à user de mes pouvoirs de tutelle par voie d'autorité et que je ne le fais que rarement. Et le concours que m'apporte Henri RAYNAUD me permet d'y parvenir. Un exemple entre d'autres. Un rapport du Contrôle Général de la Sécurité Sociale fait ressortir que le Directeur d'une importante Caisse Régionale de Sécurité Sociale n'est manifestement pas capable d'assumer utilement cette fonction. Directeur dans le passé d'une petite Caisse Syndicale, il n'est pas en mesure de traiter les problèmes importants que soulève la gestion d'une grosse Caisse Régionale. Je demande à Henri RAYNAUD de venir me voir, sachant que ce Directeur appartient à la C.G.T. Je lui fais part de la situation en lui indiquant que je vais être obligé de retirer à l'intéressé son agrément comme Directeur de la Caisse Régionale. Henri RAYNAUD me répond d'attendre, qu'il en fait son affaire. Le soir même il prend le train et dans les 24 heures la question est réglée sans que j'aie à intervenir officiellement. Je tiens à rendre hommage à l'objectivité et au sens de l'Etat de ce Président, à l'autorité morale qu'il exerce et aux conditions dans lesquelles il en use.

Le premier et l'unique Directeur qu'a la Fédération Nationale des Organismes de Sécurité Sociale de 1946 à 1967, année de sa disparition, est Clément MICHEL, qui est, durant toute cette période, une des personnalités les plus marquantes de la Sécurité Sociale. D'une vive intelligence, travailleur acharné, ayant une connaissance remarquable de tous les problèmes que pose notre institution, il a aussi une clarté d'exposition écrite et orale qui lui assure une autorité personnelle reconnue par tous. Membre du parti socialiste, il y jouit, dans le domaine social, d'une importante audience. Ses fonctions, comme sa compétence, l'amènent à jouer un rôle croissant non seulement au niveau national mais aussi au niveau international, et il devient un des experts les plus écoutés en la matière au Bureau International du Travail. Sa forte personnalité ne lui vaut pas que des amis. Et si tout le monde reconnaît ses qualités, sa tendance à s'imposer lui vaut des antipathies, notamment de la part de certains membres de la Confédération Force Ouvrière à laquelle il appartient. Si je lui suis reconnaissant du rôle essentiel qu'il a joué dans la construction et la mise en œuvre de notre Sécurité Sociale, je ne suis pas toujours d'accord avec lui. C'est ainsi que, conscient des conséquences probables du vieillissement de la population française au cours des prochaines décennies, je conteste l'opportunité d'orienter, comme il le fait, l'évolution de la législation sur les retraites dans le sens d'un abaissement de l'âge d'ouverture du droit à pension. Il a, par son influence au sein du parti socialiste, certainement contribué à favoriser la réforme réalisée en 1982 en ce sens et qui, peut-être en partie justifiée à l'époque, me paraît compromettre et rendre plus malaisé l'avenir du régime. Cela certes n'ôte rien à l'estime et à la sympathie que j'ai toujours éprouvées pour l'homme. Mais je m'explique ainsi, tout en le regrettant, que, lors de la dissolution de la F.N.O.S.S. en 1967, il n'ait pu retrouver d'autres et utiles responsabilités dans un domaine qui lui doit tant.

L'Union Nationale des Caisses d'Allocations Familiales, en ce qui la concerne, connaît de sa création en 1947 à sa disparition en 1967, un seul Président, et un seul Directeur. Le Président est Roger MONNIN, Ingénieur, issu des milieux familiaux. Il s'affirme et sans cesse davantage, par son indépendance, son objectivité, ses qualités intellectuelles et humaines. Il a le respect et la sympathie de tous, et à juste titre, dans tous les milieux et chez les hommes et les femmes de toutes opinions. Il est assisté de Roland LEBEL, qui jouit des mêmes sympathies. En dépit de la multiplicité des tendances qui se rencontrent dans les milieux tant syndicaux que familiaux, personne ne saurait le contester. Non seulement il connaît admirablement son domaine, mais il montre dans l'exercice de ses fonctions une modestie, même parfois excessive, une réserve, une capacité de sympathie qui lui valent une amitié générale. Personne n'a trouvé anormal, bien au contraire, qu'à la disparition de l'U.N.C.A.F., on lui confie la Direction de la Caisse Nationale des Allocations Familiales, ce qui lui permet de poursuivre sans aucune interruption, et dans les meilleures conditions, jusqu'à sa retraite, et même au-delà, la tâche qu'il avait entreprise à l'U.N.C.A.F.

Il est bien sûr beaucoup d'autres hommes et de femmes qui dans l'administration de la Sécurité Sociale, à la Caisse Nationale de Sécurité Sociale, dans les administrateurs ou les dirigeants des Caisses, m'ont aidé et appuyé. J'hésite à en citer quelques-uns, car si j'en oublie cela me serait à juste titre reproché. Je tiens seulement à exprimer à tous la profonde reconnaissance que je leur conserve pour le concours qu'ils m'ont apporté et sans lequel je n'aurais pu mener ma mission à bien.

D. Les années 1946 et 1947 ont été marquées par une série d'autres événements importants.

1. Sur le plan même de la Sécurité Sociale l'organisation et le fonctionnement des Caisses ont été affectés d'abord comme il a déjà été dit, par les élections auxquelles il a été procédé pour la première fois, en 1947, pour la désignation des conseils d'administration. D'autre part des dispositions ont été prises, sur l'initiative de M. MORICE, pour donner aux sociétés mutualistes la possibilité de participer plus largement au service des prestations.

Enfin, dans mon domaine personnel, l'achèvement de la mise en place des institutions m'a permis de consacrer plus de temps aux aspects internationaux de la Sécurité Sociale. Dès le début de l'année 1945, je me suis rendu, à la demande du Ministre Alexandre PARODI, à BRUXELLES du 26 février au 2 mars. J'y ai trouvé une situation sensiblement plus marquée par la poursuite de la guerre, plus proche de BRUXELLES que de PARIS, BRUXELLES étant survolé plusieurs fois par jour encore par des V.1. J'ai pris contact avec de nombreuses personnalités, notamment le Premier Ministre VAN ACKER, avec le Ministre du Travail et de la Prévoyance Sociale Léon-Elie TROCLET, que je devais retrouver plus tard bien souvent, avec le Secrétaire Général du Ministère du Travail FUSS, et bien d'autres. Et j'ai pu réunir dans un important rapport un ensemble d'impressions et d'informations sur les tendances générales de la situation en BELGIQUE et des rapports franco-belges, sur les salariés en BELGIQUE, sur le statut du mineur, sur la Sécurité Sociale, comme dans les domaines intéressant le Ministère du Travail. C'est là pour moi le point de départ de relations de plus en plus étroites avec les autorités belges. En particulier, dans les mois suivants, j'ai avec le Directeur Général de la Sécurité Sociale en BELGIQUE, WATILLON, élaboré la première convention bilatérale de Sécurité Sociale qui a servi de modèle aux nombreuses conventions conclues par la suite, et pu, avec lui, essayer d'amorcer la solution des nombreux problèmes que les ressortissants de chacun des deux pays allant travailler dans un autre pouvaient rencontrer (1). La création du Conseil de l'Europe à Strasbourg a amené l'institution, dans l'enceinte de cette organisation, d'une commission de la Sécurité Sociale dont on m'a demandé d'assurer la présidence et qui a tenté d'élaborer des règles communes à l'ensemble des pays membres du Conseil de l'Europe, d'abord pour la coordination entre les régimes nationaux à l'égard des travailleurs passant d'un pays dans un autre, ensuite pour établir un minimum de règles communes contribuant à assurer un minimum de protection sociale, pour les ressortissants de ces Etats.

2. L'Institut d'Etudes Politiques, qui a pris la suite de l'Ecole Libre des Sciences Politiques, après m'avoir demandé en 1944-1945 de reprendre mon enseignement d'avant-guerre sur les rapports entre patrons et ouvriers, m'a confié le soin ensuite d'un cours fondamental sur les problèmes sociaux contemporains, comportant deux semestres répartis sur deux années et que j'ai dû entièrement improviser et mettre à jour chaque année, une année étant consacrée aux problèmes sociaux de l'individu (santé, enseignement, etc.), l'autre aux problèmes sociaux des relations collectives (famille, classes sociales, relations du travail, etc.), le tout étant envisagé non seulement dans un cadre français mais par une comparaison internationale, mettant plus ou moins l'accent chaque année sur des aspects différents en fonction notamment de l'actualité.

L'Ecole Nationale d'Administration, créée à l'automne de 1945, m'a demandé également de participer à son enseignement, notam-

(1) La Convention franco-belge de Sécurité Sociale a été signée à BRUXELLES par M. Daniel MAYER et M. Léon-Elie TROCLET. Ce dernier ayant été victime d'un grave accident de la circulation, la signature a eu lieu dans l'Hôpital de BRUXELLES où M. TROCLET était soigné. J'ai accompagné M. Daniel MAYER en cette circonstance.

ment en traitant des problèmes sociaux et en particulier des relations collectives du travail dans les principaux pays du monde comme des problèmes sociaux propres à la FRANCE. Cet enseignement a duré plusieurs années, chaque année étant consacrée à un pays différent.

Toutes ces tâches se sont ajoutées à mes fonctions principales et m'ont laissé peu de loisir pour m'occuper de ma famille et notamment de mes enfants, où un fils était venu s'ajouter aux précédents en 1947.

L'effort créatif s'est heureusement ralenti pour laisser place aux problèmes quotidiens de fonctionnement d'une grande administration et à ceux que pose la défense d'une institution souvent mise en cause et en constante évolution. Les changements de Ministre ont appelé aussi des obligations supplémentaires pour mettre au courant les nouveaux titulaires et leurs collaborateurs : après Alexandre PARODI, de septembre 1944 à décembre 1945, Ambroise CROIZAT, de décembre 1945 à mai 1947, Daniel MAYER ensuite, avec des passages brefs de SEGELLE et de Claudius PETIT, enfin Paul BACON, chacun ayant une orientation politique propre, mais avec lesquels j'ai toujours entretenu les relations les meilleures, bénéficiant de leur entière confiance.

Evolution des attitudes à l'égard de l'institution

Lorsque s'ouvre l'année 1947 la mise en place de l'organisation de la Sécurité Sociale arrive à son terme. Les textes fondamentaux sont adoptés et publiés. Les institutions nouvelles fonctionnent. Les problèmes essentiels de locaux, de personnel, de matériel, sont résolus. La Sécurité Sociale est devenue un élément de la vie quotidienne de la grande majorité de la population de la France.

Que sont devenues les critiques et oppositions qui s'étaient manifestées dans la période d'élaboration de l'institution ?

1. La *mutualité* s'est transformée. L'ordonnance du 19 octobre 1945 lui a ouvert des horizons nouveaux. Les groupements mutualistes demandaient à tenir un rôle plus important dans le cadre de l'organisation de la Sécurité Sociale. La loi MORICE de 1947 leur ouvre à cet égard des perspectives nouvelles, en facilitant l'exercice par des sociétés mutualistes d'un rôle de sections ou de correspondants des caisses. Pour les fonctionnaires d'une part, pour les étudiants d'autre part, la gestion de la Sécurité Sociale est confiée dans son ensemble à leurs mutuelles agissant pour le compte des caisses dans le cadre des circonscriptions de chacune d'elles. Il en résulte l'établissement de relations étroites entre caisses et sociétés mutua-

listes, celles-ci prenant en charge une part importante du « ticket modérateur » dans le service des prestations de maladie, et agissant ainsi comme des organes complémentaires normaux de ces caisses. D'autre part les dirigeants de la mutualité se renouvellent. Les mutuelles des différentes administrations prennent une place de plus en plus grande dans l'ensemble du mouvement mutualiste. De plus en plus les dirigeants de la mutualité sont issus des grandes unions ou fédérations de fonctionnaires, Mutuelle Générale de l'Education Nationale, Mutuelle Générale des P.T.T., Mutuelles diverses de l'administration des Finances. La mutualité cesse complètement d'être une concurrente de la Sécurité Sociale, pour en devenir la principale collaboratrice. Bien loin de la critiquer, elle la défend et l'appuie en toutes circonstances.

2. Parmi les *organisations syndicales*, l'appui de la C.G.T. n'a jamais cessé. Jusqu'à la fin de l'année 1947, époque à laquelle s'en détache la Confédération Générale du Travail Force Ouvrière, de tendance socialiste, alors que la C.G.T. elle-même demeure dominée par les éléments communistes, celle-ci, par sa prédominance dans les conseils d'administration, se sent largement responsable du bon fonctionnement et du succès de l'institution et y apporte un concours sans défaillance, concours exclusif de toutes distinctions, politiques ou autres. La C.F.T.C. renonce à ses réticences initiales à partir du moment où la désignation des membres des conseils d'administration s'opère par la voie d'élections démocratiques ; les premières élections ont lieu au printemps 1947 et permettent au syndicalisme chrétien de prendre dans les conseils des caisses la place qui correspond à son rayonnement propre dans l'ensemble des salariés, compte tenu de la structure particulière de chaque circonscription, et ses représentants prennent une influence importante dans de nombreuses caisses. La réticence initiale tend de ce fait à s'effacer.

3. Les *mouvements familiaux* s'étaient surtout attachés à obtenir le maintien de l'autonomie des caisses d'Allocations Familiales. Cette autonomie, maintenue provisoirement par l'ordonnance du 4 octobre 1945, est consacrée à titre définitif en 1949. J'y ai souscrit personnellement, conscient de la lourde charge assumée par les caisses primaires de la Sécurité Sociale au titre des assurances maladie, maternité et décès. Mais cette autonomie ne devait pas porter atteinte à l'unité fondamentale de la Sécurité Sociale, se marquant notamment par le recouvrement en commun des cotisations, et surtout par la coordination, au niveau national, tant de la gestion financière que de l'action sanitaire et sociale et de la politique immobilière de l'ensemble de l'institution.

4. L'attitude du *patronat* demeure plus partagée. L'élection des administrateurs employeurs fait entrer dans les caisses des éléments nouveaux, qui apportent un concours précieux, par leur compé-

tence, à la gestion des caisses. Il n'en demeure pas moins qu'au niveau des dirigeants nationaux des organisations patronales subsiste le regret de la dépossession du patronat d'une large part du rôle qu'il tenait à exercer auparavant, notamment dans les allocations familiales ou les accidents du travail, et une défiance à l'égard des syndicalistes salariés formant la majorité des administrateurs de caisses. L'un des plus éminents de ces dirigeants avec lequel j'avais des relations personnelles me déclara un jour qu'il regrettait que je ne dispose pas d'une autorité plus complète sur l'ensemble de l'institution, car le patronat aurait plus de confiance en moi, fonctionnaire de l'Etat, que dans des militants syndicaux. Je lui répondis que j'avais une autre conception de la démocratie, et que, si j'étais à coup sûr prêt à assumer toutes les responsabilités que l'on me confierait, je souhaitais que les bénéficiaires de l'institution assument l'essentiel des responsabilités, par leurs représentants élus, dans la gestion de leurs intérêts. Il m'apparut que les critiques patronales procédaient moins de préoccupations financières tenant aux charges résultant de la Sécurité Sociale pour les entreprises que dans une réduction des pouvoirs et de l'autorité du patronat dans les institutions créées au profit de leurs salariés.

Mon seul regret, et je saisis chaque occasion de le manifester, est que les administrateurs ne fassent pas plus d'efforts pour assurer l'éducation des bénéficiaires et leur faire prendre une conscience plus grande de leurs responsabilités c'est-à-dire en définitive, d'acquérir un sens plus profond de la solidarité qui est le fondement essentiel de l'institution. Je comprends parfaitement que l'élargissement des cadres dans lesquels s'organise cette solidarité conduit à un affaiblissement du sentiment concret de la solidarité existant dans le cadre local, dans le cadre de l'entreprise ou dans le cadre d'une profession, mais, cet élargissement étant indispensable à l'efficacité de l'institution et à la réalisation de la démocratie sociale à laquelle j'aspirais, il m'apparaît de plus en plus nécessaire que tous les responsables s'assignent comme une de leurs tâches essentielles l'éducation de l'opinion, l'éducation de toute la population, à cette solidarité entendue et voulue dans le cadre le plus large. Je souhaite que tous les assurés prennent conscience que les institutions sont leur chose, qu'ils en sont responsables et doivent se comporter comme tels. Malheureusement le jeu des élections, en raison de la division du syndicalisme des salariés d'après des positions philosophiques ou politiques conduit chaque jour davantage à ce que les représentants des salariés aient tendance à se considérer en rivaux les uns des autres, et cherchent à attirer respectivement les électeurs dans leur camp par des promesses plus que par un effort éducatif.

Heureusement l'opinion dans sa masse a conscience de ce qu'apporte à l'ensemble des travailleurs la sécurité nouvellement garantie par les efforts accomplis du fait des responsables de l'institution.

Evolution de la législation et de l'organisation

1. L'évolution générale de la Sécurité Sociale de 1947 à 1951 a été marquée par les élections organisées pour la désignation des administrateurs des caisses tant de Sécurité Sociale que d'Allocations Familiales. Les premières ont lieu au printemps de 1947, d'autres en 1950. Je suis amené à participer étroitement à ces élections, d'abord parce que toute l'organisation en a été assurée par le Bureau de l'organisation et des méthodes de ma Direction, sous la responsabilité de CANTEGREIL, qui a mené cette tâche à la perfection. D'autre part, pour les premières élections, Ambroise CROIZAT, alors Ministre, tient à éviter que ces élections prennent un caractère politique et se fait une règle de ne pas y paraître. Il me demande en conséquence de participer à la campagne en montrant l'importance et la portée de cette opération. Je dois donc assurer une série de communications, déclarations, conférences de presse, qui ont un large écho. Le résultat a été acquis, puisque la participation des électeurs a été, pour un tel type d'élections, relativement importante, plus des deux tiers des électeurs salariés ont pris part au vote. Et si la C.G.T. obtient le plus grand nombre de suffrages, Force Ouvrière et la C.F.T.C. recueillent une proportion importante des votes, et ainsi s'établit un équilibre relatif des tendances dans la plupart des conseils. Ceci est vrai tout autant pour les élections des administrateurs des caisses primaires de Sécurité Sociale que pour celles des administrateurs des Caisses d'Allocations Familiales, alors que pour ces dernières, seuls votent les bénéficiaires de prestations familiales. En ce qui concerne les employeurs, les listes présentées par le Conseil National du Patronat Français sont dans l'ensemble peu contestées.

2. L'évolution législative de la période est commandée par le souci d'étendre progressivement le champ de la Sécurité Sociale à de nouvelles catégories de bénéficiaires, d'en améliorer les prestations comme d'assurer l'équilibre financier de l'ensemble de l'institution.

Au premier point de vue, l'un des textes essentiels est la loi du 17 janvier 1948 qui fixe les bases des régimes d'allocations de vieillesse organisées au profit des professions non salariées, artisans, industriels et commerçants, membres des professions libérales, les exploitants agricoles devant faire l'objet d'une législation spéciale en 1952. L'assurance maladie et maternité est rendue applicable aux étudiants. Pour le clergé, une mutuelle spéciale, la « Mutuelle Saint-Martin » est créée pour le faire bénéficier d'une assurance maladie propre.

Dans le domaine des prestations, l'on revalorise, à plusieurs reprises, les allocations ou pensions bénéficiant aux personnes âgées, assurant ainsi non seulement une adaptation à la perte de la valeur de la monnaie due à l'inflation, mais aussi augmentant le pouvoir d'achat des allocataires et pensionnés, auxquels la législation de 1945 n'avait pu donner, compte tenu de la situation économique du moment, toute la priorité souhaitable. L'assurance maladie est profondément réformée, les prestations devant être accordées sans limite de temps en ce qui concerne les soins médicaux, par fusion de l'assurance maladie et de l'assurance de la longue maladie. Les allocations familiales elles-mêmes, en dépit du sort particulièrement favorable qui leur a été fait en 1946, connaissent de nombreuses améliorations, notamment pour les allocations prénatales et de maternité, et surtout par l'institution de l'allocation de logement par la loi sur les loyers du 1er septembre 1948. Mais, en contrepartie, le législateur a supprimé l'indexation automatique des allocations sur l'évolution des salaires, telle qu'elle avait été prévue en 1946 ; de ce fait le montant des allocations ne suit que d'assez loin le niveau des salaires, malgré l'augmentation du taux des cotisations, taux porté à 16 % des salaires plafonnés en 1951.

C'est que de multiples facteurs influent en des sens variables sur l'équilibre financier de l'ensemble de l'institution. L'on sait qu'une étude approfondie des bases financières du système a été faite dès l'automne 1944. Les prévisions qui en sont résultées se révèlent dans l'ensemble exactes. Le coût de la vieillesse est évalué en régime plein, sur les bases retenues en 1945, à 9 % des salaires plafonnés, mais ce pourcentage ne doit être atteint qu'après une quinzaine d'années, puisque les cotisations des assurances sociales, retenues pour le calcul de la pension, n'ont été versées qu'à partir du 1er juillet 1930. Le coût des allocations familiales, évalué initialement à 12 % du salaire plafonné, est plus élevé en raison des améliorations importantes apportées aux prestations par la loi du 22 août 1946 et ses modifications ultérieures. Le coût des accidents du travail et maladies professionnelles se révèle sensiblement inférieur à celui qui était constaté auparavant, ce qui a permis une diminution appréciable de la charge des entreprises, les cotisations nouvelles étant calculées désormais en fonction du coût réel des risques avec des frais de gestion largement réduits. En revanche, le coût de l'assurance maladie-maternité avait été apprécié sur les bases constatées pour les assurances sociales en supposant que la charge évoluerait dans la même proportion que les salaires, comme cela avait été le cas de 1930 à 1944. Or, en raison notamment des progrès de la médecine, du développement des techniques nouvelles de plus en plus coûteuses, en même temps que de l'accroissement de la demande de soins imputable à l'élévation du niveau de vie des assurés, la croissance des dépenses médicales est en fait deux fois plus rapide que celle de la production intérieure brute. De l'addition de l'effet de tous ces facteurs résulte, pendant les premières années d'application du régime nouveau de la Sécurité Sociale, l'insuffisance relative des cotisations d'assurance maladie, compensée par les excédents provenant de l'assurance vieillesse et même au-delà, ce qui permet de prélever sur les ressources « assurances sociales » de quoi couvrir les insuffisances provisoires de la branche allocations familiales, en attendant l'effet du relèvement des cotisations de cette dernière branche, dont le taux a été progressivement porté à 16 % des salaires plafonnés. Il a même paru souhaitable de rétablir la situation en portant ce taux à 16,75 %, 0,75 % étant destinés à rembourser au fonds des assurances sociales les sommes prêtées par ce fonds au fonds des allocations familiales. Ceci est d'autant plus nécessaire que le plus souvent les augmentations de la charge des allocations familiales, imputables à la fois à l'évolution de la législation et à la démographie — redressement de la natalité, diminution de la mortalité infantile — ont généralement précédé l'effet du relèvement corrélatif des cotisations, décidé simultanément, mais exigeant un délai de quelques mois pour devenir effectif. L'on a là, pour l'essentiel, l'explication des difficultés de financement rencontrées par le régime général de Sécurité Sociale dans la période qui suit et auxquelles contribue également l'accroissement normal de la charge de l'assurance vieillesse par suite et de l'augmentation du nombre des années de cotisations dont justifient les assurés arrivant à l'âge d'ouverture des droits à pension, et de l'allongement de la durée de la vie humaine conduisant à l'accroissement relatif du nombre des pensionnés. Je n'ai vécu personnellement que le départ de cette évolution, qui était à son début en 1951, mais n'a cessé de se poursuivre depuis lors.

Durant les sept années que j'ai passées à la Direction Générale de la Sécurité Sociale, il est possible de parer à la situation ainsi décrite par le jeu normal des cotisations, d'autant plus que le redressement économique remarquable qui s'est produit au cours de cette période, et s'est traduit par l'augmentation des salaires et donc des cotisations encaissées, en même temps que le retour à la prospérité des « trente glorieuses » facilitent les choses. Si l'on ne méconnaît pas l'inquiétude que peut engendrer cette évolution financière pour l'avenir, l'on peut espérer être en mesure de continuer à y parer. Ce n'est guère qu'une quinzaine d'années plus tard que la crise économique remettra en question les bases mêmes de l'équilibre du régime.

Ainsi s'explique mon attitude au moment où est votée la loi du 17 août 1948 ouvrant au Gouvernement des pouvoirs spéciaux dans le domaine financier et transférant au domaine réglementaire tout un ensemble de problèmes dont la solution exigeait jusqu'alors l'intervention du législateur. Au moment même où l'Assemblée Nationale discute le projet de loi qui doit aboutir à ce texte, Paul REYNAUD me fait venir à l'Assemblée pour me soumettre l'article que les services du Ministère des Finances proposent d'insérer dans le projet et qui concerne la Sécurité Sociale et me demande si cet article me paraît satisfaisant. Je ne peux que lui répondre que tout dépend de la nature des réformes que le Gouvernement souhaite apporter en ce domaine et, en ce qui me concerne, je ne crois pas que l'article proposé soit réellement utile. Je redoute surtout la remise en cause des bases du régime par des mesures réglementaires prises inconsidérement. J'insiste donc pour que l'élargissement de la compétence réglementaire soit réduit autant que possible alors que le texte proposé par le Ministère des Finances aurait couvert pratiquement l'ensemble de la matière de la Sécurité Sociale. J'obtiens ainsi que soit exclu de la compétence réglementaire tout ce qui concerne l'« organisation » des régimes et les modes de financement du régime général des salariés. En revanche, je ne vois pas d'objection à l'intervention de textes réglementaires concernant la tutelle et le contrôle financier des caisses.

Les problèmes internationaux de la Sécurité Sociale

J'ai souligné, dans les développements consacrés à la période précédente, l'importance que j'avais été progressivement amené à porter aux aspects internationaux de la Sécurité Sociale, notamment par ma participation aux premières activités du Conseil de l'Europe en la matière et à la conclusion de la première convention bilatérale de Sécurité Sociale de l'après-guerre, celle qui a été conclue en 1947 entre la France et la Belgique.

Durant la période 1948-1951, je suis amené à discuter et conclure un nombre important d'autres conventions bilatérales ou multilatérales, toutes concernant les droits et obligations des travailleurs migrants passant de manière permanente ou provisoire d'un pays dans un autre. Ceci me donne l'occasion de nombreux voyages à l'étranger, principalement dans les pays européens, d'y étudier les institutions de Sécurité Sociale et d'y rencontrer les principales personnalités en charge de ces institutions. Je ne cite qu'à titre d'exemples Sir Henry HANCOCK, secrétaire permanent du Ministère Britannique de l'Assurance Nationale, Mr H.H. KOCH, secrétaire général au DANEMARK du Ministère en charge de la Sécurité Sociale, de M. BEXELIUS, directeur général en SUÈDE du SOCIALSTYRELSEN (Office National des Affaires Sociales), de M. MODLINSKI, directeur général de la Sécurité Sociale de POLOGNE, des dirigeants allemands, italiens, tchécoslovaques, yougoslaves, hollandais, luxembourgeois, norvégiens et bien d'autres. Avec chacun il faut chercher le moyen d'articuler les mécanismes nationaux à la nécessité de faire bénéficier les travailleurs de droits soit aux soins médicaux, soit surtout aux pensions de vieillesse, en fonction des activités professionnelles exercées dans les divers pays concernés, chaque pays prenant en charge une part des prestations proportionnelle à la période de travail passée sur son territoire.

Secondairement je m'efforce d'inciter au rapprochement des législations et institutions afin d'éviter que les différences d'orientation d'un pays à l'autre ne faussent par trop la concurrence économique entre les entreprises de l'un et de l'autre. Ceci m'amène à m'intéresser de plus en plus à la définition de normes internationales acceptables par les pays ayant atteint un développement économique comparable, cela soit dans le cadre de l'Organisation Internationale du Travail, soit dans celui du Conseil de l'Europe. C'est ainsi que le Bureau International du Travail organise en septembre 1948 à MONTRÉAL la première réunion d'une commission internationale de la Sécurité Sociale où je représente la Sécurité Sociale française. L'on m'y demande de présider la commission, comprenant une vingtaine de dirigeants des institutions nationales de Sécurité Sociale du monde entier, d'Europe sans doute, mais aussi d'Amérique du Nord, d'Amérique Latine, d'Asie, notamment de l'Inde. Cela m'amène à avoir un premier contact avec le CANADA comme avec les ÉTATS-UNIS, à rencontrer en particulier Arthur ALTMEYER, commissaire à la Sécurité Sociale des ÉTATS-UNIS, qui avait été avec Franklin ROOSEVELT un des initiateurs du NEW DEAL en 1935, du Docteur KATIAL, Directeur Général de la Sécurité Sociale de l'INDE, et de plusieurs dirigeants de Sécurité Sociale de l'AMÉRIQUE LATINE. Cette commission, dont l'initiative a été prise par STACK, chef de la Section de Sécurité Sociale du Bureau International du travail, a pour rôle d'amorcer la préparation d'une Convention internationale du travail fixant des normes internationales de Sécurité Sociale pour la protection des travailleurs de tous les pays. Je constate avec plaisir la communauté de vues de la plupart des participants, tous partageant les mêmes préoccupations même s'ils divergent parfois sur les méthodes à mettre en œuvre pour atteindre leurs objectifs. C'est aussi pour moi un premier et fructueux contact avec des personnalités que je devais retrouver par la suite à travers le monde.

A la fin des travaux de la commission, je vais à OTTAWA rendre visite à notre Ambassadeur au CANADA, alors Francisque GAY que j'avais rencontré au cours de mon séjour à LYON pendant la guerre. C'est aussi l'occasion de faire la connaissance de la langue franco-canadienne, quand, à la gare de MONTRÉAL, l'on me demande si j'ai une place réservée dans le « char-parloir ». Il me faut quelques instants pour comprendre qu'il est question du « parlour-car », wagon pullmann du train !

Je me rends ensuite à NEW YORK et à WASHINGTON où je retrouve

Arthur ALTMEYER et prends contact avec tout l'état-major du Commissariat à la Sécurité Sociale, rattaché au Ministère de la Santé, de l'Education et des Affaires Sociales (HEALTH, EDUCATION and WELFARE). J'ébauche même avec ALTMEYER un projet de convention entre la FRANCE et les ÉTATS-UNIS sur la Sécurité Sociale, qui ne doit pas avoir immédiatement de suite, en raison des réticences du Département d'Etat. Mais mes relations avec les membres de cette administration sont appelées à se développer largement par la suite.

Ici se situe la naissance de ma plus jeune fille, Anne, le 2 mars 1949, accueillie avec joie. La famille est désormais complète... en attendant les petits-enfants à venir.

Parmi les déplacements que j'ai été amené à faire au cours de cette période, l'un de ceux qui m'ont le plus marqué a été le voyage autour du monde accompli pour participer en février 1950 à la Commission de la Sécurité Sociale du Bureau International du Travail, suite de celle de MONTRÉAL, qui s'est tenue en NOUVELLE-ZÉLANDE, à WELLINGTON. Un tel voyage est à l'époque bien plus compliqué qu'il ne l'est aujourd'hui. Tout d'abord il n'existe pas de ligne aérienne directe et régulière de PARIS vers la NOUVELLE-ZÉLANDE. Il me faut donc faire partir mon voyage de LONDRES. D'autre part le parcours assuré par des avions « CONSTELLATION » alternativement par la B.O.A.C. britannique et par la Compagnie australienne QANTAS, prend trois jours et exige des visas de transit pour chaque escale. Je vais donc coucher à LONDRES un soir pour repartir le lendemain matin de bonne heure par un avion dont la première escale a lieu à ROME. Là, après un déjeuner rapide, la Compagnie aérienne organise pour ses passagers une visite de ROME en une heure, qui est pour moi un premier contact avec cette capitale que j'ignorais jusqu'alors. Une deuxième étape nous amène en ÉGYPTE où les voyageurs passent une nuit dans un hôtel moderne à HELIOPOLIS, près du CAIRE. La journée suivante, de loin la plus fatigante à la fois par sa durée et par le changement d'heure et de climat, nous conduit successivement à TÉHÉRAN, pour un arrêt technique, puis au PAKISTAN, à KARACHI, où j'ai la surprise de rencontrer à l'aéroport, en transit et en mission lui aussi, Peter STORRS, un des jeunes officiers britanniques qui m'avaient accueilli à mon arrivée à LONDRES en avril 1943 et que je n'ai plus jamais rencontré depuis. De là une nuit d'avion nous mène à CALCUTTA pour un bref arrêt, la journée suivante à SINGAPOUR, en fin d'après-midi. Là, après un tour de ville en autocar, nous passons la nuit à l'Hôtel RAFFLES, célèbre dans l'Histoire Coloniale Britannique. La journée suivante nous mène directement à DARWIN, dans le Nord de l'AUSTRALIE, où nous disposons de deux heures pour faire un brin de toilette et dîner. La nuit suivante, passée encore en avion, doit en principe nous mener à SYDNEY dans la matinée. Mais les conditions atmosphériques ne permettent pas d'atterrir à l'aéroport de cette ville, et notre avion est de ce fait dérouté sur ABBO, petit bourg rural à 200 ou 300 km au nord de SYDNEY, où nous passons la journée à attendre l'amélioration du temps. J'ai ainsi le loisir d'observer la vie de ce petit bourg où je suis surpris de voir un nombre important de cyclistes, mais ce retard me prive des contacts que je comptais prendre à SYDNEY où notre représentation diplomatique avait pris pour moi des rendez-vous avec différentes personnalités. Nous n'arrivons là en effet qu'à la nuit tombée et quelque peu fatigués, avec même l'impression, en ce qui me concerne après ce long voyage aérien, de sentir le sol se dérober souvent sous mes pas.

Après une nuit, passée à l'hôtel, nous repartons, cette fois en hydravion, pour la NOUVELLE-ZÉLANDE, où nous arrivons dans la Baie d'AUCKLAND, où les participants à la Commission sont attendus. Un avion de dimension plus réduite, qui seul peut atterrir à WELLINGTON, nous conduit à l'aéroport de cette capitale, 30 à 35 km au nord de la ville, où des voitures nous amènent à notre hôtel, terme de ce long voyage. Dès notre premier contact je prends conscience de ce qu'est ce pays, dont la population est essentiellement britannique, faite en grande partie d'Ecossais et d'Irlandais, environ 2 millions à côté de 100 à 150 000 autochtones Maoris, nettement distingués les uns des autres, et soumis à une législation sociale très protectrice du travail et des travailleurs. La durée du travail est réglementée de manière si stricte qu'il n'est possible de prendre ses repas dans un restaurant, même d'hôtel, que dans un espace de temps limité. De plus le travail s'arrête du vendredi à 17 heures au lundi matin. Ainsi les passagers d'un bateau arrivant le vendredi après 17 heures peuvent bien débarquer mais uniquement avec leurs bagages à main et, pour le surplus des bagages, ils doivent attendre le lundi suivant. A la question posée de savoir comment les membres de la population utilisent les loisirs que leur laisse la réglementation du travail il m'est répondu qu'ils cultivent leurs jardins. Et par la suite, nous constatons en effet le nombre et l'étendue des jardins entourant les habitations et leur richesse florale.

Les travaux de la Commission doivent s'insérer dans les horaires locaux. Le but poursuivi est, dans le prolongement des études entreprises à MONTRÉAL, d'élaborer un projet de Convention internationale du travail, définissant des normes internationales de Sécurité Sociale. La principale difficulté rencontrée est d'adapter des règles communes à la variété, et surtout à l'inégalité de richesse et de développement économique et technique de tous les pays membres de l'Organisation Internationale du Travail. Nous sommes amenés à préconiser une formule prévoyant deux séries de normes, les unes pour les pays industriels évolués, les autres pour les pays encore peu développés, et cela pour chacune des multiples branches de la Sécurité Sociale. Bien qu'ayant présidé la Commission de MONTRÉAL, j'hésite à reprendre les mêmes fonctions à WELLINGTON. Je crois plus opportun de proposer que la présidence soit confiée au Directeur de la Sécurité Sociale de la NOUVELLE-ZÉLANDE, Bernard WALKER, à la fois très compétent et mieux à même d'intégrer nos travaux dans les habitudes locales. C'est ainsi qu'en raison d'un retard pris dans notre programme de travail au cours de la première semaine ma suggestion de tenir séance le samedi matin m'attira la réponse de notre président que ce serait « une insulte à la dignité du peuple néo-zélandais ». D'ailleurs nos hôtes avaient pris soin d'organiser pour chacun d'entre nous des visites du pays destinées à occuper notre temps libre, du vendredi après-midi jusqu'au dimanche soir. Ainsi ai-je passé mon premier week-end dans une « loge », avec Arthur ALTMEYER, dans la partie montagneuse de l'Ile du Nord, au milieu d'un paysage tropical, et de nombreux geysers, et mon deuxième week-end dans l'Ile du Sud sur les pentes du Mont COOK, équivalent de notre Mont-Blanc, en face d'un magnifique glacier. Le seul embarras que nous ayons rencontré dans ce déplacement est de trouver un endroit où déjeuner entre CHRISTCHURCH et le Mont COOK, tous les restaurants étant fermés le samedi. D'autre part il nous faut, dans les différents déplacements, marquer obligatoirement un arrêt à l'heure du thé pour permettre à notre chauffeur de se conformer à ses habitudes. Au total nous avons tout de même été en mesure de mener à bien nos travaux dans les délais prévus et de bénéficier en même temps d'une hospitalité généreuse et très sympathique qui nous conduit à connaître ce pays lointain où vivent 2 millions et demi d'habitants et deux fois plus de moutons, pays prospère mais dont une grande partie des produits nécessaires à la vie courante arrivent par bateau du Royaume-Uni.

Pour le voyage de retour nous reprenons la direction de l'Est, sur un avion de la B.C.P.A. (BRITISH COMMONWEALTH PACIFIC AIRWAYS) avec un confort remarquable, lits couchettes, petit déjeuner apporté au lit par les hôtesses. Parti d'AUCKLAND, notre avion fait une première escale aux Iles FIDJI dont nous ne voyons rien, car nous ne pouvons quitter l'aéroport ; et de là nous traversons l'Océan Pacifique jusqu'à HAWAÏ, dont j'ai pu faire une visite rapide dans la ville et aux environs, et de là nous repartîmes le soir pour SAN FRANCISCO. Je n'ai pas le temps, cette fois, de faire la connaissance de cette ville, devant repartir le soir même, toujours en compagnie d'Arthur ALTMEYER, par un avion nous conduisant directement, sans escale, à WASHINGTON et dont nous avons été les deux seuls passagers ! De là, après deux jours passés avec les dirigeants du Commissariat à la Sécurité Sociale, je repars pour LONDRES et ensuite pour LE BOURGET, un mois exactement après mon départ, ayant beaucoup travaillé et aussi beaucoup appris, tant par le voyage lui-même que par les personnalités que j'ai rencontrées, mais ayant perdu un jour de mon existence, du fait de la traversée, au milieu de l'Océan

Pacifique, de la ligne de changement d'heure ! Bien qu'encore ébloui par la variété et l'ampleur de tout ce que j'ai vu, c'est avec joie que je retrouve ma famille et mes habitudes parisiennes.

Pendant le reste de l'année 1950 je me suis consacré essentiellement à mon activité nationale et internationale de la Direction Générale de la Sécurité Sociale, satisfait de constater que, grâce à l'organisation mise en place, les services ont fonctionné normalement en mon absence. J'ai encore, dans le courant de l'année, à participer à la Conférence Internationale du Service Social, organisation non gouvernementale rassemblant la plus grande partie des travailleurs sociaux de tous les pays du monde dans des réunions biennales, assurant des contacts entre les uns et les autres et confrontant les préoccupations et les tendances de tous. De ce moment et pour bien des années, le Ministère des Affaires Etrangères prend l'habitude de me demander de représenter le Gouvernement français dans ces Conférences, qui se tiennent chaque fois dans un pays différent. La Conférence de 1950 se réunissant à PARIS, je n'ai aucune difficulté à assurer cette mission, qui me met en contact avec des centaines de représentants du travail social de tous les continents. Je donne à cette activité une importance particulière du fait qu'à la demande de la Fondation FORD et des Nations-Unies, j'avais été amené à participer à une étude, dirigée initialement par le Professeur René SAND, sur la comparaison du travail social en FRANCE et en GRANDE-BRETAGNE. J'avais pris la responsabilité de la part française de ce travail, avec l'appui du Comité Français de Service Social, mon correspondant britannique étant Sir Allen DALEY, chef des services médicaux de la ville de LONDRES. Le décès du Professeur René SAND a obligé Sir Allen DALEY et moi-même à prendre conjointement la responsabilité de mener à bien la tâche entreprise et à élaborer un rapport d'ensemble sur la question.

L'année 1951, en dehors même des négociations de conventions de Sécurité Sociale et de ma participation aux travaux du Conseil de l'Europe, est très chargée sur le plan international. Promu Conseiller d'Etat au mois de mars et maintenu en position de détachement, je suis amené à représenter le Gouvernement français à la Conférence interaméricaine de Sécurité Sociale qui se tient à BUENOS AIRES. C'est mon premier contact avec l'Amérique Latine. Ma position, dès l'abord, n'est pas facile. Je me suis tenu comme le représentant d'un pays américain dans la mesure où la FRANCE compte trois départements en AMÉRIQUE, la MARTINIQUE, la GUADELOUPE et la GUYANE, alors que les Gouvernements de ce continent répugnent à considérer ces territoires comme autre chose que des colonies. Mais si je tiens à marquer ma position dans mes interventions, je ne rencontre pas les résistances critiques que je redoutais. C'est que les délégués des pays d'AMÉRIQUE LATINE étaient davantage portés à réagir contre la tendance des ÉTATS-UNIS à exercer une sorte de tutelle sur leurs pays. Ceci est particulièrement visible pour la Présidente de la Conférence de BUENOS-AIRES, qui n'est autre qu'Eva PERON, la femme du dictateur argentin. Le Président en titre de l'Organisation interaméricaine est alors mon ami Arthur ALTMEYER, Commissaire à la Sécurité Sociale des ÉTATS-UNIS et qui, normalement, doit avoir le rôle principal dans la réunion de BUENOS-AIRES, à côté de la Présidente, représentante du pays hôte. En outre participe à la Conférence le Président du Conseil d'Administration du Bureau International du Travail, Léon-Elie TROCLET. ALTMEYER et lui sont indiscutablement les personnalités les plus importantes présentes. Or systématiquement Eva PERON me donne la priorité, m'installant à sa droite dans les banquets, m'invitant dans sa voiture lors des déplacements collectifs, semblant ignorer la présence d'ALTMEYER et paraissant faire peu de cas du Président du Conseil d'Administration du Bureau International du Travail. Je me trouve ainsi dans une position d'autant plus gênante que je connais bien l'un et l'autre et que j'éprouve pour eux autant d'estime que d'amitié. Je dois dire que je suis étonné et même admiratif de l'autorité et du prestige d'Eva PERON, adulée par les éléments modestes de la population, présidant elle-même toutes les réunions de la Conférence, faisant les honneurs d'un grand hôpital moderne avec une compétence étonnante et présidant les débats avec autorité et vigueur alors qu'elle n'est qu'une petite actrice, épousée par un Général dictateur. On parle d'elle comme « NUESTRA DAMA DE LAS AMERICAS » ! Je sais, par les amis que j'ai en ARGENTINE, tout ce que l'on pense de son comportement dans la bonne société locale, et tout ce qu'on peut lui reprocher. Tout cela me fait mieux comprendre le climat psychologique et politique de l'AMÉRIQUE LATINE.

Par la suite, la Conférence Internationale du Travail, réunie comme chaque année à GENÈVE au moins de juin, a à son ordre du jour en première lecture le projet de Convention internationale du travail sur les normes de la Sécurité Sociale. Je suis donc amené à faire partie de la Délégation du Gouvernement français à la Conférence. Et, sur l'initiative des dirigeants et des spécialistes du Bureau International du Travail, la Commission de la Conférence en charge d'examiner ce projet me confie sa présidence. Tâche nouvelle pour moi, et que j'éprouve d'autant plus de difficulté à assumer, que, dès l'abord, la majorité de la Commission rejette la formule envisagée à WELLINGTON, d'une dualité du niveau des normes suivant le degré de développement des pays. Il faut donc reprendre le projet, le remanier, pour arriver à des normes applicables à l'ensemble des pays tout en leur permettant de s'adapter aux différences économiques de l'un à l'autre. Heureusement le personnel du Bureau International du Travail, habitué à ce genre de tâche, facilite la mission du Président et de la Commission, la Conférence ensuite adoptant un projet qui permet aux divers pays de ratifier la Convention à la condition qu'ils acceptent les normes proposées pour un nombre suffisant des neuf branches de la Sécurité Sociale définies dans le texte, et pour chacune d'elles acceptant des normes minimales de protection pour une proportion suffisante également de la population intéressée. C'est ainsi parvenir à une certaine souplesse, l'essentiel étant que les travailleurs en cause bénéficient globalement d'un niveau suffisant de protection et que l'inégalité de l'effort accompli d'un pays à l'autre n'affecte pas à l'excès la concurrence économique internationale.

Dans le courant de l'été de la même année, l'Association Internationale de la Sécurité Sociale (A.I.S.S.) qui réunit les organismes gestionnaires de la Sécurité Sociale de la plupart des pays du monde et qui a d'ailleurs son siège au Bureau International du Travail tient son Assemblée générale à VIENNE et m'invite à y participer. Notre Ambassadeur en AUTRICHE, qui est le beau-frère d'un de mes collègues du Conseil d'Etat, m'invite à résider à l'Ambassade pendant la durée de l'Assemblée et m'aide, dans ce pays que je ne connaissais pas, à prendre contact, non seulement avec la ville et ses environs mais aussi avec des personnalités du pays, permettant de conjuguer l'utile et l'agréable.

En septembre enfin, le Bureau International du Travail organise à ISTANBUL un séminaire sur la Sécurité Sociale auquel il me demande de participer, pour informer les principaux pays intéressés des problèmes que pose une telle institution et des solutions qu'on peut leur apporter. C'est l'occasion pour moi de faire la connaissance de cette grande ville, en même temps que du BOSPHORE, et aussi d'une population avec laquelle je n'avais pas encore eu de contact. Notre Consul Général m'est d'un grand secours en cette occasion. Et je puis me faire une première idée des réalités économiques et sociales de ce pays comme de ses ressources culturelles.

Activités diverses

Sur le plan national comme sur le plan international, l'essentiel de mon temps au cours de la période 1944 à 1951 est consacré, directement ou indirectement, à la Sécurité Sociale. Je peux cependant, et j'y tiens beaucoup, poursuivre mes activités enseignantes. Le cours que je fais à l'Institut d'Etudes Politiques de PARIS sur les grands problèmes sociaux contemporains m'absorbe quelque peu. Je tiens en effet à adapter chaque année mon enseignement à l'évolution de l'actualité et à insister plus ou moins sur les problèmes qui peuvent, compte tenu des circonstances, intéresser particulièrement les étudiants.

De même l'Ecole Nationale d'Administration me confie presque chaque année un enseignement sur les relations collectives du travail dans un pays ou un autre, en particulier sur les ÉTATS-UNIS. C'est le prolongement et le développement de mon ancien cours de l'Ecole des Sciences Politiques d'avant-guerre sur les rapports entre patrons et ouvriers.

Le mois d'octobre 1951 amène le septième anniversaire du début de mes fonctions à la Direction Générale de la Sécurité Sociale. Or la règle était jusqu'au début de 1951 qu'un membre du Conseil d'Etat ne pouvait s'éloigner de son corps plus de sept ans, deux ans en position de disponibilité, puis cinq ans en position de détachement, et devait donc, au terme de ses sept ans, ou se faire réintégrer ou abandonner définitivement son corps. Je n'avais pas un instant envisagé de m'éloigner d'un corps, qui était et demeurait pour moi ma « maison ». Je n'avais pas cessé d'ailleurs de me tenir au courant constamment de l'évolution de la jurisprudence et j'assiste fréquemment aux séances de la Section Sociale et de l'Assemblée Générale lorsqu'y sont examinées des questions intéressant non seulement ma Direction, mais même parfois d'autres Directions du Ministère du Travail, du fait que, pendant un temps, les textes prévoyant que chaque Ministère doit avoir un délégué permanent assurant la liaison entre ce Ministère et le Conseil d'Etat, j'avais été désigné pour remplir ce rôle au Ministère du Travail, ce qui m'amène à assister mes collègues dans la défense des textes les plus importants qui les concernaient. Bien que la réglementation ait été modifiée au début de 1951 pour porter de sept à dix ans la durée maximale admise pour l'absence du corps, je demande dès le printemps de 1951 ma réintégration dans le premier poste de Conseiller d'Etat devenant vacant. Le Ministre du Travail, alors Paul BACON, tenta de me faire revenir sur ma position, craignant que mon départ soit interprété comme la manifestation d'un désaccord avec la politique qu'il suit. Mais j'éprouve après sept ans d'une activité et d'un labeur intensifs, quelque lassitude et le désir de souffler au moins pendant quelques mois. Je maintiens donc ma demande et reprends ma place au Conseil d'Etat au début d'octobre 1951. Paul BACON me demande alors mon avis sur le choix de mon successeur. Il avait eu en effet successivement comme Directeurs de Cabinet deux de mes collègues du Conseil d'Etat et hésita entre l'un et l'autre. Il me mit ainsi dans un grand embarras. Tous deux en effet sont à la fois des collègues et des amis. L'un, Jacques DOUBLET, a été un de mes camarades de la Faculté de Droit, l'autre, Alain BARJOT, plus jeune, a appartenu à la Conférence de préparation au Conseil d'Etat au moment où j'en avais la charge, et je suis resté très lié avec lui après son succès au concours, d'autant plus que son père et le mien, tous deux magistrats, ont d'étroites et excellentes relations. Malgré mon embarras, je ne peux pas me dérober à la demande du Ministre. En fait Alain BARJOT a été choisi par Paul BACON comme Directeur de son Cabinet en premier, mais avait dû renoncer à cette fonction pour des ennuis de santé consécutifs à sa captivité comme prisonnier de guerre. Connaissant bien les qualités et les défauts de chacun, fort différents l'un de l'autre, et après avoir longtemps hésité, je suis porté à donner la préférence au plus jeune des deux. Mais Paul BACON, en présence de l'insistance de son Directeur de Cabinet du moment qui est Jacques DOUBLET, estima en définitif impossible de ne pas le nommer. En lui transmettant mes pouvoirs et en lui présentant mes collaborateurs, je lui indique que, s'il le souhaite, je suis prêt à lui apporter mon concours, par exemple en le faisant bénéficier du réseau de relations internationales que j'ai réussi à établir dans le domaine de la Sécurité Sociale. Mal m'en prit. Je sens immédiatement mon ami DOUBLET se renfermer sur lui-même, comme s'il craignait que je voulusse le maintenir en tutelle et empiéter sur ses attributions. Rien n'était plus éloigné de ma pensée. Lorsque, quelque temps plus tard, les cadres de la Direction organisent une petite réception d'adieu au cours de laquelle ils m'offrent les œuvres complètes de Jean-Jacques ROUSSEAU, et tout en les remerciant chaleureusement et de cette marque d'amitié et du concours qu'ils m'ont toujours apporté, et même si je pense que le virus de la Sécurité Sociale est pour moi comme pour beaucoup d'autres l'origine d'une maladie incurable, je tiens à souligner que je ne veux intervenir de quelque manière que ce soit, dans les affaires de la Sécurité Sociale, ne me voyant pas dans la peau d'une belle-mère venant jeter le trouble dans le ménage de sa fille.

V

Le Conseil d'Etat (1951-1964)

Dès le début du mois d'octobre 1951, je reprends ma place au Conseil d'Etat. Devenu Conseiller d'Etat, je suis affecté à la Section du Contentieux à laquelle j'avais toujours appartenu de 1930 à 1939, et, cette fois, à la 1re Sous-Section, comme assesseur. L'organisation n'a pas changé depuis le temps où, comme auditeur, j'étais rapporteur à la 4e Sous-Section. Chaque Sous-Section comprend un Président et deux Conseillers assesseurs, en outre, des rapporteurs, maîtres des requêtes et auditeurs, et deux commissaires du Gouvernement, ceux-ci chargés des fonctions du Ministère public. Le Président de la 1re Sous-Section est alors Pierre JOSSE, que je connais bien puisqu'il avait été commissaire du Gouvernement à la 4e Sous-Section pendant la plus grande partie du temps que j'ai passé dans celle-ci. J'ai pour lui autant d'estime que d'amitié. Excellent juriste, il a une clarté de pensée et d'expression remarquable, un jugement sûr, montrant parfois quelque brutalité dans l'affirmation de ses positions, et mène sa Sous-Section avec autorité et efficacité. Bien que les quatre Sous-Sections d'instruction, dites de grand contentieux, puissent être appelées à examiner des affaires de toute nature, sauf en principe des affaires fiscales et des recours en matière de pensions civiles ou militaires, relevant de Sous-Sections jugeant seules, il est fréquent que l'on attribue de préférence à certaines Sous-Sections des affaires en raison des connaissances spéciales reconnues à leurs Présidents. Le Président JOSSE a ainsi une connaissance particulière des questions touchant aux travaux publics. Professeur à l'Ecole Nationale des Ponts et Chaussées, il est un spécialiste des problèmes posés par les marchés et concessions de travaux publics comme des dommages causés par de tels travaux. La 1re Sous-Section se voit ainsi, parmi d'autres, chargée d'un nombre important de dossiers dans la ligne de ces questions. Le Président et ses assesseurs, pour tous les dossiers, jouent le rôle de « réviseurs ». Les requêtes après avoir été instruites sous la direction de leur rapporteur et avoir été communiquées tant aux parties qu'aux Ministères compétents en la matière, sont étudiées par le rapporteur qui établit une note analysant les éléments du dossier, les problèmes qui sont posés, les solutions proposées, et rédige un projet de décision. Le dossier ainsi constitué passe entre les mains du réviseur, Président ou assesseur, et est porté à l'ordre du jour d'une séance de la Sous-Section d'instruction, où, successivement, le rapporteur, puis le réviseur, présentent l'affaire et font connaître leurs propositions. Une discussion s'engage qui aboutit à l'adoption d'un projet de décision par vote à la majorité des trois conseillers, du rapporteur, et, en cas de partage, du plus ancien maître des requêtes présent. Le projet de la Sous-

Section doit être inscrit à une séance publique réunissant soit deux Sous-Sections (en fait ici la première et la seconde) sous la présidence du Président de la Section, soit de la Section du Contentieux comprenant le Président de la Section, les Présidents de toutes les Sous-Sections, les assesseurs de la Sous-Section qui rapporte l'affaire et le rapporteur. Dans le cas où tous ces membres sont en nombre pair, le conseiller ou le plus ancien maître des requêtes de la Sous-Section compétente présent à la séance fait partie de la formation de jugement. Toutes les décisions doivent être prises à la majorité, tous ayant l'obligation de prendre parti, et le Président n'ayant pas voix prépondérante. Les affaires les plus importantes, par les questions de principe qu'elles posent ou par leur portée, sont jugées par l'Assemblée du Conseil d'Etat statuant au Contentieux qui, à l'époque, comprend le Vice-Président du Conseil d'Etat, Président, le Président de la Section du Contentieux, les Présidents de toutes les Sous-Sections du Contentieux, plus quatre conseillers représentant chacun l'une des sections administratives.

La première Sous-Section, lors de mon arrivée, comprend déjà, en dehors du Président, deux conseillers : l'un est M. BURNAY, entré au Conseil d'Etat à la Libération, au tour extérieur, et que j'avais bien connu à LONDRES où il était Directeur des Affaires Judiciaires du Comité Français de Libération Nationale après avoir servi comme conseiller juridique du Gouvernement Thaïlandais à BANGKOK pendant de nombreuses années. Sensiblement plus âgé que moi, il ne montre qu'une activité limitée et n'exerce pas en fait les fonctions d'assesseur. Il se comporte comme un rapporteur auquel sont confiées un petit nombre d'affaires, une ou deux par mois. L'autre conseiller est Hervé DETTON, un de mes camarades de l'Ecole des Sciences Politiques, avec qui je suis lié d'une vieille amitié, et qui, lui, remplit les fonctions d'assesseur. De plusieurs années mon aîné, il est entré au Conseil d'Etat au concours trois ans avant moi et je suis heureux de me retrouver dans la même formation que lui.

Le Président JOSSE a posé en règle qu'il se réserve d'assurer entièrement la charge des affaires portées à deux séances par mois, chaque assesseur ayant la responsabilité d'une séance entière. Sauf dans les cas où le Président se réserve certaines affaires, la répartition des dossiers résulte du hasard des dates auxquelles les rapporteurs remettent les dossiers qu'ils ont étudiés, et de la première séance utile à laquelle le dossier peut être examiné. A chaque séance doivent être discutées en moyenne dix à quinze affaires, suivant leur difficulté et le temps nécessaire à la solution de chacune d'elles.

M'étant tenu au courant de l'évolution de la jurisprudence de manière constante pendant les douze années où j'ai été éloigné du Conseil d'Etat, je me vois en mesure d'assurer immédiatement et sans difficulté les fonctions d'assesseur qui sont les miennes, et je m'insère ainsi aisément dans la Sous-Section, en appréciant le climat objectif, sérieux et amical qui y règne. Malgré les différences de grade, d'âge, d'origine, de formation, tous participent également aux discussions, les accords s'obtiennent en général sans difficulté, et les solutions, lorsqu'il y a lieu à un vote, sont acceptées généralement de bonne grâce par tous. Il y a vraiment là un bon travail d'équipe auquel chacun apporte sa contribution, et je m'y trouve à mon aise.

Indépendamment de la participation aux travaux de la Sous-Section, une après-midi par semaine, et de l'étude demandée par les dossiers qui me sont confiés, et à laquelle je procède en général chez moi, ayant la chance de disposer d'une importante documentation personnelle et de fichiers tenus à jour, j'ai l'obligation de siéger chaque semaine à une ou deux séances de jugement de Sous-Sections réunies, à la séance hebdomadaire de l'Assemblée Générale du Conseil d'Etat où sont examinés les projets de lois, de décrets ou d'avis proposés par les sections administratives, et je me fais en outre un devoir d'assister à tous les délibérés de l'Assemblée ou de la Section du Contentieux le vendredi, jour où sont inscrites les affaires posant des questions de principe ou particulièrement importantes, et au cours desquelles s'élabore la jurisprudence.

Mon impression générale, à la suite de ce changement d'activité, est un sentiment de détente. Pendant sept ans j'ai vécu dans une tension constante. Pouvant à tout moment être appelé à intervenir pour résoudre un problème administratif, législatif, technique, à répondre à une question ou à une critique, et malgré la chance que j'avais de bénéficier du concours de collaborateurs à qui je faisais une entière confiance, je me sentais personnellement responsable de tout ce qui pouvait arriver à l'institution dont j'avais eu la paternité et qui relevait de mon autorité ou de mon contrôle. Mes fonctions au Conseil d'Etat impliquent aussi des responsabilités, mais, se situant dans le cadre d'une action collective, elles sont appuyées et partagées par tout le corps auquel j'appartiens et n'entraînent donc pas la même tension. En ce sens, largement soulagé, heureux de pouvoir consacrer davantage de mon temps à ma femme et à mes enfants, disposant d'une large part de ce temps, j'ai le sentiment d'une certaine libération, d'une quiétude nouvelle.

Je conserve certes mes activités enseignantes. Je continue à assurer mon cours fondamental de l'Institut d'Etudes Politiques sur les grands problèmes sociaux contemporains. Je fais en outre, pratiquement chaque année, un cours à l'Ecole Nationale d'Administration sur les relations du travail dans un pays ou dans un autre. J'y ajoute pendant plusieurs années un enseignement à l'Ecole Normale Supérieure de l'Enseignement Technique de CACHAN sur les problèmes sociaux, et un cours de Sécurité Sociale à l'Ecole Pratique du Service Social du Boulevard Montparnasse dont la sœur de mon collègue et ami Alexandre PARODI est une des responsables. Je poursuis et achève l'étude sur les travailleurs sociaux en FRANCE et au ROYAUME-UNI commencée depuis plusieurs années. J'interviens de temps à autre, à la demande, dans les Ecoles de Formation des Cadres des Caisses de Sécurité Sociale et d'Allocations Familiales. Mais si prenantes que soient ces charges, elles ne créent chez moi aucune tension particulière et sont loin d'absorber tout mon temps.

Ayant le souci de conserver un contact direct avec les problèmes sociaux, je souhaite profiter des circonstances pour participer d'une manière un peu plus concrète aux activités sociales du terrain. Ceci m'amène à rendre visite successivement au Préfet de la Seine, HAAG, et au Président de l'Office Départemental d'Habitations à Loyer Modéré de la Seine GRUNEBAUM-BALLIN, ancien Président de la Section Sociale du Conseil d'Etat, pour leur offrir mon concours bénévole s'ils pensent que celui-ci peut leur être utile. Le premier paraît intéressé et m'assure qu'il va examiner ce qu'il peut me proposer — mais en fait ne me donne plus jamais signe de vie — quant au second il a l'impression, bien à tort, que mon intention serait de prendre sa succession et déclare tout net qu'il n'a besoin de l'aide de personne. Je répugne à m'engager dans des activités de bienfaisance privée, ayant le sentiment que l'on y attend des personnes n'ayant pas une formation de travailleur social, essentiellement un concours administratif et financier, par la recherche de fonds, dons ou legs, tâches qui ne m'attirent guère.

Activités internationales

C'est dans le domaine international que je trouve le plus aisément de quoi m'occuper de manière intéressante et utile. Ma participation aux Conférences Internationales du Service Social m'a amené à entrer en contact à la Direction Générale des Affaires Culturelles au Ministère des Affaires Etrangères, avec une femme remarquable qui a la charge d'organiser les missions des personnalités françaises pouvant contribuer au rayonnement de la FRANCE à l'étranger, Mlle Suzanne AULIAC. J'ai pris l'habitude, chaque fois que j'ai à faire un déplacement international, par exemple pour la négociation d'une convention de Sécurité Sociale, de demander à la Direction Générale des Affaires Culturelles, en fait à Suzanne AULIAC, si je peux apporter un concours, à ses services, par exemple en faisant des conférences ou en participant à des colloques ou entretiens sur des problèmes de ma compétence, soit juridiques, soit administratifs, soit sociaux. Je le fais d'autant plus volontiers que cela me permet d'entrer en relations avec des personnalités étrangères ayant des préoccupations du même ordre que les miennes et de connaître ainsi un peu mieux et la situation des pays où je me rends, et la manière où sont abordés et traités les problèmes dont j'ai la charge. La liberté relative d'organiser mon temps que me laissent mes activités au Conseil d'Etat me permet de développer ces contacts et ces relations. Et Suzanne AULIAC va m'y aider, et même m'y encourager.

Dès l'année 1952, je suis amené à participer à des journées d'étude organisées à OXFORD par l'Union Internationale des Organismes Familiaux, pour tenter une confrontation des politiques familiales françaises et étrangères.

L'Inde

En décembre de la même année la Conférence Internationale du Service Social se tient à MADRAS et j'y représente la Gouvernement Français. C'est ma première visite dans l'INDE, en dehors de l'escale que j'ai faite à CALCUTTA en allant en NOUVELLE-ZÉLANDE en 1950. J'écris au Docteur KATIAL, Directeur Général de la Sécurité Sociale, que j'ai rencontré à MONTRÉAL et à WELLINGTON, pour l'avertir de ma visite. Je reçois par retour du courrier une réponse me demandant instamment de lui réserver à DELHI une et si possible deux journées pour me parler de problèmes de Sécurité Sociale. Je demande d'autre part à Suzanne AULIAC si, sur le plan culturel, je puis être d'une aide quelconque au Ministère des Affaires Etrangères. Enfin je prends contact avec le Ministère de la FRANCE D'OUTRE-MER dont relèvent les cinq comptoirs, encore français, de PONDICHERY, CHANDERNAGOR, KÄRIKÄL, YANAON et MAHE, en lui demandant si je peux lui apporter, à l'occasion de mon voyage, un concours quelconque. Compte tenu des réponses que je reçois et du temps dont je dispose, j'établis le programme de mon voyage. Tout d'abord l'Ambassadeur de France à NEW DELHI, notre Consul à MADRAS, et le Gouverneur de PONDICHERY m'offrent l'hospitalité pendant tout le temps que j'aurais à passer dans ces trois villes. A mon arrivée à BOMBAY, le Directeur de l'Institut TATA des Sciences Sociales m'invite à venir visiter son Institut, ce que je fais volontiers. J'admire son organisation, ses travaux, sa bibliothèque, et je lui demande s'il a une documentation sur les problèmes sociaux français. Il me répond qu'il n'a rien, car, à sa connaissance, il n'y aurait pas de travaux en langue anglaise sur ces problèmes, et aucun des spécialistes ou chercheurs fréquentant son Institut ne connaît le Français. Cela me conduit, à mon retour, à faire procéder à une traduction en Anglais du volume collectif récemment paru sur les Institutions Sociales de la FRANCE.

Je passe ensuite deux jours avec le Docteur KATIAL qui a préparé à mon intention une longue liste de questions techniques concernant l'organisation et le fonctionnement des Assurances Sociales, auxquelles je réponds de mon mieux, non en lui suggérant d'adopter les formules françaises, car elles ne sont pas applicables à une population largement analphabète, mais conseillant des solutions de bon sens qui me paraissent adaptées à la situation locale. Le Docteur KATIAL m'en remercie vivement, en me disant que nous avions fait ensemble plus de travail utile en deux jours qu'il n'avait pu en faire en trois mois avec les fonctionnaires du Ministère Britannique de l'Assurance Nationale qu'on lui avait envoyés en mission et qui avaient constamment voulu l'inciter à appliquer les méthodes de l'Assurance Nationale Britannique absolument inadaptées à la situation de l'INDE.

De là je rejoins MADRAS pour participer à la Conférence Internationale du Service Social. J'avais envisagé d'y prendre la parole officiellement en faisant état de la position de notre Gouvernement sur les cinq comptoirs, pour lesquels je savais que des négociations étaient en cours avec le Gouvernement de l'INDE. J'avais même préparé, avec le concours des fonctionnaires du Ministère de la FRANCE D'OUTRE-MER, le texte d'une brève allocution sur le sujet. Mais le Secrétaire Général du Ministère des Affaires Etrangères, qui était alors mon ami Alexandre PARODI ayant estimé inopportune toute intervention de ma part à cet égard, je me garde d'aborder la question.

Le Directeur de l'Ecole du Service Social de MADRAS me demande d'exposer à ses élèves ce que sont les travailleurs sociaux en FRANCE, quelles sont leurs fonctions et comment ils sont formés. Je le fais volontiers et m'efforce de répondre aux questions qui me sont posées. A la fin de la réunion, un des auditeurs m'aborde et me demande s'il ne pourrait avoir la possibilité de parfaire sa formation en FRANCE. Je lui réponds que je sais que le Gouvernement Français attribue chaque année une vingtaine de bourses à des étudiants indiens désireux de parfaire leurs études en FRANCE, et je demande à mon interlocuteur s'il sait suffisamment le Français pour pouvoir suivre des enseignements dans notre langue. Un peu interloqué, il me demande avec surprise : " Teaching is not given in English in FRANCE ? " (l'enseignement n'est pas donné en Anglais en FRANCE ?). Pour lui, comme sans doute pour toute la population indienne, il n'y a au monde qu'une langue d'enseignement : l'Anglais !

A la fin de la Conférence, le Gouverneur de PONDICHERY envoie une voiture me chercher à MADRAS et je gagne cette ville en deux ou trois heures de route et après avoir traversé un fleuve à gué. PONDICHERY m'apparaît la reproduction d'une sous-préfecture française, avec l'architecture habituelle de nos provinces, des institutions intéressantes, une école de Droit, et une école de Médecine, celle-ci fournissant des médecins de bon niveau à nos colonies d'AFRIQUE, mais, au total, sans avenir pour la FRANCE. Tout d'abord le port a pratiquement disparu. Le territoire même de PONDICHERY est fait de multiples petites enclaves de terre séparées par des portions de territoire indien, sans aucune continuité. Il n'est possible de correspondre par téléphone vers l'extérieur qu'en passant par le représentant du Gouvernement Indien. L'évidence est que tôt ou tard notre comptoir doit être absorbé par l'INDE. Le Gouvernement gère son territoire de son mieux, avec les moyens dont il dispose. Le personnel de service par exemple ne peut être inférieur à 36 unités, en raison de la multiplicité des castes compétentes pour chaque type de travaux domestiques, et tout à l'avenant. L'ensemble est sympathique mais sans espoir. Le Ministère de la FRANCE D'OUTRE-MER m'avait demandé de le renseigner sur une grève qui depuis un certain temps touchait le personnel d'une des rares entreprises industrielles locales. Je reçois donc une délégation des grévistes, accompagnée du Député de la circonscription et je ne peux faire mieux, en une demi-journée, que d'établir un rapport sur la situation, à remettre au Ministère à mon retour.

Revenu à MADRAS je prends congé du Consul de FRANCE, qui m'avait donné l'hospitalité, et qui est lui-même Pondichérien, et je me rends à CALCUTTA, où notre Consul me fait faire un rapide tour de ville. J'y constate une population grouillante et considérable, vivant dans la rue, dormant sur les trottoirs, dans les boutiques, elles-mêmes minables, ou dans le hall de la gare, dans une extrême pauvreté, semble-t-il au premier abord.

Entre CALCUTTA et BOMBAY, où je dois reprendre l'avion pour regagner la FRANCE, je décide, à des fins touristiques, de m'arrêter 24 heures à BENARES, pour connaître, au moins sommairement, ce berceau du boudhisme, et d'apercevoir le Gange. A ma grande surprise, et alors que je n'avais prévenu personne, je me trouve en présence, en descendant d'avion, du Directeur de l'Institut des Sciences Sociales de BENARES, accompagné de tous les membres du corps enseignant de cet Institut, une dizaine de professeurs, qui sont venus m'accueillir. Je passe la journée avec eux, qui me font les honneurs de leur ville, des environs, et m'incitent à venir voir le lendemain à l'aube le lever du soleil sur le Gange. Au cours de la journée je suis amené à leur parler, ici encore, de nos assistantes sociales, qui correspondent plus ou moins aux travailleurs sociaux que forme leur Institut. Ils sont tellement intéressés par ce que je leur en dis qu'ils me demandent de venir exposer à l'ensemble de leurs élèves ce qu'est une assistante sociale en FRANCE. Il est alors dix heures du soir et je dois prendre l'avion pour BOMBAY le lendemain matin à 9 heures. Qu'à cela ne tienne, me répondent-ils, vous irez voir le lever du soleil sur le Gange de bonne heure, nous vous attendons à 7 heures du matin, et nous vous raccompagnerons à l'aéroport. Ainsi est fait. Et je me trouve, après avoir eu le spectacle du Gange, et de ses rives, de sa population venant y sacrifier, en face de l'ensemble des étudiants de l'Institut des Sciences Sociales, avec lesquels je passe une petite heure en leur révélant, car il s'agit d'une révélation, comment nous concevons les fonctions de nos assistantes sociales et leur formation. Ce rapide entretien leur fait un tel effet que, pendant plusieurs années, je recevrai à PARIS, chaque année, la visite de l'un ou l'autre des étudiants de cet Institut, me disant que ma visite a entraîné une réorganisation de l'enseignement chez eux dans un sens se rapprochant de la formule française, laquelle correspondait beaucoup mieux aux besoins de la population indienne que les formules anglaise ou américaine qui leur étaient proposées précédemment.

De ce voyage je conserve à la fois un profond souvenir de ce que j'ai vu et entendu et aussi le sentiment d'avoir pu, en un mois, faire beaucoup de travail utile et pour moi, et pour les autres.

Entre temps, à la fin de l'année 1951 et au cours de l'année 1952, je suis à plusieurs reprises sollicité d'accomplir des missions internationales qui n'auront pas de suite. Le Bureau International du Travail me propose une mission d'exploration en SYRIE sur les problèmes qu'y poserait l'institution d'un système de Sécurité Sociale. Ce projet n'aboutit pas en raison de la situation politique locale. L'Organisation des Nations-Unies, au début de 1952, me demande de me charger d'une mission au LIBAN pour examiner l'ensemble des problèmes sociaux qui s'y posent et comment pourrait y être organisé un enseignement social, mais, après plusieurs semaines de discussions, le Gouvernement Libanais renonce à l'envoi d'un expert à cette fin. Au mois d'octobre 1952, l'Organisation des Nations-Unies me demande d'assurer la direction d'un séminaire sur les questions sociales pour les pays arabes devant se tenir à DAMAS en décembre. Mais cette fois c'est moi qui ne peux accepter, étant retenu, pour la période envisagée, par la Conférence Internationale du Service Social de MADRAS.

Etats-Unis

Au début de 1953, Suzanne AULIAC, toujours elle, me demande de consacrer un mois à étudier aux ÉTATS-UNIS les Instituts d'« INDUSTRIAL RELATIONS » sur lesquels la Direction Générale des Affaires Culturelles ne dispose d'aucune information précise. Si j'accepte, je donnerai en même temps quelques conférences sur les sujets de ma compétence, Droit Public, Sécurité Sociale, etc. dans les Universités où je passerai. J'accepte cette proposition en situant ma visite aux ÉTATS-UNIS dans une période où elle ne gênerait pas mes activités au CONSEIL D'ÉTAT. Je n'ai fait encore dans ce pays que de brefs passages à WASHINGTON et à NEW-YORK, et je suis heureux d'avoir ainsi la possibilité de le connaître un peu mieux. Je demande donc à notre Conseiller Culturel, qui a son siège à New-York, de me préparer un programme me permettant de visiter les principaux Instituts de relations industrielles tout en faisant, le cas échéant, dans les Universités dont relèvent ces Instituts, des conférences sur les sujets de ma compétence, c'est-à-dire d'une part le Droit administratif et la juridiction administrative française, d'autre part les problèmes de politique sociale et notamment de Sécurité Sociale. En fait les services du Conseiller Culturel diffusent dans l'ensemble des Universités ou Collèges d'enseignement supérieur une brève notice sur mes compétences en leur demandant s'ils voient une possibilité ou un intérêt à mon passage. C'est que ces services n'ont qu'une connaissance imparfaite des Instituts de relations industrielles comme d'ailleurs de la politique sociale. Ils me remettent à mon arrivée l'essentiel des informations recueillies, et, compte tenu de mes limites de temps, j'établis avec eux un programme de voyage et de travail me permettant de rencontrer le plus possible de personnes et de faire le maximum possible de travail utile.

A New-York même, je m'entretiens longuement avec Madame Evelyne M. Burns, Professeur à la New-York School Of Social Work, que j'avais déjà rencontrée lors de mes précédents voyages, école relevant de l'Université de Columbia. Eve Burns est probablement l'universitaire américaine qui connaît le mieux les problèmes de Sécurité Sociale. Indépendamment de son enseignement, elle joue un rôle important comme Conseiller en la matière du Gouvernement Fédéral et du Commissaire à la Sécurité Sociale. J'établis avec elle des liens étroits et une amitié qui devait durer jusqu'à sa mort. Grâce à elle et à son Ecole, je comprends la conception américaine des travailleurs sociaux, alors largement orientée vers le travail social psychiatrique (« Psychiatric Case Work »), qui fait des travailleurs sociaux des sortes de psychanalystes à orientation sociale. Ceux-ci, comme des médecins chez nous, attendent les patients, et s'efforcent, en les faisant parler, de les amener à se révéler à eux-mêmes leurs soucis intimes et les facteurs qui peuvent les gêner dans leurs activités et leur bien-être professionnel, familial et social.

Ma première visite est pour le « Mount Holyoke College », collège universitaire féminin dans l'Etat du Massachusetts, où l'on me demande de parler de la Sécurité Sociale et de faire comprendre les caractères essentiels du régime français, sans grand rapport avec les réalisations américaines en la matière. Je suis frappé à la fois de la décontraction des étudiantes, de leur maturité, de leurs qualités de « Debaters », à la différence de la passivité habituelle des étudiants français qui enregistrent les cours qui leur sont faits ex-cathedra sans réaction, au moins immédiate. Les étudiants américains, aussi bien de sexe féminin que de sexe masculin, conçoivent le cours comme une conversation, interrompent sans hésiter le conférencier pour lui demander de préciser sa pensée ou contester une de ses affirmations ou opinions. Un cours ou une conférence prend ainsi une forme très détendue et établit entre l'orateur et l'audience des relations vivantes et sympathiques que, pour ma part, j'apprécie beaucoup, et contrastent avec le monologue sans contrepartie de l'enseignement magistral des Universités françaises.

Par la suite je visite les Instituts de relations industrielles dans nombre d'Universités, à HARVARD, YALE, CORNELL, PRINCETON, BERKELEY, STANFORD, PASADENA (Caltech), et bien d'autres que j'oublie. Chacun a sa structure propre, tous étudient les relations entre employeurs et salariés, les organisations syndicales, les conflits du travail, leur évolution et les moyens de les résoudre. Leur objectif est de former les responsables des services de personnel des entreprises et des futurs animateurs des organisations patronales et ouvrières, en combinant conférences, stages, enseignements théoriques et expériences pratiques. Mais l'Institut se limite parfois à un ou plusieurs enseignants, parfois au contraire comporte un nombre élevé de collaborateurs, fait appel à des praticiens et à des arbitres professionnels dont certains jouissent d'un grand prestige et d'une grande autorité. Et j'accumule documents, informations, expériences. Parallèlement je m'efforce de satisfaire la curiosité de mes auditoires. C'est ainsi qu'à CORNELL (UTICA) on me demande de m'insérer dans un cours, donné par un professeur américain, sur la jurisprudence de notre Conseil d'Etat, et je dois, d'ailleurs sans grande difficulté, prendre la suite du cours au point où l'on était arrivé, et me trouve ainsi amené à expliquer le sens et la portée de décisions récentes du Conseil d'Etat que les étudiants connaissent presque aussi bien que moi. Ailleurs, notamment à CALTECH, à PASADENA, je dois improviser au dernier moment un exposé sur une question inattendue (dont je ne me rappelle plus le sens exact) à mon arrivée après une nuit d'avion et sans aucune préparation. La principale difficulté pour moi tient à ce que ma connaissance de la langue anglaise (et éventuellement la langue américaine) est loin d'être parfaite et que, si je dispose d'un vocabulaire suffisant sur les matières relevant de ma compétence habituelle, il en va autrement dès qu'il me faut franchir les limites de celle-ci.

Heureusement beaucoup d'universitaires américains ne sont là que de fraîche date et leur langue est loin d'avoir la perfection des enseignants d'OXFORD et de CAMBRIDGE. L'accueil d'ailleurs est toujours très sympathique, et même très chaleureux. Lorsque je reviens à PARIS, au bout d'un mois, j'apporte un rapport fourni sur les Instituts de relations industrielles que je remets à la Direction Générale des Affaires Culturelles où il doit dormir dans un dossier poussiéreux. Je n'ai jamais entendu dire que l'on en ait tiré un profit quelconque. Mais, en ce qui me concerne en tout cas, j'ai beaucoup appris et je conserve un souvenir excellent et amical de toux ceux, enseignants et étudiants, que j'ai rencontrés et avec qui j'ai travaillé.

L'année suivante, en 1954, l'on célèbre à NEW-YORK le Bicentenaire de l'Université COLUMBIA. En vue de cette célébration, ont été constitués des groupes de travail consacrés chacun à quelques grands thèmes de l'actualité. Eve BURNS, chargée de diriger et d'animer un tel groupe sur la Sécurité Sociale, me demande de faire le rapport introductif comparant l'évolution des projets et des réalisations dans les principaux pays industrialisés. Je rédige un rapport, dont Eve BURNS elle-même revoit la rédaction pour lui donner une forme correcte en langue anglaise. Je suis donc amené à revenir à NEW-YORK à cette occasion et, dans la cérémonie finale du Bicentenaire, présidée par le Général EISENHOWER, Président des Etats-Unis en exercice, je me vois conférer un Doctorat en Droit Honoris Causa de l'Université de COLUMBIA, en compagnie d'un ensemble de personnages de premier plan américains et internationaux.

Cette fois encore je consacre quelques jours à visiter des universités voisines, mais mes obligations parisiennes ne me permettent pas de prolonger de beaucoup mon séjour.

Présidence de la 1re Sous-Section du Contentieux

L'année 1953 a, par ailleurs, été occupée pour moi par un nombre appréciable d'événements majeurs. Au Conseil d'Etat, d'abord, le Président de ma Sous-Section du Contentieux, Pierre JOSSE, devient Président de la Section des Travaux Publics et il demande que l'on me confie sa succession. C'est à coup sûr une offre très flatteuse, mais je suis gêné à l'égard de mon collègue et ami Hervé DETTON à la fois plus âgé et plus ancien que moi de trois ans, en qualité d'assesseur à cette même sous-section. Il serait quelque peu choquant qu'il reste assesseur auprès de moi. Il accepte alors de suivre le Président JOSSE à la Section des Travaux Publics. Je ne puis donc qu'accepter, et je le fais avec joie, la véritable promotion que l'on m'accorde. Il faut alors me trouver deux assesseurs. L'un sera Pierre DESPRES, qui est le plus ancien rapporteur de la sous-section et qui devient lui-même Conseiller d'Etat à ce moment. Pour l'autre, on me demande de choisir entre deux conseillers, l'un et l'autre plus âgés que moi, l'un d'eux est d'une promotion antérieure à la mienne. Je les connais bien tous deux. L'un est un bourreau de travail, passionné de Droit Administratif, d'un dévouement total, qui prend un attachement affectif pour tous ceux avec qui il travaille ; il a le défaut inconscient de tendre parfois à résoudre les problèmes en fonction de facteurs personnels et affectifs. L'autre, le plus ancien, lui aussi travailleur compétent et consciencieux, est un protestant, et même un des dirigeants du monde protestant français, et montre un esprit de contradiction très marqué, ce qui a causé des heurts d'opinion au sein de la sous-section dans laquelle il était précédemment assesseur. Après bien des hésitations, et, je dirais aussi, à la surprise de beaucoup de mes collègues, je donne la préférence au second, souhaitant avoir à côté de moi un contradicteur, qui n'hésite pas à critiquer, le cas échéant, mes propositions, de manière à ouvrir des débats d'où jaillisse la lumière. Bien qu'il soit plus ancien, il a immédiatement accepté d'être l'assesseur d'un Président plus jeune que lui et moins ancien. Je lui en ai été reconnaissant, et je n'ai jamais regretté mon choix.

De toutes les activités que j'ai exercées au Conseil d'Etat, la présidence de la 1re Sous-Section du Contentieux est à coup sûr celle qui m'a apporté le plus de satisfaction. D'une part la possibilité de conjuguer l'instruction complète d'une affaire et de la mener à son terme en proposant des solutions par un projet de décision se prononçant à la fois en fait et en droit, au fond et dans la forme, apporte sur le plan intellectuel, un sentiment d'achèvement, de bien-être pour l'esprit. D'autre part les relations étroites établies au sein d'une petite équipe de dix à douze personnes travaillant ensemble de manière permanente créent des liens avec les membres du groupe qui dépassent le cadre professionnel, conduisant les uns et les autres à se mieux connaître sur le plan personnel et familial, et font naître des rapports d'amitié plus ou moins étroits suivant les affinités de chacun. La communauté de formation et d'activité, dans la diversité des caractères et des orientations révèle avec le temps les qualités et les défauts de chacun, permet une distribution des tâches tenant compte des aptitudes et des goûts de chacun, avec un maximum d'efficacité en même temps que la satisfaction des uns et des autres. J'ai personnellement beaucoup apprécié l'atmosphère ainsi créée par des contacts quasi quotidiens dans mes responsabilités de direction, d'orientation et d'animation des travaux dont nous avions la charge.

J'ai eu la chance d'être entouré d'hommes et de femmes, certes très différents les uns des autres, par leur âge et leur culture, mais tous d'un niveau intellectuel élevé, ayant une conscience professionnelle remarquable, aimant leur métier en dépit de divergences d'opinions, d'une grande objectivité dans les débats auxquels amènent les affaires examinées. L'accord certes n'est pas toujours unanime, mais chacun s'incline de bonne grâce devant l'avis de la majorité qui devient pour tous l'avis de la sous-section que tous doivent défendre dans les autres formations, tout en conservant la possibilité d'exposer leur point de vue personnel s'ils l'estiment utile.

Les dossiers soumis à la sous-section sont d'une grande variété.

Je n'ai pas une compétence aussi grande que mon prédécesseur dans les affaires de travaux publics, mais l'un au moins de mes assesseurs et plusieurs des rapporteurs les connaissent bien. Et, personnellement, je m'intéresse à tous les aspects de la vie administrative, et ne souhaite pas me spécialiser à l'excès dans les problèmes de politique sociale auxquels j'ai consacré tant de temps dans les années passées, ces problèmes ne donnant d'ailleurs lieu qu'à un contentieux limité devant la juridiction administrative.

J'attache peut-être plus d'importance que mon prédécesseur aux aspects administratifs internes des activités de la sous-section, pour lesquels le Président JOSSE faisait une large confiance à la secrétaire de la sous-section. Celle-ci d'ailleurs ne va pas tarder à retrouver le Président JOSSE à la Section des Travaux Publics et a eu pour successeur une femme sans doute moins au fait de la jurisprudence, mais ayant plus d'ordre et de rigueur dans le maniement des dossiers et l'instruction des affaires. A l'époque, chaque dossier en cours d'instruction relève de la responsabilité d'un rapporteur qui doit suivre le déroulement de l'instruction jusqu'à son terme. Pour stimuler le zèle de chacun, je fais remettre à chaque rapporteur, à la 1re séance hebdomadaire du mois, les fiches concernant les affaires dont il a la charge pour que soient proposées à la sous-section les mesures à prendre en vue d'assurer la suite de l'instruction et d'éviter les retards injustifiés. Chaque mois également, je demande à la secrétaire un état détaillé des affaires les plus anciennes et je provoque moi-même les dispositions nécessaires pour en hâter éventuellement l'examen. C'est ainsi, à titre d'exemple, que, dans les premiers temps de ma présidence, je constate que le dossier concernant un recours contre l'élection du Conseil Municipal d'une importante ville algérienne souffre d'un retard anormal. Je provoque une intervention auprès du Ministre de l'Intérieur, j'obtiens le renvoi du dossier au Conseil d'Etat, et je demande à un rapporteur de traiter l'affaire en priorité. Il en ressort que l'élection a donné lieu à des fraudes graves où de hauts responsables administratifs ont été engagés, de là sans doute l'embarras des services du Ministère à formuler leurs observations. L'annulation des opérations électorales s'impose avec évidence. La sous-section adopte donc un projet de décision en ce sens, tout en étant conscient du retentissement politique important que peut avoir cette solution. Mais l'affaire ne sera jamais inscrite au rôle d'une formation de jugement. Des interventions multiples ont souligné que l'annulation des élections risquerait d'entraîner des troubles graves pour l'ordre public. Et, de nouvelles élections devant avoir lieu dans un délai relativement proche, l'on décide en haut lieu que l'on gardera le dossier en réserve jusqu'à l'intervention de ces élections, qui rendront le recours sans objet et permettront de prendre une décision de non-lieu à statuer.

Si j'ai mentionné cette affaire c'est qu'elle m'a marqué profondément. J'ai été en effet doublement scandalisé, d'une part du fait que des fonctionnaires français, dont le rôle eut été de former les populations algériennes aux principes de notre démocratie, aient pu participer à fausser les résultats d'élections, d'autre part, parce qu'un recours formé par des électeurs contre une élection frauduleuse se soit heurté à un déni de justice. De telles attitudes françaises sont contraires à la conception que je me fais d'une saine colonisation digne de ce nom, et me causent des sentiments à la fois de colère et de honte à l'égard des populations colonisées.

D'une manière générale je considère que notre Droit Administratif étant un droit essentiellement jurisprudentiel, en dépit de la prolifération récente des textes législatifs et réglementaires, le rôle du juge doit être non seulement de régler chaque litige en conformité du droit et avec le maximum de justice, mais aussi de poser ou de rappeler les principes auxquels les administrés et surtout les autorités et agents publics de tous niveaux doivent s'inspirer dans leurs décisions et leurs activités quotidiennes. Cela me paraît d'autant plus important que les délais, souvent longs, exigés par le règlement des affaires enlèvent à celles-ci leur importance pratique ou leur intérêt pour les parties, et qu'il est plus essentiel de donner à la population et surtout aux praticiens de l'administration la connaissance exacte de leurs droits, de leurs obligations et de leurs responsabilités. Je m'attache donc, dans la rédaction des projets de décision de la sous-section, à mettre en valeur dans cette rédaction les principes, à rappeler ou à fixer avec un souci éducatif notre jurisprudence, celle-ci devant être la conscience de l'administration. Cela m'amène parfois à remanier profondément les textes des projets pour leur donner plus de vigueur et de portée.

Tribunal des conflits

L'accès à la présidence de la 1re Sous-Section du Contentieux a aussi pour conséquence ma désignation comme membre du Tribunal des Conflits. La tradition veut alors que les Conseillers d'Etat membres de cette juridiction, en face de quatre conseillers à la Cour de Cassation, soient les présidents des quatre sous-sections d'instruction du « grand contentieux ». Ce Tribunal, on le sait, a pour mission de régler les conflits de compétence entre les juridictions de l'ordre judiciaire, d'une part, et la juridiction administrative, d'autre part. Les séances en sont présidées alternativement par le plus ancien Conseiller d'Etat et le plus ancien Conseiller à la Cour de Cassation, désignés chacun pour trois ans comme Vice-Président, le

Président en titre étant le Ministre de la Justice, lequel ne siège que quand les membres se partagent également, ce qui est heureusement exceptionnel. J'avais une connaissance assez précise de l'institution, ayant été amené à en faire une étude très complète à la fois sur le plan de son organisation, de sa procédure et de sa jurisprudence, qui avait été publiée dans la Revue de Droit Public. Mais l'une des premières affaires qui me furent confiées me laisse un souvenir peu agréable. Il s'agit d'un litige concernant la lacération, ordonnée par le Préfet de Police de PARIS d'affiches apposées par une organisation politique et invitant la population parisienne à manifester contre la visite à PARIS d'un Général américain. Il existait plusieurs précédents concernant des affaires analogues qui tous avaient relevé, en ce cas, que l'administration commettait une « voie de fait » entraînant, en l'absence de tout pouvoir reconnu au Préfet en la matière, la compétence judiciaire. Eu égard au caractère politique de l'affaire, qui causait une émotion particulière dans l'opinion, je vais trouver le Vice-Président du moment, qui est un Conseiller d'Etat, en lui indiquant que je crois devoir proposer l'annulation de l'arrêté de conflit puisque le Préfet, pour faire échapper l'affaire à la juridiction des Tribunaux Judiciaires, avait cru devoir élever le conflit. Je reçois de lui une approbation sans réserve. Or lorsque l'affaire vient en séance, ce Vice-Président, au délibéré, après un long discours confus et gêné, se prononce en sens contraire. En haut lieu l'on s'était inquiété des répercussions politiques que pouvait avoir l'application de la jurisprudence et on lui avait demandé de tenter d'éviter l'annulation de l'arrêté. Il avait déféré à cette invitation. J'ai été fâcheusement impressionné par ce changement d'attitude et encore plus par le fait de n'en avoir pas été prévenu. Et mon estime pour ce collègue en a été durablement altérée.

La Caisse Nationale de Sécurité Sociale

Dans un domaine tout différent, je suis amené au cours de la même année à recommencer à m'intéresser directement à la Sécurité Sociale. La Caisse Nationale de Sécurité Sociale était présidée depuis sa création par le Président LORIOT qui avait déjà présidé la Caisse Générale de Garantie des Assurances Sociales avant 1945, et qui était devenu Président de la Section des Finances du Conseil d'Etat. Ce dernier me dit qu'il souhaitait être déchargé de cette responsabilité, mais qu'il tenait essentiellement à ce que je prenne sa succession. J'acceptai son offre, heureux de reprendre ainsi contact avec une institution à laquelle j'avais toutes les raisons d'être attaché. Or la loi prévoit que le Président de la Caisse Nationale de Sécurité Sociale est un Conseiller d'Etat (ou un Président de Section) nommé par le Vice-Président du Conseil d'Etat. Le Président CASSIN, alors Vice-Président, saisi par le Président LORIOT, veut s'assurer que le Ministre en exercice, qui était Paul BACON, est d'accord sur ma désignation. Or ce dernier hésite à répondre, non qu'il ait une objection à ma nomination, mais parce qu'il craint que celle-ci mécontente mon successeur qui, on se le rappelle, bien qu'il ait été pour moi un ami de longue date, a toujours redouté que je lui porte ombrage et qu'en succédant au Président LORIOT, je prenne de nouveau une autorité importante dans le domaine de la Sécurité Sociale, le gênant ainsi dans l'exercice de ses fonctions. Après quelque temps d'attente, le Président CASSIN décide de prononcer ma nomination sans avoir l'accord exprès du Ministre !

Bien entendu, je reste fidèle à ma préoccupation initiale, de ne rien faire qui puisse gêner en quoi que ce soit le nouveau Directeur Général de la Sécurité Sociale dans ses responsabilités. Et je me tiens strictement à l'exercice des compétences propres du Président de la Caisse Nationale. Cette Caisse a officiellement d'abord et surtout à assurer la trésorerie de l'ensemble des Caisses relevant du régime général de la Sécurité Sociale des salariés, en répartissant le montant des cotisations encaissées entre les Caisses, alimentant celles-ci en fonction de leurs besoins. Cette activité purement financière est assurée par les services de la Caisse, en liaison avec les services financiers de la Direction Générale de la Sécurité Sociale, en fait essentiellement Francis NETTER, Directeur-Adjoint chargé des aspects financiers de la Direction. Le Conseil d'Administration de la Caisse et son Président ont fort peu à s'occuper de ces problèmes qui se règlent en dehors d'eux. Mais en outre la Caisse Nationale, d'une part, a le contrôle des opérations immobilières de toutes les Caisses, d'autre part, dispose d'un fonds d'action sanitaire et sociale et d'un fonds de prévention des accidents du travail et des maladies professionnelles qui lui permettent de définir et de mettre en œuvre des politiques d'ensemble et des réalisations d'intérêt national en ces matières. Et là le Conseil d'Administration et son Président ont des responsabilités importantes. Je décide, en ce qui me concerne, de consacrer, en sus des séances trimestrielles du Conseil d'Administration, une demi-journée par semaine, en fait la matinée du lundi, à m'entretenir avec le Directeur de la Caisse Nationale et, le cas échéant, ses collaborateurs, sur les problèmes auxquels ils ont à faire face, et à les diriger et les aider dans la solution des problèmes auxquels ils sont confrontés et l'orientation de leur solution. Le Directeur est alors Etienne GOUT, qui a été précédemment Directeur-adjoint dans la Direction Générale de la Sécurité Sociale, pour les problèmes des prestations. Lorsque quelque temps plus tard, il part dans le secteur privé, il aura pour successeur Marcel LEGRAS, qui lui avait déjà succédé dans ses anciennes attributions à la Direction Générale.

Le Président ne dispose d'aucune attribution propre. Chacune des Commissions a un Président élu parmi ses membres, en fait toujours un des membres élus du Conseil d'Administration, lequel laisse à chaque Président une totale liberté d'action dans l'établissement des propositions qu'il soumet au Conseil d'Administration. J'ai toujours avec tous les meilleures relations, que ceux-ci soient des syndicalistes ou des employeurs, comme d'ailleurs avec les représentants des différents Ministères membres du Conseil d'Administration, notamment Santé, Economie et Finances. L'accord se fait généralement sans grande difficulté sur l'orientation de la politique sanitaire et sociale, de la politique de prévention des accidents du travail et maladies professionnelles, et de la politique immobilière. Je tiens aussi à visiter au moins une fois tous les deux ans les quelques établissements relevant directement de la Caisse Nationale. Je m'intéresse notamment aux réalisations nouvelles, à la politique hospitalière, à l'action sociale des Caisses d'Allocations Familiales, à la création du Centre de Recherches en matière de Prévention des Accidents du Travail à VANDŒUVRE, à la création aussi de la Fondation Nationale de Gérontologie. Pendant les quatorze années que dure ma présidence, j'ai le sentiment que le temps que j'y ai consacré a été bien employé. Mes relations avec les milieux dont sont issus les membres du Conseil d'Administration ont été étroites et confiantes et je tiens à rendre hommage à tous les hommes qui, bénévolement, ont contribué dans toute cette période au bon fonctionnement et au développement de l'action de la Sécurité Sociale. J'hésite à citer des noms, car je peux difficilement les mentionner tous ou faire un choix. Beaucoup ont aujourd'hui disparu. Tous ont bien mérité de la Sécurité Sociale et de la population, pour les tâches auxquelles ils se sont consacrés avec un dévouement sans faille et une grande efficacité.

Activités sociales nationales et internationales (1953-1958)

Si les années 1953 à 1958 ont été occupées par moi essentiellement par l'activité de ma sous-section — examen, instruction et jugement de 500 à 600 affaires par an — et par mes enseignements sur les problèmes sociaux français et internationaux de l'Institut d'Etudes Politiques, de l'Ecole Nationale d'Administration et de l'Ecole Normale Supérieure de l'Enseignement Technique, je profite du temps dont je dispose encore pour réfléchir quelque peu sur ces diverses activités et publier, au moins partiellement, le fruit de ces réflexions. J'ai toujours refusé, malgré les demandes qui m'en ont été faites, de tirer de mon cours des Sciences Politiques un livre. Ce cours fait chaque année l'objet d'une diffusion polycopiée à l'usage des étudiants mais rien de plus. C'est que, dans une matière en évolution constante, je crains qu'un tel enseignement soit trop vite périmé, et aussi de freiner si peu que ce soit l'évolution possible et souhaitable des problèmes et de leur solution. Il me paraît cependant alors le moment d'extraire de mon cours quelques réflexions d'ensemble pour en faire un ouvrage modeste par ses dimensions et par ses prétentions. A cela répondent les « Réflexions sur le problème social » parues en 1953 aux Editions Sociales Françaises. D'autre part, à la demande de la Revue Internationale du Travail (publiée par le Bureau International du travail) à laquelle j'avais déjà donné en 1948 un article sur le passage des Assurances Sociales à la Sécurité Sociale, je lui adresse une étude importante sur les problèmes internationaux de la Sécurité Sociale, qui fait l'objet de deux articles successifs parus en 1952, ainsi qu'un article rédigé en collaboration avec ZELENKA, actuaire de la Section de la Sécurité Sociale du Bureau International du Travail, publié en 1953. J'écris aussi un article sur les élections sociales pour la Revue Française de Science Politique (1953) concernant l'expérience se dégageant des élections des administrateurs des Caisses de Sécurité Sociale et d'Allocations Familiales. Enfin, à la demande du Président CASSIN, j'écris, pour les « ÉTUDES ET DOCUMENTS » du Conseil d'Etat de 1953, un article sur « CONTENTIEUX SOCIAL ET JURIDICTION SOCIALE », où je préconise la création d'un nouvel ordre de juridiction, parallèle à l'ordre judiciaire et à l'ordre des juridictions administratives, pour l'examen de tous les litiges auxquels peuvent donner lieu les problèmes sociaux, qu'il s'agisse de travail et d'emploi, d'assistance, de Sécurité Sociale, de pensions de toutes sortes, ordre qui devrait comporter un personnel spécialement formé à ces problèmes, et des juridictions associant et ces personnels et des représentants des intéressés.

Je continue et même développe ma participation à de nombreuses instances internationales. Je suis invité à prendre part à MILAN à un congrès sur les problèmes posés par les zones sous-développées en ITALIE du Sud d'abord, mais aussi avec des perspectives internationales. Au mois de juillet 1954 je fais partie de la Délégation Française à la session tenue à GENÈVE du Conseil Economique et Social des NATIONS-UNIES. De même je prends part à STRASBOURG à un colloque international sur la formation ouvrière et, en 1956, au Congrès de STOCKHOLM de l'Association Internationale de Science Politique.

Se situent alors deux activités auxquelles je donne une particulière importance. C'est d'abord ma participation, à la demande des

NATIONS-UNIES, à l'étude par un Comité International d'Experts réunis à GENÈVE, de ce que pourrait être une politique coordonnée du niveau de vie familial, à laquelle sont associées de multiples organisations internationales, le Département des Affaires Sociales des NATIONS-UNIES, l'Organisation des NATIONS-UNIES pour l'Agriculture et l'Alimentation (F.A.O.), le Bureau International du Travail, l'Organisation Mondiale de la Santé. Le Président de ce Comité est George DAVIDSON, alors Ministre Canadien de l'Immigration, dont je fais ainsi la connaissance, et que je retrouverai à de multiples occasions dans la suite. Comme l'objet de ce travail l'indique, le but est à la fois d'articuler les unes avec les autres les multiples politiques pouvant contribuer au bien-être individuel et familial et aussi de coordonner les activités des diverses organisations intergouvernementales en charge de ces politiques. C'est pour moi l'occasion à la fois de rencontrer des personnalités venant de tous les coins du monde, de prendre la mesure des initiatives et des réalisations, comme des préoccupations dominantes de nombreux pays et des types de solution pouvant être proposés aux problèmes soulevés par une coordination internationale des efforts de tous.

Sur un plan différent, je suis invité à participer à un voyage de juristes français en U.R.S.S. Ce voyage, dû à l'initiative d'un jeune avocat français, conjointement avec le Gouvernement de l'U.R.S.S., réunit le Procureur Général près la Cour de Cassation, le Premier Président de la Cour d'Appel de PARIS, un conseiller à la Cour de Cassation et un avocat général près cette Cour, deux professeurs des Facultés de Droit, deux avocats à la Cour d'Appel de PARIS, et moi-même représentant le Conseil d'Etat. L'intention est de permettre une rencontre avec les représentants des juridictions soviétiques, et de nous faire connaître l'organisation et le fonctionnement de ces juridictions. Les trois semaines que dure ce voyage, en 1956, nous conduisent à MOSCOU, à LÉNINGRAD, à KIEV, puis à TBILISSI en Géorgie, ensuite en OUZBEKISTAN, à TACHKENT, et au bord de la Mer Noire, à visiter des sovkhozes, des kolkhozes, des usines, et surtout à voir fonctionner des juridictions de base, de connaître les « procuratures », à rencontrer le Procureur Général de l'Union des Républiques Socialistes Soviétiques, les Ministres de la Justice et les Procureurs Généraux de plusieurs Républiques, des juges, des avocats. C'est la première expérience pour nous tous de voir ce que représente la justice d'un pays communiste. Bien entendu l'on évite de nous parler de la juridiction politique. En revanche l'on tient à nous montrer, jusque dans le détail, ce qu'est un tribunal populaire de base, avec son président, magistrat de carrière, ses assesseurs, élus de la population et se renouvelant de semaine en semaine, ses audiences tenues en dehors des heures normales de travail pour que puissent y assister les travailleurs, les visites que les juges professionnels sont tenus de faire dans les kolkhozes et dans les usines chaque semaine pour exposer leur activité et leur jurisprudence, l'organisation et les missions de la procurature, institution tout à fait essentielle, les Procureurs étant les seuls fonctionnaires publics hiérarchisés au niveau de l'Union, et en charge à la fois du rôle du ministère public, de la défense des libertés, comme de l'ordre public. Nous sommes assistés d'interprètes, eux-mêmes juristes, très compétents, répondant à toutes les questions. Et notre passage rencontre une grande curiosité de la part tant des responsables de tous les niveaux que du public en général, encore alors peu habitué à avoir des contacts avec des visiteurs occidentaux. L'accueil est partout sympathique, même chaleureux. Le Procureur Général BESSON et le Premier Président ROUSSELET devant rentrer à PARIS au bout de quelques jours, je me trouve, de ce fait, diriger la délégation pendant la deuxième partie du voyage et j'ai de fort intéressants contacts avec les magistrats et en particulier avec le Doyen de la Faculté de Droit de TACHKENT, qui est une femme. Je m'efforce bien entendu de me renseigner aussi spécialement sur le mode de règlement des litiges dans le domaine social, sur la vie syndicale, les assurances sociales, et même l'organisation médicale et les hôpitaux du pays. Cette nouvelle expérience est pour moi riche d'enseignements.

A mon retour, M. BILLIERES, alors Ministre de l'Education Nationale, me demande de faire partie d'une Commission d'Etude sur la Démocratisation de l'Enseignement qu'il crée et où il souhaite voir figurer, à côté de représentants des enseignants et des parents d'élèves, des personnalités extérieures s'intéressant à ce type de problèmes, dont je traite dans mon cours de l'Institut d'Etudes Politiques. J'y retrouve notamment Jean-Louis CRÉMIEUX-BRILHAC dont j'ai fait la connaissance à LONDRES et qui a sans doute été à l'origine de ma désignation. Je prends beaucoup d'intérêt à cette initiative qui, malheureusement, ne se poursuit pas longtemps, la durée des fonctions ministérielles sous la IVe République étant assez brève, et la Commission ayant disparu après avoir à peine amorcé ses travaux.

A ce moment aussi le Ministre du Travail, Albert GAZIER, me demande de revenir au Ministère du Travail et d'y prendre la Direction Générale du Travail et de la Main-d'Œuvre. Malgré l'intérêt de cette fonction, je ne puis l'accepter, ne souhaitant pas m'éloigner du Conseil d'Etat et des activités juridiques auxquelles je suis très attaché. Le Ministre me demande alors de lui proposer les noms de personnalités qui me paraîtraient pouvoir accepter cette mission. Et c'est ainsi que mon jeune collègue Pierre LAURENT, brillant Commissaire du Gouvernement auprès de ma Sous-Section, entre de plain-pied dans la haute administration et aborde une carrière active qui le conduira à de multiples et hautes responsabilités.

Entre temps, par l'effet de l'ancienneté et des promotions, je suis devenu le plus ancien des présidents de Sous-Section du Grand

Contentieux du Conseil d'Etat. Le président de la Section a obtenu depuis deux ans d'être assisté d'un Président adjoint qui, à la fin de 1956, est nommé Président de la Section Sociale du Conseil d'Etat (j'apprends par la suite par une indiscrétion que le Président JOSSE avait insisté vivement, sans m'en parler, au sein du Bureau du Conseil d'Etat, pour que cette fonction me soit confiée mais mon âge et mon ancienneté ne pouvaient évidemment pas permettre alors à cette initiative d'aboutir). Le Président BOUFFANDEAU, en charge de la Section du Contentieux, me demande de prendre les fonctions de Président adjoint de cette Section. Très attaché à ma Sous-Section et au type de travail dont j'ai la charge, je ne le souhaite nullement, et je ne suis pas attiré par cette offre, si flatteuse qu'elle soit. D'autre part je pense que le Président adjoint devrait normalement être appelé par la suite à succéder au président de la Section lors de la retraite de ce dernier, et je ne souhaite pas passer les longues années qui me restent à travailler au Conseil d'Etat à des activités purement contentieuses. J'insiste donc pour que l'on s'adresse à un autre Président de Sous-Section et je suggère le nom du Président DEVEMY qui avait la charge des Sous-Sections fiscales et qui est sensiblement plus âgé et plus ancien que moi. Le Président BOUFFANDEAU m'objecte que celui-ci n'accepterait pas. Cependant, en désespoir de cause, il se résout à lui offrir le poste et l'intéressé, comme je le pensais, accepte immédiatement et il succédera par la suite au Président BOUFFANDEAU. J'ai d'ailleurs une raison supplémentaire de prendre cette position. Parmi mes meilleurs amis je compte Raymond ODENT, camarade de la Faculté de Droit et de l'Ecole des Sciences Politiques, qui est un juriste remarquable, Président comme moi d'une Sous-Section de Grand Contentieux, et en outre en charge du Cours de Contentieux Administratif de l'Institut d'Etudes Politiques, cours largement diffusé et qui constitue une des meilleures, sinon même la meilleure, synthèses existantes de la jurisprudence administrative. J'estime que c'est à lui que doit revenir dans l'avenir la présidence de la Section du Contentieux et, comme il est de quelques mois plus âgé que moi, je ne veux pas risquer de faire obstacle à ce qu'il ne parvienne pas, de mon fait, à cette fonction. Les choses sont ainsi réglées. Si je suis très loin de partager les orientations politiques du Président DEVEMY, j'ai pour lui la plus haute estime et je suis sûr qu'il assumera au mieux les fonctions auxquelles il est appelé. L'expérience le confirmera.

Je ne suis pas fâché de pouvoir, en cette période, me consacrer un peu plus à ma famille, à mes enfants. Ceux-ci avancent en âge et je m'intéresse davantage à leurs études, partageant avec ma femme la présence aux réunions des associations de parents d'élèves, et même les visites aux professeurs des aînés de mes enfants. Je me souviens d'avoir à plusieurs reprises été rencontrer la directrice du Lycée Molière que fréquentaient mes filles et aussi d'une longue visite faite au professeur de philosophie de ma fille aînée au moment où se posait le problème de son orientation à venir. Les formations contentieuses du Conseil d'Etat bénéficiant des vacances judiciaires, je peux également passer en famille plus de temps que par le passé et j'en profite. Sans résidence secondaire ni attaches provinciales, il nous faut chaque année choisir un lieu de villégiature, et trouver des ressources hôtelières adaptées à nos besoins. Je n'ai pas oublié la Tarentaise où je passais une bonne partie de mes vacances d'été avant 1940, et, à plusieurs reprises, nous nous retrouverons tous à NANCROIX ; une année nous louons un grand chalet dans le village pour nos enfants, ma femme, mes beaux-parents et moi. Mais le plus souvent nous prenons pension à l'Hôtel BELLEVUE dont j'avais été autrefois un client habituel. L'Hôtel de TARENTAISE, voisin de l'Hôtel BELLEVUE, s'étant transformé en maison d'enfants sous le nom de « l'ALPETTE », nous lui avons confié nos deux aînés pendant que le reste de la famille restait à BELLEVUE, afin de permettre aux jeunes filles de faire des excursions et d'avoir des activités sportives avec d'autres jeunes de leur âge. L'Hôtel BELLEVUE a été vendu par la suite à une colonie de vacances et nous avons, pendant plusieurs années, demandé l'hospitalité à la Mutuelle Générale des P.T.T. qui venait d'acquérir le plus grand hôtel de PRALOGNAN, ce qui nous a permis de connaître un autre coin de la Tarentaise, jusqu'au moment où un hôtel nouveau a ouvert ses portes au-dessus de PEISEY, à PLAN-PEISEY, l'Hôtel de la VANOISE, plus moderne que l'Hôtel BELLEVUE, à 1 650 mètres d'altitude, géré par un jeune ménage, dont la femme assure toute la gestion hôtelière et le mari la cuisine. De temps à autre nous allons vers d'autres horizons, soit pour amener les enfants au bord de la mer, notamment à VARENGEVILLE, soit à l'étranger, en AUTRICHE, à PERTISAU, puis à BRANDT, en SUISSE, à EVOLÈNE, au Lac CHAMPEX, à SILS-MARIA. Certains des enfants passent deux ou trois semaines dans des familles anglaises, voire américaines, pour perfectionner leurs connaissances de l'Anglais.

Je ne renonce pas cependant aux déplacements à l'étranger, bien que ma femme ne puisse, à son regret, le plus souvent, m'accompagner, retenue par une partie au moins des enfants. En 1957 il m'est proposé, dans la foulée du voyage de juristes organisé en 1956 en U.R.S.S., un voyage analogue en CHINE. Mais notre Ministre des Affaires Etrangères s'y oppose, estimant qu'un Conseiller d'Etat ne peut se rendre, dans un voyage semi-officiel, dans un pays qui n'entretient pas alors des relations diplomatiques avec la FRANCE. En 1958, cette fois avec ma femme, je suis invité à venir faire des conférences sur la Sécurité Sociale et les Droits sociaux de l'homme en GRÈCE, sur l'initiative de Michel GOUTOS, un des dirigeants du Ministère grec des Affaires Sociales dont j'ai fait la connaissance dans les Conférences internationales du service social. C'est pour nous l'occasion de faire la connaissance de ce pays que nous ignorions.

Grâce à M. et Mme GOUTOS, nous pouvons faire le tour du PÉLOPONÈSE, visiter NAUPLIE, ÉPIDAURE, MYCÈNES, DELPHES, et même SALONIQUE où je rencontre pour la première fois M. et Mme EHRET, animateurs du Lycée Français et d'une Librairie-bibliothèque française. Nous sommes très impressionnés à la fois par la beauté du paysage, par les perspectives monumentales, comme par l'accueil que nous recevons partout.

A la fin de la même année, en décembre 1958, après avoir au cours des mois précédents pris part à un colloque sur les rapports entre patrons et ouvriers en FRANCE et aux ÉTATS-UNIS, et à un Congrès mondial de la Famille, tenu également à PARIS, je suis à nouveau appelé à représenter le Gouvernement Français à la Conférence Internationale du Service Social qui, cette fois, se tient à TOKYO. C'est ma première visite au JAPON, et même en EXTRÊME-ORIENT. Je ne me suis jamais senti aussi dépaysé qu'à mon arrivée à TOKYO, en présence de signes en caractères sino-japonais, dans une ville immense, où l'on n'aperçoit guère de signes en caractères latins, où les voies de circulation n'ont pas de noms compréhensibles et les immeubles aucun numéro, où hommes et femmes sont supposés comprendre et parler l'Anglais, enseigné dans les écoles dès le début de la scolarité, mais dont la langue parlée est souvent peu compréhensible pour les profanes (un Colonel américain rencontré dans l'hôtel où je suis hébergé me dit un jour : « Vous Français vous avez de la chance de pouvoir dire à des interlocuteurs Japonais que vous ne les comprenez pas lorsqu'ils vous parlent Anglais. Mais nous, Américains, nous ne les comprenons pas plus que vous et nous ne pouvons rien leur dire ! »). Je suis frappé aussi des habitudes locales faites d'un mélange d'extrême courtoisie et d'une tendance à paraître ne rien comprendre, d'une grande curiosité et d'une réticence à l'égard des expériences étrangères. L'on sait que, dans les entreprises importantes, les salariés sont en fait employés à vie mais ne bénéficient, en dehors de la sécurité de l'emploi, que d'une protection sociale très réduite. Bien plus ils sont supposés ne pas utiliser entièrement les congés auxquels la réglementation leur donne droit et sont incités en ce sens pour être bien vus. En revanche le climat de ces entreprises est dominé par un souci permanent de participation de tous aux progrès et à la prospérité de l'affaire, question d'honneur pour les travailleurs de tout rang. Par contre les petites entreprises paient des salaires de famine, ignorent toute protection sociale et n'offrent aucune sécurité. Les professeurs de Droit du travail que je rencontre montrent une grande curiosité pour nos institutions et expériences et je noue avec l'Institut du Travail des relations durables puisque je continue, après bien des années, à recevoir son Bulletin en langue Anglaise qui me tient au courant de tous les événements et évolutions liés aux rapports entre employeurs et salariés. Je suis également frappé des connaissances et de la culture même de personnes modestes. Un agriculteur rencontré au fond de la campagne et interrogé sur le pays occidental auquel il souhaiterait voir le JAPON ressembler répond : la SUISSE, comme s'il la connaissait très bien, dans son atmosphère de paix, de neutralité, d'humanisme, de tolérance. Je ne prétends pas avoir pu, en une quinzaine, me faire une idée exacte du JAPON et des Japonais. A tout le moins j'en emporte une impression générale.

Indépendamment de ma participation à la Conférence, je fais plusieurs exposés dans des universités sur les problèmes sociaux et sur le droit administratif français, le plus souvent en Français, avec traduction en Japonais par le Professeur NODA qui connaît parfaitement notre langue, parfois en Anglais. Mais j'ai surtout la chance d'avoir à TOKYO un de mes meilleurs et plus vieux amis, Robert GUILLAIN, correspondant du Monde, marié à une Japonaise, qui vit au JAPON depuis de nombreuses années, y a même passé toute la guerre, et qui me fait les honneurs du pays, m'amenant visiter, parmi les plus belles régions, KYOTO, NARA, la campagne, et me permettant, conjointement avec René CAPITANT, alors en charge de la maison de FRANCE à TOKYO, de nombreux contacts avec des personnalités de tous les milieux. C'est pour moi un voyage merveilleux et passionnant à tous égards, et qui me fait une impression profonde.

La Cinquième République : la vie politique

L'on sera peut-être surpris que dans les pages précédentes, j'aie donné peu de place aux problèmes liés à la vie politique, au plan national comme international. Ce n'est pas que je me sois jamais désintéressé de ces problèmes, mais, durant la période couverte, ils n'ont eu qu'un impact limité sur mes activités personnelles. Ainsi que j'ai eu l'occasion de le dire, j'ai eu les meilleures relations comme Directeur Général de la Sécurité Sociale, avec les ministres successifs dont j'ai dépendu. Je n'ai pas souffert de l'instabilité ministérielle, puisqu'en fait en sept ans je n'ai eu que peu de ministres qui aient compté et ils sont tous restés en fonction pendant un temps relativement long. S'il y a eu certes des ministres passagers, la brièveté de leur passage, quelques semaines pour chacun, a fait que leur présence n'a guère laissé de trace. Tous d'ailleurs, quelle qu'en soit l'appartenance politique, m'ont toujours témoigné une entière confiance, et je n'ai eu qu'à me louer des relations que j'ai eues avec les uns et les autres.

L'évolution politique générale favorise d'ailleurs à ce moment le développement de l'action sociale. Les « trente glorieuses » traduisent une prospérité économique presque sans précédent, et contribuent aux progrès scientifiques, économiques et sociaux. Certes l'inflation constante génère des difficultés auxquelles il faut parer par des procédés techniques et comptables appropriés, mais elle n'entrave nullement le démarrage et les progrès des institutions sociales. Je ne m'intéresse pas moins à l'évolution politique du moment. L'instabilité ministérielle me préoccupe en tant qu'elle entrave la définition d'une politique cohérente et durable sur le plan national comme international. En particulier, les travaux antérieurs me conduisent à m'intéresser particulièrement à la tendance nouvelle à la décolonisation. Dès mes études universitaires, j'ai été porté à considérer que la colonisation ne doit pas être uniquement un moyen de mettre en valeur, orienté vers l'enrichissement du colonisateur mais doit aussi élever le niveau culturel des populations et favoriser l'accès de celles-ci à l'exercice d'un pouvoir politique indépendant. Je crois même, si mes souvenirs ne me trompent pas, avoir conclu en ce sens la composition écrite qui m'a été demandée à la première épreuve du concours d'entrée au Conseil d'Etat et qui portait sur « la mise en valeur des colonies ». Mon enquête sur les travailleurs Nord-Africains en FRANCE m'a montré l'importance des facteurs psychologiques dans les rapports de colonisateurs et colonisés, et le souci que l'on doit avoir du respect de la dignité des hommes et des femmes des populations de l'Empire. L'accès à l'indépendance de l'INDE britannique en 1947, ma visite dans ce pays et à PONDICHÉRY en 1952, la guerre d'INDOCHINE et ses répercussions, m'ont renforcé dans mon orientation. J'avais déploré l'attitude des milieux politiques français qui ont soutenu l'Amiral d'ARGENLIEU dans son attitude trop favorable aux colons métropolitains de l'INDOCHINE contre la position du Général LECLERC préconisant à l'inverse des essais d'entente avec HÔ CHI MINH et les populations du VIÊT-NAM. Je suis de tout cœur aux côtés de Pierre MENDÈS-FRANCE dans les efforts qu'il poursuit pour dégager la FRANCE du conflit d'INDOCHINE et d'autre part pour l'accès à l'indépendance de la TUNISIE. La guerre d'ALGÉRIE, débutant en 1954, m'a paru dès le début comme devant aboutir à l'indépendance du pays et j'ai souhaité que le résultat fût atteint par des voies pacifiques. Ce qui me frappait, dans ce domaine, comme en bien d'autres d'ailleurs, c'est le manque de perspectives d'avenir que montrent la plupart des dirigeants politiques et la priorité qu'ils donnent aux intérêts matériels immédiats qui conduit à résister à la pression d'une évolution inéluctable vers un avenir de plus en plus prévisible. Ma tendance personnelle a toujours été de travailler pour les générations du prochain siècle plutôt que de servir les intérêts immédiats du présent.

L'orientation des derniers gouvernements de la IVe République ne m'apparaît pas en mesure de mettre fin à la guerre d'ALGÉRIE.

D'une part la révolte locale s'amplifie. D'autre part l'Armée, éprouvée moralement par l'échec des combats d'INDOCHINE et soutenue par les Français d'ALGÉRIE, comme par une partie importante de l'opinion métropolitaine, entend défendre « l'ALGÉRIE française », méconnaissant le courant universel qui conduit à la disparition des « Empires » coloniaux et à la décolonisation. Certes l'existence en ALGÉRIE d'une importante population d'origine métropolitaine pose des problèmes propres, difficiles et douloureux, qui auraient peut-être trouvé une issue meilleure par le développement de négociations pacifiques sur un pied d'égalité entre représentants de la métropole et représentants des populations locales. Mais la persistance du conflit et l'aggravation croissante des oppositions me paraît conduire inéluctablement aux solutions violentes tant en métropole qu'en ALGÉRIE.

En FRANCE c'est la fin de la IVe République, l'appel au Général de GAULLE, qui, au moins en apparence, dans les premières semaines suivant le 1er juin 1958, semble favorable à l'ALGÉRIE française — mais on sait aujourd'hui qu'il croit depuis longtemps inévitable l'accès de l'ALGÉRIE à l'indépendance. Sur un plan plus large, le Général, dès 1946, fait connaître dans son « Discours de BAYEUX », sa conception des réformes qu'appellent les institutions politiques françaises. Il provoque immédiatement, en accédant au pouvoir, la mise à l'étude d'une nouvelle Constitution. Le Conseil d'Etat, saisi au mois d'août 1958, est appelé à se prononcer sur le projet élaboré par un petit groupe de collaborateurs du Général. Le Président CASSIN fait connaître à tous les conseillers qu'il souhaiterait que le plus grand nombre d'entre eux participent à l'examen du projet. Je viens alors de rejoindre ma famille en TARENTAISE pour des vacances organisées de longue date. Je demande au Président de la Section du Contentieux ce qu'il convient que je fasse. Il me répond que personnellement, il ne compte pas participer à la commission en charge de l'examen de la Constitution et qu'il laisse toute liberté aux membres de la Section du Contentieux, tous en vacances, pour faire ce qu'ils veulent. Compte tenu et des fatigues de l'année et des problèmes familiaux que me poserait l'interruption de mes vacances, je décide de m'aligner sur mon Président, et je ne participe donc pas à la discussion du projet de Constitution.

Je ne le regrette pas. Sans doute la nouvelle Constitution comporte-t-elle des dispositions excellentes. Mais elle présente à mes yeux deux défauts essentiels. Le premier est d'avoir été faite pour un homme et en fonction de la personnalité de cet homme. Or, quelles que soient mon admiration — et ma reconnaissance — à l'égard du Général de GAULLE, je n'ai jamais accepté et je n'accepte pas qu'une démocratie digne de ce nom s'identifie à un homme, si éminent et remarquable soit-il, ni surtout qu'un instrument constitutionnel ne soit pas conçu pour durer et cela quels que soient les hommes appelés à l'appliquer. Le deuxième défaut tient à ce que, si la Constitution de 1946 consacrait dans les institutions un déséquilibre au profit des Assemblées élues, et si le projet nouveau remédie à ce déséquilibre, il le fait en consacrant un nouveau déséquilibre en sens opposé au profit de l'Exécutif. Je crois depuis longtemps à la nécessité de la séparation des pouvoirs, impliquant, selon la formule de MONTESQUIEU, que « le pouvoir arrête le pouvoir ». Or je suis choqué par le fait que la Constitution de 1958 fasse du pouvoir exécutif le législateur de droit commun, les Assemblées élues ne disposant du pouvoir de légiférer que dans un nombre limité de domaines. Je ne le suis pas moins par le fait que, même dans leur domaine, des textes peuvent devenir lois sans être votés par les Assemblées législatives, puisqu'il suffit que le gouvernement invoque l'article 49, alinéa 3, de la Constitution, pour que soit considéré comme adopté un projet de loi gouvernemental, si l'Assemblée Nationale n'adopte pas une motion de censure entraînant la chute du gouvernement. Je reconnais certes que cet alinéa est bien utile pour assurer la stabilité ministérielle, mais l'Exécutif se trouve ainsi investi de l'essentiel du pouvoir législatif, dont les Assemblées élues, qui sont normalement en charge de ce pouvoir, sont en fait dépourvues dans une large mesure. Pour ces motifs essentiels, je n'ai pas voté oui au référendum organisé pour l'adoption de cette Constitution.

J'ajoute que, par la suite, le Général de GAULLE lui-même a été amené, à plusieurs reprises, à prendre quelque liberté à l'égard des dispositions de la Constitution. Il en a été ainsi lorsqu'il a fait modifier la Constitution sans respecter les règles fixées par la Constitution elle-même pour cette modification. Le Conseil d'Etat, saisi à deux reprises de propositions en ce sens, a émis des avis défavorables à la procédure adoptée, à l'unanimité moins une voix, la première fois, lorsqu'il s'est agi d'introduire l'élection du Président de la République au suffrage universel, la seconde fois à une forte majorité, à l'occasion d'un projet transformant profondément la structure et les pouvoirs du Sénat, texte dont on sait que le rejet par référendum entraînera la démission du Général de GAULLE. Dans une autre circonstance, le Général de GAULLE a refusé, en dépit des termes formels de la Constitution, de provoquer la réunion extraordinaire de l'Assemblée Nationale en dépit d'une demande exprimée par la majorité des membres de cette Assemblée, cela en estimant qu'il avait, malgré cette demande, un pouvoir d'appréciation sur l'opportunité de lui donner suite.

A coup sûr la Constitution a fait la preuve de ses qualités puisqu'elle dure encore après plus de trente ans, qu'elle a permis une stabilité ministérielle nouvelle et inconnue dans les régimes antérieurs, et qu'elle a permis à des personnalités d'une haute qualité d'accéder à la Présidence de la République. Mais, combinée à des systèmes électoraux peu satisfaisants, elle a aussi conduit à une perte d'autorité et de prestige des Assemblées législatives et contribué à certain discrédit des partis politiques.

Le Conseil d'Etat (1959-1964)

Avec l'année 1959 s'ouvre une nouvelle phase de mon existence professionnelle. Le Président DEVEMY, qui, on se le rappelle, est devenu en 1956 Président adjoint de la Section du Contentieux, tombe gravement malade et doit subir une opération chirurgicale qui l'immobilisera pendant plusieurs mois ou semaines. Etant le plus ancien des Présidents de Sous-Section, il faut bien que je le supplée, au moins partiellement, tout en conservant la charge de ma Sous-Section. Le Président BOUFFANDEAU se résout alors à demander la création d'un deuxième poste de Président adjoint de la Section du Contentieux, et je suis dans l'impossibilité, cette fois, de refuser ce poste. Cela m'oblige, à mon vif regret, à abandonner ma première Sous-Section et à me consacrer exclusivement à la présidence de la moitié des séances des Sous-Sections réunies. Tâche qui me paraît et ne cesse de me paraître particulièrement ingrate. Cela tient en grande partie à la manière dont je conçois la fonction. Alors que le Président de la Section comme les précédents Présidents adjoints avaient conçu leur fonction de présidence comme ne supposant pas l'examen préalable des dossiers qui sont examinés à ces séances, je me défie, en ce qui me concerne, des improvisations de séance, des impressions subjectives qui peuvent s'en dégager, et je demande que les dossiers me soient soumis deux jours avant la séance où ils seront jugés. Cela me conduit à procéder, par trois fois, à l'étude de chaque dossier, une première fois avant la séance de jugement, une deuxième fois immédiatement après cette séance pour réviser la rédaction des décisions adoptées, une troisième fois au moment de la signature de la décision dactylographiée dans sa forme définitive. Au rythme de trois séances par quinzaine, avec une vingtaine d'affaires par séance, c'est un véritable travail à la chaîne qu'il faut faire et qui ne laisse aucune possibilité de souffler. Il faut ajouter à cela la participation obligatoire aux séances hebdomadaires de la Section ou de l'Assemblée du Contentieux, à l'Assemblée Générale du Conseil d'Etat, à la réunion avec le Président de la Section et l'autre Président adjoint, réunion indispensable pour assurer l'unité de la Jurisprudence, aux séances du Tribunal des Conflits, à la Présidence de la Caisse Nationale de Sécurité Sociale. La tâche est écrasante, sans la contrepartie des relations humaines s'établissant au sein d'une Sous-Section à effectif restreint.

En outre, après six ans comme membre du Tribunal des Conflits, je me trouve, pour le troisième triennat, le plus ancien représentant du Conseil d'Etat, donc appelé à exercer la Vice-Présidence, c'est-à-dire la présidence de fait. Or j'ai la malchance de trouver en face de moi le plus ancien représentant de la Cour de Cassation qui, à la différence de ses prédécesseurs, croit devoir avant chaque séance réunir ses collègues pour un premier examen des affaires, de manière que les membres judiciaires déterminent une position commune à laquelle ils se sentent ensuite obligés de se tenir. Auparavant chaque membre, individuellement, examinait de son côté les problèmes posés et pouvait choisir sa position en toute liberté en fonction des résultats des débats, ceci permettant, en cours de séance, la formation de majorités faites de membres appartenant à l'une ou l'autre juridiction, au lieu d'oppositions entre un corps et l'autre créant parfois une grande difficulté à trouver une majorité. De là des désaccords prolongés et parfois, dans certains cas, heureusement rares, l'obligation, si l'opposition persiste, de faire appel au Ministre de la Justice pour départager les positions des uns et des autres. Cela s'est produit pour deux affaires au cours d'une même séance. Le Ministre de la Justice de l'époque, homme éminemment respectable mais sans formation juridique, a été appelé à présider dans les deux affaires, et s'est prononcé dans l'une comme dans l'autre dans le sens des membres de la Cour de Cassation. Et comme, le reconduisant après la séance, je lui demandai ce qui l'avait déterminé, il me répondit qu'il avait voulu réagir contre le complexe d'infériorité dont souffraient les membres de la Cour de Cassation du fait qu'ils connaissent beaucoup moins bien que les membres du Conseil d'Etat le droit administratif qu'il s'agit d'appliquer. L'on comprend que je conserve un goût amer de cette conception de la justice.

Toujours est-il que les fonctions qu'il me faut maintenant assumer excluent pour moi la possibilité de déplacement hors de PARIS et surtout à l'étranger, en dehors des périodes des vacances judiciaires, c'est-à-dire en dehors de deux mois d'été et d'une quinzaine à PÂQUES.

C'est ainsi que pendant une quinzaine pascale, je suis amené à répondre favorablement à l'invitation du HAVERFORD COLLEGE, dans les environs de PHILADELPHIE, qui m'a demandé de venir avec ma femme, sur l'initiative du ménage SOMERS, apporter un concours à ses enseignements. Ce collège a l'habitude chaque année de recevoir une personnalité étrangère devant participer complètement à la vie de l'institution, faire part aux étudiants de son expérience et des réalités concrètes de son pays. Une organisation remarquable y est montée pour tirer le maximum de profit de la présence du ou des visiteurs. Un programme précis définit un emploi du temps qui, chaque jour, vous occupe de 8 heures du matin à 10 heures du soir. Deux étudiants ont la charge d'assurer l'exécution du programme. Dans mon cas, ce sont d'une part un étudiant issu de la Nouvelle Angleterre et appartenant manifestement à un milieu social aisé, et, d'autre part, du fils d'une famille modeste de PHILADELPHIE tenant un petit drugstore dans un quartier populaire. Ces jeunes gens m'ont en charge ainsi que ma femme pendant tout le temps de notre séjour. L'un d'eux vient me prendre à 8 heures du matin pour m'amener à la salle où je dois faire une conférence ou rencontrer individuellement ou collectivement des étudiants et les entretenir d'un sujet qui peut les intéresser. Certaines heures sont réservées aux rendez-vous avec ceux des étudiants qui préparent des mémoires ou des thèses sur un sujet de ma compétence ou supposé tel. Les repas sont pris en commun : la nourriture, celle des étudiants, y est d'ailleurs des plus médiocres. Mais, de temps à autre, suivant les jours, et souvent le soir, nous sommes invités dans des restaurants des environs, plus satisfaisants. Un petit club français animé par un professeur de cette langue et groupant les étudiants qui entendent se spécialiser dans celle-ci nous invite à une réunion organisée à notre intention, et en vue de nous accueillir, se sont procuré, non sans peine, une bouteille de BORDEAUX ! Nos hôtes sont fort déçus d'apprendre que je ne bois jamais de vin ! Ma femme se sacrifie et sauve l'honneur ! — Tout cela est en définitive très sympathique et nous emportons un excellent souvenir de cette quinzaine en espérant que les nombreux étudiants que nous avons rencontrés en conservent, eux aussi, un souvenir agréable et profitable.

En septembre 1959, le Ministère des Affaires Etrangères me demande de représenter le Gouvernement Français à une réunion de la Conférence Economique pour l'ASIE du Sud-Est qui se tient en THAILANDE à BANGKOK et qui doit être consacrée à l'examen des problèmes sociaux des pays de la région. J'y rencontre notamment des représentants du VIÊT-NAM, du CAMBODGE et du LAOS, francophones, ouverts et intelligents avec qui j'établis des relations sympathiques. En revanche je combats vigoureusement un délégué de la République Fédérale d'ALLEMAGNE qui, au nom du Libéralisme Economique, critique systématiquement toutes les formules d'« Etat providence » (Welfare State). A ma grande surprise, d'ailleurs, je suis appuyé par deux délégués des ÉTATS-UNIS. Je m'efforce, en ce qui me concerne, de suggérer des formules de politique sociale adaptées à la situation des pays de la région, tout en incitant à réaliser les progrès sociaux que permet l'évolution économique. Dans mes moments de loisir, tout en m'efforçant de m'accoutumer au climat tropical perpétuellement chaud et humide, je visite BANGKOK. Et, surtout je tiens à consacrer une fin de semaine à aller au CAMBODGE visiter les temples d'ANGKOR. J'y suis reçu par la mission culturelle française et je puis parcourir les principaux temples dispersés dans la forêt, expérience passionnante même si elle est trop rapide.

Je cite pour mémoire également un colloque européen de service social organisé à STRASBOURG la même année, et qui sera suivi en 1960 d'un séminaire sur le même sujet qui se tiendra à BRUXELLES.

La Commission d'Etude des problèmes de la vieillesse (1960-1962)

Durant les dernières semaines de l'année 1959, Michel DEBRE. Premier Ministre du premier Gouvernement de la Ve République, avec qui je conserve des liens d'étroite amitié depuis le temps, déjà lointain, où il préparait le concours d'entrée au Conseil d'Etat, me demande si je ne crois pas le moment venu, après quatorze ans d'application de la législation sur la Sécurité Sociale, d'opérer une réflexion d'ensemble sur l'application de cette législation pour envisager ses adaptations éventuellement utiles. Je lui réponds qu'une telle réflexion me paraît en effet très opportune, mais que si l'on souhaite lui donner l'ampleur voulue, il conviendrait d'essayer de définir ce que devraient être, pour la FRANCE de demain, les quatre politiques auxquelles la Sécurité Sociale contribue, à savoir la politique de la santé, la politique de la famille, la politique de l'invalidité, et la politique de la vieillesse, puis de rechercher si l'institution qu'est la Sécurité Sociale doit être infléchie pour assurer dans les conditions les meilleures l'application de ces politiques. Je suggère, pour les études à entreprendre, de faire appel à une formule inspirée des commissions royales britanniques, dont j'ai appris à apprécier l'efficacité pendant mon séjour à LONDRES, c'est-à-dire des commissions restreintes composées de personnalités indépendantes, dotées de larges pouvoirs d'investigation, et disposant du temps nécessaire pour élaborer sur chaque sujet un rapport synthétique. Il devrait, à mon sens, y avoir quatre commissions chacune en charge d'une des politiques en cause, une cinquième commission devant, au vu des rapports des quatre premières, tenter de définir les priorités à attribuer à chacune de ces politiques, compte tenu de la situation économique et sociale, comme de leurs incidences politiques administratives et financières voire internationales. Le Gouvernement ayant, dans la nouvelle Constitution, des garanties de durée, un tel effort me paraît réalisable. Michel DEBRÉ, tout en se disant en plein accord avec ma manière de voir, estime que le programme ainsi tracé est trop ambitieux, et qu'il convient de le mettre en œuvre de manière partielle, en constituant des commissions en charge de définir d'une part une politique de la famille, d'autre part une politique de la vieillesse. Et il me demande de prendre en charge cette dernière. Je lui donne mon accord sous les conditions suivantes : j'aurais le choix des membres de la commission et de ses méthodes de travail, je disposerais de deux années pour mener à bien cette tâche. Michel DEBRÉ accepte ces conditions et m'indique qu'il envisage de confier l'examen de la politique de la famille à une commission animée par Robert PRIGENT.

Je m'attache immédiatement à la constitution de la Commission d'Etude des Problèmes de la Vieillesse, qui est instituée par un décret du 8 avril 1960. Conformément au principe que j'ai posé, je fais appel à un petit nombre de personnalités de haut niveau, qui, à deux exceptions près, un représentant de l'Institut National de la Statistique et des Etudes Economiques et un représentant du Commissariat Général au Plan, sont choisis en raison de leur personnalité et non comme représentants d'une administration ou d'un groupe professionnel ou social. Je souhaite y voir un médecin, un historien, un géographe spécialiste de géographie humaine, un sociologue du travail, un spécialiste de l'assurance, un démographe. Ce seront respectivement le Professeur BOURLIÈRE, Louis CHEVALIER, titulaire de la Chaire d'Histoire de PARIS au Collège de FRANCE, Jean FOURASTIE, professeur au Conservatoire National des Arts et Métiers, Pierre GEORGE, le meilleur spécialiste français de la géographie humaine, Georges LUTFALLA, actuaire, Président Directeur Général de la Compagnie d'Assurances « LA NATIONALE », Alfred SAUVY, professeur au Collège de FRANCE, Directeur de l'Institut National d'Etudes Démographiques. Comme le prévoit le décret institutif, je désigne douze rapporteurs pris parmi les jeunes membres du Conseil d'Etat, de la Cour des Comptes, les administrateurs civils du Ministère des Finances, du Ministère de la Santé et de la Population, du Ministère du Travail et de la Sécurité Sociale, un administrateur de l'Institut National de Statistiques et des Etudes Economiques, un chercheur de l'Institut National d'Etudes Démographiques. Tous choisis en raison de leur compétence, et, pour la plupart, bien connus de moi-même. Les fonctions de Rapporteur Général sont confiées à Henri MAYRAS, Maître des Requêtes au Conseil d'Etat. Le Secrétaire Général de la Commission est, de droit, en vertu du décret, le Secrétaire Général du Haut Comité de la Population et de la Famille, Georges MAUCO.

Je fais décider par la commission qu'elle se réunira une fois par quinzaine, le samedi matin, sera saisie chaque fois de propositions établies par un ou plusieurs rapporteurs, procédera à de larges auditions de représentants des groupements ou organismes représentatifs des employeurs, des salariés, de l'artisanat, de l'agriculture, des professions libérales, des groupements représentatifs des personnes âgées, de la mutualité, des grands organismes à fins sociales, des administrations publiques intéressées, des travailleurs sociaux, et des personnalités ayant une compétence particulière dans la matière à étudier.

Les premières réunions sont consacrées à fixer le cadre général du travail à entreprendre, la liste des organismes et personnalités à entendre, à établir le texte des questionnaires destinés aux personnalités appelées, et à répartir les études à entreprendre entre les rapporteurs.

Je dois rendre hommage à tous ceux qui ont participé à ce travail, à l'assiduité sans défaillance des membres et des rapporteurs de la commission, aux efforts accomplis par les uns et les autres pour mener à bien une tâche d'une grande ampleur et presque entièrement nouvelle.

Je m'efforce dès le début de définir l'objectif et les orientations générales du problème à explorer : « Poser le problème de la vieillesse en FRANCE c'est essentiellement rechercher quelle place peut et doit être faite aux personnes âgées dans la société française d'aujourd'hui et, plus encore, dans celle de demain. C'est donc étudier dans quelle mesure et par quel procédé devront, dans les vingt années à venir, être assurées les conditions d'existence de la population âgée, tant en ce qui concerne l'emploi de celles des personnes âgées aptes à exercer une activité professionnelle et désireuses de se maintenir en activité qu'en ce qui concerne les revenus qui doivent être assurés aux vieillards, leur logement et l'aide que, sous toutes ses formes, la collectivité doit leur apporter ». L'introduction au rapport final rappelle les méthodes de travail qui ont été adoptées : le rapport, dans son ensemble, est l'œuvre commune des membres, des rapporteurs, chacun en ayant rédigé une part, avec la coordination du rapporteur général. Celui-ci ayant dû renoncer à sa collaboration avant le terme de sa mission, car il était appelé à de nouvelles fonctions hors de FRANCE quelques semaines avant l'achèvement des travaux, les conclusions sont entièrement de ma plume. Le travail, commencé dès le début de l'année 1960, s'est achevé à la fin de l'année 1961, et le rapport a été remis au Premier Ministre au début de janvier 1962, dans le délai prévu. Il a été publié par l'Imprimerie du Journal Officiel, dans la collection des publications du Haut Comité de la Population et de la Famille, bien que ce Comité n'en ait lui-même jamais délibéré.

Je ne crois pas utile de rappeler le développement des travaux entrepris ni comment se sont dégagées les propositions auxquelles la commission est parvenue. Le rapport et ses annexes sont suffisamment explicites à cet égard. Je voudrais souligner cependant que, parmi toutes les tâches auxquelles j'ai été amené à me consacrer au cours de ma carrière, celle-ci est probablement celle qui m'a apporté le plus de satisfaction.

Tout d'abord je crois avoir réussi, dans la circonstance, à réaliser un travail collectif d'équipe, travail de longue haleine, associant des personnalités d'origine et de formation différentes, participant d'un même esprit, d'un même dévouement à une tâche paraissant à toutes exaltante.

D'autre part j'ai eu la satisfaction de constater l'impact du rapport issu de nos travaux sur la politique mise en œuvre par les pouvoirs publics d'abord, par la population entière ensuite, dans les années qui ont suivi. En quelques semaines les exemplaires du rapport ont été épuisés. Sur le plan national, plus encore peut-être sur le plan régional et local, des efforts très importants ont été entrepris pour mettre en œuvre la politique proposée, dans ses aspects essentiels. Après plus de trente ans les propositions formulées ou ont été réalisées ou conservent leur actualité, souvent encore soulignée.

Enfin chacun reconnaît que ce rapport a été le point de départ d'une transformation profonde de la condition matérielle et morale des personnes âgées dans notre société et d'une évolution de l'attitude de la population, de l'opinion entière, à l'égard des problèmes de la vieillesse et du vieillissement. Si, dans certains des aspects, cette évolution n'a pas atteint complètement les objectifs définis, la voie a été tracée et reste reconnue. Que pouvais-je souhaiter de plus ?

La guerre d'Algérie et l'affaire Canal

Pendant que je consacre une large part de mon temps et de mes préoccupations aux problèmes de la vieillesse et du vieillissement, la guerre d'ALGÉRIE entre dans une phase aiguë et pénètre chaque jour davantage la vie politique française. Le Général de GAULLE se prononce de plus en plus nettement pour l'autodétermination par les Algériens de leur avenir et se heurte à l'opposition des généraux d'ALGÉRIE comme des colons français. Il est amené à faire une « tournée » parmi les troupes engagées dans le combat en même temps que l'opinion métropolitaine se divise. Il obtient du Parlement le vote d'une loi lui confiant des pouvoirs spéciaux et décide en Janvier 1961 de provoquer un référendum sur le principe de l'autodétermination, référendum qui recueille une forte majorité en France métropolitaine, alors que les tenants métropolitains de l'ALGÉRIE Française constituent l'O.A.S. (Organisation de l'Armée Secrète) qui multiplie des attentats dirigés contre le Général de GAULLE et la majorité de l'opinion. Le Général de GAULLE décide la mise en application de l'article 16 de la Constitution aux termes duquel « lorsque les institutions de la République, l'indépendance de la Nation, l'intégrité de son territoire ou l'exécution de ses engagements internationaux sont menacées d'une manière grave et immédiate et que le fonctionnement régulier des pouvoirs publics est interrompu, le Président de la République prend les mesures exigées par les circonstances, après consultation officielle du Premier Ministre, des Présidents des Assemblées et du Conseil Constitutionnel ». Le Général se trouve ainsi doté le 23 avril 1961, de pouvoirs exceptionnels. Le Premier Ministre, Michel DEBRÉ, craignant une intervention de troupes venant d'ALGÉRIE, intervient dans la nuit, de manière pathétique en appelant à la population pour qu'elle s'oppose par tous les moyens aux éventuels parachutistes, des milices patriotiques s'organisent, à qui l'on distribue des armes, les syndicats de salariés appuient le Général de GAULLE par une grève générale d'une heure. L'heure est tragique. Mais dans la soirée du 25 avril, le Général CHALLE, qui est à la tête des forces armées en ALGÉRIE, donne l'ordre d'abandonner la rébellion. Bien entendu je suis de tout cœur avec le Général, et partage l'émotion de tous, sans que cela interfère en quoi que ce soit avec mes travaux personnels.

Je vais cependant, sans le vouloir, me trouver mêlé au conflit persistant entre l'O.A.S. et les pouvoirs publics, du fait que, dans la foulée des décisions prises en vertu de l'article 16, le Gouvernement a fait adopter par voie de référendum une loi du 13 avril 1962 autorisant le Président de la République « à arrêter par voie d'ordonnance ou, selon le cas, de décret en Conseil des Ministres, toute mesure législative ou réglementaire relative à l'application des déclarations gouvernementales du 19 mars 1962 ». Parmi les textes pris sur le fondement de cette loi est intervenue une ordonnance du 1er juin 1962 instituant une Cour Militaire de Justice, dotée de pouvoirs exceptionnels et échappant à tout contrôle, pour juger les auteurs des délits et des infractions commises en relation avec les évènements d'ALGÉRIE. Cette Cour notamment prononce la condamnation à mort d'André CANAL, membre actif de l'O.A.S., qui avait fait exploser une bombe ayant entraîné la mort d'une jeune fille. L'intéressé a formé un recours devant le Conseil d'Etat tendant à l'annulation pour excès de pouvoir de l'ordonnance du 1er juin 1962. Ce recours est examiné par l'Assemblée Plénière du Conseil d'Etat statuant au Contentieux le 19 octobre 1962. Deux questions de principe ont à être tranchées. La première est celle de savoir si les ordonnances prises en vertu de la loi référendaire peuvent être contestées devant le Conseil d'Etat ou si elles échappent à tout contrôle contentieux. Sur ce point le Conseil d'Etat, appliquant la jurisprudence constante établie pour des actes pris en vertu de pouvoirs spéciaux, a estimé que la loi référendaire a eu pour objet non d'autoriser le Président de la République à exercer le pouvoir législatif lui-même, mais seulement de l'autoriser à user exceptionnellement, dans le cadre et les limites qui y sont posées, de son pouvoir réglementaire, pour prendre, par voie d'ordonnances, les mesures qui auraient normalement relevé du domaine de la loi.

Par suite l'ordonnance attaquée conserve le caractère d'un acte administratif et peut donc, comme telle, être déférée au Conseil d'Etat par la voie du recours pour excès de pouvoir.

La deuxième question porte alors sur le point de savoir si cette ordonnance a ou non dépassé les limites des pouvoirs dévolus au Président de la République par la voie référendaire. Le Conseil d'Etat a décidé : 1) que la loi permet l'institution d'une juridiction spéciale chargée de juger les auteurs des délits et des infractions connexes commises en relation avec les évènements d'ALGER ; 2) qu'il résulte des termes mêmes aussi bien que de l'objet de la loi que l'organisation et le fonctionnement d'une telle juridiction ne peuvent légalement porter atteinte aux droits et garanties essentiels de la défense que dans la mesure où, compte tenu des circonstances de l'époque, il était indispensable de le faire pour assurer l'application des déclarations gouvernementales du 19 mars 1962, et il a estimé « qu'il ne résulte pas de l'instruction que, eu égard à l'importance et à la gravité des atteintes que l'ordonnance attaquée apporte aux principes généraux du droit pénal en ce qui concerne notamment la procédure qui y est prévue et l'exclusion de toute voie de recours, la création d'une telle juridiction d'exception fût nécessitée par l'application des déclarations gouvernementales du 19 mars 1962 » ; par suite l'ordonnance excédant les limites de la délégation consentie par la loi du 13 avril 1962, est entachée d'illégalité, et doit être annulée.

L'intervention de cette décision provoque chez le Général de GAULLE une violente colère, dont on trouve l'écho dans les mémoires du Général. A ses yeux le Conseil d'Etat est sorti de ses attributions, et l'on a pu redouter que l'existence même du Conseil d'Etat et ses attributions juridictionnelles fussent remises en question : Il a fallu la grande autorité morale du Président PARODI, alors Vice-Président du Conseil d'Etat, et la confiance qu'a en lui le Général, pour éviter de telles conséquences. Il est possible que, chez certains des membres de la juridiction, la position prise ait pu être influencée par leur orientation politique. Mais tel n'était certainement pas mon cas non plus que celle du Président et de la majorité des membres, dont la détermination a été fondée sur des considérations exclusivement juridiques. Ayant siégé dans la formation de jugement comme Président adjoint de la Section du Contentieux, j'assume entièrement ma part de responsabilité dans la solution adoptée. Mon souci n'a nullement été de sauver la vie d'André CANAL ou des Généraux rebelles, mais d'atteindre à une justice sereine et aussi exacte que possible.

La seule conséquence qui ait été tirée en pratique de cette affaire est la modification pour l'avenir de la composition de l'Assemblée Plénière du Conseil d'Etat statuant au Contentieux. Au lieu de réunir le Vice-Président du Conseil d'Etat, l'ensemble des Présidents des sous-sections d'instruction, du Contentieux, et quatre représentants des sections administratives, l'Assemblée comprendra désormais le Vice-Président du Conseil d'Etat, les cinq Présidents de Section, les Présidents adjoints de la Section du Contentieux et le Président de la Sous-section rapportant l'affaire. Le résultat est pour moi que je continuerai jusqu'à la fin de ma carrière au Conseil d'Etat, comme Président de la Section Sociale, à siéger dans cette Assemblée alors qu'avec la formule ancienne j'aurais perdu le contact avec les fonctions contentieuses. De mon point de vue personnel je n'ai pas lieu de regretter la réforme qui a été la suite de l'événement.

De 1962 à 1964

Il est temps qu'à travers mes nombreux voyages je fasse une place dans ces souvenirs à des éléments plus personnels. A la famille d'abord. La période en cours a été marquée par des deuils. Mon père est mort le 1er août 1960, en quelques heures, à peu de semaines de son 83e anniversaire, d'un infarctus du myocarde. J'étais de passage à PARIS avec femme et enfants entre deux séjours de vacances, et ce fut pour moi un choc très douloureux, même si je devais me convaincre que sa disparition brutale lui avait évité des souffrances inutiles. Aîné des fils survivants, je me suis trouvé, quinze ans après la mort de ma mère, le patriarche de la famille. Mon beau-père à son tour meurt en septembre 1962, à 80 ans, le jour même de mon retour de voyage d'AMÉRIQUE LATINE.

Mes enfants, eux, prospèrent. Ma fille aînée, Martine, après avoir passé brillamment son baccalauréat, a poursuivi des études à la Faculté de Droit de PARIS et à l'Institut d'Etudes Politiques, et aborde la préparation au concours d'entrée à l'Ecole Nationale d'Administration, où elle accède en 1963, après nous avoir donné des émotions rétrospectives. Nous avons appris après coup que le jury lui avait donné une note éliminatoire à l'épreuve dite « Grand oral », où le candidat est interrogé sur les sujets les plus divers pour contrôler sa culture générale. Malgré cela le total des notes dans l'ensemble des autres épreuves était tel qu'elle s'est trouvée classée dans la première moitié des cent candidats reçus. Et le jury, par délibération spéciale, décida de l'admettre. Je n'ai jamais compris comment s'explique la note en cause, étant donné ce que je savais de ses études, de ses connaissances, de sa culture et de l'expérience qu'elle avait acquise. Je sais qu'elle fut ensuite très appréciée par le Préfet du Pas-de-Calais, auprès duquel elle passa six mois dans son stage de préfecture, qu'elle fit aussi un mémoire sur le port de BOULOGNE qui a reçu l'une des meilleures notes de sa promotion. Excellente juriste, elle a aussi une forte personnalité, des qualités de psychologue éminentes, un sens précis du juste et de l'injuste et, partout où elle passe, de bons contacts humains.

La seconde de mes enfants, Nicole, a aussi une forte personnalité mais assez différente. Elle a toujours souffert d'être la seconde et a toujours tendu à la contradiction, à l'opposition. Ses études ont été plus qu'honorables sans être toujours aussi brillantes que celles de son aînée. Son goût personnel l'a dirigé vers les langues étrangères. Elle y a été incitée par un remarquable professeur de Russe, et elle a été ainsi amenée après son baccalauréat, à faire une licence d'Anglais à la SORBONNE, en même temps qu'à développer ses connaissances de la langue et de la culture russes à l'Ecole des Langues Orientales puis à l'Ecole d'Interprètes et de Traducteurs de la SORBONNE.

Le troisième de nos enfants, le seul garçon, Michel, a beaucoup de ressemblance avec sa sœur aînée. Il a fait les mêmes études au Lycée JANSON de SAILLY, d'abord, puis à la Faculté de Droit et à l'Institut d'Etudes Politiques. Il devait entrer ensuite à l'Ecole Nationale d'Administration. Gros travailleur, esprit clair et organisé, il a une large culture et le goût de l'enseignement.

Quant à la dernière, ma fille Anne, elle poursuit encore à la fin de notre période ses études secondaires, au Lycée Molière. Elle a une personnalité originale : depuis sa plus tendre enfance, elle est attirée par la médecine et est conduite, à travers cette discipline, à affirmer son indépendance, d'autant plus que ses parents ne peuvent guère l'aider dans son orientation.

Comme on le voit, j'éprouve une certaine autosatisfaction à l'égard de l'évolution de notre vie familiale, et de son atmosphère d'étroite affection entre tous. J'apprécie d'autant plus cette atmosphère que les conditions de l'existence parisienne rendent de plus en plus difficiles les relations d'amitié. L'âge venant, les obligations professionnelles, s'ajoutant aux rapports familiaux, ne laissent plus guère de temps libre pour les autres rapports. Et si les activités que j'exerce me mettent heureusement en contact avec de nombreuses personnalités de milieux divers, j'éprouve le sentiment d'une solitude croissante par delà la proche parenté. Et j'attache d'autant plus de prix aux étroites relations familiales auxquelles je participe.

Au point où j'en suis arrivé dans la relation rétrospective de mes activités, je crois utile de faire part des réflexions auxquelles j'ai été amené sur l'évolution de mes fonctions successives. Depuis mon entrée au Conseil d'Etat, je suis appelé de plus en plus à présider des formations diverses, sous-section d'instruction, formations de jugement, commissions contentieuses ou administratives. Or la présidence d'une formation, quelle qu'en soit l'importance, entraîne des responsabilités particulières. Je voudrais dire comment j'ai été amené à concevoir l'exercice de ces responsabilités. En premier lieu je tiens à toujours me préparer soigneusement à chaque réunion. Je me défie des improvisations de séance. Je tiens donc à pouvoir étudier à l'avance les problèmes qui y seront posés et devront être résolus, ce qui suppose le recueil et l'analyse de tous les éléments possibles d'informations. En second lieu j'ai le souci constant que tous les points de vue s'expriment de la manière la plus complète et la plus franche. Je souhaite que des opinions différentes se manifestent, qu'il y ait des contradictions. Si j'exprime mon point de vue personnel, et je le fais de la manière la plus directe, je ne veux pas l'imposer. Je sais que l'on me reproche parfois un certain autoritarisme. Je regrette de donner cette impression, car rien n'est plus éloigné de mes intentions. Certes, lorsque je me suis fait une opinion, je l'exprime et je m'efforce de la faire partager, mais je m'en voudrais de paraître l'imposer. Et attaché aux formes démocratiques qu'appelle toute discussion collective j'admets parfaitement être mis en minorité, et même si c'est parfois à regret, je m'incline devant le point de vue qui recueille la majorité. J'éprouve même une inquiétude lorsque certains des participants me disent qu'ils ont adopté la solution que j'ai préconisée parce que c'était la mienne. J'ai été amené à faire cette expérience au cours d'une séance de l'Assemblée Générale du Conseil d'Etat, que je ne présidais pas, et à laquelle je participais dans les mêmes conditions que n'importe quel conseiller. Un texte en discussion était un décret relatif à l'application de la loi du 31 décembre 1959 qui, prise sur une initiative de Michel DEBRÉ, prévoyait un financement par l'Etat des établissements d'enseignement privés.

Cette loi prévoyait que, sous certaines conditions, la rémunération des enseignants de ces établissements serait prise en charge par l'Etat. Et une discussion s'est ouverte sur le point de savoir si ces « rémunérations » impliquent ou non, en dehors du salaire proprement dit des enseignants, les charges sociales accessoires du salaire, notamment les cotisations obligatoires en vertu de la législation de sécurité sociale. Des points de vue opposés s'expriment comme il arrive parfois lorsque l'on discute d'enseignement privé, chacun tendant à se prononcer en fonction de l'opinion qu'il a sur les rapports entre enseignement public et enseignement privé, laïcité ou enseignement confessionnel, et une certaine tension se manifeste dans le climat de l'Assemblée Générale. Chacun sait que personnellement je suis un laïc et que mon orientation personnelle est en faveur de l'enseignement public. Or je prends la parole pour affirmer qu'en droit et en fait il est impossible de dissocier dans la rémunération le salaire lui-même et les contributions légalement obligatoires annexes de ce salaire. Mon expérience de la Sécurité Sociale me conduit à donner au mot rémunération une signification extensive à cet égard.

J'ai été surpris de constater que, du seul fait de mon intervention, toute tension a disparu, et que l'ensemble de l'Assemblée s'est rallié au point de vue que j'avais exprimé. A la fin de la séance, certains conseillers, surtout d'ailleurs parmi ceux qui avaient été recrutés au Conseil d'Etat au tour extérieur, sont venus me dire que, bien souvent, ils ont du mal à se faire une opinion sur des points en discussion, et qu'ils attendent de connaître mon sentiment pour voter dans le même sens que moi. Ceci m'a amené à prendre conscience d'une responsabilité particulière que je devais assumer dans ma participation aux travaux de cette Assemblée et de bien réfléchir, d'être bien sûr de moi, avant de m'exprimer, pour ne pas éprouver ensuite le regret d'avoir entraîné involontairement d'autres participants à adopter, sans davantage réfléchir, mon point de vue.

Tout cela me ramène aux activités que j'ai assumées au cours des dernières années de cette période. En outre de toutes les fonctions déjà décrites, j'ai continué à participer, comme représentant du Gouvernement français, aux Conférences Internationales du Service Social. Celle du début de l'année 1961, qui s'est tenue à ROME, me pose un problème personnel. En effet le Président sortant, George DAVIDSON, termine son mandat. Les membres de la Délégation Française insistent très vivement pour poser ma candidature à sa succession. Si flatteur que soit cette offre, elle ne m'attire guère. Cette présidence entraîne essentiellement un rôle de représentation, d'une part, des tâches administratives, d'autre part, pour lesquels je ne me sens guère de goût. Je m'en ouvre auprès de George DAVIDSON, que je connais bien. Celui-ci m'indique que, en la circonstance, les jeux sont faits, et qu'il est entendu que son successeur sera un Américain noir, le Président de l'URBAN LEAGUE, et il me demande de retirer la candidature présentée en ma faveur par la Délégation Française, certain, me dit-il que je serai, si je le souhaite, élu deux ans plus tard. Cette dernière perspective ne m'agréant nullement, je préfère ne pas me heurter à la Délégation Française, et voir ma candidature échouer, ce qui me donne une excuse pour refuser ultérieurement de laisser poser une autre fois ma candidature. C'est ce que je fais. J'obtiens un nombre de voix très honorable, mais le candidat Américain est élu. Et l'on ne me parle plus désormais de cette Présidence dont je ne veux pas.

La Conférence suivante se tient, au cours de l'été 1962, au BRÉSIL, à PÉTROPOLIS. Le Ministère des Affaires Etrangères me demande de profiter de la circonstance pour faire le tour d'un certain nombre de pays de l'AMÉRIQUE LATINE, et d'examiner comment l'on pourrait développer le rayonnement des idées françaises dans ces pays en diffusant nos expériences dans le domaine social. J'établis donc un programme me permettant, en un mois, pendant les vacances judiciaires, de remplir cette mission. Au BRÉSIL même, je fais des conférences à l'UNIVERSITÉ de RIO DE JANEIRO, je prends contact avec le

Directeur de la Sécurité Sociale, Moacyr CARDOSO DE OLIVEIRA, que je connais de longue date, je visite certains de ses services et de ses établissements hospitaliers. De là je vais à BELO-HORIZONTE, capitale de la province de MINAS GERAIS, où j'ai des entretiens avec les dirigeants des services sociaux, je fais ensuite une visite à OURO PRETO, visite touristique. Je n'ai pas le temps cependant d'aller jusqu'à BRASILIA, la future capitale, encore en cours d'aménagement. De là je m'arrête en URUGUAY à MONTEVIDEO, pour une journée, puis je gagne la RÉPUBLIQUE ARGENTINE à BUENOS-AIRES. Je suis accueilli à l'arrivée à l'aéroport par le Secrétaire d'Etat à la Sécurité Sociale, SOLARI, qui me reçoit chaleureusement et me dit que je dois rencontrer le Président de la République auprès duquel il m'accompagne, visite protocolaire, sans importance. J'ai en revanche d'excellents entretiens avec le conseiller culturel adjoint auprès de notre Ambassade, FAUVE, jeune agrégé de philosophie, qui organise mon bref séjour, mes contacts avec les organisations syndicales, les administrations, les sociétés françaises de Secours Mutuels, et me remercie vivement de lui avoir, par ma présence, permis de prendre contact avec des milieux qu'il n'avait pu encore toucher. L'Ambassadeur, Paul BONCOUR, me reçoit amicalement mais manifestement ne s'intéresse guère aux problèmes de politique sociale. De la République ARGENTINE, que je retrouve après la disparition du péronisme, je rapporte une impression mitigée : beaucoup de bonnes volontés, beaucoup de confusion aussi, un pays qui se cherche mais ne s'est pas encore trouvé, une colonie française assez importante et fort intégrée à la population locale au point que bon nombre de ses membres parlent imparfaitement ou même ne parlent plus du tout notre langue.

Etape suivante : le CHILI atteint après avoir survolé les plus hauts sommets de la CORDILLIÈRE DES ANDES avec des vues superbes sur les montagnes. SANTIAGO m'apparaît la plus européenne des capitales Sud-Américaines. L'aspect général de la ville, les hommes, les femmes, donnent l'impression d'être chez nous. Je n'ai pas le temps de connaître le reste du pays, qui s'étend sur de très longues distances. Mais la politique, l'administration, les organisations sociales, tout m'apparaît familier. L'accueil est sympathique. PINOCHET n'est pas encore passé par là.

LIMA, capitale du PÉROU, donne l'impression d'une ville espagnole. Notre Ambassadeur comme notre Conseiller Culturel paraissent peu concernés par les problèmes sociaux, et ne se donnent pas grand mal pour organiser des contacts utiles. En revanche ils m'assurent un déplacement de fin de semaine à CUZCO et au MACCHU-PICCHU, tout à fait passionnant. Le passage brusque à la haute altitude est éprouvant, et en arrivant à CUZCO, j'observe utilement quelques heures de repos, comme cela m'est conseillé. Les hautes murailles datant des Incas observées à CUZCO sont très impressionnantes et l'on se demande comment des populations qui ignoraient la roue ont pu déplacer des énormes blocs de pierres se superposant de manière parfaite sans le moindre mortier. La ville en ruines du MACCHU-PICCHU sur son sommet, dans un cadre superbe de montagnes et de forêts, surprend dans ses dimensions, dans l'importance des restes comme dans le vide de toute population.

Je n'ai malheureusement pas la possibilité de faire de nouveaux arrêts en ÉQUATEUR, en COLOMBIE ou au VENEZUELA. Il me faut regagner PARIS. Mais les rapides impressions que j'emporte me conduisent à constater : 1) que ces pays ont des législations apparemment très avancées dans le domaine social mais que l'application en est très limitée dans la pratique et que l'on n'en voit guère l'effet ; 2) que les formules mises en œuvre dans les pays européens, et notamment en FRANCE, sont très mal connues. Je suggère à mon retour l'envoi, pour deux à trois mois, d'une mission comprenant un spécialiste des problèmes du travail, un spécialiste de la Sécurité Sociale, et un ou une spécialiste du service social, tous devant parler couramment l'Espagnol, pour faire connaître les réalités européennes et surtout françaises, examiner avec les responsables locaux des problèmes sociaux les efforts à entreprendre pour réaliser en ce domaine les progrès indispensables. Ces suggestions seront retenues. En 1963 une mission de trois personnes parcourront la plupart des pays de l'AMÉRIQUE LATINE, y feront des conférences, auront des entretiens avec les milieux intéressés, et rencontreront un grand succès. Ces trois missionnaires comporteront un sous-directeur de la Sécurité Sociale au Ministère, un inspecteur du Travail, une assistante sociale, professeur dans une école de Service Social. Ils réussiront à faire connaître un peu mieux ce qui se fait chez nous et auront individuellement, par la suite, de nombreuses correspondances ou visites montrant l'efficacité rencontrée par leur voyage et l'utilité de telles expériences. Malheureusement celle-ci ne sera jamais renouvelée. C'est bien dommage.

Pendant mon absence, en 1962, ma femme et les plus jeunes de nos enfants feront un séjour de vacances à MILANO MARITIMA, au bord de l'ADRIATIQUE, mes filles aînées iront, Martine aux ÉTATS-UNIS, Nicole à MYTILENE, dans la mer ÉGÉE, puis à EXETER, en ANGLETERRE. En 1963 toute la famille séjournera, dans le TRENTIN à SELVA-GARDENA, où nous aurons la surprise de nous réveiller au mois d'août un matin dans la neige à 1 400 mètres. Ma femme et moi, pendant que nos enfants voyagent à l'étranger, rendons visite à Mrs LUXMOORE à PORLOCK, près de BRISTOL, pour échanger avec elle nos souvenirs sur le temps déjà lointain où elle m'accueillait à LONDRES pendant la guerre. Nous faisons ensuite un voyage en ÉCOSSE, qui nous amène à traverser tout le pays, à admirer les lochs jusqu'à OBAN sur la côte Ouest, puis à visiter la partie Nord-Est de l'ÉCOSSE en rayonnant autour de PITLOCHRY. En 1964 nous séjournons successivement à YVOIRE, au bord du Lac LEMAN, puis à PRALOGNAN.

Durant toute cette période, je continue à publier, dans diverses occasions, des articles sur de multiples aspects de la politique sociale. Je veux seulement souligner les quelques travaux qui ont alors pour moi une particulière importance. C'est d'abord une étude sur les travailleuses familiales face aux transformations de la famille et du travail ménager, étude préparée à l'occasion d'un Congrès International de travailleuses familiales, qui me donne l'occasion de souligner l'importance que j'attache à ce type de travailleurs sociaux, pour le concours matériel qu'ils apportent à l'existence et au bien-être des familles, mais aussi et surtout par le rôle éducatif qui est le leur dans la formation et l'orientation des membres de ces familles à l'égard de leur logement, à les inciter et aider à aménager celui-ci, à l'utiliser de la meilleure manière et à en organiser les mobiliers des différentes parties pour la plus grande efficacité humaine et sociale. C'est ensuite, dans une plaquette à la mémoire de Georges CAHEN-SALVADOR, récemment décédé, une étude sur le rôle qu'il a joué dans les assurances sociales. C'est également la Préface, rédigée à la demande d'Etienne ANTONELLI, pour le volume publié par ce dernier sous le titre « 33 ANS DE SÉCURITÉ SOCIALE », où il rassemble les articles qu'il a publiés chaque année pendant toute cette période sur l'évolution de la Sécurité Sociale. Ce sera encore une étude sur les conflits collectifs du travail en général et sur l'action collective ouvrière. C'est enfin une participation au colloque d'OLHAIN organisé par le groupe « RENCONTRE » et le Cercle NOROIT d'ARRAS, toujours sur le thème « VIE ET TRAVAIL ».

Tout cela m'amène à l'ouverture d'une nouvelle phase dans mes activités professionnelles et dans mon existence. A la fin du mois d'août 1964 je suis nommé Président de la Section Sociale du Conseil d'Etat, fonction que je serai appelé à exercer jusqu'à ma retraite en 1980.

VI

La Présidence de la Section Sociale du Conseil d'Etat (1964-1980)

A. Appelé à la Présidence de la Section Sociale du Conseil d'Etat à la fin du mois d'août 1964, j'abrège mes vacances annuelles pour prendre immédiatement mes nouvelles fonctions.

Mon premier souci est d'ordre matériel. Devant, sauf imprévu, assumer cette charge pendant seize années, je tiens à disposer d'un bureau et d'une installation me permettant d'y vivre et travailler dans une ambiance agréable. Le bureau de mon prédécesseur, dont je prends la suite, est garni d'un mobilier moderne datant de l'Exposition Universelle de 1937 et qui ne me plaît guère. J'obtiens, d'une part, du Secrétariat Général du Conseil d'Etat une remise à neuf des murs et le changement de la moquette, du Directeur du Mobilier national un mobilier de style Empire qui me convient mieux que le mobilier précédent, et, à défaut d'une tapisserie ancienne, une tapisserie moderne que je choisis, de PICARD-LEDOUX — LA TABLE BLEUE — pour garnir un des murs, enfin du Musée d'Art Moderne quelques tableaux modernes en harmonie avec cette tapisserie. En quelques semaines je suis ainsi installé dans le bureau que j'occuperai jusqu'à ma retraite, contigu à celui du Vice-Président du Conseil d'Etat, et ouvrant sur la cour d'honneur du Palais-Royal, sur la place du même nom, face au Palais du Louvre où est alors installé le Ministère des Finances. La salle de la Section Sociale se trouve au même étage presque en face de mon bureau et donne sur les jardins du Palais-Royal. J'en modifie quelque peu la disposition, et j'assure immédiatement la permanence du fonctionnement de la Section.

La tradition veut que tout nouveau Président de Section rende visite au Président de la République et au Premier Ministre, celui-ci de droit Président du Conseil d'Etat. Je demande donc rendez-vous au Général De GAULLE et au Président POMPIDOU. Le premier, qui me connaissait depuis la période de LONDRES, me reçoit immédiatement, m'assure que ma nomination s'imposait, mais la conversation reste très générale. Ce qui me frappe, c'est combien le Général s'est humanisé depuis ma première rencontre, en avril 1943, à LONDRES. Il n'est plus du tout intimidant et beaucoup moins impressionnant qu'autrefois. Quant au Président POMPIDOU, que j'avais déjà rencontré mais connaissais moins, j'essaie de parler de problèmes de politique sociale, et je m'aventure à laisser entendre que je trouvais son orientation politique peu axée sur les problèmes sociaux. J'ai l'impression que mon interlocuteur le prend assez mal et conservera par suite à mon égard peu de sympathie.

Je tiens ensuite à rencontrer les Ministres et Secrétaires d'Etat en charge des problèmes relevant de la Section Sociale du Conseil d'Etat. De tous je reçois le meilleur accueil, et tous manifestent le désir du maintien et du développement de relations étroites entre eux-mêmes, leur administration et la Section Sociale. Un jeune Secrétaire d'Etat à l'Emploi, accédant au Gouvernement pour la première fois à l'occasion d'un remaniement ministériel, lorsque je lui demande rendez-vous, me répond qu'il tient à me rendre lui-même visite, ayant suivi mon cours à l'Ecole Nationale d'Administration. Je suis bien entendu sensible à cette démarche, qui est tout à fait exceptionnelle. Ce jeune Secrétaire d'Etat s'appelle Jacques CHIRAC.

Il me faut aussi mieux connaître les Conseillers d'Etat, Maîtres des Requêtes et Auditeurs de ma Section. J'ai déjà eu l'occasion de rencontrer beaucoup d'entre eux, qu'ils aient peu ou prou participé aux travaux de la Section du Contentieux. Certains me sont moins familiers. Et je m'aperçois vite de la différence dans les relations entre un Président de Sous-Section d'Instruction de la Section du Contentieux et ses Rapporteurs, d'une part, et d'autre part, entre un Président de Section Administrative et les membres de sa Section. Il y a, pour des raisons que j'aperçois mal, plus de distance entre les uns et les autres dans ce dernier cas que dans le premier, peut-être pour des motifs tenant aux rapports hiérarchiques, peut-être aussi parce que le Président de Section, à ce titre membre du Bureau du Conseil d'Etat, qui est l'organe gouvernant l'ensemble de l'institution, paraît plus lointain que le Président d'une Sous-Section du Contentieux. D'autre part la Section comprend des membres, notamment des Conseillers, entrés au Conseil d'Etat au tour extérieur, et qui participent moins au climat familial des relations internes du corps, et aussi des Conseillers d'Etat en service extraordinaire qui sont nommés pour quatre ans et ne consacrent au Conseil d'Etat qu'une partie de leur temps, l'essentiel de leurs activités étant à l'extérieur. Ces derniers ont une place importante dans la Section Sociale. Mon désir est et sera toujours de bénéficier du concours de personnalités en mesure d'apporter à l'ensemble de nos collègues le fruit d'une expérience en rapport avec les activités de la Section et de faire sentir les réactions de l'extérieur à l'égard des problèmes dont nous avons la charge. Je m'efforce donc d'obtenir que les trois Conseillers en service extraordinaire soient l'un, un médecin, un autre, un syndicaliste ou ancien syndicaliste ouvrier, le dernier un représentant des milieux patronaux. J'ai réussi ainsi à bénéficier successivement du concours d'éminents représentants du milieu médical, tout d'abord le Professeur AUJALEU, ancien Médecin général, ancien Directeur Général de la Santé, alliant à une expérience technique médicale une grande habitude de la gestion des administrations sanitaires et notamment hospitalières, tels aussi le Professeur LENÈGRE, éminent cardiologue, le Professeur CASTAIGNE, neurologue, le Professeur FRÉZAL, généticien, qui tous, par leur expérience, ont beaucoup apporté à nos travaux. Parmi les syndicalistes, ont figuré successivement Gaston TEISSIER, ancien Président de la

Confédération Française des Travailleurs Chrétiens, BOTHEREAU, dirigeant de la Confédération Force Ouvrière, puis, à plusieurs reprises, des anciens dirigeants de la Fédération Nationale de l'Education Nationale, tels Denis FORESTIER et surtout James MARANGÉ. Il m'a été plus difficile d'avoir le concours de représentants du milieu patronal. Le seul qui ait joué un rôle important dans la Section a été PIKETTY, de la Fédération Nationale du Bâtiment et des Travaux Publics, qui, par son objectivité et la largeur de ses horizons, a pris une place importante dans la Section pendant les quatre années où il y a siégé.

Des autres membres de la Section je ne dirai rien en particulier, car il me faudrait les citer tous, pour ne pas commettre d'oublis inexcusables. J'ai eu la chance de trouver en eux des hommes et des femmes de tous âges, d'origines, de formations et d'orientations très différentes, mais aussi complémentaires, ayant tous une vocation sociale et qui tous ont montré et une grande ardeur au travail, et un sens humain sans défaillance. Grâce à eux tous je conserve des seize années que j'ai passées parmi eux un souvenir particulier, sympathique et amical. Je leur dois à tous une grande, une infinie reconnaissance. J'en dirai autant des secrétaires successifs qu'a eus la Section dans cette période, et qui ont apporté un concours sans défaillance à la Section tout entière.

Je tiens à ce que les membres de la Section ne soient pas enfermés dans les aspects juridiques et administratifs de leur métier et conservent et développent le plus possible leurs contacts avec le monde extérieur et les réalités sociales et humaines. Je m'efforce donc, chaque année, de provoquer des visites d'administrations, d'établissements, d'œuvres, dont l'activité est en rapport avec les domaines de la Section, qu'il s'agisse d'hôpitaux, de dispensaires, d'entreprises industrielles ou commerciales, d'administrations à caractère social, de caisses de Sécurité Sociale, d'œuvres publiques ou privées, sanitaires et sociales. Cela me permet à moi-même d'avoir un contact fréquent avec l'évolution des problèmes dont nous avons la charge, et, en même temps, d'amener mes collègues à avoir les mêmes contacts, aussi nécessaires pour nos travaux que pour nous-mêmes, pour notre formation, laquelle doit se poursuivre de manière continue, permanente, pour être efficace.

B. Domaines d'activité — Nos domaines d'activité sont en effet d'une grande variété, et embrassent à des titres divers, de multiples aspects de l'existence individuelle et collective. Les rapports annuels du Conseil d'Etat rendent compte de l'activité des différentes formations, et ils en témoignent. Je voudrais seulement les résumer brièvement pour souligner l'ampleur des domaines que nous devons couvrir et que nous couvrons en fait.

Le domaine de la Santé, en lui-même, est déjà tout un monde. Il englobe le régime juridique et le statut de toutes les professions médicales et paramédicales, les conditions d'exercice de ces professions, les formations qui y conduisent, les codes de déontologie applicables à chaque profession, la discipline des divers praticiens, le statut et les fonctions des ordres professionnels, la pharmacopée, le régime juridique des médicaments. Les institutions à vocation médicale sont elles-mêmes l'objet de législations et de réglementations nombreuses et variées. Les hôpitaux publics et privés, à eux seuls, appellent des interventions constantes des pouvoirs publics, pour leur création, leur régime juridique, la tutelle ou le contrôle de leur fonctionnement, les statuts des différentes catégories de personnels qui y sont employés, les conditions d'accès et de traitement des patients, le régime juridique des relations entre praticiens et patients, les personnels administratifs et médicaux, les responsabilités des uns et des autres. Il en va de même des nombreux types d'institutions à vocations médicales ou paramédicales, dispensaires, centres de soins, laboratoires d'analyses, maisons de convalescence, avec aussi les personnels en charge des aspects sociaux de ces institutions, la part à faire à la liberté des professions et des entreprises, au financement public ou privé, individuel ou collectif. Les malades, les handicapés, appellent une aide, un statut. Le thermalisme, entre autres, fait l'objet d'un ensemble de législations et de réglementations couvrant les intérêts des stations, des établissements thermaux, des personnels médicaux et sociaux qui y œuvrent, la protection des eaux thermales. A côté de cet ensemble s'adressant aux hommes, aux femmes, aux enfants, pris individuellement, et qui appellent protection dans leur santé, leur dignité, leur sécurité, leur avenir, s'inscrivent un ensemble de mesures collectives à prendre dans l'intérêt de la collectivité, la protection sanitaire aux frontières, la prévention des atteintes à la santé, la lutte contre toutes les formes de pollution de l'eau, de l'air, de la mer, les vaccinations, les contraintes qu'appellent la protection et aussi la lutte contre les fléaux sociaux, l'alcoolisme, les maladies contagieuses, les épidémies, les meilleures hygiènes urbaines et rurales. Il ne faut pas oublier la nécessité du maintien ou de la récupération dans la société des malades, des handicapés, la réadaptation fonctionnelle et la rééducation professionnelle. Toute l'existence individuelle et collective est en cause, de même que les travaux scientifiques, les recherches de toutes sortes, qui contribuent à l'amélioration du sort de l'humanité, appellent des efforts constants juridiques et administratifs, sans cesse renouvelés, pour permettre une évolution permanente en vue d'un sort meilleur de l'humanité, et par suite une vigilance de tous les instants en même temps que des efforts non moins constants pour notre formation.

L'ampleur du champ de compétence de la Section Sociale dans le domaine de la santé montre l'importance pour cette Section d'avoir dans son sein un membre du corps médical. Certes il n'appartient pas au Conseil d'Etat de traiter des problèmes de technique médicale, mais la compréhension de ces problèmes est indispensable pour discuter et apprécier les mesures à mettre en place ou à faire vivre sur le plan administratif et juridique. D'autre part le rôle du Conseil d'Etat n'est pas uniquement juridique, il comporte aussi une mission d'appréciation sur l'opportunité des formules proposées pour l'encadrement administratif et juridique des activités médicales et sociales. De plus les solutions proposées ou adoptées doivent tenir compte de la psychologie propre des praticiens des diverses disciplines médicales ou paramédicales et de leurs habitudes et traditions. La Section Sociale est fréquemment frappée de constater l'importance des modifications proposées aux statuts des médecins des établissements hospitaliers publics, du fait que les affectations et promotions sont plus largement qu'ailleurs commandées par des facteurs personnels. Les responsables de tels personnels sont conduits à proposer des créations ou modifications d'emplois dans telle ou telle spécialité du fait de l'existence de candidats de valeur méritant une nomination ou une promotion, laquelle parfois ne peut être prononcée sans modifier la réglementation, et même sans le transfert de postes d'une discipline à une autre, la première jugée provisoirement moins importante à un moment donné parce qu'elle ne compte dans son sein aucun candidat de qualité. Il est impossible d'ignorer cette tendance mais il faut parfois réagir à son encontre s'il apparaît que l'intérêt général de la santé n'y gagnerait pas.

Un autre groupe de problèmes entrant dans le champ d'activité de la Section Sociale concerne tout le domaine du travail et de l'emploi. A cet égard l'entrée en application de la Constitution de 1958 a nécessité, dans ce domaine comme dans bien d'autres, une révision complète de la législation. Le Code du Travail comme les Codes anciens rassemblent un ensemble de règles ayant valeur de loi. Or l'article 34 de la Constitution réserve au législateur, dans bien des domaines, seulement les principes fondamentaux applicables. C'est le cas en matière de Droit du Travail. Il importe donc de déterminer ce qui entre dans les principes fondamentaux et ne laisser figurer dans le Code que les dispositions présentant ce caractère, quitte à reprendre dans une partie réglementaire les règles, les dispositions relevant de décrets, soit de décrets en Conseil d'Etat, soit de décrets simples. Et c'est une des missions du Conseil d'Etat que d'opérer cette répartition et d'élaborer en conséquence un nouveau Code basé sur la nouvelle répartition des compétences entre le législateur et le Gouvernement. Lorsque je prends mes fonctions à la Section Sociale, une commission présidée par le doyen des Conseillers d'Etat de la Section, Charles BLONDEL, est déjà en train de procéder à ce travail considérable. Un projet de Code en trois parties est en cours d'élaboration. Il arrivera à son terme dans les mois qui suivent et la Section consacrera une dizaine de séances exceptionnelles à examen et à la mise au point de ce nouveau texte, profitant de la circonstance pour améliorer, dans la forme, la rédaction, moderniser les dispositions dépassées, mais en évitant aussi d'introduire des réformes de principe. Il est également indispensable de préciser le contenu des « principes fondamentaux ». Sans doute est-ce le Conseil Constitutionnel qui devra, le cas échéant, trancher les problèmes de cet ordre, mais encore faudra-t-il qu'il en soit saisi. Or le Conseil d'Etat est obligé de se décider, sans attendre, et de faire sa propre jurisprudence, que d'ailleurs le Conseil Constitutionnel, lorsqu'il sera saisi à son tour, et dans la mesure où il le sera, s'approprie le plus souvent. Le nouveau Code du Travail sera soumis pour ratification au Parlement et sera publié dans son ensemble au début de l'année 1973.

Le Droit du Travail est un domaine particulièrement mouvant. Il doit constamment s'adapter aux nouvelles technologies, à l'évolution économique. Il subit aussi l'influence des changements politiques, des transformations de l'opinion, des rapports de forces entre employeurs et salariés. Cela est vrai d'abord des travailleurs salariés individuels, pris sous l'angle de la conclusion du contrat de travail, du salaire, des conditions du travail, durée, congés, hygiène et sécurité, garanties contre les licenciements arbitraires. Cela est vrai tout autant des relations collectives du travail, entre groupements patronaux et syndicaux, des conventions collectives de travail, des conflits, grèves et lock-outs, de toute la vie des entreprises de toutes dimensions, de toutes les branches d'activités, du statut du travail salarié comme du statut du travail indépendant sous toutes leurs formes. A tout moment des problèmes nouveaux se posent, des adaptations sont nécessaires, en fonction des circonstances, et aussi des perspectives de l'évolution possible. Si en principe le Conseil d'Etat ne dispose pas d'un pouvoir d'initiative, ni dans cette matière, ni d'ailleurs dans aucune autre, sauf dans une mesure limitée, il lui importe et il importe à tous les membres de la Section Sociale de suivre de manière permanente l'effet des différents facteurs influant ou pouvant influer sur les domaines des rapports du travail pour être en mesure d'assister les pouvoirs publics dans les initiatives leur incombant. C'est là d'ailleurs une tâche passionnante et même à bien des égards exaltante.

L'on ne sera pas surpris que j'en dise autant du domaine de la Sécurité Sociale auquel je suis attaché depuis bien des années. Les lois, les décrets, les demandes d'avis concernant la Sécurité Sociale occupent une large place dans les travaux de la Section Sociale. L'évolution du besoin de sécurité, du champ d'application des législations, sans cesse plus large, des prestations de tous ordres en fonction des besoins, les mécanismes administratifs à édifier et à mettre en œuvre, les mécanismes contentieux aussi, les moyens de financements corrélatifs, les relations internationales, dans leurs aspects économiques comme sociaux, sont des préoccupations permanentes. Il en était ainsi déjà dans le passé, et, comme Directeur Général de la Sécurité Sociale, j'ai participé presque chaque mois à des séances de la Section Sociale. Cela est vrai pour moi peut-être plus encore que pour tout autre. Il n'est pas de séances où plusieurs des aspects de la Sécurité Sociale ne soient évoqués, qu'il s'agisse de l'assurance de la maladie, de la maternité, des invalidités de tous ordres, de la vieillesse, des accidents du travail et des maladies professionnelles, des prestations familiales, du chômage aussi, bien que l'aide aux travailleurs sans emploi ait été organisée par des mécanismes différents de ceux de la Sécurité Sociale tels qu'ils ont été initialement conçus. J'ai déjà souligné les variations constatées dans l'orientation des solutions données à tous ces problèmes, réfléchissant les fluctuations de l'opinion, les tendances politiques dominantes, les relations internationales aussi, par l'intervention de conventions bilatérales ou multilatérales, comme par l'activité des organisations internationales, européennes et mondiales. La Sécurité Sociale recouvre en fait tout un monde d'institutions, de champs d'activités variés, juridiques, administratifs, économiques, éthiques, qui se renouvellent constamment suivant les fluctuations économiques, suivant les fluctuations politiques aussi, et les variations dans les relations et les équilibres internationaux. Problèmes du travail et problèmes de Sécurité Sociale sont d'ailleurs interdépendants, et bien qu'ils relèvent d'administrations différentes et parfois de techniques différentes, ils impliquent une liaison étroite entre les orientations données aux uns et aux autres. Il s'en faut d'ailleurs que les bases mêmes établies en 1945 et 1946 aient été figées depuis cette époque, et les évolutions survenues depuis lors compliquent parfois singulièrement les travaux à poursuivre, en même temps que les différences d'orientation économique et les tendances des ministères successifs, ce qui ne facilite pas la tâche de ceux, qui, directement ou indirectement, ont la responsabilité d'assurer le jeu des institutions.

Autre domaine relevant de la responsabilité de la Section Sociale : la politique de la famille et l'action sociale en général. La France est un des pays industrialisés qui ont donné le plus d'importance à la politique familiale. J'ai déjà fait mention de la place des prestations familiales dans notre système de Sécurité Sociale. Personnellement je suis depuis longtemps convaincu que la Sécurité Sociale est et doit être familiale. Je sais que la politique de la famille a longtemps été considérée comme l'apanage du conservatisme, et particulièrement du conservatisme catholique, et par conséquent regardée avec suspicion par les éléments progressistes et laïcs de notre vie politique. J'ai rappelé que, lorsque j'étais Directeur Général de la Sécurité Sociale, j'avais un jour reçu la visite d'une délégation de la Ligue de l'Enseignement me demandant comment je pouvais, n'étant pas réactionnaire, être familial. J'ai répondu et je réponds encore que pour moi la réalité sociale veut qu'aucun homme et aucune femme ne se considère en sécurité si cette sécurité ne s'étend pas aux membres de sa famille proche. Le revenu individuel fait vivre une famille, le niveau de vie de chacun, sa place dans la société, les chances d'avenir, sont communs à tout le groupe familial. S'il y a certes des problèmes sociaux de l'individu, notamment pour ce qui concerne l'exercice d'activités professionnelles, les problèmes sociaux, dans leur ensemble, sont des problèmes familiaux et ne peuvent pas être résolus de manière satisfaisante si l'on néglige leur aspect familial. Ces considérations, qui ont déjà commandé l'orientation de mes activités dans le domaine de la santé, continuent à inspirer l'orientation que je donnerai aux travaux de la Section Sociale. Les Ministres en charge des Affaires Sociales, le Ministre de la Santé lorsqu'il sera distinct du précédent, ont la charge de l'Action Sociale, englobant la politique familiale et aussi l'aide sociale publique et privée, la tutelle exercée en ces domaines sur les collectivités locales, le statut et la gestion des professions sociales, assistants sociaux, travailleurs familiaux, quelle qu'en soit la dénomination, dans la variété des missions qu'appelle le souci du bien-être individuel, matériel et moral, collectif aussi, de tous, en fonction de l'âge, des moyens d'existence, du milieu social. Qu'il s'agisse de la protection maternelle et infantile, des handicapés physiques ou mentaux, des personnes âgées, de tous ceux, individus ou familles dans la misère ou dans le besoin, tous appellent des tâches innombrables et variées, l'intervention de praticiens sociaux de formations diverses, de disciplines diverses également adaptées à leurs besoins, et, d'une manière générale, une protection de la collectivité, des collectivités publiques, et des organismes publics d'assistance et de bienfaisance. Tout cela appelle législations, réglementations, institutions, statuts juridiques, et parfois interventions contentieuses, aux aspects infiniment variés. C'est à la Section Sociale que revient le soin de pourvoir à toutes ces tâches, d'en assurer l'efficacité matérielle et morale, de les coordonner entre elles et avec les institutions de Sécurité Sociale, et d'humaniser l'activité des collectivités locales, régionales et nationales en la matière.

La Section Sociale du Conseil d'Etat a encore un rôle important à jouer dans le domaine de la politique de la population, laquelle relève des ministères sociaux. Les préoccupations démographiques n'ont cessé de prendre une place croissante dans la politique générale de la France depuis le début du siècle. La France est à la fin du 18e siècle le pays le plus peuplé de l'Europe occidentale. Mais c'est aussi le pays où les transformations démographiques des deux derniers siècles ont commencé et se sont développées en premier : le phénomène connu d'abord sous le nom de « révolution démographique » puis de « transition démographique » est caractérisé par une première phase de diminution de la mortalité et de maintien d'une natalité élevée, entraînant une augmentation rapide et importante de la population, suivie d'une diminution ultérieure de la natalité, qui entraîne un ralentissement puis un arrêt de la croissance de la population. La France a été le pays où cette transition s'est produite le plus tôt. Elle a vu sa population croître dans une proportion importante dans les premières années du 19e siècle, puis, sa natalité diminuant de plus en plus pendant tout le siècle alors que les pays voisins poursuivaient leur croissance démographique et n'ont vu celle-ci ralentir qu'à la fin du siècle. Il en est résulté par exemple que l'empire colonial français s'est développé relativement tôt mais que sa croissance ralentit avec les années alors que ceux d'autres pays poursuivent leur développement plus longtemps. Il en résulte aussi, dès la fin du 19e siècle et surtout durant le début du 20e, un vieillissement croissant de la population française, qui fait de la France le pays du monde comptant la plus forte proportion de personnes âgées vers le milieu de notre siècle. La combinaison de ces facteurs place notre pays dans une situation défavorable dans l'équilibre démographique entre les pays modernes. De là une prise de conscience de plus en plus précise de la nécessité de pratiquer une politique de la population se traduisant par un encouragement de la natalité. Souci atteignant son point culminant à la fin de la deuxième guerre mondiale, les défaites de 1940 étant attribuées au moins en partie à notre faiblesse démographique en face de l'ALLEMAGNE.

Si aujourd'hui l'évolution des populations des pays industriels autres que la France, a rattrapé et dépassé même celle-ci, le déséquilibre persistant et s'accentuant entre jeunes et vieux, donc le vieillissement croissant de la population est de plus en plus un souci majeur des générations. De là l'élaboration et la mise en œuvre d'une politique tendant non seulement à encourager la natalité mais aussi à favoriser l'immigration de populations étrangères, et surtout d'éléments jeunes aptes à compenser l'insuffisance de la population nationale. Bien entendu l'orientation de cette politique varie suivant l'évolution économique. Autant l'immigration est encouragée dans les périodes de progrès économique appelant une main-d'œuvre abondante, autant l'on sera porté à réagir contre cette immigration dans les périodes de dépression et de crise. Par ailleurs la décolonisation, qui a été et demeure un des phénomènes majeurs des relations internationales depuis le milieu du siècle, conduit à la disparition des empires coloniaux et à la réorientation des courants migratoires. L'action combinée de ces multiples facteurs fait de la politique de population une des préoccupations principales du Gouvernement. Son élaboration et son application appellent, ici encore, une législation, des réglementations, des mesures individuelles et collectives, devant s'adapter constamment à l'évolution économique et politique.

La Section Sociale du Conseil d'Etat y occupe une place particulière car elle a aussi une compétence importante dans l'élaboration et l'application de la législation sur la nationalité française. Non seulement elle a un rôle essentiel dans la formulation et l'évolution du Code de la Nationalité — une réforme importante de ce Code interviendra au début de l'année 1973 — mais encore la loi lui confie le soin d'intervenir dans plusieurs types de décisions individuelles en la matière : acquisition de la nationalité par mariage, refus éventuel d'acquisition de la nationalité française à certains étrangers nés en France, déchéance de la nationalité française etc. Bien plus, alors que le Conseil d'Etat, dans ses attributions administratives, n'a normalement pour rôle que de formuler des avis que le Gouvernement n'est pas tenu de suivre, certaines des décisions en la matière ne peuvent être prises que sur l'avis conforme du Conseil d'Etat, ce qui implique un pouvoir de décisions exercé en fait par la Section Sociale. Celle-ci est appelée chaque année à se prononcer sur plusieurs dizaines de décisions de cet ordre, les unes exigeant un avis simple ne liant pas le Gouvernement, les autres supposant un avis conforme. Et elle attache une importance particulière à cette activité, l'octroi ou le refus de la nationalité ayant évidemment des conséquences graves pour les personnes intéressées. Chaque décision fait l'objet d'un examen minutieux, en droit comme en fait. Une synthèse de la jurisprudence de la Section Sociale en la matière, publiée dans les Etudes et documents du Conseil d'Etat de 1978-1979, par Jean FOURRE, Maître des Requêtes, fait ressortir qu'en moyenne, dans environ la moitié des affaires dont la Section est saisie à cet égard, les avis exprimés sont contraires aux propositions défavorables aux intéressés présentées par le Gouvernement. C'est dire l'importance et l'efficacité de l'intervention de la Section Sociale.

Par delà ses interventions dans les divers domaines qui viennent d'être rappelés, la Section Sociale est conduite à se prononcer sur des problèmes au regard desquels elle a, par exemple, à traiter des aspects sociaux du Plan sur lesquels un avis lui est demandé, lequel s'intègre dans l'avis d'ensemble exprimé par le Conseil d'Etat en son entier.

C. Méthodes de travail — Les méthodes de travail mises en œuvre pour les activités d'une section administrative du Conseil d'Etat sont fort différentes de celles des formations contentieuses. Si chaque président de section peut avoir sa conception à cet égard, j'ai le sentiment qu'il n'y a pas de différences importantes entre les uns et les autres. Le Conseil d'Etat est saisi normalement par le Gouvernement de projets de textes, projets de lois, projets de décrets, ou de demandes d'avis portant sur une ou plusieurs questions. Projets de textes ou demandes d'avis sont accompagnés de documents tendant à expliquer les tenants et aboutissants des textes ou les données des questions posées. Les dossiers sont attribués à la section compétente en fonction du Ministère dont elles émanent. Si plusieurs Ministères sont intéressés, c'est la section principalement en cause qui se voit attribuer le dossier, sous réserve que son examen pourra être, le cas échéant, opéré par des sections réunies, ou même par une commission groupant les représentants des diverses sections en cause. De toute façon, c'est le Président de la Section principalement intéressée qui désigne dans sa section un Rapporteur. Celui-ci, après un premier examen du dossier, réunit les principaux fonctionnaires en charge du texte ou de la question dans le ou les Ministères en cause, pour se faire expliquer les origines du projet ou de la demande d'avis, discute des difficultés qu'il présente, du choix des solutions possibles, du mérite des positions des diverses administrations, et plus généralement de tous les éléments d'information pouvant orienter les positions à adopter. Au vu de cette première étude, le Rapporteur rédige une note officieuse synthétisant les éléments recueillis, formulant éventuellement ses critiques, et proposant les solutions qui lui paraissent les plus opportunes. Il accompagne cette note d'un projet de texte ou d'un projet d'avis, accompagné, s'il y a lieu, d'un projet de note expliquant les modifications ou les positions qu'il suggère, faisant connaître les observations du Conseil d'Etat, et motivant le nouveau texte que propose le Rapporteur. Le dossier, accompagné de ces éléments, passe ensuite entre les mains du Président de la Section, qui en fait une étude personnelle, puis est inscrit au rôle d'une séance de la Section. Cette séance rassemble tous les membres de la Section, quel qu'en soit le grade, ainsi que les représentants des administrations intéressées, souvent nombreux, parfois même plus nombreux que les membres de la Section. Le Rapporteur y expose les questions posées et ses propositions. Une discussion générale s'engage, suivie d'un examen, article par article, parfois ligne par ligne, des projets du Rapporteur. Sur chaque point controversé, il y a vote auquel participent le Président, le Rapporteur et les Conseillers d'Etat en service ordinaire ou en service extraordinaire. En cas de partage égal des voix, la voix du Président de séance est prépondérante. Dans la plupart des affaires, l'on en reste là. Le Rapporteur remet en forme les projets en fonction des votes de la Section, et le texte ou l'avis, tel qu'ainsi adapté, est adressé aux membres du Gouvernement intéressés. Pour les projets de lois ou les plus importants des projets de décrets ou des avis, l'affaire est portée à l'Assemblée Générale du Conseil d'Etat, comprenant, soit, dans sa formation ordinaire, le Vice-Président du Conseil d'Etat, les Présidents de Section et des représentants des diverses sections, administratives ou contentieuses, soit dans sa formation plénière, où tous les Conseillers d'Etat, les Maîtres des Requêtes et Auditeurs peuvent assister, étant entendu que seuls les Présidents, les Conseillers d'Etat et le Rapporteur peuvent prendre part aux votes. Le Rapporteur y fait à nouveau un exposé de l'affaire dont il a la charge et il défend la position de la Section. Il conserve personnellement la liberté de son vote mais est tenu d'être, dans le débat, le porte-parole de la Section ou des Sections qui ont étudié l'affaire. Dans les Assemblées Générales les votes sont acquis à la majorité des présents, le Vice-Président, ou, en son absence, le Président de séance qui le supplée, ayant, ici encore, voix prépondérante en cas de partage.

Ce qui est parfois mal compris, c'est de quoi les formations administratives du Conseil d'Etat discutent et votent. Les formations contentieuses sont des juridictions. Elles se prononcent exclusivement en droit, le fait n'intervenant qu'à l'appui des raisonnements juridiques. Les formations administratives doivent au contraire se prononcer à la fois en droit et en opportunité.

En droit d'abord. Il s'agit de savoir si les projets de textes en discussion sont conformes au Droit, tel qu'il résulte des textes, de la jurisprudence, des principes juridiques reconnus. C'est ainsi que, s'agissant de projets de lois, le Conseil d'Etat est tenu d'apprécier leur conformité à la Constitution. Certes, en la matière, le Conseil Constitutionnel a une autorité supérieure à celle du Conseil d'Etat, et ses décisions s'imposent à celui-ci comme au Parlement et aux juridictions de l'ordre judiciaire. Mais l'on sait que le Conseil Constitutionnel n'est saisi que d'un nombre très réduit de textes, et seulement après leur vote par une Assemblée Parlementaire. Le Conseil d'Etat au contraire est saisi de *tous* les projets de lois émanant du Gouvernement, et à l'état de projets, avant leur dépôt sur le bureau de l'une ou l'autre des Assemblées. Son rôle de contrôle de la constitutionnalité est donc essentiel, bien que trop souvent méconnu. Et il n'y a guère de séance de section administrative ou d'Assemblée Générale où ne se posent des problèmes de cet ordre. Il ne faut pas oublier que la Constitution de 1958 limite la compétence du législateur à des domaines déterminés, la compétence de droit commun étant reconnue au Gouvernement, agissant par voie de décrets. Or, dans certains de ces domaines, parmi les plus importants, l'article 34 de la Constitution limite la compétence de la Loi aux « principes fondamentaux » sur telle ou telle matière. Il en va ainsi, je l'ai déjà rappelé, tout particulièrement dans le domaine de la compétence de la Section Sociale, puisque « la loi détermine les principes fondamentaux du droit du travail, du droit syndical, et de la Sécurité Sociale ». Il est donc nécessaire, pour chaque projet de texte, de décider si certaines ou la totalité de ses dispositions concernent ou non les principes fondamentaux. La rédaction nouvelle du Code du Travail, puis celle du Code de la Sécurité Sociale, ont obligé la Section Sociale à élaborer toute une jurisprudence en ces matières, en fonction des traditions, de l'importance de tel ou tel principe dans l'opinion. Dans quelques cas le Conseil d'Etat a trouvé un guide dans les positions prises par le Conseil Constitutionnel. Mais, le plus souvent, c'est lui qui a eu l'initiative et, heureusement, il a été le plus souvent suivi par le Conseil Constitutionnel. Dans bien des circonstances les solutions ne sont pas évidentes. Un exemple entre d'autres. En matière de prestations de Sécurité Sociale, il a été décidé que la nature des conditions mêmes d'attribution des prestations relève des principes fondamentaux, donc de la loi, mais non le montant de chaque prestation. Ainsi en matière de pensions de vieillesse c'est à la loi de dire si le droit à pension dépend de conditions d'âge, de durée de services, ou de ressources. Mais la détermination de l'âge lui-même, 55, 60, 65 ans, etc., ou de la durée des services : 25, 30 ans, etc., comme du montant éventuel des ressources est du domaine du décret. Or l'on sait l'importance essentielle que joue en ce domaine le choix de l'âge : y a-t-il rien en apparence de plus fondamental ? Cependant le choix relève du décret, et le Parlement n'a pas le droit d'intervenir. Il y a donc là une responsabilité considérable donnée au Conseil d'Etat en général, à la Section Sociale en particulier.

D'autre part la hiérarchie des textes, Constitution, loi, décret en Conseil d'Etat, décret simple, arrêté ministériel, arrêté préfectoral, arrêté municipal, etc., impose pour chaque projet l'obligation de respecter les échelons supérieurs et aussi les principes généraux qui se dégagent de la législation à tous les niveaux, comme aussi, de plus en plus, les conventions internationales et les réglementations se dégageant des positions prises au niveau international, en particulier au niveau de la Communauté Economique Européenne, ou des Conventions Internationales du Travail dans notre domaine. C'est dire que l'aspect juridique des activités de notre section est d'une extrême importance.

L'aspect opportunité ne l'est pas moins et il pose souvent des questions particulièrement délicates. Le Conseil d'Etat n'a pas à s'immiscer dans les choix proprement politiques. Il n'est pas une assemblée représentative, et n'a pas qualité pour se substituer en quoi que ce soit aux élus de la Nation dans l'orientation générale de la législation ou même de l'administration. Mais dans la mesure où il intervient, et même très largement, dans l'élaboration de textes législatifs et réglementaires, il ne peut méconnaître les conséquences possibles de certaines solutions, de certaines règles pour la population en général, pour l'administration en particulier. La ligne de partage est difficile à tracer et varie d'ailleurs dans l'espace et dans le temps. La Section Sociale, en particulier dans les domaines de l'emploi, des relations du travail, de la famille, de la sécurité sociale, ne peut pas ne pas tenir compte de ce climat des rapports humains, des facteurs économiques, des inégalités sociales, voire de l'ordre public, des tendances dominantes. Tâche délicate, de tous les instants. Au sein même des membres de la section, des orientations multiples apparaissent. Dans le groupe ainsi rassemblé, des positions différentes peuvent se manifester, se manifestent en fait, qui sont le reflet de celles qui traversent l'opinion. Il incombe au Président d'assurer un équilibre satisfaisant, avec le maximum d'objectivité, pour faire la part de l'essentiel et de l'accessoire, du souhaitable et du possible, du juste et de l'injuste. Si parmi les hommes et les femmes, attachés ensemble d'une manière permanente à la solution des problèmes sociaux, une communauté générale d'orientation tend à se dégager, il y a des problèmes, des domaines où les conceptions s'opposent.

Je voudrais donner deux exemples, parmi d'autres, de situations dans lesquelles j'ai eu à prendre des positions personnelles : le premier concerne les réformes apportées par les Ordonnances du 21 août 1967 portant réforme de la Sécurité Sociale. L'on ne sera pas surpris que je me sois particulièrement attaché à ces Ordonnances, par lesquelles le Gouvernement remettait en cause une partie essentielle des orientations dégagées en 1945. Pendant les vingt années écoulées depuis cette construction, le patronat n'a cessé de se plaindre de voir la Sécurité Sociale gérée aux différents échelons par des Conseils où la majorité appartenait aux représentants des travailleurs et à réclamer une gestion paritaire entre employeurs et salariés, formule qu'il avait réussi à faire prévaloir pour l'assurance-chômage et plus généralement dans les régimes complémentaires de retraites. C'est qu'avec les divisions existant entre les organisations syndicales de salariés, le patronat pouvait espérer trouver un appui, s'il y avait une part égale à celle des salariés, dans les représentants de telle ou telle tendance ou organisation pour obtenir non seulement la moitié mais la majorité et s'assurer ainsi le contrôle de l'institution, remettant en cause le principe de la gestion par les bénéficiaires, fondé sur le souci d'une plus grande démocratie sociale. D'un autre côté, au Gouvernement, certains dirigeants avaient acquis le sentiment que la Sécurité Sociale était une sorte de « Bastille » échappant, par son autonomie administrative et financière, à l'action gouvernementale et ont cherché à démanteler l'institution. La combinaison de ces tendances aboutit à des projets d'ordonnances où, à côté de réformes techniques valables, s'exprimait la volonté de rompre l'unité essentielle de l'institution et de réduire la place des organisations syndicales de salariés dans sa gestion. La Direction Générale de la Sécurité Sociale est supprimée et ses attributions réparties entre plusieurs Directions. La Caisse Nationale de Sécurité Sociale est aussi supprimée et remplacée par plusieurs Caisses distinctes chargées respectivement de la maladie, de la vieillesse, des allocations familiales ou du recouvrement des cotisations. Le terme même de « Sécurité Sociale » disparaît à tous les niveaux. L'élection des administrateurs de Caisses est supprimée et remplacée par des désignations faites par les organisations nationales.

Il m'était difficile de ne pas réagir devant une telle régression. Je fis partager mon point de vue par les membres de la Section Sociale.

La Section adopta un projet de note mettant en garde le Gouvernement contre des réformes qui pouvaient avoir des répercussions graves dans l'opinion, eu égard à l'attachement montré par la masse de la population à l'institution. Les textes et le projet de note furent portés à l'Assemblée Générale le 7 août 1967. J'avais décidé de laisser le soin au rapporteur de défendre la position de la Section, et de me taire, ne voulant pas apparaître juge et partie. Ayant constaté des hésitations chez certains membres de l'Assemblée, je me crus obligé, au terme du débat, d'attirer l'attention sur les conséquences psychologiques qu'aurait la publication de tels textes, et l'Assemblée Générale, finalement, avec quelques modifications de forme, adopta les termes de la note que j'avais rédigée presque entièrement de ma plume. Le Gouvernement bien entendu n'a tenu aucun compte de cette note. Je pense que cependant la réforme était une erreur politique grave et dont, malgré des réactions ultérieures, les conséquences fâcheuses sont encore sensibles après 25 ans.

L'autre exemple, d'un ordre très différent, concerne la législation de l'interruption volontaire de grossesse. L'on sait que l'avortement était sévèrement réprimé en France depuis longtemps, dans le cadre de la politique d'encouragement de la natalité, et cela au même titre que la contraception. Déjà une loi du 28 décembre 1967, d'initiative parlementaire, relative à la régulation des naissances, avait sensiblement assoupli les règles relatives à la contraception.

En 1974, Mme Simone VEIL, alors Ministre de la Santé, décida de s'attaquer aux problèmes de l'avortement. C'est qu'en fait les avortements, qui ont existé de tout temps, et, malgré la répression pénale, continuaient à se développer, et étaient à l'origine d'un nombre non négligeable de décès de femmes dus aux conditions désastreuses dans lesquelles avaient lieu les avortements clandestins. Elle saisit le Conseil d'Etat d'un projet de loi tendant à autoriser dans certaines conditions strictement définies, l'interruption volontaire de grossesse. Ce projet souleva une vive émotion dans l'opinion, et au sein même du Conseil d'Etat, en grande partie en raison des positions de l'Eglise catholique.

Le projet de loi fut examiné par la Section Sociale, comme c'était normal. Et j'ai confié le rapport à un conseiller catholique et aussi très social. La Commission des Affaires Culturelles et Sociales de l'Assemblée Nationale m'avait demandé, dans le cadre des auditions auxquelles elle a procédé sur le sujet, de lui faire connaître, à titre personnel, mon point de vue. Pour autant que je me le rappelle, j'avais formulé ma position comme suit. Du moment où un enfant est conçu, il est un être humain. Donc l'avortement porte atteinte à une vie humaine, et est condamnable comme tel. Mais en fait, les tribunaux ont cessé le plus souvent de prononcer des condamnations. D'autre part si l'on met en balance les conséquences d'une interdiction compromettant toute l'existence individuelle et familiale d'une jeune femme et d'un autre côté, l'arrêt du développement d'un embryon de quelques jours ou semaines, l'on pouvait hésiter sur le choix à faire, surtout si l'on sait que l'interruption de la grossesse, si elle s'opère dans des conditions sanitaires correctes, peut épargner la vie d'une femme mise en danger par un avortement clandestin. Je pense donc qu'en cas de « détresse » véritable de la femme l'interruption volontaire de grossesse doit pouvoir être autorisée pendant les premières semaines de la grossesse ou lorsqu'elle est justifiée par des problèmes thérapeutiques, la santé de la mère ou de l'enfant étant compromise. La question est de savoir qui pourra être juge de l'état de détresse de la femme enceinte. Certains pays ont prévu l'intervention de commissions à cette fin. Le projet de loi de Mme Veil laisse à la femme l'entière responsabilité d'en décider, après certains entretiens préalables et délais de réflexion. Ce n'est pas très satisfaisant, mais que peut-on faire de plus ? Sur le plan philosophique et éthique, je récuse formellement la prétention des organisations féministes de fonder la législation de l'interruption volontaire de grossesse sur le droit de toute femme à disposer librement de son corps. Ce droit ne saurait en effet à mon sens s'étendre à l'élimination de l'enfant à naître, être humain vivant jouissant comme tel d'une existence et de droits propres. Peut-être cependant peut-on considérer que, pendant les premières semaines de son existence, l'embryon n'a pas tous les caractères de la « personne », ceux-ci ne devant se manifester qu'au fur et à mesure de l'évolution de la gestation, et qu'à ce titre il pourrait ne pas bénéficier d'une protection aussi étendue que pour un enfant né ou proche de naître. Dans cette période la préoccupation de la détresse de la mère pourrait l'emporter sur l'intérêt de l'existence de l'enfant.

Toujours est-il qu'au sein de la Section Sociale, puis de l'Assemblée Générale du Conseil d'Etat, le principe même de la législation de l'interruption volontaire de grossesse a été très contesté. Etant moi-même, en définitive, favorable au projet, je n'ai pu obtenir un avis favorable du Conseil d'Etat qu'en l'assortissant d'une note indiquant qu'il n'appartenait pas au Conseil d'Etat de mettre en cause les options politiques, philosophiques ou éthiques qui sont à la base du projet. Mis en présence d'une prise de position politique du Gouvernement en la matière, le Conseil se borne à formuler des suggestions sur les mesures qui devraient être prises simultanément dans toute la mesure du possible pour limiter les interruptions volontaires de grossesse et en éviter ou atténuer les conséquences les plus fâcheuses.

L'on sait que le projet une fois voté par le Parlement, sa mise en application, contrairement aux craintes de ses adversaires, n'a nullement entraîné un accroissement du nombre des avortements, et que le bilan de l'expérience des cinq années suivantes a conduit sans difficulté, à l'adoption en 1979 d'une loi nouvelle donnant une valeur permanente à la loi du 17 janvier 1975 dont l'application était primitivement limitée à cinq ans.

D. Activités connexes — Si les fonctions de Président de la Section Sociale du Conseil d'Etat comportent essentiellement, comme l'indique la dénomination même de la fonction, la direction des travaux de cette Section ainsi que la participation aux activités de l'Assemblée Générale du Conseil d'Etat, du Bureau du Conseil d'Etat, et de l'Assemblée du Conseil d'Etat statuant au Contentieux, elles impliquent aussi toute une série d'activités que le titulaire de la fonction exerce en vertu de sa qualité. C'est d'abord la présidence de la Cour Supérieure d'Arbitrage. Le Code du Travail prévoit que cette Cour est présidée soit par le Vice-Président du Conseil d'Etat, soit par un Président de Section, lequel ne peut être que le Président de la Section Sociale. En fait tant le Président CASSIN, que le Président PARODI m'ont laissé entièrement la responsabilité de cette fonction. Ce n'est pas en pratique une bien lourde charge. Le temps est loin où la Cour Supérieure d'Arbitrage siégeait toutes les semaines avec chaque fois dix ou quinze affaires à examiner, parce qu'il y avait alors un arbitrage obligatoire organisé des conflits du travail et que les sentences rendues étaient fréquemment déférées par l'une ou l'autre des parties, salariés ou patronat, à la Cour Supérieure d'Arbitrage agissant comme juge de cassation. Mise en sommeil lors de l'entrée en guerre en 1939, la Cour a été réorganisée avec les mêmes attributions à la fin des hostilités, mais sans l'arbitrage obligatoire dont ne voulaient ni les syndicats de salariés, ni le patronat. En fait aucune des deux parties aux conflits collectifs de travail ne souhaitait l'intervention de tiers, quels qu'ils soient, dans le règlement de ces conflits. Très rares ont donc été dès lors les recours à l'arbitrage en la matière, sauf dans les territoires d'outre-mer, car le Code du Travail propre à ces territoires prévoyait, lui, un arbitrage obligatoire. Mais ces recours n'ont donc jamais dépassé quelques cas par an, parfois difficiles, souvent intéressants, comme tout ce qui conduit à l'élaboration d'une jurisprudence dans les domaines nouveaux. C'est donc pour moi une tâche attrayante mais légère. Lorsque le Président CHENOT succède au Président PARODI, il décide d'assurer lui-même la présidence de cette formation. Ses successeurs en revanche ne s'y intéressaient pas ; et je reprends alors cette activité.

En second lieu, le Président de la Section Sociale est de droit, ès qualité, membre de la Commission Supérieure des Conventions Collectives du Travail, aujourd'hui devenue Conseil Supérieur de la Négociation Collective, en charge du règlement des difficultés de principe auxquelles peuvent donner lieu l'élaboration ou l'application des conventions collectives de travail. En fait c'est une sous-commission qui y joue le rôle essentiel, et le représentant du Conseil d'Etat n'y participe pas. Les séances auxquelles ma présence est requise sont essentiellement celles où se discute la fixation du salaire minimum prévu par la loi.

La discussion met alors en présence, sous la présidence effective du Ministre du Travail, les dirigeants des organisations patronales et des organisations de salariés, sans que le Président de la Section Sociale du Conseil d'Etat puisse utilement intervenir sauf dans de rares cas où se pose à ce propos un problème de droit, notamment d'interprétation d'une disposition du Code du Travail. Ce n'est pas une bien lourde charge.

Il en va autrement pour les problèmes de médecine du travail et de prévention des risques professionnels. Au moment où j'ai pris la présidence de la Section Sociale, j'ai rendu visite au Président André ANDRIEUX qui avait exercé cette fonction de 1946 à 1956 et que je connaissais de longue date. Il me recommanda alors particulièrement de m'intéresser au Conseil Supérieur de la Médecine du Travail, présidé par le Ministre du Travail, mais dont le premier Vice-Président est le Président de la Section Sociale du Conseil d'Etat et, en fait, le Président effectif. J'ai suivi ce conseil pendant tout le temps où ce Conseil a survécu, c'est-à-dire jusqu'en 1976, époque où il a été supprimé et intégré, ainsi que les deux commissions d'hygiène du travail et de la sécurité du travail dans le Conseil Supérieur de la Prévention des Risques Professionnels créé par le loi du 6 décembre 1976, et dont la présidence devait être et est en fait, depuis lors, assurée ès qualité par le Président de la Section Sociale. J'ai pris beaucoup d'intérêt d'abord au Conseil Supérieur de la Médecine du Travail, ensuite au Conseil Supérieur de Prévention des Risques Professionnels. Le premier m'a permis d'apprécier et l'importance du rôle de la Médecine du Travail dans les entreprises industrielles et commerciales, et les difficultés rencontrées pour faire jouer pleinement à ce Conseil un rôle satisfaisant. J'ai eu de nombreux contacts avec les professeurs de Médecine du Travail de nos Facultés de Médecine et avec les représentants des organisations représentatives tant des employeurs que des médecins du travail. Malheureusement le Conseil Supérieur ne se réunit qu'à intervalles éloignés et les membres chargés des rapports, ajoutant cette tâche à leurs activités quotidiennes, n'ont pas toujours pu la mener à bien sans des très longs délais. La situation a changé avec l'inclusion des problèmes de Médecine du Travail dans le nouveau Conseil Supérieur. Ce Conseil est doté d'un Secrétaire Général dont le poste est occupé dès le début par un Inspecteur du Travail énergique, dynamique, très compétent, et qui a donné au nouvel organisme une grande efficacité. Les commissions constituées dans son sein fonctionnent toujours très bien lorsqu'elles ont à traiter des problèmes techniques en matière d'hygiène et de sécurité. Ses membres, quelle qu'en soit l'origine, discutent et se mettent d'accord assez aisément sur un plan technique. Il n'en est pas de même pour le groupe de travail, puis pour la commission, chargés de la Médecine du Travail. En dehors d'un petit nombre de membres, fonctionnaires ou Professeurs de Médecine du Travail, les membres représentant les employeurs et les salariés sont issus les premiers, en partie au moins, des médecins du travail, les autres de présidents ou directeurs de services interentreprises de Médecine du Travail, et, de ce fait les débats, presque constamment, prennent l'aspect de discussions entre des employeurs et des salariés s'opposant dans une lutte pour le pouvoir et l'organisation de la gestion des services. Lorsque j'ai pris ma retraite comme Président de la Section Sociale du Conseil d'Etat, l'on m'a demandé de poursuivre ma collaboration au Conseil Supérieur comme personnalité qualifiée et spécialement d'assurer la présidence de la commission de la Médecine du Travail. Celle-ci, après deux ans d'activité, au terme desquels j'ai abandonné cette responsabilité, n'a pu sur la plupart des problèmes soulevés, que constater le désaccord de principe sur les points essentiels. Personnellement, dans une note confidentielle au Ministre du Travail, j'ai fait part de mon sentiment, qui, en gros, est que pour donner la pleine efficacité à la Médecine du travail, il faudrait que les services interentreprises, qui interviennent pour plus des trois quarts de la masse des salariés, soient gérés soit paritairement, comme c'est déjà parfois le cas, notamment dans l'industrie du bâtiment, soit par des organismes autonomes, un exemple étant offert dans le domaine de l'agriculture où les médecins du travail relèvent des Caisses de Mutualité Sociale Agricole, c'est-à-dire de la Sécurité Sociale dans ce domaine. Je n'ai pas été surpris de constater que mes suggestions avaient rencontré peu d'enthousiasme.

Une autre fonction exercée ès qualité par le Président de la Section Sociale est la présidence du Conseil Supérieur de l'Aide Sociale et surtout de sa Section permanente, chargée, dans sa formation contentieuse, du règlement de tous les litiges soulevés par la détermination et l'application des prix de journée des établissements sanitaires et sociaux. Les litiges en la matière sont nombreux, ils se renouvellent chaque année, et posent souvent des problèmes juridiques délicats. Il y a là une tâche très lourde, en même temps que très importante, car elle commande dans une large mesure tout le fonctionnement administratif et financier des hôpitaux, maisons de retraite, établissements hospitaliers, publics ou privés. Il m'apparut très vite que le volume du travail demandé par ce contentieux est tel qu'il m'était impossible de le mener à bien par mes seuls moyens, d'autant plus que, malgré le concours de rapporteurs pris en partie dans les jeunes membres du Conseil d'Etat, la responsabilité des décisions repose en définitive très largement sur le président de séance. Je demande donc et obtient la désignation d'un, et plus tard de deux, vice-présidents, pris parmi les conseillers d'Etat de la Section Sociale, me réservant de coordonner le travail de l'un et de l'autre, et d'assurer personnellement la présidence lorsque paraîtraient des questions de principe ou délicates. Cette formule rencontre un plein succès. Les deux vice-présidents se partagent l'essentiel de la tâche. Ils s'en acquittent de manière parfaite. L'un d'entre eux s'est même tellement attaché à cette mission qu'il a pris la décision de rédiger un ouvrage sur les prix de journée, qui rencontre un grand succès et devient le document de base en la matière.

Aux attributions exercées ès qualité de Président de la Section Sociale, de nombreuses autres activités viennent s'ajouter. Tout d'abord je conserve la présidence du Conseil d'Administration de la Caisse Nationale de la Sécurité Sociale jusqu'à la disparition de cette Caisse en application de l'ordonnance du 21 août 1967. J'apprends cette suppression par le Journal Officiel, à la date du 1er octobre 1967, un peu surpris de n'être pas averti personnellement de cette date et de ne pas avoir eu le moindre mot de remerciement, après avoir exercé cette fonction — purement bénévole — pendant quatorze ans. Je suis surtout choqué que le Directeur de la Caisse, qui a rang de Directeur d'Administration Centrale de Ministère, soit purement et simplement réintégré dans son corps d'origine, comme Administrateur Civil hors classe au Ministère des Affaires Sociales, et sans recevoir aucune affectation jusqu'à sa retraite par limite d'âge deux ans plus tard. J'interviens avec insistance en sa faveur auprès du Ministre qui me promet de lui attribuer soit une promotion dans l'Ordre de la Légion d'Honneur, soit une nomination comme Conseiller d'Etat en service extraordinaire. Aucune de ces promesses n'a été tenue, cela peut-être parce que l'intéressé était Maire socialiste de SURESNES. Toujours est-il qu'il a fallu un changement de gouvernement pour qu'en 1982 Marcel LEGRAS, puisque c'est de lui qu'il s'agit, fût promu Commandeur de la Légion d'Honneur sur la proposition de Nicole QUESTIAUX, devenue Ministre des Affaires Sociales.

Je continue également mes enseignements, notamment mon cours sur les problèmes sociaux contemporains à l'Institut d'Etudes Politiques de PARIS, que je décide d'abandonner en 1970, estimant avoir fait mon temps et que le moment était venu de laisser la place à un plus jeune. C'est Jacques FOURNIER à qui je confie ma succession, et, avec mon accord, il décide de partager le cours avec Nicole QUESTIAUX. L'un et l'autre tireront de leur cours la matière d'un « Traité du Social » qui aura un grand et légitime succès.

La tâche nouvelle la plus importante que j'assume dans cette période est la présidence du Comité d'Experts Indépendants chargé de contrôler l'application de la Charte Sociale Européenne. Cette Charte, élaborée par le Conseil de l'Europe, et consacrée sous forme d'une Convention Internationale signée à TURIN en 1961 dans le cadre de cette organisation internationale, est entrée en vigueur en 1966. Elle prévoit que son exécution sera contrôlée par un Comité d'Experts Indépendants de sept membres nommés par le Comité des Ministres du Conseil de l'Europe, et devant recevoir tous les deux ans des rapports des gouvernements des pays ayant ratifié la Charte, et chargé de relever, au vu de ces rapports, les manquements possibles constatés et de suggérer les suites à leur donner. Bien que la France n'ait pas encore ratifié la Charte — elle ne le fera qu'en 1974 — le Comité des Ministres me désigne comme l'un des premiers membres du Comité et, sur la suggestion des fonctionnaires compétents du Conseil de l'Europe, le Comité m'élit, à sa première réunion, comme Président, et, comme Rapporteur Général, le Professeur OTTO KAHN-FREUND, Professeur de Droit comparé du Travail à l'Université de CAMBRIDGE, et alors Président en exercice de l'Association Internationale de Droit du Travail et de la Sécurité Sociale. A cette même première séance, le Comité élabore un règlement intérieur et adopte sa méthode de travail. Les sept membres du Comité se répartissent la tâche suivant une double formule. D'une part chacun prend la responsabilité d'un certain nombre d'articles de la Charte. D'autre part chacun prend aussi la responsabilité d'une appréciation d'ensemble de l'application de la Charte dans un ou plusieurs pays. Initialement sept pays seulement avaient déjà fait connaître leur ratification. Il suffisait donc d'un pays par membre. Le Président et le Rapporteur Général sont compris dans la répartition. Je reçois la responsabilité de l'article 11 sur le « Droit à la Protection de la Santé » — je l'échangerai ultérieurement pour l'article 12 concernant la Sécurité Sociale —, de l'article 18 sur le « Droit à l'exercice d'une activité lucrative sur le territoire des autres parties contractantes » et de l'article 19 sur le « Droit des Travailleurs Migrants et de leurs Familles à la protection et à l'assistance ». De plus le Comité élabore un questionnaire qui indique, pour chaque article et chaque paragraphe, les informations que devrait recevoir le Comité pour l'exercice de son contrôle, et précise ainsi, en tant que de besoin, l'interprétation qu'il donne de l'ensemble des dispositions de la Charte. Parfois le questionnaire est très développé. C'est ainsi que pour l'article 11, paragraphe I, sur le Droit à la Protection de la Santé, d'après lequel les parties contractantes s'engagent à prendre les mesures appropriées tendant à éliminer dans la mesure du possible les causes d'une santé déficiente, je détermine, avec le concours du Docteur AUJALEU, alors Président du Comité Exécutif de l'Organisation Mondiale de la Santé, les divers éléments que doit comporter l'organisation sanitaire d'un pays industriel développé. Ce questionnaire a été, comme le prévoit la Charte, adopté par le Comité des Ministres du Conseil de l'Europe.

Chacune des parties contractantes doit d'une part s'engager à poursuivre par tous les moyens utiles la réalisation des objectifs définis dans la partie I de la Charte, d'autre part à se considérer comme liée par au moins cinq des sept articles de la partie II regardés comme les plus importants et par un nombre supplémentaire d'articles ou paragraphes à leur choix, pourvu que le nombre total des dispositions acceptées ne soit pas inférieur à dix articles ou quarante-cinq paragraphes. Le rapport biennal doit être adressé en copie aux organisations nationales d'employeurs et de travailleurs dont les observations doivent être jointes aux rapports gouvernementaux. L'ensemble est examiné successivement par le Comité d'Experts, et par un sous-comité du Comité Social gouvernemental. Les conclusions du Comité d'Experts sont soumises pour avis à l'Assemblée Consultative Parlementaire du Conseil de l'Europe, et le Comité des Ministres lui-même est appelé à adresser finalement toute recommandation nécessaire à chacune des parties contractantes.

En pratique un premier travail est fait par le service compétent du Conseil de l'Europe, qui rassemble tous les éléments d'information dont il dispose sur les matières couvertes par la Charte et par le questionnaire, et les adresse, avec les rapports biennaux des Etats contractants, aux membres du Comité. Le Président et le Rapporteur Général coordonnent les travaux des sept membres du Comité. Le travail à effectuer occupe en fait les deux années qui séparent la production des rapports biennaux. Le nombre des pays ratifiant la Charte augmentant chaque année, la tâche à accomplir prend progressivement plus d'ampleur. Le Comité a à cœur de donner le plus d'efficacité possible aux dispositions de la Charte, qui apparaissent comme un instrument vivant devant contribuer à un progrès social permanent. Dès les premières années apparaissent des différences importantes d'orientation entre le Comité d'Experts et le sous-comité gouvernemental, — les membres de celui-ci, qui émanent des administrations en charge de l'application de la Charte dans les Etats contractants ayant tendance à réfuter ou à minimiser les critiques adressées par le Comité d'Experts—, et le Comité des Ministres, composé des représentants diplomatiques des pays contractants répugnant à adresser aux gouvernements dont ils sont les représentants des recommandations en vue de donner effet aux conclusions du Comité d'Experts. Seule l'Assemblée Consultative Parlementaire soutient sans défaillance le Comité d'Experts dans son effort. Et, après que j'ai renoncé en 1976 à demander le renouvellement de mon mandat, elle m'invite à l'occasion d'une réunion exceptionnelle, organisée pour célébrer l'anniversaire de la Charte Sociale, à présenter un rapport introductif sur l'élaboration et l'application de la Charte Sociale Européenne, dont je publie ultérieurement le texte dans la Revue DROIT SOCIAL en mars 1979. Entre temps j'avais provoqué l'entrée dans le Comité d'Experts de Léon-Eli TROCLET, ancien Ministre du Travail de BELGIQUE, dont je souhaitais qu'il prît ma succession, ce qui fut le cas. Les travaux du Comité d'Experts m'amènent ainsi plusieurs fois par an à STRASBOURG et j'ai souvent quelque peine à concilier les déplacements nécessaires avec les obligations de présence que comportent mes fonctions au Conseil d'Etat.

Il en va ainsi d'autant plus que je conserve bien d'autres occupations internationales. Au Conseil de l'Europe lui-même, j'anime en 1978 et 1979 un groupe d'experts chargé de définir une politique sociale européenne pour les prochaines décennies. L'Assemblée Consultative Parlementaire me décerne la grande médaille du Conseil de l'Europe, ce qui m'amène une fois de plus à STRASBOURG. Je continue à participer aux Conférences Internationales du Service Social. Et, à la Conférence tenue à HELSINKI en 1968, l'on me décerne le « Prix René SAND », qui voudrait être un Prix Nobel dans le domaine social, mais se résume à un diplôme, très flatteur certes, mais avec beaucoup moins de prestige.

J'ajoute pour mémoire que je participe aux activités d'un certain nombre d'Associations. C'est la Société de Législation Comparée dont le Comité de Direction se réunit périodiquement et désigne des représentants français pour les réunions bilatérales organisées chaque année entre spécialistes des différentes disciplines juridiques des pays en cause. C'est l'Association Française d'Etude des Relations Professionnelles, créée en 1970 sur l'initiative de Jean-Daniel REYNAUD dont je serai le premier Président jusqu'en 1976, et qui se propose l'étude au niveau national et international des problèmes posés par les relations collectives entre les organisations de travailleurs salariés et les entreprises ou groupements patronaux. C'est l'Association des Ages, due à l'initiative de M. TISSOT, Secrétaire Général de la Caisse des Dépôts et Consignations, en vue de définir et de promouvoir un aménagement satisfaisant des relations entre les générations successives. C'est surtout le Comité d'Histoire de la Sécurité Sociale, créé en 1973 par Edgar FAURE, alors Ministre des Affaires Sociales, sur la suggestion de Guy THUILLIER, alors conseiller référendaire à la Cour des Comptes, et membre du Cabinet du Ministre, et dont j'accepte d'assurer la présidence, qui dure jusqu'en 1989, et qui m'amène notamment à participer chaque année à un colloque organisé dans le cadre du Congrès annuel des Sociétés Savantes, où des communications sont faites sur les nombreux aspects de l'Histoire de la Protection Sociale en France et éventuellement à l'étranger. De même se constitue, pour être le support juridique et financier du Comité, une Association pour l'Etude de l'Histoire de la Sécurité Sociale, présidée par Pierre BOISARD, conservateur des Archives en même temps que Président de la Caisse Nationale des Allocations Familiales. Comité et Association sont à l'origine de nombreux ouvrages et études et ont pour animatrice infatigable et bénévole Mme Gervaise SURZUR, ancienne secrétaire de la Direction Générale de la Sécurité Sociale à l'époque où j'ai la responsabilité de cette direction et qui poursuivra sa tâche après avoir pris sa retraite comme Chef du Service d'Information et de Documentation du Ministère des Affaires Sociales. Je ne saurais oublier la Fondation Nationale de Gérontologie, créée sur l'initiative de la Caisse Nationale de Sécurité Sociale à l'époque où j'en étais le Président, et dont le premier Conseil d'Administration insiste pour m'en confier la Présidence dans les premières années de fonctionnement de l'institution. Je passe le relais en 1972 à Clément MICHEL, mais le Conseil tient à me nommer alors Président d'Honneur, ce qui me vaut d'être convoqué à titre consultatif à toutes les séances du Conseil d'Administration, auxquelles je m'efforce d'assister régulièrement dans la mesure de mes possibilités. Il m'arrive aussi fréquemment de participer à des colloques ou conférences, concernant de près ou de loin les problèmes sociaux, notamment dans le domaine démographique du fait que je demeure à la fois membre du Haut Comité de la Population et du Conseil Scientifique de l'Institut National d'Etudes Démographiques. Cela m'appelle à participer en 1969 au Groupe de travail « Population » du Plan, puis à un groupe de travail réuni à AMSTERDAM en 1977 pour la préparation de la Conférence Mondiale de la Population, groupe de travail en charge du problème « Migrations et Droits de l'Homme ».

Par-delà les multiples fonctions et occupations déjà relatées et qui absorbent une grande partie de mon temps, il en est quelques-unes qui, par leur objet ou par leur durée, ont pris une place particulièrement importante dans les préoccupations du moment.

C'est d'abord ma participation aux activités de l'Institut Pasteur. En 1966, je reçois la visite de Jacques MONOD qui, en son nom personnel et au nom de ses collègues André LWOFF et François JACOB, lesquels avec lui viennent de se voir décerner le Prix Nobel de Médecine, me fait part de leur intention de provoquer le renouvellement total du Conseil d'Administration de l'Institut Pasteur, auquel ils appartiennent tous trois, et me demande de faire partie du Conseil nouveau. Bien que je n'aie aucune compétence dans les disciplines biologiques auxquelles se consacre cet Institut, j'ai a priori un préjugé favorable à cette grande et respectable Institution, et je suis attiré par la perspective de la mieux connaître et de lui apporter, dans la mesure de mes moyens, mon concours. J'accepte donc l'offre qui m'est faite. Lorsque, pour la première fois, je franchis la porte de cette grande maison et que je me trouve en présence des autres membres du Conseil d'Administration dont je ne connais personnellement aucun, la première question à l'ordre du jour est l'élection d'un nouveau Président, destiné à prendre la suite de Pasteur VALLERY-RADOT, Président sortant. A ma grande surprise, André LWOFF propose mon nom. Est également prononcé le nom de M. CHAMPETIER, lui aussi membre nouveau et Directeur de l'Institut de Chimie de PARIS. Nous décidons l'un et l'autre de quitter la salle pendant que l'on délibère sur le choix à faire. Et, après un long moment nous apprenons que le Conseil a décidé de confier la Présidence à CHAMPETIER, moi-même devenant Vice-Président. J'éprouve un grand soulagement, me sentant incapable d'assurer les responsabilités qu'impliquerait la Présidence d'une telle grande Institution Scientifique et pensant que cette Présidence ne peut être utilement exercée que par un savant. CHAMPETIER, chimiste de grande réputation, et membre de l'Académie des Sciences, est assurément beaucoup plus qualifié que je ne pourrais l'être, et je puis l'aider dans les aspects juridiques et administratifs de sa tâche. J'assume donc cette part de la fonction pendant quatre ans. Et, avec CHAMPETIER je visite successivement tous les services de l'Institut et fais la connaissance des nombreux et éminents savants qui y travaillent. J'ai dès l'abord beaucoup d'admiration pour l'étendue et la variété des champs d'activité où interviennent les Pastoriens. Mais je suis aussi fort surpris de constater qu'au lieu d'un travail d'équipe interdisciplinaire auquel chacun apporterait sa contribution, les Pastoriens se répartissent en une cinquantaine de cellules autonomes, chacune fermée sur elle-même, parfois poursuivant des recherches concurrentes, et jalouses les unes des autres, sans que la direction commune se manifeste avec une grande force, et alors qu'au sein des Pastoriens des clans rivaux s'opposent avec plus ou moins de vigueur. Je suis quelque peu déçu de cette situation, tout en voyant mal comment je pourrais y remédier. Je me consacre à l'élaboration d'un statut du personnel pastorien, que l'on me demande avec insistance, et qui est en effet très souhaitable. Et, après bien des mois d'efforts, j'ai réussi à établir un texte qui tente de répondre aux désirs de tous. Il ne reste qu'à arrêter une échelle des salaires. Et si, à coup sûr, les émoluments antérieurs des Pastoriens sont souvent trop modestes, je constate que les intéressés ont des aspirations qui me paraissent à certains égards excessives, compte tenu du budget dont dispose la Fondation. Ma tendance est d'adopter l'échelle des rémunérations applicable aux professeurs de l'enseignement supérieur. Mais les intéressés prétendent être assimilés aux professeurs non pas des Facultés des Sciences mais à ceux des Facultés de Médecine qui cumulent une rémunération d'enseignants et une rémunération de Chefs de Service de Centres Hospitaliers Universitaires, en raison de leur double fonction. Ils soutiennent que c'est pour eux le seul moyen d'attirer des biologistes de qualité. Et le prestige de l'Institut Pasteur est tel que le Ministère des Finances leur donnera satisfaction. Cette tâche étant achevée, j'ai par trop le sentiment que les Pastoriens, à l'égard tant du Président CHAMPETIER que de moi-même, cherchent à nous utiliser au maximum tout en s'efforçant par ailleurs de défendre leurs intérêts au-delà du raisonnable. Et à la fin de l'année 1970 je donne ma démission du Conseil d'Administration.

Dans un domaine complètement différent, le Bureau International du Travail et l'U.N.E.S.C.O., après plusieurs années d'élaboration, ont adopté en commun une Recommandation sur la condition du personnel enseignant, document considérable formant un véritable statut international des enseignants du premier et du second degré, et comportant un ensemble de principes et de règles précises sur le recrutement, les fonctions, l'indépendance, la protection de ces personnels. Le contrôle de l'exécution de cette Recommandation, qui doit s'appliquer à tous les Etats membres des Nations-Unies, est confié à un Comité d'Experts comprenant des personnalités indépendantes désignées pour moitié par le Bureau International du Travail et pour moitié par l'U.N.E.S.C.O. Le Bureau International du Travail me demande de faire partie des membres à sa désignation. J'accepte cette mission, pensant qu'elle serait comparable à celle que j'assume pour la Charte Sociale Européenne. Dès la première réunion je suis élu Président du Comité, et je le reste pendant quinze ans de 1967 à 1982. Je prends beaucoup d'intérêt à rencontrer périodiquement à ce titre des personnalités, hommes et femmes, venant de tous les coins du monde pour discuter de problèmes touchant à la fois à la politique sociale et à l'enseignement pris dans son organisation et sa diffusion. Mais je me rends compte progressivement de la faible efficacité de notre action. Je constate mon impossibilité d'appliquer les méthodes que j'avais définies et mises en œuvre pour la Charte Sociale Européenne. Le nombre et la masse des rapports reçus des Gouvernements de la plupart des pays du monde exclut en fait toute possibilité et d'en prendre totalement connaissance et d'en tirer des conclusions constructives sur la portée concrète de la Recommandation. En fait le travail utile est entièrement assuré par les services compétents des deux Organisations internationales intéressées. Et sauf quelques réclamations particulières et quelques orientations générales, les membres du Comité d'Experts, dont la plupart ne font qu'un travail personnel très réduit, n'ajoutent pas grand chose aux propositions des fonctionnaires internationaux compétents. C'est pourquoi je finis par m'en lasser et je renonce à demander le renouvellement de mon mandat en 1982.

Très différente a été la commission temporaire mise en place, en France, en 1970 pour tenter de définir ce que pourrait et devrait être une formation permanente des hauts fonctionnaires de l'Etat et dont on me demande d'assurer la présidence. Associant des personnalités de premier plan appartenant à tous les grands corps civils et militaires, cette commission constate le besoin sérieux d'une telle formation et propose la création d'un organisme chargé de recevoir chaque année un certain nombre de fonctionnaires de ces corps pour mettre à jour leurs connaissances, élargir leurs horizons, leur faire prendre conscience des nouvelles données des problèmes généraux, nationaux et internationaux, auxquels ils sont appelés à faire face. En quelques mois la commission aboutit à des conclusions et propositions adoptées unanimement mais auxquelles aucune suite ne sera donnée, comme il arrive trop souvent pour des travaux de ce type.

Il en est autrement pour une activité nouvelle à laquelle je suis appelé en 1969. Au début de cette année le Conseil d'Etat est invité à initier ses membres, ou au moins certains d'entre eux, à l'informatique, à l'utilisation que l'on peut en faire dans l'Administration, et aux problèmes que pose ou que peut poser cette discipline, encore dans l'enfance. Je m'inscris au premier stage organisé à cette fin et qui consiste en une session de quelques jours dans une propriété appartenant, si ma mémoire est exacte, à Electricité de France et située à ABLIS. Cette session rassemble une douzaine de membres de tous grades, volontaires, du Conseil d'Etat, auxquels sont faits des exposés sur l'informatique et ses méthodes par des techniciens de l'Administration des Postes et Télécommunications. Puis les participants sont répartis en trois ou quatre sous-commissions, chacune en charge de la discussion de l'application de l'informatique dans un domaine déterminé. Etant le plus ancien dans le grade le plus élevé, j'ai la responsabilité de coordonner ces travaux. Et j'ai choisi, pour ma part, la présidence de la sous-commission en charge de l'informatique et des libertés, avec Guy BRAIBANT comme rapporteur. Nous avons alors réellement découvert les menaces que peut comporter le développement de l'informatique pour les libertés et les Droits de l'Homme, dans la mesure où elle permet de rassembler, sur chaque personne et à chaque instant, les éléments d'une connaissance précise de ses activités de tous ordres, de sa santé, de sa localisation, de sa fortune et de ses revenus, tout cela pouvant permettre à la fois de prévenir les maladies et les errements de chacun et de l'enfermer dans des cadres et contraintes exclusifs de toute liberté propre. Nos travaux ont fortement impressionné les techniciens qui nous informent et, quelques mois plus tard, à l'automne 1969, je suis invité à présenter, à la première Conférence internationale de l'informatique, tenue à PARIS, au siège de l'U.N.E.S.C.O., un exposé sur le thème « INFORMATIQUE ET LIBERTÉ ». Cet exposé, issu des travaux de notre stage, est, pour la masse des participants, presque tous des techniciens, une véritable découverte, et le point de départ de tout un effort national et international tendant à concilier informatique et Droits de l'Homme. Un journaliste présent, aujourd'hui bien connu, François de CLOSETS, me demande l'autorisation de publier le texte de mon exposé en annexe d'un ouvrage qu'il vient d'écrire. Au sein du Conseil d'Etat une étude est entreprise par la Commission du rapport où Guy BRAIBANT joue le rôle essentiel, et qui aboutit à l'élaboration du texte devenu la loi du 6 janvier 1978 sur l'informatique, les fichiers et les libertés, à ma connaissance la première dans le monde à tenter de résoudre les problèmes ainsi posés. L'on me demande aussi de rédiger dans l'un des premiers ouvrages consacrés à l'informatique un chapitre sur le sujet. La commission nationale de l'informatique et des libertés, aujourd'hui bien connue, est issue de nos travaux.

La vie politique

Mes activités de tous ordres se poursuivent et se développent en même temps qu'évolue la situation politique française et internationale. Le Général de GAULLE, après l'échec du référendum qu'il a provoqué en vue d'une modification des institutions constitutionnelles et comportant notamment le remplacement du Sénat par une Assemblée à compétence économique, décide de se retirer, et est remplacé à la tête de l'Etat par le Président POMPIDOU. Ce changement a été précédé par les événements de 1968 marqués par la révolte des étudiants suivie de mouvements collectifs ouvriers qui troublent profondément tout le printemps jusqu'à ce que le Général de GAULLE prononce la dissolution de l'Assemblée Nationale suivie d'élections amenant au pouvoir une majorité très conservatrice. C'est alors que j'ai eu avec le Général de GAULLE un dernier entretien. Au lendemain de l'élection, il me demande de venir le voir et m'interroge sur les mesures pouvant être prises pour assurer une meilleure participation des travailleurs salariés à la vie des entreprises qui les emploient, préoccupation qui de tout temps a été la sienne. Je lui réponds qu'à mon sens les lois dont il a provoqué l'adoption pour organiser une participation des salariés aux fruits des progrès des entreprises n'ont pas suffi à faire prendre aux travailleurs une conscience nouvelle de leurs responsabilités à l'égard de la gestion de ces entreprises, en grande partie parce que les salariés, dans leur masse, ont le sentiment de ne pouvoir exercer une influence réelle sur la gestion de ces entreprises, laquelle se développe sur un plan qui les dépasse. Je pense que la participation doit commencer au bas de l'échelle, au niveau de l'atelier, qui réunit un groupe restreint de travailleurs coopérant de manière étroite et permanente, et auxquels il faudrait ouvrir la possibilité d'intervenir collectivement dans l'organisation du travail et l'amélioration des méthodes, puis d'étendre progressivement cette participation à des niveaux de plus en plus élevés, au fur et à mesure que les intéressés se formeraient à cette coopération. Autrement dit, il aurait fallu partir de la base et remonter, plutôt que de créer une organisation, d'ailleurs purement financière, venant d'en haut. Mais j'ajoute que je me demande si l'orientation de l'Assemblée nouvellement élue permet d'espèrer un progrès dans l'effort de participation tel que le souhaite le Général. La réponse de ce dernier est : « Moi je ne suis pas réactionnaire, et cela suffit » ! — En fait le Président POMPIDOU, qui est alors remplacé comme Premier Ministre par M. COUVE DE

MURVILLE, est plus que réservé à l'égard de tous les essais de participation et freine plus ou moins les initiatives en ce sens. A la Conférence dite de Grenelle, où le Président POMPIDOU réunit les représentants des organisations patronales et ouvrières, l'on donne aux représentants des salariés des satisfactions pécuniaires importantes, mais en écartant toute mesure pouvant apparaître comme limitant l'autorité patronale dans l'entreprise, donc en fait toutes participations.

La vie familiale

Au cours de cette période, les années qui passent entraînent naturellement une évolution dans nos rapports familiaux. Ma fille aînée Martine, à sa sortie de l'Ecole Nationale d'Administration, choisit d'entrer dans le corps des Tribunaux administratifs. Elle est affectée en 1966 au Tribunal administratif de VERSAILLES. Elle y réussit brillamment au cours des douze années qui suivent et établit des relations étroites avec le Président et les autres membres de cette juridiction comme avec les autres membres du corps. Ses connaissances juridiques et son intérêt pour le droit administratif comme l'expérience qu'elle acquiert de l'ensemble des problèmes de la vie quotidienne des administrations de tous ordres lui permettent d'accéder à une maturité croissante. Elle sera appelée à poursuivre sa carrière au Conseil d'Etat.

Ma fille Nicole, après avoir obtenu une licence d'anglais, le diplôme de l'Ecole des Langues Orientales Vivantes, pour la langue russe, puis celui de l'Ecole des Traducteurs et Interprètes de la Sorbonne, amorce une carrière de traductrice d'abord aux Nations-Unies à GENÈVE, puis à l'U.N.E.S.C.O. à PARIS, avant d'être titularisée à l'Organisation de Coopération et de Développement Economiques. Elle épouse en 1970 un réfugié russe qu'elle a connu dans la chorale de la Cathédrale russe de la rue Daru qu'elle fréquentait pour entretenir sa connaissance de la langue russe et de ce couple naît en 1976 un fils, Maxime. Cette naissance sera l'origine de désaccords croissants entre les parents, qui se résolvent à se séparer quelques années plus tard.

Mon fils Michel, après avoir achevé ses études de Droit et de Sciences Politiques se présente pour la première fois au concours d'entrée à l'Ecole Nationale d'Administration en 1968 sans y réussir, sans doute par manque de maturité. Il décide alors de satisfaire à ses obligations du service national et obtient d'accomplir ce service dans la coopération. Il est affecté en ALGÉRIE, au Ministère de l'Agriculture, où il fait l'expérience à la fois d'une existence autonome, d'un pays neuf en voie de développement, et des problèmes que pose une administration économique débutante. Comme je suis amené à donner des conférences à l'Ecole Nationale d'Administration d'AL-

GER, nous décidons, ma femme et moi, d'aller passer quelques jours à ALGER, où nous sommes reçus par l'Ambassadeur de France, Jean BASDEVANT, et sa femme, que nous connaissons de longue date, et qui nous organisent un séjour intéressant et sympathique, nous amenant successivement en KABYLIE et à GHARDAIA, où nous prenons connaissance de deux aspects différents de la culture et de la civilisation Islamique. Notre fils, une fois libéré, se présente à nouveau au concours d'entrée à l'Ecole Nationale d'Administration et y est, cette fois, reçu sans difficulté et dans un bon rang. Il choisit, à sa sortie, d'entrer dans le corps de l'Inspection Générale des Affaires Sociales, en même temps qu'il assure une conférence sur les problèmes sociaux à la Faculté de Droit. Il épouse en décembre 1975 une de ses étudiantes, qui, elle, a suivi les enseignements du Centre National d'Etudes Supérieures de la Sécurité Sociale, et de ce couple naîtront trois filles.

Quant à notre plus jeune fille, Anne, elle poursuit ses études médicales au Centre Hospitalier Universitaire Saint-Antoine, y rencontre un camarade d'origine méridionale, qu'elle épouse en 1970 — alors qu'ils n'ont l'un et l'autre que 21 ans —, ils préparent ensemble le concours de l'Internat des Hôpitaux de PARIS, y sont reçus l'un et l'autre, et poursuivent ensuite une brillante carrière médicale, elle comme Dermatologue, lui comme Gastro-entérologue. Ils sont d'ailleurs les premiers à nous donner des petits-enfants, deux filles, nées respectivement en 1973 et 1976, et qui se révèleront des enfants modèles à tous égards.

Je m'en voudrais de faire si peu de place dans ces pages à mon épouse. Si j'en ai peu parlé jusqu'à présent, c'est qu'elle a été constamment et intimement associée à toute mon existence dont elle est en vérité partie intégrante. Ayant dû, en raison des événements de guerre, abandonner ses activités professionnelles, elle consacre l'essentiel de son temps à l'éducation de ses enfants et à la tenue de notre ménage. Ce n'est d'ailleurs pas une mince affaire durant les hostilités, et même dans la période qui suit, d'assurer la subsistance quotidiennne d'une famille comptant cinq enfants et éventuellement un ou deux employés de maison. En outre ma femme assure constamment mon secrétariat, dépouillant et classant ma documentation, mettant en fiches les informations que n'ont cessé de me faire parvenir les services du Conseil d'Etat, dactylographiant mes contributions notamment à la Semaine Juridique et aux Juris-Classeurs, me suppléant dans une large part de mes activités durant mon absence de France d'avril 1943 à septembre 1944. Si nous avons l'un et l'autre souffert d'être séparés pendant seize mois, nous l'étions beaucoup moins par la pensée et par le cœur, comme en témoignent et le journal que je tiens à LONDRES et la correspondance que nous échangeons pendant cette période. A partir de la Libération, je ne l'ai jamais quittée que pour les voyages professionnels auxquels elle ne pouvait me suivre, en raison de ses responsabilités familiales. Lorsque les enfants grandissent et ont moins besoin d'elle, la question se pose pour elle de reprendre d'autres activités. C'est alors qu'elle entre, sur l'initiative de Mme Jean BERNARD, au Conseil d'Administration du Service Social d'Aide aux Emigrants, Association qui, depuis 1925, et pour le compte du Ministère du Travail, assume la charge de toutes les activités sociales qu'appellent spécifiquement les populations immigrées en France. Ma femme en devient peu après Secrétaire Générale, succédant à Mme Jean BERNARD, et assume cette fonction pendant une vingtaine d'années, ne l'abandonnant que du fait de son âge, tout en restant membre du Conseil d'Administration, toutes ces activités étant bien entendu bénévoles. Alors que sa santé a toujours été excellente, elle commence à éprouver des ennuis à cet égard en 1967. Elle doit alors subir une grave opération chirurgicale qui implique une hospitalisation de plusieurs semaines et une convalescence d'un mois, celle-ci passée au Centre de convalescence Châteaubriand de la Mutuelle Générale de l'Education Nationale, à HYÈRES. Tout en reconnaissant la qualité des soins reçus dans ce dernier établissement, ma femme supporte mal la discipline nécessaire imposée pour sa convalescence et a hâte de retrouver sa famille ! Par la suite, les problèmes de santé se multiplient pour elle et lui laissent de moins et moins de répit.

Les enfants tendant à prendre une partie importante de leurs vacances individuellement, nous décidons de consacrer à partir de 1970 chaque année une quinzaine de jours à visiter tous deux certains coins de France. Nous n'avons pas de voiture personnelle à PARIS, une voiture de fonction avec chauffeur suffisant largement à nos déplacements dans la capitale. Aussi louons-nous une voiture, ma femme conduisant et moi tenant la carte. Nous choisissons un ou deux points d'attache, dans la mesure du possible un hôtel confortable et isolé où nous pouvons prendre pension et d'où nous nous efforçons de rayonner en prenant connaissance de tout ce qu'il y a d'intéressant dans une cinquantaine de kilomètres autour de notre point d'attache.

C'est ainsi que nous visitons l'Ardèche et la Drôme, rayonnant autour d'AUBENAS. A deux reprises nous parcourons la Bretagne intérieure, une année de JOSSELIN au Morbihan, une autre année le Finistère, des environs de BREST, à AUDIERNE, puis CONCARNEAU et QUIMPERLÉ, en passant par la Presqu'île de CROZON et QUIMPER. Une autre année, en revenant d'un séjour en Bretagne, nous parcourons la Vendée du Nord au Sud et revenons par les Eglises romanes du Poitou et de ses environs ainsi que le cimetière mérovingien de CIVAUX. Une autre fois encore, nous ferons le tour des Ardennes avec attache à FUMAY. A plusieurs reprises nous visitons une grande partie de la Bourgogne, une fois dans sa partie Nord du Morvan à AUTUN et CHALON-SUR-SAÔNE, une autre fois dans le Brionnais autour de PARAY-LE-MONIAL. Une autre année nous voyageons autour du MONT-DORE, dans le massif des Puys. Une autre année encore nous visitons le Périgord avec attache à MAUZAC. A plusieurs reprises, séjournant à CABRIS, nous visitons les Alpes du Sud. Et j'en oublie ! Partout nous circulons, sans nous presser, sur les petites routes où nous sommes pratiquement seuls, admirant à la fois les beautés naturelles et les monuments et souvenirs du passé. Nous en profitons aussi pour rendre visite aux amis qui ont sur notre route des attaches terriennes, Philippe DONDOUX à SAINT-AGRÈVE en Ardèche, Pierre RACINE et sa femme qui nous font les honneurs de l'Aménagement du Languedoc et du Roussillon, M. et Mme DE TINGUY DU POUET en Vendée, Suzanne BASTID à ANOST dans le Morvan, les COULET près de TROYES, Jean-Claude BOULARD entre ALENÇON et LE MANS, Pierre DESPRÉS à MONTOIRE. Ces visites amicales nous permettent de mieux connaître les populations locales, les problèmes économiques et sociaux, les conditions de vie, les hommes et les femmes. J'attache beaucoup de prix à cette connaissance concrète des milieux locaux, trop mal appréciés à PARIS.

Nous poursuivons ces expériences dans les premières années de mon existence de retraité, jusqu'au moment où nous devons y renoncer, ma femme ne pouvant plus conduire en raison de l'affaiblissement de sa vision, moi parce que, n'ayant pas conduit depuis 40 ans, je ne me sens plus sûr de mes réflexes. Ce sera une grande privation due à l'âge.

Au cours de la même période nous faisons un nombre appréciable de voyages à l'étranger, parfois professionnels, parfois touristiques. Au cours de l'été 1966, à la demande du Ministère des Affaires Etrangères, je visite, accompagné de ma femme, la TCHECOSLOVAQUIE, PRAGUE et BRATISLAVA, la HONGRIE, à BUDAPEST et ses environs, la ROUMANIE, à BUCAREST. Nous sommes accueillis notamment par nos conseillers culturels, M. EHRET et M. ANDRÉ notamment, et je rencontre de nombreuses personnalités, et visite des administrations et services à caractère social, en 1968 HELSINKI et STOCKHOLM, en 1972 à titre touristique et à la Pentecôte, VENISE et ROME — en 1973, accompagné de ma femme, de ma fille Martine et de mon fils Michel, à Pâques, le MAROC avec une voiture louée sur place, dans un vaste circuit nous amenant jusqu'à OUARZAZATE et à l'ANTI-ATLAS —, en 1974 également à Pâques, à CHYPRE, en 1975, à MALTE, en 1977 aux ÉTATS-UNIS, en 1978, à la Pentecôte, à JERSEY, en 1979, à Pâques, à RHODES, en 1984, à Pâques, en TUNISIE, puis à VIENNE en juin-juillet pour une conférence de l'Association Internationale de la Sécurité Sociale, et en Octobre à COPENHAGUE, en vue d'une réunion de la Société de Législation Comparée, associant dans la mesure du possible le professionnel au tourisme, les beautés du paysage et des monuments, à la connaissance des populations et des institutions.

De même la Fédération internationale des associations de personnes âgées nous invite à ses assemblées générales tenues notamment à MERANO (TRENTIN), à MAJORQUE, dans les CANARIES, etc.

Mais les vacances, en dehors de nombreux déplacements en France et à l'étranger, tendent à se stabiliser. Pendant plusieurs années nous retournons à PEISEY-NANCROIX, plus exactement à PLAN-PEISEY où nous retrouvons à la fois notre attachement pour la Tarentaise, la haute montagne, et des amis datant de nos précédents séjours. D'autre part, grâce à des relations communes, nous avons fait la connaissance de la MESSUGUIÈRE, propriété où, à CABRIS, Madame Pierre VIENOT a organisé une maison de vacances et de séjour ouverte à un petit nombre d'intellectuels, appartenant à des disciplines diverses, scientifiques, littéraires, artistiques, dans un cadre familial, avec tous les avantages de la Côte d'Azur sans en avoir les inconvénients, y ajoutant la jouissance d'une remarquable bibliothèque. Nous nous y retrouvons toujours avec beaucoup de plaisir, jusqu'au moment où le décès de Madame VIENOT amène ses enfants à vendre la propriété et nous oblige à renoncer à regret à cette partie de nos vacances.

Tout cela fait une existence bien remplie et appelant constamment des enseignements nouveaux, me donnant le sentiment à la fois d'un enrichissement intellectuel, de l'ouverture d'horizons nouveaux, alliant l'agrément à l'utile dans la mesure où je me sens mieux capable de faire face aux multiples tâches auxquelles je me consacre.

Les circonstances font aussi que je me trouve très vite le plus ancien des Présidents de section du Conseil d'Etat, et dois ainsi suppléer le chef de notre corps, qui se trouve être de 1960 à 1971 Alexandre PARODI, lequel cumule avec ses fonctions celle de représentant permanent de la France au Conseil d'Administration du Bureau International du Travail, et est donc amené fréquemment à faire des séjours à GENÈVE ou dans les pays où se réunissent éventuellement ce Conseil ou des Commissions qui en sont l'émanation. Les vieilles et amicales relations qui m'unissent à lui font que je participe volontiers à ces tâches, bien qu'elles m'attirent peu, et m'obligent, à tout le moins, à présider des séances de l'Assemblée Générale du Conseil d'Etat. Lorsque mon ami prendra sa retraite en 1971, il souhaite que je prenne sa suite et j'ai eu le sentiment que beaucoup de nos collègues le souhaitent également. Mais le Président POMPIDOU, alors Chef de l'Etat, n'aime pas procéder à des désignations à de hautes fonctions qui lui paraissent dictées, et est plus porté à faire des choix personnels et orientés politiquement. Je ne suis donc pas surpris que son choix se porte sur Bernard CHENOT, qui, après avoir été un très brillant membre de notre Section du Contentieux, a exercé plusieurs fois les fonctions de Ministre pendant la Présidence du Général de GAULLE. Je n'en éprouve aucune déception, mais plutôt, sans vouloir l'exprimer, un lâche soulagement, tant les fonctions de représentation, d'une part, de gestion administrative et financière, d'autre part, qui forment l'essentiel des responsabilités du Vice-président, m'attirent peu. De même que j'avais retardé le plus possible mon départ de la Première Sous-Section du Contentieux, j'éprouve une grande satisfaction à ne pas devoir m'éloigner de la Section Sociale, où je demeurerai jusqu'à la limite d'âge, le 2 novembre 1980.

VII

La retraite

D'un jour à l'autre, mon existence se trouve bouleversée. Négligeant pour moi-même les conseils que j'ai toujours donnés aux autres, je n'ai aucunement préparé ma retraite. Après 52 ans de services civils et militaires, je me trouve brusquement oisif. J'ai refusé toute manifestation à l'occasion de mon départ du Conseil d'Etat, malgré l'insistance de mes collègues, répugnant à la cérémonie d'adieux, à ces cérémonies qui ressemblent trop à celles des enterrements. Je n'ai pu empêcher cependant mes collègues de me faire parvenir, sans m'en avoir averti, des cadeaux me manifestant leur sympathie, et qui m'ont beaucoup touché.

Sans être vraiment désemparé, j'ai d'abord du mal à m'adapter au vide qui se crée brusquement dans mon existence et qui va se prolonger quelques semaines. Ma première réaction est de me retourner vers Philippe DURIEUX, devenu Président Directeur Général des Editions Techniques après la retraite de son père. Je n'ai en effet jamais cessé, après la fin de la guerre, d'apporter mon concours épisodique et bénévole aux Juris-Classeurs, publiés par cette grande maison d'édition, en supervisant de temps à autre les fascicules nouveaux ou renouvelés du Juris-Classeur de la Sécurité Sociale. Je fais connaître à Philippe DURIEUX que j'ai maintenant du temps libre et que je puis, s'il le souhaite, apporter une contribution plus importante et plus régulière à ses collections, dans la mesure de mes compétences. Philippe DURIEUX immédiatement me demande d'une part de poursuivre et développer la supervision du Juris-Classeur de la Sécurité Sociale, et surtout, d'autre part, de donner une vie nouvelle au Juris-Classeur du Travail et de la Mutualité Agricoles, quelque peu à l'abandon. Nous décidons qu'à cette fin je consacrerai aux Juris-Classeurs trois demi-journées par semaine et que je disposerai dans ses services d'un bureau, d'une secrétaire de rédaction, et de tous les éléments d'information qui me sont nécessaires. Je suis très satisfait de cette solution, qui me permet de continuer à suivre l'évolution d'un domaine qui m'est familier et d'avoir le contact avec et la législation et la jurisprudence en ces matières et les personnalités et administrations qui participent à la vie de ces institutions. Par ailleurs je demeure Président du Comité d'Histoire de la Sécurité Sociale et membre du Haut Comité de la Population, comme du Conseil Scientifique de l'Institut National d'Etudes Démographiques, et membre aussi des diverses associations dont je faisais partie et qui n'occupent qu'une place modeste dans mon emploi du temps.

Après quelques semaines de demi-vacances, la situation se modifie. Le changement de majorité parlementaire amène au Ministère des Affaires Sociales ma jeune collègue Nicole QUESTIAUX, qui avait été une de mes collaboratrices à la Commission d'Etude des Problèmes de la Vieillesse, et avec qui j'ai conservé des liens étroits. Celle-ci me demande de venir l'aider dans l'exercice de ses responsabilités ministérielles. Je lui réponds que je le ferai volontiers, à deux conditions, la première que je ne serai pas membre de son cabinet, la seconde que je n'accepterai aucune rémunération pour les travaux qu'elle me confierait. Je souhaite seulement disposer au Ministère d'un bureau, si modeste soit-il, et d'une secrétaire, qui pourrait être éventuellement à temps partiel. Nicole QUESTIAUX m'établit alors une lettre de mission, signée par elle-même, par le Ministre des Relations Extérieures, le Ministre du Travail et le Ministre de la Santé, me confiant le soin d'aider le Gouvernement à « donner à sa politique sociale le soutien et l'effet d'exemplarité d'une dimension internationale à la mesure des ambitions qu'il s'assigne en ce domaine », tâche pour laquelle je bénéficierai du concours des services qualifiés des administrations relevant de tous les Ministres signataires. Les termes de cette mission seront par la suite confirmés par tous les Ministres qui se succèderont, quelle que soit leur orientation politique, à savoir après Mme QUESTIAUX, MM. Roland DUMAS, AUROUX et RALITE, M. BÉRÉGOVOY, Mme DUFOIX et M. SOISSON, M. SEGUIN, M. EVIN et M. DELEBARRE, M. BIANCO, M. TEULADE. Ma mission étant peu clairement définie, je rends visite à chacun de ces Ministres, qui tous me réservent le meilleur accueil sans me donner davantage de précisions. Je prends contact également avec les responsables des multiples Directions relevant du Ministre des Affaires Sociales, et spécialement avec le Chef du Service des Relations Internationales, lequel est le plus concerné par ma lettre de mission, et à proximité duquel l'on m'affecte un bureau. En pratique Mme QUESTIAUX me demande assez souvent des avis et m'invite à participer à diverses réunions qu'elle organise pour définir l'orientation à donner à sa politique. Mais ces réunions concernent assez peu les problèmes internationaux.

La situation va changer lorsque Mme QUESTIAUX cède la place à M. BÉRÉGOVOY. Je ne connaissais aucunement ce dernier. Mais il me fait une large confiance, plus particulièrement pour les aspects internationaux de ses activités.C'est ainsi qu'il me demande à l'improviste de le suppléer à une conférence des ministres européens en charge de la Sécurité Sociale qui se tient à MADRID. C'est ainsi également qu'à l'occasion de la Présidence Française des Communautés Européennes, j'ai la charge de constituer et de suivre les dossiers des questions sociales et d'assister le Ministre qui préside toutes les réunions concernant les problèmes sociaux. De même, le Ministre me demande d'assister le Secrétaire d'Etat aux Personnes Agées, FRANCESCHI, qui dirigera la délégation française à l'Assemblée Mondiale du Vieillissement organisée à VIENNE par les Nations-Unies, et, le Secrétaire d'Etat se contentant de venir prononcer des allocutions à l'ouverture et à la clôture de cette Assemblée, c'est moi qui ai la responsabilité de diriger la délégation pendant l'essentiel des travaux de celle-ci. Lorsque M. BÉRÉGOVOY me demande d'assumer cette mission, je lui précise que je me sens incapable de défendre dans ces assises internationales la position adoptée en France par le Gouvernement au regard de l'abaissement de l'âge de la retraite, alors que le vieillissement général des populations conduit tous les pays industrialisés à élever cet âge. Le Ministre reconnaît le bien-fondé de ma position et me donne toute liberté à cet égard. J'éviterai donc, bien entendu, de contester la politique française mais je me garderai de la donner en exemple.

Si mes activités internationales sont loin d'absorber tout mon temps, des fonctions accessoires et nouvelles viennent s'y ajouter. Je poursuis d'abord ma mission de Président de la commission en charge de définir les modalités du passage de l'activité à la retraite par l'aménagement d'une retraite progressive, mission qui m'avait été confiée par M. MATTÉOLI et confirmée par la suite. Et un rapport sur la question est remis au Gouvernement, qui ne lui donne qu'une suite partielle par une loi ne correspondant que d'assez loin aux solutions qui avaient été dégagées par la Commission. Je continue également à diriger le groupe de travail sur la Médecine du Travail, constitué au sein du Conseil Supérieur de la Prévention des Risques Professionnels. Je participe à un séminaire organisé par les Nations-Unies à AMSTERDAM en vue de préparer la Conférence Mondiale de la Population, sur le thème « DROITS DE L'HOMME ET MIGRATIONS », sujet qui m'intéresse particulièrement. Francis BLANCHARD, Directeur Général du Bureau International du Travail, me demande de présider un groupe de dix experts en charge de définir ce que doit être « la Sécurité Sociale en l'an 2000 ». La Fédération Nationale de la Mutualité Française crée, dans son cadre, un « Laboratoire d'Innovations Sociales » (L.I.S.) dont on me demande de prendre la présidence et qui va poursuivre son activité durant toutes les années suivantes. Au Ministère même l'on envisage de refaire un Code de la Sécurité Sociale, mais je ne peux accepter d'en diriger la réalisation, les moyens indispensables ne pouvant alors m'être donnés.

Sur un plan purement privé, je participe aux réunions de l'organisation « ÉCHANGES ET PROJETS » créée et animée par Jacques DELORS, et orientée, elle aussi, vers l'élaboration d'une politique économique et sociale pour l'avenir, sur le plan français d'abord, européen ensuite. Je participe dès le dernier trimestre 1981 à deux colloques : l'un organisé à TOURNAI par l'Institut Européen d'Action Sociale (ayant son siège à MARCINELLE) sur les personnes âgées handicapées, l'autre réunissant des fonctionnaires français, britanniques et allemands à SUNNINGDALE sur les politiques de la famille et de la population dans les trois pays. C'est dire que je ne chôme pas.

La Croix-Rouge Française

A la fin de l'année 1981, mon collègue et ami, le Président Philippe RENAUDIN, qui représente depuis de longues années le Conseil d'Etat au Conseil d'Administration de la Croix-Rouge Française, demande à être déchargé de cette responsabilité et l'on me propose de prendre sa succession, ce que j'accepte, heureux de l'occasion de mieux connaître cette grande institution avec laquelle je n'ai eu que des contacts temporaires et légers. Le Président en fonction, l'Ambassadeur SOUTOU, à qui je rends visite, me demande à quelles commissions du Conseil d'Administration je désire participer. Je réponds que mon souhait est de pouvoir m'initier aux principales formes d'activités exercées par la Croix-Rouge, ce qui me conduit à m'inscrire à la commission en charge de l'Action Sanitaire et Sociale française et à la Commission des Relations Internationales. Le Président SOUTOU, sans y faire obstacle, insiste pour que je prenne aussi la présidence de la Commission des Affaires Statutaires et Administratives (A.S.A.D.) pour laquelle on a grand besoin d'un juriste, qualification que je serai à peu près seul à posséder dans le Conseil. Je ne puis évidemment refuser, et j'assurerai cette mission pendant les huit années durant lesquelles j'appartiens au Conseil d'Administration, avec le concours très compétent et efficace du « Directeur des départements », Melle Elisabeth BOUREL. Ce ne sera pas pour moi une sinécure, il s'en faut. La Croix-Rouge Française est une Association reconnue d'utilité publique, membre de la Ligue des Sociétés de Croix-Rouge, organisation internationale ayant son siège à GENÈVE et groupant les Sociétés de Croix-Rouge et du Croissant Rouge de tous les pays du monde, et en relations permanentes avec le Comité International de la Croix-Rouge, société de droit suisse à direction exclusivement helvétique. La Croix-Rouge Française a des services centraux à PARIS et des conseils départementaux couvrant la France entière ainsi que les départements et territoires d'outre-mer. Tous sont statutairement composés d'administrateurs élus par les membres de l'Association de leur circonscription et disposent d'une large autonomie pour l'exercice des activités sanitaires et sociales qu'appelle la situation de leur département. Les Présidents de ces conseils, élus dans leur sein, jouissent de pouvoirs étendus, et sont des notables dans leur ressort. Les statuts de la Croix-Rouge sont approuvés par Décret en Conseil d'Etat. Au niveau national, le Conseil d'Administration comprend en majorité des membres élus par les conseils départementaux et des membres désignés par les Ministres intéressés et un certain nombre d'organisations nationales. Le Président, les Vice-Présidents, élus par le Conseil d'Administration dans son sein, ainsi que le Directeur Général, sont soumis à l'agrément du Gouvernement. Bien que l'Association jouisse d'une grande liberté, son rôle national et surtout international fait qu'elle intéresse au premier chef les pouvoirs publics, en temps de paix comme en temps de guerre, et présente, de ce fait, bien des caractères d'un service public, que manifestent les termes de ses statuts. Il est souvent difficile de faire comprendre à la masse des bénévoles qui forment l'ensemble des collaborateurs de la Croix-Rouge que celle-ci n'est pas une association comme une autre et que ses activités doivent s'intégrer à une politique générale qui les dépasse. Par ailleurs les Présidents des conseils départementaux eux-mêmes se comportent souvent comme de petits dictateurs et ont beaucoup moins le souci de respecter les statuts. Les élections sont souvent purement fictives. La proportion des votants est infime, 1 à 2 % le plus souvent des membres de la Croix-Rouge de la circonscription. Et les membres des comités locaux et des conseils départementaux se recrutent en fait par cooptation dans un milieu étroit. Et, quels que soient la bonne volonté et le dévouement des uns et des autres, s'ils sont en général des gestionnaires actifs et désintéressés des services et activités sur le plan local, il leur est beaucoup moins aisé de se situer à un niveau plus large et même de se conformer à une réglementation nationale et internationale. En leur rappelant leurs obligations statutaires, je dois leur apparaître comme un juriste formaliste empêcheur de danser en rond. J'ai cependant en général de bonnes relations avec tous, mais les efforts que cela demande sont sans commune mesure avec l'efficacité à en attendre. J'ajoute qu'il se forme au sein même des membres élus du Conseil d'Administration, des clans, des coteries, où les positions se déterminent en fonction des sympathies et des antipathies parfois plus que des intérêts en cause. Je n'en donnerai qu'un exemple. Le Président SOUTOU donne brusquement sa démission, pour des raisons personnelles que je n'ai pas connues. Les membres élus du Conseil, ou une grande partie d'entre eux, souhaitent que la succession aille à l'un de ces élus, en fait le premier Vice-Président, et soutiennent la candidature du Professeur DELAUDE, Président du Conseil Départemental de la Haute-Garonne, et pneumologue de grande réputation. M. BÉRÉGOVOY, alors Ministre des Affaires Sociales, prend la question de cette succession très à cœur, non pour des motifs politiques, mais du seul point de vue des conditions paraissant nécessaires pour satisfaire à tous les aspects et à toutes les responsabilités qu'assume le Président d'une institution qui est devenue une grande entreprise nationale comptant, à côté de plusieurs centaines de bénévoles quelque 14 000 salariés, et d'autre part joue un rôle majeur dans les affaires sociales du pays comme dans les relations internationales. De l'enquête approfondie, à laquelle il fait procéder par un de ses collaborateurs directs, il résulte qu'il est difficile, voire impossible, à un professeur de Faculté de Médecine de TOULOUSE, chef de service à temps complet dans un centre hospitalier universitaire de cette capitale régionale, d'assumer de manière permanente de telles responsabilités, qui, pour être bénévoles, impliquent en fait une présence constante à PARIS. Le Ministre demande alors aux membres non élus du Conseil d'Administration de se réunir pour leur expliquer sa position, et, avec l'accord des autres membres du Gouvernement, de soutenir la candidature d'un Ambassadeur de France qui vient de prendre sa retraite, M. Louis DAUGE, jouissant d'une haute estime dans les milieux diplomatiques. Grâce au concours d'un petit nombre d'élus ralliés à ce point de vue, M. DAUGE est élu avec deux voix de majorité contre M. DELAUDE. M. DAUGE se consacre avec compétence et dévouement à sa tâche pendant des mois, se heurte constamment à la réserve, voire à l'hostilité non pas de tous les membres élus, mais du clan entourant et soutenant M. DELAUDE, clivages qui ont nui à la bonne entente et à l'efficacité de la gestion de la Croix-Rouge.

J'ajoute que je suis surpris de constater que, dans une institution comptant 14 000 salariés de tous niveaux et de toutes formations, il n'existe au sein du Conseil d'Administration aucun organisme traitant des problèmes de personnel, le Directeur Général et un Directeur des Relations Humaines s'occupant en fait seuls de ces problèmes aussi bien sur le plan individuel, recrutement, discipline, rémunération, que sur le plan collectif, discussion de conventions collectives, règlement des conflits. Mon prédécesseur, le Président RENAUDIN, m'ayant dit qu'il assumait la présidence d'une commission en charge de l'examen et de la discussion des conventions collectives, je demande si je dois prendre sa suite. Il m'est répondu que cela ne paraît pas utile, le Conseil d'Administration n'intervenant pas en ces domaines.

Indépendamment des tâches administratives auxquelles j'ai été conduit par la présidence de la commission A.S.A.D., j'ai contribué à élaborer un projet de nouveaux statuts pour la Croix-Rouge Française qui ont été adoptés par l'Assemblée Générale, mais jamais mis en application. J'ai aussi été appelé à contribuer à des tâches de formation des nouveaux dirigeants des conseils départementaux comme à plusieurs reprises à la formation des cadres des établissements et services sociaux et sanitaires de la Croix-Rouge.

Au total, si je suis loin d'être entièrement satisfait du temps que j'ai consacré à la Croix-Rouge, j'ai été heureux d'avoir pu contribuer, dans la mesure de mes moyens, à améliorer son fonctionnement, et surtout à prendre une meilleure connaissance de cette grande institution et des hommes et des femmes qui y consacrent leur dévouement et leur désintéressement. Sur le plan personnel, mes relations avec les uns et les autres ont été excellentes, au point que, lorsqu'après huit ans, j'ai estimé être éloigné du Conseil d'Etat depuis trop longtemps pour continuer à assurer une liaison satisfaisante entre ce corps et la Croix-Rouge, et que j'ai demandé à la fin de 1989 mon remplacement, les membres du Conseil d'Administration tiennent à m'offrir un ouvrage en témoignage de leur reconnaissance et de leur amitié, ce dont j'ai été très touché.

Au cours des années 1982 à 1987, j'ai ajouté à ces activités ma contribution constante au groupe de travail du Bureau International du Travail sur la Sécurité Sociale en l'an 2000, à de multiples séminaires ou colloques à l'Ecole Nationale d'Administration, au Centre National d'Etudes Supérieures de la Sécurité Sociale, à la formation des futurs attachés et conseillers culturels à l'étranger sur les problèmes sociaux, aux problèmes posés par le vieillissement et les handicapés, à l'Association des Ages (dans un groupe en charge de l'histoire de la politique familiale en France), au G.R.E.C.O. 55 du Centre National de la Recherche Scientifique animé par Mme REBERIOUX et Antoine PROST sur l'histoire du travail et des travailleurs, à une conférence dans le cadre de la Fédération des Familles Rurales sur l'évolution de la Sécurité Sociale, à la 5e Chambre de la Cour des Comptes sur les problèmes de l'invalidité. A l'étranger, j'ai participé en Belgique à un colloque du Comité d'Education Permanente de l'Université Libre de BRUXELLES sur le passage de l'activité à la retraite, en Grèce, à KOMATINI, à un colloque organisé par la Faculté de Droit sur la Charte Sociale Européenne, à PALMA DE MAJORQUE à un colloque de la Fédération Internationale des Associations de Personnes Agées portant d'une part sur les personnes âgées et la solidarité nationale, et d'autre part sur les personnes âgées et la transmission de la mémoire collective, à l'Assemblée Mondiale du Vieillissement, réunie à Vienne en 1982, et dont j'ai déjà parlé.

Par delà ces diverses occupations, ma participation à deux institutions prennent une place prépondérante dans mes activités à partir de 1983 ou 1985 et se poursuivent pendant les années qui suivent : il s'agit du Comité National Consultatif d'Ethique pour les Sciences de la Vie et de la Santé et du Haut Conseil de la Population et de la Famille.

Le Comité Consultatif National d'Ethique pour les Sciences de la Vie et de la Santé

A la fin de l'année 1983, le Président de la République crée le Comité Consultatif National d'Ethique appelé à émettre des avis sur les problèmes éthiques posés par les recherches biologiques et médicales, Comité placé sous la présidence du Professeur Jean BERNARD, un des plus éminents médecins français, membre de l'Académie des Sciences et de l'Académie de Médecine et appelé quelques mois plus tard à entrer à l'Académie Française. Ce comité est alors composé de 36 membres, les uns représentant les différents courants de pensée qui se partagent l'opinion française, les autres désignés par les divers Ministres, institutions et corps de l'Etat, pouvant être directement ou indirectement intéressés aux divers aspects des problèmes relevant du Comité. Parmi les Ministres amenés à désigner des personnalités devant faire partie du Comité figure le Ministre des Affaires Sociales, à la fois au titre de la Santé, de la Famille, et du Travail. M. BÉRÉGOVOY, en charge de ce grand Ministère à l'époque, me demande si je suis disposé à faire partie de ce Comité au titre du Ministère du Travail. Malgré ma totale incompétence dans les domaines biologiques et médicaux, j'accepte volontiers cette offre, étant très attiré par les aspects juridiques et éthiques des problèmes de santé auxquels le Comité aura à faire face. Le Professeur Jean BERNARD, que je connais de longue date — il avait épousé une nièce d'Adolphe LANDRY au Cabinet duquel j'ai appartenu au début de ma carrière et je l'ai rencontré à cette occasion — me propose alors d'être Vice-Président du Comité, car il souhaite que le Président, médecin et biologiste qu'il est, soit assisté par un membre non médecin. Je n'ai aucune raison de refuser. De là pour moi une nouvelle responsabilité. Celle-ci n'a cessé de prendre une importance croissante, non que j'aie à suppléer de temps à autre le Président — en fait Jean BERNARD assiste effectivement à toutes les séances et n'a aucun besoin d'un suppléant — mais en raison de la fréquence des réunions, du nombre et de la variété des avis que le Comité est appelé à émettre, et de l'obligation morale que je ressens, en ma nouvelle qualité, de suivre le plus grand nombre possible de groupes de travail, comme de la section technique, ainsi bien entendu que des sessions plénières du Comité. Ma participation est devenue l'une des plus importantes de mes activités de retraité.

J'ai beaucoup à apprendre et j'ai beaucoup appris, à la fois dans le domaine des sciences biologiques et médicales, dont j'ignorais tout, et par les relations entre les tenants des différentes disciplines et des différentes orientations de pensée représentées au sein du Comité, dont les membres sont tous des personnalités de premier plan à la fois dans leur spécialité et par leur autorité morale renommée. J'ai eu et j'assume la charge d'un certain nombre de rapports importants, certains appelés à avoir une incidence croissante dans notre vie sociale. Une de mes premières tâches est, par exemple, d'établir, conjointement avec le représentant de l'Académie de Médecine, le Professeur BASTIN, un rapport sur les problèmes posés par les registres médicaux à fins épidémiologiques et de médecine préventive. Le Comité est saisi par la Commission Nationale des Cancers, préoccupée par l'apparition et le développement de l'enregistrement, soit dans un cadre géographique, soit pour certaines formes de la maladie, des cas constatés, de leur évolution, et des efforts accomplis pour y parer. Cet enregistrement de données nécessairement nominatives, fournies par les médecins traitants, les établissements de soins, les laboratoires d'analyses, met en cause le secret médical, et peut porter atteinte à l'intimité des personnes intéressées, voire même à leur liberté, par l'incidence que peut avoir la connaissance de leur état de santé pour leurs relations humaines comme pour leur activité professionnelle. Il apparaît immédiatement que cette pratique peut avoir une très grande importance pour la connaissance des maladies, de leurs origines et de leurs causes, pour en prévenir les manifestations comme pour en orienter les traitements, mais qu'en contrepartie elle peut affecter gravement la liberté de chacun. Je retrouve là les problèmes posés par le développement de l'informatique, cette technique étant indispensable à la tenue et à l'utilisation des registres. Je suis ainsi amené à faire définir par le Comité les conditions auxquelles doivent satisfaire cet enregistrement, comme la tenue et l'utilisation des registres, pour concilier l'intérêt de la science et de la santé, d'une part, la liberté individuelle d'autre part.

J'ai aussi à m'occuper de certains aspects des problèmes posés par le S.I.D.A., dont l'apparition et la diffusion créent dans l'ensemble de l'opinion beaucoup d'émotion. La question se pose notamment de savoir si un employeur peut subordonner l'embauchage d'un travailleur à un test établissant que l'intéressé n'est pas porteur du virus de cette maladie. Compte tenu des modes de transmission de celle-ci, pour la plupart des activités professionnelles la séropositivité ne peut avoir aucune incidence ni sur l'activité professionnelle, ni sur les relations de travail des intéressés, et ne saurait justifier l'exclusion des séropositifs ni même la subordination de l'embauche à un test destiné à constater l'existence ou l'absence de cette séropositivité. Le S.I.D.A. pose et continue à poser, jusqu'à ce qu'on ait réussi à le prévenir, notamment par la vaccination, bien d'autres problèmes. C'est ainsi que le Comité a été amené à plusieurs reprises à se prononcer sur la question de savoir si la recherche de la séropositivité au virus de l'immunodéficience humaine (V.I.H.) doit être obligatoire à l'occasion notamment de l'établissement du certificat prénuptial, des examens prénataux auxquels sont soumis les femmes enceintes, de l'examen médical des recrues lors de leur incorporation pour le service militaire, ou encore, lors d'une hospitalisation à fin d'opération chirurgicale. Ces questions soulèvent bien des hésitations. Une première fois, à propos des examens prénuptiaux et prénataux, le Comité se partage, une moitié des membres étant pour l'obligation, l'autre moitié, contre cette obligation, et le Président n'entendant pas user de la voix prépondérante qui lui est reconnue par le décret organisant le Comité. Dans une réunion ultérieure et après une nouvelle étude, la majorité du Comité se prononce dans le même cas contre l'obligation, étant entendu cependant qu'à l'occasion de l'examen prénuptial comme du premier examen prénatal, le test soit obligatoirement proposé, mais sans être effectué si l'intéressé refuse de s'y soumettre, position contraire à celle prise au même moment et pour les mêmes cas, par l'Académie de Médecine et le Conseil National de l'Ordre des Médecins. Personnellement je suis d'un avis différent de celui de la majorité par le motif, qu'étant admis qu'un nombre important de personnes sont séropositives sans le savoir, il est essentiel, pour les mettre en présence de leurs responsabilités au regard de la gravité des conséquences de la transmission de la maladie, de saisir toutes les occasions de leur faire prendre conscience de leur état pour les amener à prendre les mesures permettant de prévenir cette transmission.

Dès le début des travaux du Comité, il est entendu que l'on ne cherche pas à définir a priori des principes ou règles d'éthique, mais que nous nous prononçons sur chaque cas qui nous serait soumis, quitte à dégager ensuite, au vu des expériences faites, des vues d'ensemble pouvant servir de base dans la suite des travaux. C'est ainsi qu'a été dégagé et affirmé le principe de la non commercialisation du corps humain en lui-même et en tous ses éléments, puis rédigé un rapport synthétique sur la « personne humaine », constatant notamment que le corps, comme toutes ses parties, étant les éléments essentiels de la « personne », participent de sa dignité, et ne sauraient donc faire l'objet de commerce, ni même de propriété au sens juridique du terme, celle-ci impliquant la possibilité d'en faire l'objet d'actes de disposition. Ceci n'exclut nullement pour l'intéressé d'avoir sur son corps un droit sui generis qui comporte la nécessité de son consentement libre et éclairé pour toute mesure affectant le corps en totalité ou dans une de ses parties, à l'exclusion de tout marché.

Aucune règle ne définissant a priori le contenu de l'éthique, il appartient au Comité de dégager, sur la base de nos habitudes de pensée et de notre culture, les principes qui doivent le guider dans les avis qu'il a à exprimer et à constituer progressivement un corps de doctrine devant guider par la suite tant le Comité lui-même, que l'opinion en général, sur les positions à prendre au regard des problèmes constamment posés dans le domaine de la recherche biomédicale, tâche créatrice considérable, fort difficile, mais exaltante, et à laquelle personnellement, je m'attache avec ardeur et conviction.

Le Professeur Jean BERNARD dirige les travaux du Comité avec l'autorité morale dont il dispose. Conscient de l'hétérogénéité de la composition du Comité, il veille à ce que tous les points de vue s'expriment, et tente ensuite de dégager les solutions à donner à chaque problème posé en évitant le plus possible de procéder à des votes, l'hétérogénéité même des membres du Comité empêchant que des nombres de voix dans l'un ou l'autre sens aient une réelle signification. Rares sont d'ailleurs les cas où ne se soient pas dégagées des tendances claires.

Le Haut Conseil de la Population et de la Famille

Depuis 1946, et sans interruption, je participe aux activités du Haut Comité de la Population et j'en suis les vicissitudes. Créé dès avant la guerre de 1939-1945, disparu en 1940, il est rétabli sous une autre forme en 1945, et rattaché alors au Chef du Gouvernement. Le Général de GAULLE le préside effectivement tant qu'il assume cumulativement les fonctions de Chef de l'Etat et de Chef du Gouvernement. Lorsque ces fonctions sont séparées avec la mise en application de la Constitution de 1946, le Haut Comité est rattaché au Premier Ministre et son secrétariat placé sous l'autorité du Secrétaire Général du Gouvernement. Le Président POMPIDOU, lorsqu'il est Premier Ministre, décide de mettre le Haut Comité sous l'autorité du Ministre des Affaires Sociales : c'est en diminuer considérablement l'importance, et en faire une des nombreuses commissions situées à l'échelon ministériel. En fait chaque titulaire de ce Ministère est porté à en modifier la composition en fonction de son orientation personnelle et aussi de l'importance qu'il attache aux problèmes démographiques et familiaux dans l'ensemble de ses compétences. Les membres du Haut Comité de la dernière période, constatant que la politique de la population comme la politique de la famille sont dirigées et orientées en fait sans que le Comité soit consulté, tendent à s'en désintéresser et à contester l'utilité même de l'institution. Madame DUFOIX, alors Ministre des Affaires Sociales, prenant conscience de cette situation, demande à un petit groupe de membres du Comité, dont je suis, de rechercher les moyens de donner un rôle plus précis et plus efficace au Comité. Les travaux de ce groupe aboutissent à proposer le rattachement du Haut Comité au Président de la République, comme ayant une importance analogue sur le plan des politiques nationales à celle reconnue au Conseil Supérieur de la Magistrature ou au Conseil Supérieur de la Défense Nationale. En 1985 un décret substitue au Haut Comité un Haut Conseil de la Population et de la Famille dont tous les membres sont nommés par le Président de la République qui doit en assurer la présidence effective. L'on me demande d'en être le Vice-Président. Si je souhaite à coup sûr faire partie de ce nouvel organisme, je n'éprouve aucun enthousiasme à y prendre des responsabilités plus grandes, compte tenu de mon âge et de ma retraite. Sur l'instance des collaborateurs du Président et du Ministre des Affaires Sociales, affirmant que le Président de la République assurera effectivement la présidence et que le Vice-Président n'aura qu'un rôle très réduit, je me résous à accepter, tout en étant sceptique sur la possibilité pour le Président de s'occuper de la gestion courante de l'institution.

Je constate très vite que le fonctionnement du nouveau Haut Conseil repose entièrement sur le Vice-Président et sur le Secrétaire Général qui est de droit le Directeur de la Population et des Migrations au Ministère des Affaires Sociales. Et j'essaie d'organiser le travail du Haut Conseil dans des conditions nouvelles. Je prévois la constitution au sein du Haut Conseil de groupes de travail, comprenant chacun trois ou quatre des dix-huit membres du Haut Conseil, chargés d'étudier les questions posées par les pouvoirs publics ou suscitées par les membres du Conseil, de rassembler les éléments d'information et de formuler dans un projet de rapport les propositions à soumettre aux autorités compétentes. Il m'apparaît que le rôle du Haut Conseil doit être d'essayer de définir ce que devraient devenir, à moyen et long terme, d'une part la population française, d'autre part la famille, et de proposer les politiques permettant de faire évoluer population et famille dans le sens souhaité, compte tenu des facteurs multiples, psychologiques, politiques, éthiques, économiques, commandant le résultat à atteindre. Deux groupes de travail doivent s'attacher à faire la synthèse des travaux entrepris par les groupes spécialisés dans les différents types de problèmes ainsi posés : problèmes de la natalité, de la jeunesse, du vieillissement et de la vieillesse, des migrations, des relations entre vie professionnelle et vie familiale, des relations entre générations, etc., sous tous leurs aspects. Ceci sans préjudice des problèmes spécifiques sur lesquels les pouvoirs publics souhaitent être éclairés. Dès la première réunion du Haut Conseil, le Président de la République demande à voir étudier les problèmes de la conciliation de la vie professionnelle et de la vie familiale, du vieillissement, et de l'intégration des jeunes immigrés de la deuxième génération. Ce sont donc les premières questions auxquelles s'attache le Haut Conseil.

Dès le début de son activité, le Haut Conseil affirme sa position sur l'orientation à adopter à l'égard des migrants et sur la place à donner dans l'éducation civique aux problèmes de population et de famille. Je souhaite aussi que des groupes s'attachent aux aspects internationaux des problèmes démographiques et familiaux, et, d'une manière générale, à l'éducation de l'opinion, à tous les âges de la vie, sur ces problèmes et sur les solutions à leur trouver.

Tous les membres du Haut Conseil, dans sa première composition, sont désignés individuellement par le Président de la République sans que j'aie à intervenir. Leur désignation est faite à la fin de 1985, étant entendu que le Président tient à un renouvellement effectif d'un tiers au moins des membres lors de chaque renouvellement triennal.

La méthode de travail que j'ai suggérée et fait adopter est la suivante : Tous les membres du Haut Conseil sont avertis des réunions de tous les groupes de travail. Chacun des groupes a un ou deux responsables, et autant que possible, compte en outre deux ou trois membres formant le noyau dur et permanent du groupe et qui doivent s'engager à assister à toutes les réunions, les autres membres pouvant se joindre aux précédents compte tenu de leurs possibilités et de leur compétence. Les groupes doivent faire appel au concours de toutes les personnalités et institutions susceptibles de leur apporter des éléments d'information et des opinions et suggestions sur les problèmes posés. Chaque groupe doit disposer d'un ou plusieurs rapporteurs qui sont pris soit dans son sein, soit en dehors de son sein, et, dans ce dernier cas, recevant une rémunération pour les travaux dont ils auront la charge. Les rapporteurs doivent à la fois faire le travail préparatoire, établir les procès-verbaux des réunions, et traduire dans un ou plusieurs rapports les résultats du travail, et les présenter et défendre à une réunion plénière officieuse conduisant, après débat, à l'adoption de la position proposée au Haut Conseil, qui, ensuite, sous la présidence du Président de la République, doit, après éventuellement un nouveau débat, prendre une décision. Seuls les textes ainsi officiellement adoptés sont l'objet d'une diffusion. Mon souci est de constituer une organisation aussi souple que possible, largement ouverte, ayant le maximum d'efficacité.

Les premiers travaux entrepris se révèlent de bonne qualité, chacun ayant mis du sien, et la méthode semble efficace. Malheureusement il apparaît assez vite qu'elle n'est pas entièrement satisfaisante. Tout d'abord le premier renouvellement, comportant l'élimination d'environ un tiers des membres du premier recrutement, comme l'avait souhaité le Président, prive le Haut Conseil de certains au moins de ses meilleurs éléments. D'autre part et surtout les membres du Haut Conseil éprouvent des doutes croissants sur l'utilité et l'efficacité de leurs efforts. Le Gouvernement ne consulte pratiquement jamais le Haut Conseil et des mesures importantes pour l'orientation de la politique dans les domaines de sa compétence sont prises sans qu'il soit consulté et parfois après consultation d'autres comités ou commissions sans relation avec le Haut Conseil. La présence aux groupes de travail se réduit. Seuls y viennent les membres ayant un intérêt propre aux questions traitées, les autres se bornant ensuite — et parfois sans rien dire — à assister aux réunions plénières en présence du Président de la République. En définitive je ne réussis pas à créer au sein du Haut Conseil un esprit d'équipe, impliquant que tous les membres se sentent responsables des rapports adoptés, en acceptent le mérite, et assument la charge de leur donner effet au regard des différents secteurs de l'opinion. Peut-être ai-je été trop exigeant ou trop ambitieux. Mais après plus de huit ans d'activité, j'éprouve un sentiment d'insatisfaction que je sais partagé par d'autres membres du Haut Conseil, et chez beaucoup une perte d'intérêt pour l'institution elle-même.

Je crois profondément à l'importance de la tâche que doit assumer une institution du type du Haut Conseil. Je crois à la nécessité d'une politique de la population, sur le plan national comme sur le plan international, européen et mondial, car l'avenir de l'humanité en dépend. Je ne crois pas moins à l'importance d'une politique de la famille, car l'homme n'est jamais un isolé. Son bien-être, ses satisfactions matérielles et psychiques, sont indissolubles du bien-être et de la satisfaction de ses proches, du conjoint, des enfants, et je suis profondément convaincu que la tendance à un individualisme poussé à l'excès est contraire à l'épanouissement de l'homme, à tous les âges de la vie, sur le plan individuel comme sur le plan collectif. Je suis bien conscient que l'effort à entreprendre en ces domaines n'est efficace qu'à long terme et que chacun, notamment chez les jeunes, tend à donner la priorité, et même parfois l'exclusivité dans son action aux problèmes immédiats et urgents, et néglige les perspectives lointaines. Il me paraît essentiel que des institutions comme le Haut Conseil insistent sur l'importance du long terme et y préparent l'opinion à tous les niveaux. Je déplore, et je m'en veux, de n'avoir réussi que très imparfaitement dans les efforts que j'ai poursuivis à cette fin. Et je me résous, à regret, à l'occasion du renouvellement du mandat des membres du Haut Conseil au début de 1992, à demander mon remplacement comme Vice-Président de celui-ci.

L'ensemble de ces activités me vaut, en 1984, sur l'initiative prise en commun et sans que j'en sois averti, par M. BÉRÉGOVOY, Ministre des Affaires Sociales et le Vice-Président du Conseil d'Etat, Pierre NICOLAŸ, d'avoir la surprise d'être élevé à la dignité de Grand Croix de la Légion d'Honneur, dont les insignes me sont remis à l'Elysée par le Président de la République François MITTERRAND.

Si, à coup sûr, l'essentiel de mon temps, depuis ma retraite, est occupé par la Croix-Rouge Française, le Comité d'Ethique pour les Sciences de la Vie et de la Santé, le Haut Conseil de la Population et de la Famille, sans oublier ma collaboration aux Juris-Classeurs, je suis en outre appelé à participer à des colloques, à des manifestations multiples sur le plan local, national ou international.

Cela est vrai d'abord dans le domaine de la Sécurité Sociale en général, notamment pour la célébration de son quarantième anniversaire qui donne lieu à de nombreuses manifestations, à PARIS et en province, et notamment à l'élaboration d'un film sur « QUARANTE

ANS DE SÉCURITÉ SOCIALE » auquel j'ai largement participé, à des réunions et colloques multiples.

J'ai fait partie en 1987 d'un « COMITÉ DES SAGES » appelé à réfléchir sur les problèmes posés par l'avenir de la Sécurité Sociale française, à l'occasion d'« ÉTATS GÉNÉRAUX DE LA SÉCURITÉ SOCIALE ». Ce comité est composé, avec moi, de Jean BERNARD, Jean CHOUSSAT, ancien Directeur Général de la Santé et ancien Directeur du Budget, Gérard CALOT, Directeur de l'Institut National d'Etudes Démographiques, PICOT, Directeur de l'A.R.R.C.O., et Simon NORA, Directeur de l'Ecole Nationale d'Administration, ayant pour mission d'une part d'orienter les ÉTATS GÉNÉRAUX DE LA SÉCURITÉ SOCIALE, lesquels impliquent des colloques régionaux, devant mobiliser les différents secteurs de l'opinion sur les problèmes économiques et financiers posés par l'évolution de la Sécurité Sociale, faire la synthèse des suggestions et orientations se dégageant de ces colloques, et, d'autre part, en tirer des propositions basées à la fois sur cette synthèse et sur les auditions directes de personnalités représentatives au niveau national des principaux secteurs de la population. Chaque membre du Comité s'intéresse en fait plus spécialement à un aspect particulier des problèmes posés en fonction de sa compétence, Jean BERNARD à la maladie et à l'organisation sanitaire, Gérard CALOT à la famille et à la natalité, PICOT à la vieillesse et au vieillissement, Simon NORA aux problèmes économiques généraux et aux exemples américains, alors que CHOUSSAT et moi-même sommes à peu près les seuls à avoir une vue globale des problèmes à résoudre en matière de politique sociale. Toujours est-il que, sur le plan économique et financier, il apparaît vite que l'accent doit être mis sur l'évolution du coût de l'assurance maladie, d'une part, de l'assurance vieillesse d'autre part.

La croissance du coût de la santé est liée à l'évolution technologique, se traduisant par l'apparition et le développement de techniques de plus en plus sophistiquées et coûteuses, et par la tendance naturelle tant des praticiens que des assurés à faire appel aux moyens les plus modernes, donc les plus coûteux, en refusant de prendre en compte le coût en résultant, la santé ne devant pas avoir de prix. L'effort alors entrepris conduit effectivement à une prise de conscience et par les praticiens et par les usagers de la menace pouvant en résulter pour l'évolution de l'institution, et, à la fin de l'année 1987, à la constatation d'un excédent imprévu de l'assurance maladie alors que l'on attendait un important déficit. Malheureusement l'effort ainsi accompli n'est pas renouvelé par la suite et la croissance du coût reprend.

En ce qui concerne le vieillissement et la vieillesse, l'accroissement du coût est la conséquence normale de la baisse de la natalité, de l'allongement de la durée de la vie humaine, et de l'amélioration de l'état de santé des personnes avançant en âge et conservant plus longtemps leurs aptitudes physiques et intellectuelles. Le seul moyen de ralentir l'augmentation du coût de l'assurance vieillesse est alors, si l'on ne veut pas abaisser le niveau de vie des retraités, de retarder l'âge d'ouverture du droit à pension, ce qui est d'autant plus justifié que les gériatres soulignent à l'envie que, pour mieux vieillir, il faut conserver une activité le plus longtemps possible. Mais l'on se heurte alors à la conviction profonde des travailleurs, entretenue par leurs organisations, que le progrès social doit se traduire par une réduction constante du temps de travail, ce travail étant conçu comme une servitude contrainte dont l'on doit se dégager le plus tôt possible. De là la difficulté psychologique pour le Comité de proposer un retour sur les mesures récemment prises pour abaisser l'âge d'attribution de la pension considéré comme normal. A défaut, le Comité est amené à proposer l'augmentation du nombre d'années d'assurance exigé pour pouvoir prétendre à une pension normale, ce qui pratiquement revient au même. A tous égards, apparaît indispensable une éducation de l'opinion orientée vers une prise de conscience des réalités économiques et sociales à long terme. Malheureusement le « COMITÉ DES SAGES » n'a disposé que de quelques semaines pour élaborer ses propositions et n'a pu leur donner tout le développement nécessaire.

Le vieillissement individuel et collectif de la population me conduit par ailleurs à participer à de nombreuses études, colloques, commissions sur le problème général comme sur les problèmes particuliers propres aux personnes âgées dépendantes, pendant toute la période.

Il en va de même des problèmes posés par l'invalidité et les handicapés.

Au regard de l'emploi et du chômage, je suis amené à adresser à M. SOISSON, alors Ministre du Travail, des notes sur les inter-relations entre le chômage et le vieillissement et sur les problèmes qui en résultent dans ces domaines et dont j'ai traité dans un article de la Revue Internationale du Travail.

La Médecine du Travail, à l'occasion d'une assemblée de médecins du travail de la région Languedoc-Roussillon, me conduit à insister sur le rôle des médecins du travail en face du vieillissement des travailleurs.

Sur le plan international, je participe, dans le cadre du Conseil de l'Europe, à un colloque sur la lutte contre la pauvreté, à la célébration de l'anniversaire de la Charte Sociale Européenne. L'O.C.D.E. (Organisation pour la Coopération et le Développement Economiques) me demande de présider une conférence internationale interministérielle sur l'avenir des migrations, le Bureau International du Travail et l'U.N.E.S.C.O. m'invitent à la célébration du 25e anniversaire de la Recommandation sur la condition du personnel enseignant. L'Institut Européen Interuniversitaire de l'Action

Sociale de Marcinelle me demande mon concours pour une conférence sur les aspects de la Sécurité Sociale liés aux exclusions et à la nouvelle pauvreté.

Je suis très fréquemment appelé, par ailleurs, à donner des interviews ou à participer à des colloques sur les problèmes de politique sociale, à recevoir des étudiants ou des chercheurs faisant appel à mon concours en vue des travaux qu'ils entreprennent.

C'est dire que j'ai encore des journées bien remplies. Mais, n'ayant plus de responsabilités directes, j'ai le sentiment d'être de moins en moins utile et d'un vide croissant de mon existence, vide accentué par la disparition fréquente de contemporains, de collègues, d'amis. Je suis également porté, je l'ai indiqué, à abandonner des responsabilités, la présidence du Comité d'Histoire de la Sécurité Sociale, mes fonctions d'administrateur de la Croix-Rouge Française, la vice-présidence du Haut Conseil de la Population et de la Famille, éventuellement dans quelques semaines ou quelques mois, celle du Comité Consultatif National d'Ethique pour les Sciences de la Vie et de la Santé. L'heure arrive vite d'une retraite totale, d'un repos que je redoute. Je tiens, en tout cas, et j'y pense constamment, à préparer ma succession dans les activités que j'exerce encore. J'y réussis au Comité d'Histoire de la Sécurité Sociale, au Conseil d'Administration de la Croix-Rouge Française, au Haut Conseil de la Population et de la Famille.

Reste toujours ma vie familiale. J'ai la chance d'avoir autour de moi une famille étroitement unie. Si j'ai été très secoué par l'accident survenu à ma femme le 4 octobre 1990 qui l'a obligée à trois semaines d'hospitalisation et à plusieurs mois de rééducation, et si sa santé me cause beaucoup de préoccupations, enfants et petits enfants m'apportent bien des satisfactions. Mais j'ai aussi l'impression que je ne peux plus leur apporter grand chose, qu'ils ont de moins en moins besoin de moi et que c'est moi qui ai de plus en plus besoin d'eux. Cela souligne le sentiment d'inutilité croissante que j'éprouve et qui me pèse un peu plus chaque jour.

Réflexions finales

I. Ce qui me frappe, au terme de cette autobiographie, c'est l'importance prise dans mon existence par une suite de hasards. Je laisse de côté le cosmopolitisme de mes origines génétiques, combinant de multiples éléments méditerranéens comme anglo-saxons, une forte dose de judaïsme sépharade à des attaches toscanes et espagnoles, comme à mon ascendance britannique et irlandaise, et aboutissant chez mes parents à un couple parisien et agnostique, qui ne connaîtra la province française que par les affectations successives et temporaires d'une carrière judiciaire. Je n'insisterai pas davantage sur ma scolarité poursuivie pour une large part durant la guerre de 1914-1919, avec des maîtres de grande qualité mais relativement âgés, les éléments jeunes étant sous les drapeaux.

Le hasard intervient davantage dans les relations et connaissances nées de la fréquentation de la même série de classes, essentiellement au lycée Janson de SAILLY, et qui ont été l'origine d'amitiés étroites et durables. Parmi elles, celle qui m'a lié à Robert LABBÉ et à sa famille a eu une portée considérable. Non seulement elle a eu une longue durée, ne se terminant que par la mort prématurée de Robert, mais, dès mon adolescence, l'accueil des parents de mon ami, M. et Mme Jean LABBÉ, leurs invitations fréquentes dans leur propriété de l'Orne, les entretiens que j'ai avec M. Jean LABBÉ, juriste remarquable, avocat au Conseil d'Etat et à la Cour de Cassation, m'ouvrent aux préoccupations juridiques et me permettent la rencontre auprès d'eux de personnalités éminentes et variées, ayant une influence considérable sur ma formation. Il y a là à coup sûr un hasard des plus heureux.

Je ne peux en revanche parler vraiment de hasard dans le développement de mes études. Je suis naturellement plus attiré par les études littéraires que par les mathématiques et les sciences ; tout naturellement aussi je poursuis, après mon baccalauréat, des études de Droit et de Sciences Politiques, qui me conduisent au concours d'entrée au Conseil d'Etat, m'engageant dans une carrière juridique qui se trouve à la fois conforme à mes goûts et adaptée à mes qualifications.

Le hasard intervient en revanche lorsque m'est offerte l'entrée dans le Cabinet d'Adolphe LANDRY, Ministre du Travail et de la Prévoyance Sociale, en Janvier 1931. Au moment où j'écris, en 1992, la participation à un Cabinet de Ministre suppose en général soit des relations personnelles avec le titulaire du Ministère, soit des affinités politiques communes, et souvent les deux conditions à la fois. A l'époque, les choses étaient différentes. Toujours est-il que j'ignore tout du métier de Cabinet. Je n'ai aucune relation avec Adolphe

LANDRY dont le nom m'est même inconnu. Je n'ai pas davantage d'appartenance politique, et je ne connais pas la sienne. Je n'ai aucune attache quelconque. L'offre qui m'est faite a son origine dans un pur hasard, la rencontre de mon père avec César CAMPINCHI, gendre d'Adolphe LANDRY, dans les couloirs du Palais de Justice. Ce hasard a une influence déterminante sur toute la suite de ma carrière. C'est à lui qu'est dû mon intérêt pour les problèmes de population, auxquels Adolphe LANDRY est depuis longtemps particulièrement attaché, et, plus généralement, pour tout ce qui touche à la politique sociale, pour laquelle je n'ai jusqu'alors aucun attrait particulier ni aucune expérience concrète. Il y a donc là pour moi un élément déterminant, et d'où découle tout mon avenir professionnel.

Sur un tout autre plan, ma vie familiale est, elle aussi, le résultat d'un hasard. Ma rencontre, en août 1940, à PARIS, de Chrystel BERTRAND me demandant, alors que je m'apprête à retourner à VICHY, d'apporter à son amie Colette MAX une certaine somme pour lui permettre d'envoyer des colis à son frère, Eric d'ORNJHELM, alors prisonnier de guerre, est le point de départ de mes relations avec celle qui devait devenir mon épouse, donc de toute ma vie affective et familiale ultérieure.

Ma traversée de la période de guerre est marquée aussi par une série d'événements largement dus au hasard. Mon affectation en octobre 1939 à l'Inspection Générale de l'Habillement (service des matières premières textiles) me met en relation avec les dirigeants des industries textiles, et notamment de ceux de l'industrie de la soie, Jean BARIOZ et Jean ROCHETTE, qui m'accueillent à LYON au moment où la législation de VICHY m'écarte du Conseil d'Etat, et contribuent, pendant la durée de l'occupation, à m'éviter les risques qui auraient pu me menacer. C'est la rencontre à LYON avec Alexandre PARODI, Jean MOULIN et les membres du Comité Général d'Etudes de la Résistance, et leur incitation à m'envoyer à LONDRES pour tenter de donner à leurs travaux l'efficacité qu'ils souhaitent. C'est l'insistance de François COULET, au moment du débarquement, pour que je l'assiste dans la remise en place d'une administration française digne de confiance dans les territoires libérés. Autre hasard : la désignation d'Alexandre PARODI comme Ministre du Travail et de la Sécurité Sociale du premier Gouvernement de la France Libérée et l'offre qu'il me fait de prendre la charge de la Direction Générale des Assurances Sociales et de l'élaboration d'un plan français de Sécurité Sociale.

Si je suis profondément éprouvé par la déportation et le décès de mon plus jeune frère, le hasard, la chance, m'aident à traverser, avec ma femme et mes enfants, comme avec mes parents, cette période de guerre sans autre épreuve directe.

C'est aussi une combinaison de hasards qui m'amènent à jouer un rôle important dans la réalisation de toute l'organisation de la Sécurité Sociale, tâche exaltante s'il en est, et qui est aussi un facteur déterminant de la suite de ma carrière au Conseil d'Etat et notamment de ma nomination en 1964 à la Présidence de sa Section Sociale.

Au moment de ma retraite, le hasard encore veut que le Ministère des Affaires Sociales soit confié en 1981 à Nicole QUESTIAUX avec qui je me suis lié au Conseil d'Etat et dans les travaux de la Commission d'Etude des Problèmes de la Vieillesse en 1960-1962 et qu'elle me demande de venir l'aider dans ses nouvelles responsabilités. C'est un hasard aussi que son successeur, M. BÉRÉGOVOY, m'offre d'être le membre désigné par le Ministre du Travail au Comité Consultatif d'Ethique pour les Sciences de la Vie et de la Santé créé en 1983 par le Président MITTERRAND et que le Professeur Jean BERNARD, Président de ce Comité, me demande d'en assurer la vice-présidence.

Voilà bien des hasards, entre beaucoup d'autres, qui ont déterminé, qui déterminent encore le déroulement de ma carrière professionnelle et de toute mon existence personnelle et familiale.

II. Je devrais, au terme de cette autobiographie, essayer d'en dégager quelques traits essentiels. Je sais la difficulté d'une telle tâche, et combien l'on ne peut guère être objectif quand on parle de soi-même. C'est donc avec hésitation que je fais cette tentative.

Ce qui me paraît dominer essentiellement les longues années que j'ai vécues, c'est la volonté d'indépendance. Je n'ai jamais accepté de me lier à une organisation quelconque, politique ou syndicale par exemple. Ce n'est pas que je méprise en rien partis ou syndicats. De tels groupes sont utiles, et même nécessaires. Mais, dans toute mon action, professionnelle ou autre, je refuse instinctivement de me sentir lié par des engagements extérieurs, risquant de ne pas correspondre à ce que je crois, à ce que je veux profondément. J'ai toujours entendu être, et je crois avoir toujours été, un homme libre, et m'efforçant d'éviter toute influence, toute pression extérieure, pour n'écouter que ma conscience, ce que je crois vrai et juste, dans la vie publique comme dans la vie privée. Je suis bien entendu pleinement conscient que je ne suis pas seul, que, comme tout homme et toute femme, j'appartiens à la société, à des groupes divers et nombreux à l'égard desquels j'assume des obligations, dont je suis solidaire. Mais je ne puis accepter que l'on m'impose, pour quelque motif que ce soit, une prise de position, une action, qui ne correspondrait pas entièrement à ce que je crois, à ce que je pense. Je n'en ai jamais démordu et j'espère bien n'en jamais démordre. Je prends l'entière responsabilité de mes actes. Si je commets une erreur, je tiens à le reconnaître et, si c'est possible, à en réparer les conséquences, précisément parce que je ne veux pas les rejeter sur d'autres.

Une deuxième préoccupation qui m'a toujours dominé est le souci, le désir, la volonté d'être utile, d'exercer la solidarité que je ressens à l'égard des autres, sur le plan individuel d'abord, sur le plan collectif ensuite. Cette volonté de solidarité est la contrepartie de la volonté de liberté. Je sais bien que la liberté à laquelle j'attache tant de prix ne peut être totale, qu'elle comporte des limites par le jeu normal de la vie sociale, de la liberté des autres. Je sais aussi que l'égalité entre les hommes, à laquelle j'aspire, car elle est la condition même, avec la liberté, de la dignité de chacun, est largement théorique, parce que la science nous apprend qu'il n'existe pas deux individus exactement semblables, et que les différences de fait s'expriment, par la force des choses, dans des inégalités, mais encore faut-il que ces inégalités n'affectent pas la dignité de l'un ou de l'autre, tous ayant droit au même respect, à la même considération en tant qu'hommes et que femmes. L'interdépendance entre tous est et doit être la base d'une solidarité consciente, dont j'ai personnellement et profondément conscience et que je ne peux voir exprimée que par une volonté de fraternité.

Une troisième préoccupation, qui a toujours été la mienne, est celle de l'importance de l'avenir. Je constate tous les jours combien le souci du moment, ou, de plus en plus, du proche avenir domine la grande majorité de l'humanité, et combien il est difficile de faire prendre en considération les perspectives à long terme. Il est normal que l'urgence du moment tende à marquer, à faire méconnaître les conséquences de l'action quotidienne pour des futurs plus ou moins éloignés. Ma tendance personnelle est de réagir contre une telle attitude, d'œuvrer pour le moyen ou le long terme. L'on m'a dit un jour que j'étais un visionnaire. Je n'aime pas ce terme s'il exprime une tendance à l'utopisme, à la méconnaissance des réalités. Je l'accepte en revanche s'il implique la prise en considération de lendemains plus ou moins lointains.

L'ensemble de ces préoccupations, s'ajoutant à celles qui se dégagent de mes expériences professionnelles et sociales me conduisent à souligner, dans tous les domaines, l'importance majeure des facteurs éducatifs.

C'est à coup sûr un lieu commun d'affirmer le rôle croissant de l'éducation sous toutes ses formes dans le monde moderne. Le développement des connaissances scientifiques et techniques est tel que la transmission de ces connaissances d'une génération à l'autre devient de plus en plus difficile. Et surtout elle absorbe tout le temps et tous les efforts des enseignants, réduisant sans cesse la part de l'éducation dépassant cette transmission pour assurer aux jeunes une formation éthique et civique comparable à celle qu'apportaient les instituteurs il y a un siècle. D'une part la masse de connaissances que doivent absorber les jeunes ne trouve plus de limites, au point que l'on est amené à réduire la part de la formation générale et que l'on est tenté de spécialiser de plus en plus tôt les jeunes dans certains aspects des connaissances, à limiter ainsi prématurément les possibilités de choix de carrière et de mobilité ultérieurs. Ainsi déjà le seul facteur tenant à la masse des connaissances à enseigner modifie profondément la nature et la portée de la première éducation.

D'autre part les progrès scientifiques et techniques se font de plus en plus rapides, vont plus vite que l'homme et la femme s'essoufflant à les suivre et à tenter de s'y adapter. L'on continue encore trop souvent à penser que la période de formation et d'éducation s'arrête au moment où l'on accède à l'âge adulte et où l'on entre dans la vie dite de travail, pour exploiter les connaissances acquises dans la jeunesse, et cela jusqu'au moment de la cessation de toute activité professionnelle par la retraite. L'on méconnaît ainsi qu'en avançant en âge et pendant toute la durée de l'âge adulte, de la période d'activité, l'homme change. Sans y être toujours sensible, il se transforme constamment du seul fait de l'âge et des influences multiples qu'exerce sur lui le milieu où il vit, milieu professionnel, social, sportif, culturel. C'est donc bien souvent une erreur lourde de vouloir exercer la même activité ou le même type d'activité pendant toute la période active, car si l'on peut être bien adapté à cette activité au début de l'âge adulte, l'on risque de ne plus l'être après 10, 15 ou 20 ans. La combinaison des transformations scientifiques et techniques de plus en plus rapides, et de l'évolution subie par l'effet de l'âge exigent qu'une place de plus en plus importante soit donnée à une éducation permanente favorisant des recyclages pour tenir compte non seulement des mutations techniques et scientifiques mais aussi, et peut-être surtout, de l'évolution des aptitudes physiques et intellectuelles dues à l'avance en âge. Il y a là un aspect de l'éducation auquel on est loin encore de donner toute l'importance qu'il mérite.

Ce qui est vrai sur le plan des activités économiques l'est aussi sur le plan social au sens le plus large. Les rapports de chaque individu avec ses proches comme avec son milieu se transforment avec le temps. Dans le couple formé par les époux, l'évolution de chacun peut varier très sensiblement de l'un à l'autre, sans que l'on s'en aperçoive, car l'évolution est lente et peu sensible. Il importe de donner conscience à chacun, à chaque membre du couple, des différences qui peuvent se manifester dans les transformations subies par l'autre, pour l'amener à faire l'effort qu'appelle chez l'un et chez l'autre la nécessité d'éviter le développement des malentendus, des oppositions. Toute une éducation familiale, encore très insuffisante, devrait tendre à aider chacun à réussir son existence familiale, dans l'intérêt de chacun et de tous. Et ce qui est vrai de l'éducation familiale l'est tout autant de la vie sociale en général, des relations avec le milieu auquel on appartient, milieu professionnel, milieu local, milieu culturel, dans l'intérêt de chacun, dans l'intérêt aussi des collectivités de toutes origines et de tous niveaux. Education sociale difficile à coup sûr, en raison de l'extrême variété des individus en présence et de leur évolution, en raison aussi du respect dû à chaque personne, de la nécessité d'éviter toute contrainte, et même toute pression idéologique indue, nécessité encore trop méconnue sauf dans des dictatures oppressives et inacceptables comme telles.

Le besoin d'une action éducative n'est pas moins impérieux pour permettre et développer la mise en œuvre d'un effort dirigé sur l'avenir. Cela est vrai d'abord sur le plan sanitaire et médical, pour prévenir les maladies, les invalidités, l'usure prématurée de l'organisme. Prévention collective d'abord par une hygiène des logements et des agglomérations, la lutte contre les pollutions de tous ordres, de l'air, de l'eau, de la mer, comme par l'hygiène aussi des pratiques alimentaires et de la qualité des aliments. Prévention individuelle ensuite, afin d'éviter l'apparition ou le développement des maladies comme pour lutter contre le vieillissement prématuré. Et ici des possibilités nouvelles s'offrent journellement. L'on tend aujourd'hui à rechercher la connaissance du patrimoine génétique de chacun, ce qui devrait rendre possible une action directe sur ce patrimoine lui-même, tant dans son évolution qu'au moyen d'une action s'exerçant sur les gènes. D'ores et déjà est à l'étude et parfois fort avancée la connaissance des gènes à l'origine de certaines maladies comme de certaines prédispositions à celles-ci. L'on envisage pour un avenir de quelques années la possibilité de connaître la carte génétique de chaque individu et, par voie de conséquence, le patrimoine génétique des enfants à naître et d'agir sur les éléments pouvant favoriser la permanence d'une santé favorable comme d'éviter la survenance de certaines maladies, avec le risque d'enfermer les intéressés dans leur passé génétique, individuel ou familial. Là encore les progrès à réaliser doivent être associés à des mesures particulières tendant à ménager la liberté individuelle de chacun, les solutions les meilleures supposant une action incitant chaque personne à se prendre en charge elle-même de manière à provoquer de sa part un effort volontaire pour se mieux connaître et mieux se protéger par une action individuelle et libre. Il y a là encore un aspect de l'action éducative à entreprendre, et avec persévérance. Et, là encore, le souci de respecter au maximum la liberté de chacun appelle, en raison également du caractère original de chaque individu, un effort adapté à chaque situation et à la solution du ou des problèmes qui se posent à chacun.

L'éducation à entreprendre est encore le plus souvent à organiser et à mettre en œuvre progressivement, à la fois avec le concours de la ou des collectivités et par les efforts individuels demandés à chacun. Elle ne peut être vraiment efficace qu'avec le concours de tous, individuellement et collectivement, tous prenant conscience de leur interdépendance et participant à une action à la fois individuelle et collective, de manière volontaire et personnelle. Cela suppose la création d'un nouvel état d'esprit, la prise de conscience de l'interdépendance croissante de tous les hommes et de toutes les femmes, des responsabilités de chacun à l'égard de tous les autres, non seulement en répandant les connaissances acquises ou nouvelles, mais aussi et surtout en développant une volonté constante de tirer toutes les conséquences de cette interdépendance, c'est-à-dire par une éducation de la solidarité elle-même.

Annexe

Liste chronologique des publications de Pierre Laroque de 1926 à 1992

Observations

Indépendamment des travaux énumérés dans cette liste, il convient de souligner les points suivants :

1. Collaboration aux Editions Techniques.

Au cours de la période 1941 à 1943 :

— Création, à la demande du Président Directeur Général des Editions Techniques, d'un Juris-Classeur nouveau, dit Juris-Classeur du Chef d'entreprise.

La création de cette collection a été confiée à M. Pierre LAROQUE qui en a assuré entièrement la première rédaction et la mise à jour, en même temps que la mise au courant du Juris-Classeur fiscal (impôts directs).

D'autre part à partir de la période postérieure à 1945, M. Pierre LAROQUE a collaboré de manière épisodique, comme conseil, à la supervision des Juris-Classeurs de la Sécurité Sociale et du Chef d'entreprise (en ce qui concerne ce dernier uniquement pour le volume « social »).

En outre depuis 1981, cette collaboration est devenue plus régulière et a comporté la supervision du Juris-Classeur de la Sécurité Sociale, du Juris-Classeur du Droit de l'Entreprise, et du Juris-Classeur du Travail et de la Mutualité Agricoles, ce qui a permis de suivre régulièrement l'évolution de la législation et de la jurisprudence dans le domaine social.

2. Il n'est pas fait mention dans la liste suivante des cours enseignés par M. Pierre LAROQUE. Les principaux de ces cours ont fait l'objet de publication.

Il s'agit en premier lieu et principalement du cours professé à l'Institut d'Etudes Politiques de PARIS de 1946 à 1970 sur « les problèmes sociaux contemporains ». Ce cours a été sténotypé et publié sous la forme polycopiée par les « Cours de Droit ». Il correspond à deux fascicules par année, le cours se répartissant sur deux cycles annuels.

D'autre part les enseignements professés par M. Pierre LAROQUE à l'Ecole Nationale d'Administration dans la période de 1945 à 1950 et portant sur « les rapports entre patrons et ouvriers » aux Etats-Unis, en Grande-Bretagne, en France et sur les problèmes sociaux français, ont fait l'objet, à l'usage interne des élèves de l'Ecole Nationale d'Administration, d'une publication sous forme polycopiée.

3. M. Pierre LAROQUE a rédigé de nombreuses notices bibliographiques pour diverses Revues, notamment la Revue Française de Science Politique.

4. M. Pierre LAROQUE a collaboré de manière régulière à la Semaine juridique, particulièrement de 1941 à 1943, par des articles et notes de jurisprudence (sous une forme anonyme en raison des circonstances).

5. Le Bulletin de Liaison du Comité d'Histoire de la Sécurité Sociale a publié diverses contributions de M. Pierre LAROQUE.

6. Le Comité d'Histoire de la Sécurité Sociale et l'Association pour l'Etude de l'Histoire de la Sécurité Sociale ont fait procéder à des interviews en vue de la constitution d'archives orales sur les débuts et l'évolution de la Sécurité Sociale. M. Pierre LAROQUE a participé à ces interviews dont le texte est déposé aux Archives Nationales.

Liste chronologique des publications de M. Pierre Laroque

** *Les ouvrages publiés en volumes sont marqués de deux astériques.*

1926 : *Les juges français et le contrôle de la loi.* In : Revue du Droit Public, oct.-nov.-déc. 1926, p. 722.

1927 : Des garanties juridictionnelles du droit public et spécialement du contrôle de la constitutionnalité des lois (inédit), thèse pour l'Ecole des Sciences Politiques, 1927.

1928 : *Le contrôle juridictionnel de la constitutionnalité des lois* (à propos de la thèse d'André BLONDEL). In Revue des Sciences Politiques, oct.-nov.-déc. 1928, p. 611.

1930 : en collaboration avec Roland MASPETIOL :

** *La Tutelle administrative.* Couronné par l'Académie des Sciences Morales et Politiques (Prix Odilon Barrot 1930), 1 volume, SIREY.

— Note au Recueil SIREY (11e cahier 1930) sur : *Le cumul par deux époux pensionnés de l'Etat de la majoration pour enfants à raison des mêmes enfants.* S. 1930.3.121.

1931 : Note au Recueil SIREY (3e cahier 1931) sur : *Le recours en révision et le recours en rectification d'erreur matérielle devant le Conseil d'Etat.* S. 1931.3.33.

— Note au Recueil SIREY (3e cahier 1931) sur : *La compétence de la commission cantonale et de la commission centrale d'assistance aux vieillards.* S. 1931.3.38.

— Note au Recueil SIREY (7e cahier 1931) sur : *La situation de l'usager d'un service public industriel.* S. 1931.3.81.

— Note au Recueil SIREY (10e cahier 1931) sur : *La compétence du Tribunal arbitral des chemins de fer.* S. 1931.3.113.

1932 : *Les Conflits d'attributions.* In : Revue du Droit Public, janv.-fév.-mars 1932, p. 5 et tiré à part : GIARD.

— Note au Recueil SIREY (3e cahier 1932) sur : *La substitution de motifs par le Conseil d'Etat saisi d'un recours contre une décision d'annulation pour illégalité prononcée par une autorité de tutelle.* S. 1932.3.25.

— Note au Recueil SIREY (6e cahier 1932) sur : *L'évolution du régime juridique des utilisations du domaine public.* S. 1932.3.65.

— *La mutualité, le corps médical et les assurances sociales.* In : Revue Politique et Parlementaire, 10 nov. 1932, p. 309.

** *Supplément au Traité des Assurances Sociales,* de Tissier, Closset, O. de Sardan. Librairie des Juris-Classeurs, 1932.

1933 : ** *Les usagers des services publics industriels.* Thèse de Doctorat en Droit, SIREY, 1933.

— Note au Recueil SIREY (2e cahier 1933) sur : *La force majeure et l'imprévision dans les contrats administratifs.* S. 1933.3.9.

— Note au Recueil SIREY (4e cahier 1933) sur : *La réglementation administrative des transports automobiles publics.* S. 1933.3.41.

— Note au Recueil Sirey (10e cahier 1933) sur : *La réglementation des entreprises privées et des services publics de transports automobiles.* S. 1933.3.113.

1934 : Note au Recueil Sirey (3e cahier 1934) sur : *Les Servitudes pouvant grever le domaine public.* S. 1934.3.41.

— Rapport au Conseil National Economique sur : *La coordination générale des Transports : Batellerie, Navigation et cabotage, Aviation.* (Session du 14 mai 1934).

— *Le problème du blé.* Conférence faite à l'Ecole de Perfectionnement des fonctionnaires de l'Intendance le 16 juin 1934, in Bulletin de la Réunion Amicale de l'Ecole de Perfectionnement, juillet 1934, p. 32.

— Note au Recueil Sirey (10e cahier 1934) sur : *La place respective du recours en révison et du recours en rectification d'erreur matérielle dans la procédure contentieuse devant le Conseil d'Etat.* S. 1934.3.113.

— Articles in « L'homme Nouveau » : *Politique Sociale :* janvier 1934. *Crise économique et santé publique :* mars 1934. *Les Syndicats ouvriers en régimes autoritaires :* mai 1934. *Le statut légal des Syndicats français :* 1er novembre 1934. *Les Syndicats patronaux :* 1er décembre 1934.

1935 : *Les Syndicats ouvriers :* 1er janvier 1935.

** Rapport au Conseil National Economique sur : *Les Conventions Collectives de travail.* (Session du 30 novembre 1934).

— Note au Recueil Sirey (1er cahier 1935) sur : *L'introduction dans les projets d'aménagement des villes de zones comportant des affectations distinctes.* S. 1935.3.9.

— Note au Recueil Sirey (2e cahier 1935) sur : *Les pouvoirs du juge administratif dans l'application des traités internationaux.* S. 1935.3.25.

— « *La prévoyance* » in « L'Encyclopédie Française ». 10.42.8.

— Communication au Congrès régional des Sciences administratives de Bruxelles (juin 1935) sur : *La responsabilité des fonctionnaires et autorités publiques vis-à-vis des collectivités administratives.*

— Note au Recueil Sirey (4e cahier 1935) sur : *Les pouvoirs du juge administratif à l'égard du refus d'engager des poursuites judiciaires.* S. 1935.3.41.

— Note au Recueil Sirey (6e cahier 1935) sur : *La responsabilité des agents publics et des autorités administratives à l'égard des collectivités publiques.* S. 1935.3.73.

— Article in « L'homme Nouveau », *Les conditions nécessaires de l'organisation corporative* (juillet 1935).

— Note au Recueil Sirey (8e-9e cahiers 1935) sur : *Les atteintes à l'affectation des édifices du culte.* S. 1935.3.97.

— Préface à la thèse de Jacques Chapsal sur : « *Le régime administratif de la batellerie* ».

— *Concession ou régie ?* in « Politique », décembre 1935.

1936 : Article in « L'homme Nouveau », *Syndicalisme et politique* (1er avril 1936).

— Note au Recueil Sirey (3e cahier 1936) sur : *Les pouvoirs du maire en cas de danger grave et imminent.* (art. 7 L. 21 juin 1898). S. 1936.3.25.

— Note au Recueil Sirey (5e cahier 1936) sur : *La compétence et le fondement de la responsabilité en matière de dommages causés par des travaux publics.* S. 1936.3.49.
— Note au Recueil Sirey (6e cahier 1936) sur : *Le rôle du concédant dans les rapports entre le concessionnaire et les usagers d'un service public industriel.* S. 1936.3.65.

1937 : Article in « L'Homme Nouveau », *Autorité ou arbitraire ?* (janvier 1937).
— Note au Recueil Sirey (6e cahier 1937) sur : *La recevabilité du recours pour excès de pouvoir contre un décret d'extradition.* S. 1937.3.73.
— La coordination des services à l'intérieur d'un ministère. *L'Etat Moderne,* février 1937.
— Communication au Congrès international des Sciences administratives (Paris, juillet 1937) sur l'urbanisme dans la jurisprudence contentieuse du Conseil d'Etat publié in : *Rev. internationale des Sciences administratives,* 1938, n° 2.
— L'arbitrage obligatoire dans les conflits du travail en France in *Sciences Politiques,* août 1937, p. 225.
— L'état actuel du problème ouvrier (causerie radiodiffusée) in *Nouveaux Cahiers,* 15 octobre 1937.
— Note au Recueil Sirey (11e cahier 1937) sur : *Les limites de la recevabilité du moyen tiré du détournement de pouvoir.* S. 1937.3.121.

1938 : ** Les rapports entre patrons et ouvriers. 1 volume, *Editions Montaigne* - Fernand Aubier - 1938.
— Note au Recueil Sirey (3e cahier 1938) sur : *La responsabilité de l'Etat du fait de la loi.* S. 1938.3.25.
— Conclusions dans : Cour Supérieure d'Arbitrage, 16 mai 1938 - Ch. s. pétrole de la Région Parisienne, sur le pouvoir des arbitres d'interpréter les lois et règlements et d'apprécier la légalité des règlements administratifs. *Droit Social,* juin 1938.
— Note au Recueil Sirey (6e cahier 1938) sur : *Les recours ouverts aux usagers d'un service public industriel.* S. 1938.3.65.

1939 : La loi et la liberté : *L'Etat et l'Individu.* 2 causeries (14 et 22 fév. 1938). Cahiers de Radio-Paris, 15 avril 1939.
— Note au Recueil Sirey (3e cahier 1939) sur : *La possibilité pour un décret-loi de renvoyer à des mesures réglementaires ultérieures le soin d'édicter des dispositions susceptibles de modifier des lois.* S. 1939.3.33.

1941 : *La répartition des produits industriels.* Commentaire de la loi du 10 septembre 1940 complétée par la loi du 9 mars 1941. Semaine juridique 11 et 18 mai 1941. J.C.P. 200 et 200 bis.
— Note sur *l'étendue des conclusions susceptibles d'être présentées devant le Conseil d'Etat, juge d'appel, par la partie qui était défenderesse en première instance.* S.J. 29 juin 1941, J.C.P. 1675.
— *La retraite des vieux.* La réforme de l'assurance sociale vieillesse et de l'assistance aux vieillards (commentaire des lois des 14 et 23 mars 1941). Semaine juridique 6 juillet 1941. J.C.P. 209.
— *La Charte du Travail.* S.J. 28 décembre 1941, J.C.P. 234.

1942 : *Genèse et tendances de la Charte du Travail.* Collection Droit Social-XIII (janvier 1942).

— Note au Recueil Sirey (5e cahier 1942) sur : *La responsabilité de l'Etat du fait des actes de Gouvernement.* S. 1942.3.21.

— « *La répartition des Produits Industriels* » J.C.P. I-267, S.J. 21 juin 1942.

— Note sur l'Organisation Professionnelle. Comités d'organisation. Caractère juridique. Décisions. Incompétence des tribunaux judiciaires. J.C.P. II-2047, S.J. 22 novembre 1942.

— Note sur les Comités d'Organisation. Caractère Juridique. Recours contre les décisions. Juridiction compétente. Pouvoirs des Comités. J.C.P. II-2046, S.J. 22 novembre 1942.

1943 : Note au Recueil Sirey sur : *Le statut juridique des fondations participant à l'exécution d'un service public.* S. 1943.3.41.

— « La réorganisation de la répartition des produits industriels ». Commentaires L. 19 janvier 1943. J.C.P. I-313, S.J. 21 mars 1943.

1945 : L'avenir des assurances sociales françaises. La santé de l'Homme février 1945.

— L'application du Plan Français de Sécurité Sociale. *Action et Techniques Sociales* février 1945.

— Sécurité Sociale et Assurances Sociales. *Informations Sociales de l'I.N.A.S.A.S.* (Institut National d'Action Sociale des Assurances Sociales) juin 1945.

— Le rôle des médecins conseils auprès des organismes d'Assurance et de Sécurité Sociale. *Archives de Médecine Sociale* septembre 1945.

1946 : Le Plan Français de Sécurité Sociale. *Cahiers français d'informations* 3 février 1946, *Revue Française du travail* avril 1946, *Le Travail* mai 1946.

— La Sécurité Sociale dans le monde, *La Tribune des Nations* 17 mai 1946.

— Famille et Sécurité Sociale, *Revue Française du Travail* octobre 1947.

1947 : L'application du Plan Français de Sécurité Sociale. *Action et Techniques Sociales* septembre 1947.

— Famille et Sécurité Sociale. *Niveaux de vie des Familles,* (Travaux du Congrès Mondial de la Population) Paris 1947.

1948 : Sécurité Sociale et Charte Médicale. *Chronique Médicale de la Bigorre* mars 1948.

— De l'Assurance Sociale à la Sécurité Sociale : l'expérience française, *Revue Internationale du Travail* juin 1948.

— La Sécurité Sociale dans l'économie française, *Droit Social* septembre-octobre 1948.

— Conférence au Club Echos, *Documentation française* novembre 1948.

1949 : Sécurité Sociale et sécurité dans le travail, Bruxelles 1949.

— Prévoyance et Mutualité, *Action et Techniques Sociales* janvier 1949.

— L'effort de la Sécurité Sociale en faveur de la mère et de l'enfant, *Revue Française du Travail* novembre-décembre 1949.

1950 : L'évolution de la politique française des allocations familiales, *Revue des Allocations Familiales de Belgique* janvier 1950.

— Aide aux Familles et Responsabilités Familiales. *Revue des Allocations Familiales de Belgique* août-septembre 1950.

1951 : Services du Bien-Etre Social et leurs relations avec la Sécurité Sociale, *Bureau International du Travail* (Séminaire d'ISTANBUL) 3-22 septembre 1951.

— Rôle du Service Social dans les grandes collectivités, *V*[e] *Conférence Internationale du Service Social* 23-28 juillet 1950.

— Famille et Sécurité Sociale. Cycle d'Etudes Sociales des Nations-Unies (décembre 1949), *Droit Social* février 1950.

— Famille et Sécurité (Journées Internationales sur les prestations familiales), *C.A.F.* juillet-octobre 1951.

1952 : L'évolution actuelle de la Sécurité Sociale sur le plan international, *C.A.F.* mars 1952.

— Les problèmes de Sécurité Sociale des populations rurales, *Droit Social* avril 1952.

— Les conflits de lois en matière de Sécurité Sociale. *Cycle Européen Universitaire. Département des Sciences Sociales, Fascicule N° 2* 1952.

— Problèmes Internationaux de la Sécurité Sociale, *Revue Internationale du Travail* juillet et août 1952.

— La collaboration des institutions de Sécurité Sociale et des autres services sociaux, *Droit Social,* mars 1952.

— L'évolution de la Sécurité Sociale sur le plan international, *C.A.F.* mars 1952.

— La Sécurité Sociale et la stabilité des liens familiaux, *Familles dans le monde* N° 3/1952.

— La Sécurité Sociale et les services sociaux, *Bulletin de l'Association Internationale de Sécurité Sociale* (Séminaire d'ISTANBUL) octobre-novembre 1952.

— L'approvisionnement de la France en laine au cours de la campagne 1939-1940, *Revue de l'Intendance Militaire* 3e trimestre 1952.

— Quels principes et concepts du service social devraient guider les services sanitaires internationaux et les Gouvernements dans l'élaboration de programmes d'assistance technique ? Rapport pour la Conférence Internationale du Service Social de MADRAS, *Informations sociales de l'U.N.C.A.F.* 1er décembre 1952.

** Réflexions sur le problème social. *Editions Sociales Françaises* 1 volume, février 1953.

1953 : La Révolution Sociale du XXe siècle, *Le Monde* 5 février 1953.

— Compétence judiciaire et compétence administrative en matière de Sécurité Sociale des fonctionnaires et des militaires. *Semaine juridique* 1953.

— Actions récursoires des tiers contre les collectivités publiques, *Semaine juridique* 5 mars 1953.

— Les tendances des législations de la Sécurité Sociale des pays signataires du Pacte de BRUXELLES, *Bulletin de l'Association Internationale de Sécurité Sociale* janvier-février 1953.

— Problèmes posés par les élections sociales, *Revue Française de Sciences Politiques* avril-juin 1953.

— La législation outil de progrès social, *Hommes et Techniques* septembre 1953.

— De la retraite des vieux à l'arbitrage obligatoire, *Réalités* octobre 1953, p. 45.
— Sécurité Sociale et Solidarité, *L'Education Nationale* 8 et 15 octobre 1953.
— Les chances de l'arbitrage obligatoire, *Droit Social* septembre-octobre 1953.
— L'équilibre international du coût de la Sécurité Sociale (en collaboration avec A. ZELENKA), *Revue Internationale du Travail* octobre-novembre 1953.
— Contentieux social et juridiction sociale, *Etudes et Documents du Conseil d'Etat* N° 7/1953, *Droit Social,* mai 1954.

1954 : Attitudes nouvelles au regard des problèmes sociaux, *Travail Social* 1953.
— La protection sociale des fonctionnaires, *Le Mutualiste du Travail* mars 1954.
— Sécurité Sociale et Solidarité, *Revue belge de Sécurité Sociale* janvier-février 1954.
— Les tendances des législations de Sécurité Sociale des pays signataires du Pacte de BRUXELLES, *Revue de la Sécurité Sociale* (F.N.O.S.S.) mars 1954.
— « L'égalité devant l'enseignement et l'éducation », *Informations Sociales de l'U.N.C.A.F.* décembre 1954.

1955 : Réflexions sur le problème social, *Coopération* février 1955.
— Caractères essentiels de l'évolution sociale en France, *Bulletin du Service Social des Organismes de Sécurité Sociale* février 1955.
— Principaux problèmes soulevés par les tendances contemporaines des politiques de sécurité du revenu (Major issues raised by contemporary trends in income security policies) in : National policies for Education, Health and Social Services - COLUMBIA UNIVERSITY, *UNIVERSITÉ DE COLUMBIA* 1955.
— Préface de « Les Cadres de l'Industrie et du Commerce en France » par François JACQUIN, *Centre d'Etudes Economiques N° 25, 1 volume Colin* 1955.
— Des Assurances Sociales à la Sécurité Sociale, *F.O. INFORMATIONS* juillet 1955. *La Sécurité Sociale pour tous* juillet-août 1955.
— Préface de « Histoire Politique de la Sécurité Sociale Française » par Henry GALANT, *Cahiers de la Fondation Nationale des Sciences Politiques* 1 volume Colin, 1955.

1956 : ** Les institutions Sociales de la France. Ouvrage collectif, *La Documentation Française* 1956.
— Service Social et Action Sociale, *INFORMATIONS SOCIALES de l'U.N.C.A.F.* février 1956.
— Réadaptation et Service Social, *Réadaptation* mars 1956.
— Problèmes sociaux et Science Politique, *Revue Française de Science Politique* janvier-mars 1956.
** Les Travailleurs Sociaux en France et en Angleterre (en collaboration avec sir Allen Daley), 1 volume, *Organisation Mondiale de la Santé* 1956.
— Rapport sur une politique coordonnée du niveau de vie familial, *ORGANISATION DES NATIONS-UNIES* 1956.

— Les principes du thermalisme social, *Annales de l'Economie Collective* GENÈVE janvier-mars 1956.

— Réflexions sur le problème familial, *Cahiers de l'Education Permanente* (Ligue Française de l'Enseignement) 1956.

— La famille en face des formes modernes de l'Action Sociale (Congrès de la Fédération des Familles de France), *Action familiale* décembre 1956. *Pour la vie* décembre 1956.

1957 : Le régime général des prestations familiales. Bilan et perspectives d'avenir, *C.A.F.* janvier 1957. *Familles dans le monde* juin 1957.

— Préface de : Les travailleurs algériens en France par Andrée MICHEL, *C.N.R.S.*, 1 volume, 1957.

— La protection sociale des fonctionnaires, *Le Mutualiste du Travail* mars 1957.

— L'Action Sanitaire et Sociale de la Caisse Nationale de Sécurité Sociale, *INFORMATIONS SOCIALES de l'U.N.C.A.F.* mai-juin 1957.

— Le rôle de l'enseignement ménager familial dans le cadre de la prévention, *Cahiers d'enseignement ménager familial* juillet-septembre 1957. *Pour la vie* juin 1957.

— Préface de « Histoire des Prestations Familiales en France » par Dominique CECCALDI, 1 volume *U.N.C.A.F.* 1957.

— Sécurité Sociale et Prévention, *Institut National de Sécurité* (X[e] anniversaire) 1957.

1958 : Démocratie sociale, *Toujours vers la vie* février 1958.

— Note sur la décision du Tribunal des Conflits, 19 mai 1958 (Dlle ALBAULT) concernant la compétence judiciaire et administrative dans les litiges intéressant les mesures de tutelle dans les rapports de Droit privé, *Semaine juridique* 25 juin 1958. *J.C.P.-G.* 10658.

— Le rôle de l'Exécutif dans l'Etat moderne. Cas de la France, *Revue Internationale de Sciences Sociales* (U.N.E.S.C.O.) juin 1958, p. 241.

— Réflexions sur l'évolution financière des prestations familiales dans « Réflexions sur les prestations familiales », Etude *U.N.C.A.F.*, 1 volume, 1958. *C.A.F.* août-septembre 1958.

— Solidarité d'hier et de demain, *France Aviation* août 1958.

— Niveaux de vie des familles. Sécurité Sociale, compensation des charges familiales (Congrès mondial de la Famille 1958), *Redécouverte de la Famille à travers le monde* (Union Internationale des Organismes Familiaux), *Familles dans le monde* mars 1959.

1959 : ** Les Classes Sociales, 1 volume « *QUE SAIS-JE ?* » *P.U.F.*

— La contribution des organisations européennes à l'effort social (Conférence TOKYO), *INFORMATIONS SOCIALES de l'U.N.C.A.F.* août-septembre 1959.

— Le marché commun et l'évolution du régime français de Sécurité Sociale, *C.A.F.* août-septembre 1959. Revue de la *F.N.O.S.S.* octobre 1960.

1960 : L'évolution de la politique française des allocations familiales, *Revue belge des Affaires Sociales* janvier 1960.

— Aide aux familles et responsabilités familiales, *Revue belge des Affaires Sociales* août-septembre 1960.

— Buts et méthodes de l'Action Sociale en Europe Occidentale, *INFORMATIONS SOCIALES de l'U.N.C.A.F.* février 1960. *International Social Work* january 1960.
— Evolution et orientation de l'effort social français, *L'Action laïque* mars 1960.
— Le problème du travail lucratif des personnes pensionnées devant la philosophie sociale, *Centre National de Sociologie de Droit Social, Institut de Sociologie Solvay BRUXELLES* (in : Cumul d'une pension de retraite et d'une activité lucrative. Colloque 16-18 mars 1959) 1959.
— Sécurité Sociale et Economie, *INFORMATIONS SOCIALES de l'U.N.C.A.F.* juillet 1960. *C.A.F.* juillet 1960.
— Sécurité Sociale et vie publique, *Droit Social* (à la mémoire de M. Paul DURAND) Décembre 1960
— Rapport de synthèse sur le Séminaire du Service Social de BRUXELLES des 15-20, *Communauté Economique Européenne* juillet 1960, V/ 4864/60 F.

1961 : Préface du Tome IV de l'Histoire Générale du Travail publié sous la direction d'Alain Touraine, *Nouvelle Librairie de France* 1961.
** Succès et faiblesses de l'effort social français, *Ouvrage collectif : 1 volume Armand COLIN* 1961.

1962 : ** Politique de la Vieillesse. Rapport de la Commission d'Etude des problèmes de la vieillesse, *Editions du Haut Comité de la Population* 1 volume 1962.
— Réflexions sur l'évolution des problèmes sociaux, *Revue de l'Association Nationale des Directeurs et Chefs de Personnel* février-mars 1962.
— La politique sociale en faveur de la vieillesse sur le plan national, *Bulletin du Service Social des organismes de Sécurité Sociale* 2e trimestre 1962.
— Service Social et Sécurité Sociale, *Revue belge de la Sécurité Sociale* février 1962. *Bulletin du Service Social de la F.N.O.S.S (N° 110)* 1er trimestre 1964.
— Préface de « Sécurité Sociale et Conflits de Classes » de François SELLIER, *Centre d'Etude des Relations Sociales. Economie et Humanisme. Les Editions Ouvrières.*
— Perspectives offertes au travail social par l'évolution de l'effort social, *Association Nationale des Assistantes Sociales* (Congrès de Paris) 1961.
— Faut-il réduire les horaires du Travail ? 21 juillet 1962. Pour une politique active de la vieillesse : *Entreprise* 25 août 1962.
— Comment réaliser une prévention sociale ? *INFORMATIONS SOCIALES de l'U.N.C.A.F.* août-septembre 1962.
— Où mène la politique anti-hausse ? *Entreprise* 19 octobre 1962 (N° 423).
— Psychologie du Vieillissement, *Ecole des Parents* décembre 1962.
— Sécurité Sociale et Service Social, Ministre Degli in fortuni e Delle Maladie Professionnale (INAIL) décembre 1962.
— Le problème social de notre temps, *Vie et bonté (Revue de la Croix-Rouge Française)* novembre 1962.
— Préface des Sondages Nos 3 et 4. Sondage sur la vieillesse 1962, *Sondages* 1962.

— La politique de la vieillesse. Journée d'Etudes du Service Social Régional, 5 novembre 1962.

1963 : Préface du N° spécial sur la réadaptation des personnes âgées, *Réadaptation* 5 juillet 1963.

— Georges CAHEN-SALVADOR et les Assurances Sociales (dans plaquette à la mémoire de Georges CAHEN-SALVADOR (1875-1963) novembre 1963.

— La travailleuse familiale face aux transformations de la famille et du travail ménager (Congrès International des Travailleuses Familiales PARIS 20 septembre 1962), *Pour la vie* mars 1963.

— Egalement : Compte rendu du Congrès International des Travailleuses Familiales édité par le Comité Français des Organismes de Travailleuses Familiales.

1964 : L'évolution des besoins auxquels l'enseignement ménager doit faire face, *INFORMATIONS SOCIALES de l'U.N.C.A.F.* janvier-février 1964.

— La famille devant les exigences du monde moderne, *Recueil des Actes du Congrès du Mouvement Familial* (25-26 janvier 1964), *Pour la vie* mars 1964.

— Adaptation et inadaptation sociales (présentation d'un N° spécial des *INFORMATIONS SOCIALES de l'U.N.C.A.F.* octobre 1964.

— La vie sociale : Travail et action collective ouvrière dans « La France d'aujourd'hui », *HATIER*, 1 volume 1964.

— Comment résoudre les conflits du travail : théorie et pratique 1965, *Libre justice N° 1* 1er trimestre 1965.

— Préface de « 33 ans de la Sécurité Sociale en France » par Etienne ANTONELLI, Montpellier (Reschly), 1 volume 1964.

— Vie et Travail en 1985 : *Colloque d'Olhain* Groupe « Rencontres » et Cercle Noroit d'Arras, 7 juin 1964.

1965 : Il y a 20 ans... (anniversaire de la Sécurité Sociale), *Le Monde* 6 octobre 1965.

— Discours d'inauguration du stand de la Sécurité Sociale à la Foire de PARIS : *C.A.F.* octobre 1965.

— Sécurité Sociale et travail social dans les pays de la Communauté Economique Européenne, *Revue Belge de Sécurité Sociale* octobre 1965.

— Sécurité Sociale et Population, *Vitalité française* mars-avril 1966.

1966 : Le rôle de la Sécurité Sociale dans le développement de la Société, *Bulletin de l'Association Internationale de Sécurité Sociale* mars-avril 1964. *Revue de la Sécurité Sociale* novembre 1966. *C.A.F.* janvier 1967.

— Administration et Sécurité Sociale, *Annales de l'Institut du Droit du Travail et de la Sécurité Sociale de LYON* (N° spécial du 15e anniversaire) 5 mars 1966.

— Actualité du 3e âge. Problèmes de la Vieillesse, *Travail Social* 1-2-3-4 1965.

1967 : Le rôle de la Sécurité Sociale dans le développement de la Société, *C.A.F.* 1 1967.

— Les études et recherches dans les organismes sociaux, *Informations Sociales de l'U.N.C.A.F.* janvier 1967.

— Préface de « Conditions de vie des familles », *Etude U.N.C.A.F.-C.R.E.D.O.C.* 1967.

— La réduction de la durée du travail et de la vie active dans le monde moderne dans MÉLANGES offerts à Léon Eli TROCLET, *Editions de l'Institut de Sociologie de l'Université de BRUXELLES* 1967.

1968 : Le problème de la vieillesse, *Echanges* (Revue des sœurs auxiliatrices) août 1968.

— Droits de l'homme, travail social et politique sociale (Conférence Internationale du Service Social HELSINKI 1968), *Revue Française des Affaires Sociales* juillet-septembre 1968. *Droit Social* décembre 1968. *C.A.F.* 1969, N°s 6-7. *International Social Work* N° 3/1969.

1969 : L'Organisation Internationale du Travail et la Sécurité Sociale, *Revue Française des Affaires Sociales* avril-juin 1969.

— La place de la mutualité dans la protection sociale en France, *Droit Social* novembre 1969.

— La Sécurité Sociale en France : dans volume publié en l'honneur d'Evelyne M. BURNS : Social Security in International Perspective, *COLUMBIA University Press* 1969.

— L'ordinateur menace les libertés publiques (Congrès International d'Informatique), *Sciences et Avenir* décembre 1969 ; et dans l'ouvrage « EN DANGER DE PROGRÈS » par François de CLOSETS, *DENOEL*, L'ordinateur et les libertés publiques.

— L'Organisation Internationale du Travail et la Sécurité Sociale, *Revue Internationale de la Sécurité Sociale N° 4* 1969.

1970 : Pourquoi une politique de la vieillesse ? Préface du Numéro sur l'action sociale au profit des personnes âgées, *La Santé de l'Homme* janvier-février 1970.

— La vitalité française est un tout (présentation du numéro sur la vieillesse), *Vitalité française* mars-avril 1970.

— Préface de l'ouvrage « Conditions de vie et besoins des citadins âgés dans la Région Nord-Est de la France » par « VRAIN » et « WIBAUX », *Caisse Régionale d'Assurance Maladie du Nord-Est Nancy* (Imprimerie Georges THOMAS) 1970.

1971 : Informatique et Libertés Publiques dans : Traité pratique d'informatique (Techniques de l'Ingénieur), Tome II, H. 8770 juin 1971.

— La Sécurité Sociale de 1944 à 1951, *Revue Française des Affaires Sociales* avril-juin 1971.

1972 : Société nouvelle et travail social, *Techniques d'Action Sociale (C.N.A.F.) PARIS* 1972.

— Droits de la femme et pensions de veuve, *Revue Internationale du Travail* juillet 1972.

— La nature de la prévention sociale, *Concours médical* 10 juin 1972.

1973 : Préface de : *Rapports avec le public et politiques de gestion des Caisses d'Allocations Familiales par Antoinette CATRICE-LOREY,* Etude C.N.A.F. 1973.

— Hommage à René CASSIN, *Dans : « La Pensée et l'Action »* 1972-1973.

— Sécurité Sociale et Information, *Dans « Le messager familial »* septembre 1973.

1974 : L'interruption volontaire de la grossesse : Exposé devant la Commission des Affaires Culturelles et Sociales de l'Assemblée Nationale, *ASSEMBLÉE NATIONALE* 25 janvier 1974.

— Adolphe LANDRY tel que je l'ai connu, *Population et Avenir* août-décembre 1974.
— Droit administratif et histoire, *Revue historique de Droit français et étranger 1974 IV,* (N° spécial sur « La bureaucratie et le Droit »).
1975 : Préface de : La mutualité française à travers sept siècles d'histoire » par Jean BENNET 1 volume 1975.
— Les familles devant les exigences du monde de demain, *C.A.F.* N°s 3/4, 1975.
— Allocutions à la B.B.C. 1943-1944, Tome III et Tome IV de « *LES VOIX DE LA LIBERTÉ* ».
— L'âge de la retraite : ses aspects économiques et sociaux, « *VIE SOCIALE* N°s 8-9/1975.
— Education de la solidarité, *Revue Internationale de la Croix-Rouge* novembre 1975.
— Préface de « LA SÉCURITÉ SOCIALE EN FRANCE », *Documentation Française* novembre 1975.
1976 : Allocution au baptême de la 13e promotion du Centre National d'Etude de Sécurité Sociale (promotion Léon BLUM), *C.A.F.* N° 4 1976.
— Les agents non titulaires dans l'administration, *Cahier N° 12 de l'Institut Français de Sciences Administratives* 1976.
— Table ronde sur « QUELLES PRESTATIONS FAMILIALES : 30 ans après ». *BONHEUR* mai 1976. *C.A.F.* juin 1976.
— Les perspectives de la politique française de la vieillesse, *GÉRONTOLOGIE et SOCIÉTÉ N° 23* juin 1976.
— Témoignage : Dans « Les Directeurs de ministères en France » (19e et 20e siècles), *Centre de Recherches d'Histoire de l'Ecole Pratique des Hautes Etudes (4e section)* 1976.
1977 : Le Président Roger LATOURNERIE : notice nécrologique dans le Bulletin de l'Association des membres et anciens membres du Conseil d'Etat juin 1977.
— Démographie et Sécurité Sociale, *Revue Française des Affaires Sociales* novembre 1977.
1978 : « Responsabilité sociale » : l'adoption *dans « L'ADOPTION VÉCUE » de (Jacqueline ADLER), Le Seuil 1978.*
— Informatique et Libertés Publiques : TECHNIQUES DE L'INGÉNIEUR, nouvelle édition juillet 1978.
— Denis FORESTIER (notice nécrologique) : *Bulletin de l'Association des Membres et Anciens Membres du Conseil d'Etat* juin 1978.
** LA CHARTE SOCIALE EUROPÉENNE, Dix années d'application. Colloque organisé par l'Institut d'Etudes Européennes de l'Université Libre de BRUXELLES, *Editions de l'Université* 1978.
— La protection sociale des plus de 75 ans, *Revue Internationale de la Sécurité Sociale N° 3* 1978.
1979 : L'élaboration et l'application de la Charte Sociale Européenne, *Droit Social* mars 1979.
1980 : Le plan français de Sécurité Sociale. Les dix premières années, *Association Régionale d'Etude de l'Histoire de la Sécurité Sociale Lorraine-Champagne-Ardenne* février 1980.
— Préface de « LA CAISSE D'ALLOCATIONS FAMILIALES DE LA HAUTE-LOIRE » par Louis PORTE, *1 volume* 1980.

** Les Institutions Sociales de la France, *3e édition* 1980.

** Alexandre PARODI, Le Conseil d'Etat, L'homme, *dans plaquette à la mémoire d'Alexandre PARODI* 1980.

— Préface de la Bibliographie Historique de la Sécurité Sociale, (Comité d'histoire de la Sécurité Sociale) 1980.

— Réflexions sur le règlement des conflits du travail en Europe occidentale dans ouvrage à la *mémoire de Otto KAHN-FREUND, MUNICH* 1980.

1981 : Préface de « Dynamique interne de la Sécurité Sociale » par Antoinette CATRICE-LOREY : *1 volume « ECONOMICA » PARIS* 1981.

— La concertation dans le secteur public dans les « journées de la Société de Législation Comparée », *Rapport aux Journées Nordiques de COPENHAGUE* (paru en 1982) 1 à 3 octobre 1981.

— Droits de l'Homme et Migrations Internationales : Rapport pour le Colloque des Nations-Unies sur les Droits de l'Homme et la Population, Vienne juin-juillet 1981.

1983 : Le coût social et humain de l'inactivité après 55 ans : *GÉRONTOLOGIE ET SOCIÉTÉ* 1983.

— Préface de « L'ÉVOLUTION DU STATUT CIVIL DE LA FAMILLE DEPUIS 1945 » par Jacqueline RUBELLLIN-DEVICHI : *Edition du C.N.R.S - LYON* 1983.

1984 : La Sécurité Sociale à l'horizon 2000. Rapport pour le *Bureau International du Travail.*

— La Sécurité Sociale en l'an 2000 : *Informations de l'Organisation Internationale du Travail* mai 1984.

— La préparation à LONDRES de la remise en place de l'administration à la libération, « *ESPOIR* » (Institut Charles de GAULLE) juin 1984.

— S'éduquer à la famille, « *NOUVELLE CITÉ* août-septembre 1984.

— Politique familiale d'hier et de demain, *POPULATION ET AVENIR* août-septembre 1984.

1985 : La Sécurité Sociale à l'horizon 2000, *CONCOURS MÉDICAL* 4 mai 1985.

— Le passage de l'activité à la retraite : Colloque Ages et Passage 1984, *Cahiers du Centre d'Education Permanente de l'Université Libre de BRUXELLES* mai 1985.

— 40e anniversaire de la Sécurité Sociale. *Interview dans LE MONDE* 29-30 septembre 1985. *Le Médecin de France* 3 octobre 1985. Le Quotidien du Médecin 3 octobre 1985. *Gestion Sociale (l'EXPANSION)* 30 septembre 1985. *La Vie Ouvrière* 30 septembre-6 octobre 1985. *F.R.3 : Film sur 40 ans de Sécurité Sociale* 9 octobre 1985.

— Quarante ans de Sécurité Sociale, *Revue Française des Affaires Sociales* septembre-octobre 1985.

— La Politique Familiale en France depuis 1945 (ouvrage collectif), *Association des Ages* décembre 1985.

1986 : « Plaidoyer pour une retraite progressive » dans « L'âge de travailler » d'Evelyne SULLEROT : *1 volume FAYARD* 1986.

— « L'Avenir des Migrations », *Interview à propos du Colloque de l'O.C.D.E. dans « ACCUEILLIR (Service Social d'Aide aux Emigrants)* septembre-octobre 1986.

— Préface de « DE LA MUTUALITÉ A LA SÉCURITÉ SOCIALE » par Bernard GIBAUD, *Editions Ouvrières* 1986.

— Francis NETTER, notice nécrologique, *Revue Française des Affaires Sociales* juillet-septembre 1986.

1987 : *L'avenir des migrations* (conclusions de la Conférence Internationale de l'O.C.D.E. mai 1986), O.C.D.E. mai 1987.
— 25e anniversaire de la Charte Sociale Européenne (Remise de la Médaille du Conseil de l'Europe), Conseil de l'Europe, Assemblée Parlementaire, Document A.S./I.N.F. (87) 2, 19 novembre 1986.
— Interviews sur l'avenir de la Sécurité Sociale, *Le Quotidien de Paris* Marc Vernes 3 mars 1987. *Libération* Favereau 23 mars 1987.
— Evolution et perspectives de la politique française de la vieillesse, *Gérontologie et Société N° 41* 1987.
— Protection sociale et assurance, Informations Sociales de la C.N.A.F. N° 6 1987.
— Préface de Jean Bennet, Biographies de personnalités mutualistes, *Mutualité Française* 1987.

1988 : Quid du revenu social minimum garanti ? *Libération* 4 janvier 1988.
— Préface de « Droit du logement, droits au logement et stratégies familiales », Centre de Droit de la Famille (Lyon, Mme Rubellin-Devichi), *Presses Universitaires de Lyon* 1988.
— Préface de « La Sécurité Sociale, son histoire par les textes », Tome I, Comité d'Histoire de la Sécurité Sociale 1988.
— André Lavagne, Notice nécrologique, *Bulletin de l'Association des membres et anciens membres du Conseil d'Etat* juillet 1988.
— Préface d'« Atlas du vieillissement et de la vieillesse » par Robert et Laurence Hugonot, Editions Eres (Toulouse).

1989 : Pour une nouvelle politique de l'emploi, *Revue Internationale du Travail* janvier-février 1989.
— De l'interdépendance à la solidarité (interview Nathalie Vial, *Présence Croix-Rouge* 15 mars 1989.
— Marcel Legras, Notice nécrologique, *Revue Française des Affaires Sociales* octobre-décembre 1989. Bulletin d'Histoire de la Sécurité Sociale N° 20 juillet 1989.

1990 : Réflexions sur l'avenir de la protection sociale en France, *(Administration : Revue de l'Association du Corps Préfectoral)* janvier 1990. *Bulletin de Liaison du Comité d'Histoire de la Sécurité Sociale* N° 22 janvier 1992.
— Réflexions générales sur les aspects de la Sécurité Sociale liés à la nouvelle pauvreté, *Revue d'Action Sociale de la Communauté belge d'expression française* novembre-décembre 1990.
— Sécurité et étatisme (interview au *Quotidien du Médecin*) 24 septembre 1990.

1991 : Il faut relever l'âge d'ouverture du Droit à pension, *Forum Retraite* (Journal de la retraite de la Sécurité Sociale) novembre-décembre 1991.
— Introduction au séminaire du Haut Conseil de la Population et de la Famille sur Politique et Social de l'avenir de la Famille, *Documentation Française* 1992.

1992 : Evolution de la politique de la vieillesse en France sur 20 ans, *Revue de Gérontologie (Grenoble) N° 81* 1992-1.
— Interview dans *Elan Social*, magazine de la Protection Sociale publié par l'Association des Anciens Elèves du C.N.E.S.S.S., N° 11, 2e trimestre 1992.

— Allocution prononcée à l'inauguration de l'enseignement de la Sécurité Sociale de l'Ecole Nationale d'Organisation Economique et Sociale le 23 mars 1945, Bulletin d'Histoire de la Sécurité Sociale N° 13 1985. *REGARDS* (Revue du Centre National d'Etudes Supérieures de la Sécurité Sociale (C.N.E.S.S.S.) N° spécial du 30e anniversaire septembre 1992.

ACHEVÉ D'IMPRIMER
SUR LES PRESSES DE
L'IMPRIMERIE CHIRAT
42540 ST-JUST-LA-PENDUE
EN AVRIL 1993
DÉPÔT LÉGAL 1993 N° 7415

IMPRIMÉ EN FRANCE